唐文治集

選堂

唐文治 著　鄧國光 輯釋

歐陽艷華　何潔瑩　輯校

唐文治經學論著集

第四册

上海古籍出版社

第四册目録

論語編

整理説明……一九九五

論語大義定本

序……二〇〇三
凡例……二〇〇六
卷一
學而篇第一……二〇〇九
學而篇大義……二〇二八
卷二
爲政篇第二……二〇三五
爲政篇大義……二〇六一
卷三
八佾篇第三……二〇六五
八佾篇大義……二〇九二

附録：論語講義式・論語首三章

講義……二〇三〇

卷四
里仁篇第四……二〇九五
里仁篇大義……二一一六
卷五
公冶長篇第五……二一一九
公冶長篇大義……二一四五
卷六
雍也篇第六……二一四九
雍也篇大義……二一七二
卷七
述而篇第七……二一七七
述而篇大義……二二〇六
卷八
泰伯篇第八……二二〇九
泰伯篇大義……二二三三
卷九
子罕篇第九……二二三七
子罕篇大義……二二六五
卷十
鄉黨篇第十……二二六九
鄉黨篇大義……二二九九
卷十一
先進篇第十一……二三〇一
先進篇大義……二三三〇

卷十二
顔淵篇第十二……………二三三三
顔淵篇大義……………二三六一
卷十三
子路篇第十三……………二三六五
子路篇大義……………二三九二
卷十四
憲問篇第十四……………二三九七
憲問篇大義……………二四三九
卷十五
衛靈公篇第十五……………二四四三
衛靈公篇大義……………二四七二
卷十六
季氏篇第十六……………二四七七
季氏篇大義……………二四九三
卷十七
陽貨篇第十七……………二四九七
陽貨篇大義……………二五二一
卷十八
微子篇第十八……………二五二五
微子篇大義……………二五四一
附録：孔子救世不遇史……………二五四二
卷十九
子張篇第十九……………二五四九

子張篇大義……二五六六
卷二十
堯曰篇第二十……二五七一
堯曰篇大義……二五八一
論語大義定本跋……二五八四
論語大義外編
《漢書·藝文志·論語》考……二五八九
《隋書·經籍志·論語》考……二五九〇
何晏《論語集解序》……二五九四
皇侃《論語義疏叙》……二五九六
朱子《語孟集義序》附：《論語》宋學淵源録……二六〇二
崔述《論語源流考》……二六〇九
唐文治《論語辨疑》……二六一五
宋翔鳳《論語師法表》……二六二二
唐文治《論語篇次章數表》……二六二九
唐文治《論語研究法表》……二六三九
唐文治《論語參考書目研究表》一名《論語漢宋學研究表》……二六四九
附録一：論語分類大綱 本孝篇、本仁篇、本政篇、君子小人辨……二六六一
附録二：孔子論知覺學……二六七三

論語編

整理説明

本編緝録唐先生見存《論語》學專著《論語大義定本》及《論語大義外篇》二種，具存其《論語》傳注與總綱。《論語大義》其實是先生之《論語新讀本》，其體式乃本黄式三《論語後案》而加精煉與豐富，蓋承傳師門而更發揚光大者。先生於《論語大義定本跋》明言其中觀念前後有異，蓋《論語提綱》在前，《定本》在後，深淺體會，與時俱進，學術生命實踐上達不已之自然流露也。

《論語》是唐先生非常重視的經典。唐先生自一九〇七年後辭官，講學以開導民智，端正人心，《論語》是其學理核心。因教學需要，首先編撰《論語新讀本》，取朱子《論語集注》，附録吴汝綸之評點，標示文法，於一九一五年九月在長沙湘鄂印刷公司刊出；一九一六年第二版，在上海工業專門學校設立發行所。出版頁唐先生注明：「教育宗旨以不欺爲主。鄙人之書，確係不折不扣，請讀者鑑諒。文治啓。」此《論語新讀本》乃唐先生首部《論語》教材，乃《論語大義》成書之基礎，是先生對《論語》第一次系統整理。

嗣後，先生根據其西席黄以周尊父黄式三《論語後案》，博采漢宋《論語》學成果，重新撰注，同時附録歷年統論《論語》二十篇之「大義」，置於篇後，貫論《論語》之義理體統。於是融攝義理、考據、辭章三向度，書題《論語大義定本》，體現「集大成」之學術氣魄，收録在《十三經讀本》中，一九二三年刻出。同時撰寫《論語提綱》，提綱挈領，引導入門，置於《十三經提綱》中。此爲先生於《論語》之第二次大規模整理。

唐先生於《十三經提綱·論語提綱》已經透露，對《論語》進行分類編著乃理解孔子思想之重要途徑。唐先生極重視分類治經之法，於《論語》《孟子》尤其如此。故《論語》義類乃其所究心者，「仁」固爲核心，若分類，先生則以「政治學」爲先，即「《論語》政治學」也。先生於《十三經讀本》刻成後，時五十九歲，作《政治學大義》，先生《自訂年譜》自述云：「七月，編《政治學大義》成。余因中國政治學始自唐虞，傳自洙泗〔一〕，而向無專書，倘有外人詢及，茫然無以對，深可愧也。」則其書實即《論語提綱》首倡「政治學」之實踐也。此《政治學大義》之主體十二篇已載《唐文治文集》，互參

〔一〕孔子傳教之地。

爲是。

《論語》學之流傳問題，諸如成書、傳授、注釋本等文獻問題，乃精讀所必備之基礎知識。且先生治經，實事求是，必要求充分掌握材料與前賢成果，不能空套虚張，故又撰《論語大義外篇》一卷，涵蓋三層十一項專題。第一層具載《漢志》《隋志》、何晏、皇侃、朱熹等書録序跋原文，爲學子接觸原始文獻提供方便。第二層乃應對疑僞之挑戰，就崔適疑經之論，特别作《辨疑》一篇，質難之，從而全力維護《論語》地位。第三層在前二層之基礎上，撰寫詳盡之《篇次章數表》《研究法表》《參考書目表》，以簡馭繁，呈現完整《論語》授受源流與家法承傳。此《外篇》一九二九年在無錫國專鉛印刊出，鮮有流通，極爲可貴。《論語大義外篇》是先生對《論語》之第三次大規模整理。

於《論語》分類之處理，乃先生繫懷究意者，故於蘇滬學堂講授《論語》，更爲深邃。而先生人文關懷出於至誠，堅持與貫徹正人心、救民命之道德使命，直陳世道人心之歪陷，此先生所强調之知覺，非一般尋章摘句者可比也。君子學道愛人，源出知覺之真摯與靈動，此先生身體力行，傳授法門與心得，毫無保留，教化自任，皆親爲演示榜樣。現存唐先生《論語》講義有二種，皆屬此類，其一是一九三三年爲蘇州國學會所講「《論語大義》演講録」[一]，其二是一九三九年上海交通大學四次《論語》講論。首三講《論語分類要旨》[二]《論語分類大綱》《孔子論知覺學》，均概括《論語》義類四大要目：論孝、論學、論仁、論政，此四者乃彰顯孔子救世要義，屬於學理之分類與概括。最後一講《孔子救世不遇史》，於孔子「知其不可而爲之」之奮門，寄寓先生感同身受之同情。至此情、理、學兼備。以上講義一是分類，二是通貫羣經大義，皆屬於先生《論語》學要目，除已録入《唐文治文集》者，均附於本編。

至於唐先生在其他論著涉及《論語》字詞或義理之見解，若一九三七年刊出之《孝經救世編》，其中選講《論語》本經之解説，附於相關章節之末，以反映先生理解之進程，凡此皆以「編者謹按」標識。《交通大學演講録》所載之《論語講義式》，説解《論語》三則，提供學子切實研讀《論語》之示範，具有指導研讀之參考價值，故附置於《論語大義定本》此三則相應之章節下，以「編者謹按」標識。

本編整理，《論語大義定本》據初刻《十三經讀本》爲底本，以《論語新讀本》初刻

[一] 又載《茹經堂文集》三編卷三，已録入《唐文治文集》「學志類」。
[二] 又載《茹經堂文集》四編卷四，已録入《唐文治文集》「經説類」。

相校。而《論語大義外編》以一九二九年無錫國專初版本爲底本。《論語新讀本》序文及評語，均迻録於《論語大義定本》相應處，詳細出校注明。唯《論語大義定本》卷帙浩繁，難免魚魯之誤，刻板已成，修訂甚艱，則唐先生《十三經讀本》附録之《十三經讀本評點劄記·論語》，其所過録者，間見微調文辭之處〔一〕，皆據以覆勘注明。《論語大義》傳注部分，唐先生涵古茹今，廣徵博引，凡今日可徵知者，皆詳爲覆核，其差異處皆出校注明，同時校正訛刻誤字，並釋讀較爲艱深之字詞。《論語》章節，準依唐先生《論語大義外編》，編者爲標示章號，以助識别。總以實事求是爲原則，提供完整信實之文本。董理過程，多歷年所，過程之艱辛，非筆墨所能言。歐陽艷華博士辛勤初校，國光詳爲覆校，始克成篇，特此謹誌。

〔一〕陸修祜先生在《十三經讀本評點劄記》卷三八之《論語》末按云：「《大義》圈點，係照唐師第二次稿本輯入，與現刻之《定本》字句，間有不同，讀者臨時善會之可也。」

論語大義定本

序

【釋】此所録入之序文及凡例，據一九一五年上海工業專門學校之初刻本。此序文又載《交通部上海工業專門學校學生雜誌》第一卷第二期，一九一五年，頁一至三。

世界何爲而險巇否塞至於此極乎？人心何爲而欺詐迷繆至於此極乎？《四書》《五經》，束之高閣而不屑讀，舊道德掃除殆盡，而於新道德亦茫乎無所知，爲人之道當如何？鮮有能道之者，此陶汰道德之過也。言科學者曰求淺求淺，言國學者亦曰求淺求淺，不問材質，不論智愚，國民咸憚於深造，阻於進修，所便者卑劣之生徒，所桎梏者奇才異能之子弟，數十年後，吾國文化，行將蕩焉而無存。文字鄙倍，而知識隨之，惷愚日滋，遑能起弱？此陶汰文化之過也。循是二者，國家安得不殆且危？聖教安得不澌且滅乎？

於是矯其弊曰讀經讀經。人人懷「删《詩》《書》、定禮樂」之志，棼然而不得要領，貿然而無所適從，庸有當乎？夫聖人之道，猶宫牆也，不示以徑塗，焉得其門而入？

文治嘗謂讀《十三經》之法，當以《論語》《孝經》《左傳》《孟子》爲先，而四者尤以《論語》《孟子》爲要。顧《論語》體例與《孟子》不同。《孟子》係編年例，文義錯雜，不相連屬。《論語》則論學處事，分别部居，其中皆有綫索可尋。唐李漢謂「周情孔思」，蓋孔門之文思，精矣微矣。爰不自揣，取《朱子論語集注》本，删其繁複，補以古注，參以鄙意，定爲《論語讀本》，復作「大義」二十篇，附於每篇之末，貫串羣言，發明要道，俾學者於讀經之法、學聖之方，可兩得之。

然而更有進焉者。「子以四教，文行忠信。」又曰：「君子欲訥於言而敏於行。」蓋天下將治則尚行也，天下將亂則尚言也。古今之大患，皆在乎議論紛紜，言多枝葉，而驗諸實事，動輒鄰於虚妄，甚或背而馳焉。人事之乖舛，是非之顛倒，治道學術之淪胥，皆原於此，深可痛也。是以孔子又曰：「躬行君子。」其告子貢則曰：「先行其言，而後從之。」二十篇中，於此尤兢兢。今日中國，正患多議論之人，少實行之士。學者於言行合一之旨，可不重哉？可不重哉？宋趙普謂「半部《論語》，嘗以治太平」，普庸陋人也，此嚮〔一〕言耳，要不足信。顧《論語》實有可以至太平者，道在力行而

〔一〕 嚮同僞。

已矣。

文治惟願後之讀是書者，事事務實，措諸躬行，希賢希聖，察之踐履之間，堯羹舜牆〔一〕，見之寤寐之頃，於道德文化兩端，皆不託之空言。則我中國庶幾可以致太平乎？庶幾可以致太平乎？唐文治自序。

〔一〕深慕堯舜也。

凡例

一、宗旨

爲學之道，以道德爲惟一之宗旨，而道德尤以躬行實踐，不尚空言爲主。《論語》爲論道德之淵藪，此書所發明者，皆以返諸身心爲要素。

二、文法

《論語》文法，較爲深奥。初學讀法，尤以圈點爲最要。此書係用吴摯甫先生圈點本，又復參以鄙意，於文法特爲顯明。至每篇大義，仿《史記》各序體例，鄙人平日稍有心得，具録其中，貫串全書，縱横無不如志，令讀者如遊名山、如覽大川，又如遊五都之市，珍寶畢陳，應接不暇。蓋不獨學者讀書之訣，具備於是，並可爲學習國文之階梯也。

三、注解

《論語》諸家注解以朱子爲最。惟其本意在發揮義理，故文法不免繁複。兹特删繁就簡，以便學者易於了解。其朱注有未安處，則多採用古法，或參以鄙意，總以明顯爲度。

四、分課

是書爲師範學校及文科學校而設，日後即可爲中學或高等小學教授本。計共若干課，適合三年之用。每一課起處，以◎爲記，訖處以ㄥ爲記〔一〕。「大義」文之長者，或分二三節，短者作一節。無論經文及「大義」，均以熟讀爲主。

〔一〕兩種符號，均以分列段落代替。

卷一

學而篇第一

1 **子曰：「學而時習之，不亦説乎？**

學字或訓效，或訓覺〔一〕，皆未能徵之於實〔二〕。陸氏曰：「此所謂學，《大學》八條目是也。」〔三〕陳氏曰：「學字從孝，即下章所謂孝弟，以及本篇中諸學字皆是

〔一〕皆出朱子《論語集注》。

〔二〕效、覺皆屬精神境界，故云。下引陸隴其、陳琛、黄式三説，俱徵諸實行，此「實是求是」之南菁門法。

〔三〕此唐先生提煉陸隴其《松陽講義》卷四之説：「子曰：『學而時習之』，開口説一箇『學』字，要討箇著實。所學者何事？如何樣去學？注只云『學之僞言效』也，未言如何效；又云『所以明善而復其初』，亦未言善是如何？初是如何？若不討著實，則皆可爲異學所借。須將《大學》八條目細細體認。」陸隴其（一六三〇～一六九二），字稼書，浙江平湖人，康熙九年（一六七〇）進士。

也。」〔一〕黄氏曰：「聖門之教，必讀書然後爲學也。」〔二〕後説爲長。

時習者，反覆不厭，日新而月異也。之，代名詞，如「默而識之」「敏而求之」之例，即指學而言。説者，思繹既久，意漸解釋，所謂「優而柔之，饜而飫之」，「涣然冰釋，怡然理順」也〔三〕。

有朋自遠方來，不亦樂乎？

朋，同志也。自遠方來，「同聲相應，同氣相求」也〔四〕。孟子曰：「得天下英才而教育之，三樂也。」〔五〕

人不知而不愠，不亦君子乎？

〔一〕陳琛（一四七七～一五四五），字思獻，號紫峰，福建晉江人，正德十二年（一五一七）進士，著有《四書淺説》六卷、《易經淺説》八卷、《正學編》二卷等。

〔二〕黄式三《論語後案》此條注謂：「學，謂讀書……蓋學者所以學聖人之道，而聖人往矣，道在方策也。」按：陳澧《東塾讀書記》卷二《論語》云：「學者何？讀書也。」此唐先生主意。黄式三（一七八九～一八六二），字薇香，號儆居，舟山定海人，博綜羣經，有《論語後案》二十卷、《周季編略》九卷、《儆居集經説》四卷等。子黄以周，唐先生師從於南菁書院。

〔三〕句出杜預《春秋左傳集解序》文「優而柔之，使自求之；饜而飫之，使自趨之」，謂自得之過程。

〔四〕《易・乾・文言傳》文，物以類聚之意。

〔五〕《孟子・盡心上》文，謂來者皆好學樂善之菁英。

人者，非皆同志也，知與不知，聽之而已。不愠者，非特不含怒，蓋絶無絲毫之芥蔕也。不愠與説、樂相對説。生意内發爲「元」，樂散於外爲「亨」。不愠則生意又收斂於内，爲「利貞」也。《易傳》曰：「遯世无悶，不見是而无悶。」〔一〕君子以成德爲行，爲己之學，固當如是也。玩三「不亦」字，聖人循循善誘之意深矣〔二〕。

2 **有子曰：「其爲人也孝弟，而好犯上者，鮮矣；不好犯上，而好作亂者，未之有也。**

此言和氣之可以消戾氣也。人之犯上作亂出於所好。好犯上作亂有二等，一由於性情之桀傲，一由於氣習之浮囂。能孝弟則居家庭鄉黨，自無此二弊。

〔一〕《易・乾・文言傳》載孔子説「潛龍」云：「遯世无悶，不見是而无悶，樂則行之，憂則違之。確乎其不可拔，潛龍也。」此本朱注爲説。

〔二〕唐先生於《論語講義式》第一節更詳解此章，主張：「説經之法，要在以經證經，或引本經，或引他經，總以發揮心得，力去陳腐爲之。」即自得之意。

此節當與《孝經·五孝章》〔一〕《孟子》首章〔二〕參讀。

君子務本，本立而道生。孝弟也者，其爲仁之本與！」

務，專力也〔三〕。木著於地謂之本，離地即槁。人子之依於父母，亦猶是也。「本立道生」，根本固，則枝葉自然暢茂也。「孝弟爲仁之本」，親親而後能仁民，仁民而後能愛物〔四〕也。《後漢書》延篤《仁孝論》曰：「仁人之於孝，猶四體之有心腹，枝葉之有根本也。」〔五〕其説極精。

此節當與《大學》首章末節〔六〕參讀。春秋之世，兼愛之説漸萌，人倫寖廢，故有子、曾子特正本以救之。

〔一〕唐先生説的《孝經·五孝章》是指《孝經·紀孝行章》，因此章説五孝而得名。文謂居上驕、爲下亂、在醜爭，有此三者爲忤逆不孝。與有子語互證。

〔二〕《孟子·梁惠王上》載孟子言：「王何必曰利？亦有仁義而已矣。（中略）苟爲後義而先利，不奪不饜。未有仁而遺其親者也，未有義而後其君者也。」

〔三〕朱子《論語集注》注。

〔四〕《孟子·盡心上》載孟子説：「君子之於物也，愛之而弗仁；於民也，仁之而弗親。親親而仁民，仁民而愛物。」這是推恩的大義。

〔五〕這是東漢杜篤批評「時人或疑仁孝前後之證」而立的議論，文載《後漢書》本傳。

〔六〕《大學》首章末節文：「其本亂而末治者否矣。其所厚者薄，而其所薄者厚，未之有也。」

編者謹按：唐先生一九三七年刊出之《孝經救世編》卷一《孝德宏綱篇》説此章曰：「人性至善，豈有好犯上好作亂者？乃叔季之世，多有好之者，何哉？一則由於氣質之乖戾，一則染於氣習之浮囂，以爲不如是，不足以驚世駭俗而得高名也。於是國民多好犯上作亂，國性澆漓，而天下大亂矣。阮文達《論語解》謂：『此章兼《孝經》《春秋》之義。蓋《春秋》誅亂臣賊子於已然之後，《孝經》杜亂臣賊子於未然之先。』説極精確。『君子務本』節，劉向《説苑》引作孔子語。或謂『本立而道生』，乃古逸詩句〔一〕。木著於地謂之本，『仁人之於孝，猶枝葉之有根本也。』使木而離地則立槁矣，是猶幼子之離父母也。『本立』即《中庸》所謂『天下之大本』，『道生』即《中庸》所謂『天下之達道』。中和之德，充於家庭，皆中和之氣也。（《中庸》「立天下之大本」，鄭注：「大本，《孝經》也。」）『孝弟爲仁之本』，即《尚書》親睦九族，推之平章百姓，協和萬邦〔二〕。《孟子》所謂：『親親而仁民，仁民而愛物。推恩以保四海。』聖門論孝，必極其量於天下，不限於一身一家也。《初學記》引鄭本『爲仁』作『爲人』，不足信。」此可視爲先生定論。

〔一〕阮元《論語解》之説。

〔二〕《尚書·堯典》開篇之大義。

3　子曰：「巧言令色，鮮矣仁！」

《禮記·表記篇》曰：「君子言足信也，色足憚也。」〔一〕此爲天則。言何爲而巧？色何爲而令？欲以諂媚於人耳〔二〕。諂媚於人，則卑鄙齷齪，日益作僞，羞惡之良喪，而本心亡〔三〕矣。聖人曰：「鮮矣仁！」蓋既鮮，必至於絶無也〔四〕。

4　曾子曰：「吾日三省吾身，爲人謀而不忠乎？與朋友交而不信乎？傳不習乎？」

此聖門「身學」之權輿也〔五〕。

〔一〕《禮記·表記》文：「子曰：『君子不失足於人，不失色於人，不失口於人，是故君子貌足畏也，色足憚也，言足信也。』」唐先生雖倒置原句，未礙原意。

〔二〕即朱注「務以悦人」之意。

〔三〕即朱注「本心之德亡」之意。

〔四〕朱子注「專言鮮，則絶無可知」之意。

〔五〕「身學」屬省身、修身之學，乃唐先生創立之新詞，「以身作則」，自樹道德榜樣之意，與「心學」一詞相待。「權輿」，初基之意。

陸氏曰：「天地間最貴者此身耳！爲造化立心，爲生民立命，則此身也〔一〕。然最危者亦此身，爲愚不肖，甚至淪於禽獸者，亦此身也……故必當省。省之先〔二〕，有涵養之功……省之後，有克治之功……又非徒省而已也。」〔三〕

忠信所以進德也，傳習所以修業〔四〕也。不曰當忠、當信、當習，而曰不忠、不信、不習，其意尤嚴切矣。

5 **子曰：「道千乘之國，敬事而信，節用而愛人，使民以時。」**

《大學》引《詩》曰：「緝熙敬止。」又曰：「與國人交，止於信。」敬與信，相因而致也〔五〕。

《易傳》曰：「節以制度，不傷財，不害民。」惟節用而後能愛人，亦相因而不相

〔一〕此句陸氏原文作「都是這箇身」。

〔二〕此句陸氏原文作「念頭初動時」。

〔三〕陸隴其《松陽講義》卷四。

〔四〕此本《乾·文言傳》子曰：「君子進德修業。忠信所以進德也；修辭立其誠，所以居業也。」

〔五〕此以他經證本經所得之結論。

妨也。

《易傳》曰：「説以使民，民忘其勞。」[一]中國最重農政，要在「不違農時」[二]。故《豳風》之詩，必「我稼既同」，而後「上執公功」也。

此五者，蓋治道入手之大綱，猶未及乎禮樂刑政也。

或謂：「敬字乃古聖心法。」[三]不知此敬字較淺，與「修己以敬」貫徹始終者不同[四]。

6 **子曰：「弟子入則孝，出則弟，謹而信，汎愛衆而親仁。行有餘力，則以學文。」**

此章蓋古者小學之要義，即以立大學之初基也。「入孝出弟」，所以居家庭者得

[一]《易·兑》卦彖辭文：「説以先民，民忘其勞。説以犯難，民忘其死。説之大，民勸矣哉！」這是順天應人之道，故唐先生本此義中説保民之道。

[二]《孟子·梁惠王》載孟子言：「不違農時，穀不可勝食也。」

[三]指先生鄉先輩陸世儀。陸世儀(一六一一～一六七二)，太倉人，字道威，號桴亭。其《思辨録輯要》中卷三自述丁丑(一六三七)悟道云：「丁丑悟得敬字爲心法……一物一事，無一不是敬字，貫通千聖心法。」

[四]《論語·憲問》載孔子云：「修己以安百姓，堯舜其猶病諸！」此唐先生所説一以貫之，明確要求人君，主政莅事，持敬爲本，乃修正陸世儀的泛論。

乎天性矣。「謹」也「信」也，推之於制行也。「愛衆親仁」，所以處鄉黨州閭者，合乎禮意矣。「餘力學文」，推之於游藝也。「四教」章〔一〕爲大成之學，故先文後行。此章爲小成之學，故先行後文。或訓「學文」爲「識字」〔二〕，義殊偏狹，當從朱注〔三〕爲是。

7　子夏曰：「賢賢易色，事父母能竭其力，事君能致其身，與朋友交，言而有信，雖曰未學，吾必謂之學矣。」

賢賢易色，「好德如好色」也〔四〕。何以能易色？何以能竭力？何以能致身？何以能有信？四者皆出於誠意也〔五〕。而欲誠其意者，先在於致知格物。故知其必出於學。

〔一〕《論語・述而》載：「子以四教：文行忠信。」是爲四教章。

〔二〕黄式三《論語後案》引戚學標之説，謂其解釋「學文」爲「識字」。按：遍檢戚學標《四書偶談》《四書續談》，俱未見此釋。而毛奇齡《四書賸言》引姚立方之説云：「此文是『字』字，並非『《詩》《書》六藝之文』，言弟子少閒，使學字矣……小學爲寫字之學。」而劉逢禄《論語述何》：「文者，字之始。誦法六經，先正聲音文字，謂小學也。」是以寫字、識字爲學文之明顯例子。

〔三〕朱子注「文」曰：「文謂《詩》《書》六藝之文。」按：陸德明《論語音義》引馬融注「文者古之遺文」及鄭玄注「文，道藝也」，是朱注所本。

〔四〕《論語・子罕》載孔子語：「吾未見好德如好色者也。」

〔五〕此本朱注「好善有誠」爲説。

子夏，文學家也〔一〕，其重篤行若此，蓋一則以當時多菲薄、悃愊、浮華之士，一則多謂生質既美，無待於學，故特曰：「吾必謂之學。」見學與行之相需而不相離也。

8　子曰：「君子不重則不威，學則不固。

此君子乃未成德之君子。重、威，定命之學也。《左氏傳》曰：「有威而可畏謂之威。」又曰：「有動作禮義威儀之則，以定命也。」《詩》曰：「天保定爾，亦孔之固。」定者，定命也。惟定命，而後能固。凡動作輕浮者，其學皆不足恃也。惟重與威，亦不可出於虛假耳。或訓固爲固陋，以「學則不固」別爲一節者〔二〕，謬。

主忠信。

重威，居敬之學也，見乎外者也。忠信，存誠之學也，本乎內者也，故曰主。

〔一〕此本朱注引游氏之言「子夏以文學名」爲說。

〔二〕黄式三《論語後案》謂：「邢疏『固』訓『錮蔽』，『學則不固』別爲一節。」唐先生本此，「或」乃指邢昺。謹按：何晏《論語集解》：「孔（孔安國）曰：『固，蔽也。』一曰：『言人不能敦重，既無威嚴，學又不能堅固，識其義理。』」並列二説，邢昺未破，俱兩解並列，亦未別爲一節。

以上五章皆言信，人生以信爲最重也〔一〕。

無友不如己者。

或曰：「君子嘉善而矜不能，若皆友勝己者，則不如己者，何以成其德乎？」不知惟成德之君子，可以矜不能。若未成德之君子，而友不如己者，則此心將流於驕肆，而失其所學矣。或謂不如己乃不類己者，言「道不同不相爲謀」也〔二〕。此別一義。

過則勿憚改。」

憚者，因循畏難之意〔三〕。過出於無心，故改之即可以無過。憚生於有心，故憚改將成爲大惡。曰「勿」者，本吾心以斬絕之而永決之也。

以上四者，爲學者入德之大要。

9 曾子曰：「慎終追遠，民德歸厚矣。」

〔一〕朱注忠信並言，唐先生則彰揚信德。
〔二〕黃式三《論語後案》説。
〔三〕本朱注「畏難」之説。

此以喪禮、祭禮教民也。慎終者，所謂「三日不怠，三月不懈，期悲哀，三年憂」〔一〕是也。追遠者，所謂「反古復始，不忘其所由生」也〔二〕。「曾子每讀喪禮，泣下霑襟」〔三〕。喪禮易啓人之哀心，祭禮易啓人之敬心〔四〕，故六禮〔五〕之中，喪、祭爲九重。提倡之責，固在君相，亦在師儒也。不云「民德厚」而云「歸厚」者，一則歸復其生初之至性，一則歸復周初仁厚之風也。

《皇疏》引熊埋曰：「欣新忘舊，近情之常累。信近負遠，義士之所棄。」其説亦足鍼砭末俗。

10　子禽問於子貢曰：「夫子至於是邦也，必聞其政，求之與？抑與之與？」

本經有「道不行」之歎。《史記》稱：「孔子明王道，干七十餘君莫能用。」此章乃

〔一〕《禮記・喪服四制》述「始死」之後禮儀節制。
〔二〕《禮記・祭義》起筆表明「竭力報親」要義。
〔三〕《尸子》卷下文。
〔四〕《禮記・少儀》謂：「祭祀主敬，喪事主哀。」此意唐先生所本。
〔五〕《禮記・王制》謂：「六禮：冠、昏、喪、祭、鄉、相見。」

言「必聞其政」，蓋聞者，掌故之得失，風俗之美惡焉耳，非委託以政也。或聞之於諸侯，或聞之於國老卿大夫，亦非專指邦君言也。時人疑夫子亦出於求，故陳亢雖以求、與並問，而其語意亦偏重於求。

子貢曰：「夫子温、良、恭、儉、讓以得之。夫子之求之也，其諸異乎人之求之與？」

朱注：「温，和厚也；良，易直也；恭，莊敬也；儉，節制也；讓，謙遜也。五者夫子之盛德光輝接於人者也。」然此特就淺者言之耳，「若細別之，則天地之氣備焉」。李氏曰：「温者和藹，春氣也；良者明達，夏氣也；恭者嚴肅，秋氣也；儉者收斂，冬氣也；讓則若無若虛，如土氣之流行於四時也。」〔一〕

聖人渾然天德，未易爲俗人言也。「其諸」「諸」字，即指五德而言。本經如「人其舍諸」「諸」字，指賢才言。「堯舜其猶病諸」「諸」字，指博施濟衆安百姓言。凡經傳中「諸」字例，皆以虛字作實。

〔一〕此注載李光地《榕村四書説·讀論語劄記》文。按：唐先生把原文「若細別之，則天地之氣備焉」句置於「李氏曰」前，取文意之順暢。此句李氏文之首句，乃爲一體。又「讓則若無若虛」，李氏原文作「讓則盛德若虛」，「若無」二字應爲「盛德」。李光地（一六四二～一七一八），字晉卿，號榕村，泉州人，康熙九年（一六七〇）進士，官至吏部尚書、文淵閣大學士。

「異乎人之求之」者，猶孟子言伊尹以堯舜之道要湯之意，闢時人之見也〔一〕。

11　**子曰：「父在，觀其志；父没，觀其行；三年無改於父之道，可謂孝矣。」**

觀其志，觀子之志也。觀其行，觀子之行也。

汪氏曰：「三年無改，爲其合於道也。何以言三年也？蓋致於三年而無改，則可概以終身也，是以可謂之孝。若非道而猶不改，則是成父之過矣。」〔二〕

先儒謂改父之道，所行雖善，亦不得爲孝〔三〕。恐失經旨〔四〕。

編者謹按：唐先生《孝經救世編》卷一《孝德宏綱篇》説此章曰：「吾友曹氏叔彦謂：『三年指居喪而言。苟非大無道之人，事關民生休戚、國家存亡，何至斬焉在憂服之中，改絃更張，

〔一〕《孟子·萬章上》載萬章問曰：「人有言『伊尹以割烹要湯』，有諸？」孟子曰：「否，然。伊尹耕於有莘之野，而樂堯舜之道焉。非其義也，非其道也，禄之以天下弗顧也，繫馬千駟弗視也。非其義也，非其道也，一介不以與人，一介不以取諸人。」此孟子以道義維護伊尹，唐先生以此點出子貢維護孔子神聖用心。

〔二〕唐先生徵述汪中説大要。汪中《述學·内篇》卷一《釋三九下》謂：「曾子曰：『君子之所謂孝者，先意承志，諭父母於道。』此父在而改於其子者也。是非以不改爲孝也。然則何以不改也？爲其爲道也。三年云者，雖終其身可也。」

〔三〕此先儒指朱子。朱子《論語集注》云：「父在，子不得自專，而志則可知。父没，然後其行可見。故觀此足以知其人之善惡，然又必能三年無改於父之道，乃見其孝。不然，則所行雖善，亦不得爲孝矣。」

〔四〕「恐失經旨」句，唐先生《孝經講義（八）：孝經翼（《論語》論孝）》本章修訂爲「恐未是」。

急不能待？』〔一〕且引鯀、禹、厲、宣事爲證。愚謂曹氏説正當不磨〔二〕。《禮記・祭法》篇『禹能修鯀之功』，《楚詞・天問》篇『纂就〔三〕前緒，遂成孝功』，酈道元《水經注》『龍門』以下猶有所謂鯀堤者，以鯀之惡，禹猶能修其功而底於善。周宣王時詩，無一語及厲王之失，皆可謂孝矣。自此義不明，爲人子者動欲顯親之短，揚己之長，以妄作聰明，本實先撥，居心不可問矣。又按：《子張》篇論孟莊子之孝，當與此章參看。」

12 **有子曰：「禮之用，和爲貴。先王之道斯爲美，小大由之。**

世衰道微，邪説暴行並作，直以禮爲束縛人之具，故有子明揭之曰「禮之用和爲貴」。蓋禮根於秩序，有秩序，自然能和，此《尚書》「天叙天秩」所以繼以和衷〔四〕，而

〔一〕曹元弼《聖學挽狂録・論語・學而》「父在觀其志」章文。唐先生《孝經講義（八）：孝經翼（《論語》論孝）》並續徵引曹氏文云：「若於居喪未滿之時，即大改厥考所爲，以揚親之惡，於心安乎？」

〔二〕唐先生《孝經講義》云：「此説尤善。」

〔三〕「就」字，原誤作「修」。

〔四〕《書・皋陶謨》：「天叙有典，敕我五典五惇哉！天秩有禮，自我五禮有庸哉！同寅協恭，和衷哉！」孔穎達《尚書正義》云：「典禮德刑皆從天出。（中略）接以常禮，當使同敬合恭而和善哉！」

「正德利用厚生惟和」〔一〕，皆原於是。「率性之謂道」〔二〕，先王制禮，無非因人性所固有，率而行之。是以小事大事，無不由之，而非有所勉强也。

有所不行，知和而和，不以禮節之，亦不可行也。」

敬者禮之體，和者敬之用，故《禮記·樂記》曰：「夫敬以和，何事不行？」〔三〕惟以禮爲束縛，而不以敬爲主，故日流於放蕩。「知和而和」，則性情縱恣，而越乎天則之範圍矣。春秋原壤，戰國時蒙莊，後世清談之流皆是也。曰「亦不可行」者，言以禮爲束縛者固非，若一意以放曠出之，則亦不可行也，其防弊之意至深遠矣。

13　有子曰：「信近於義，言可復也；恭近於禮，遠耻辱也；因不失其親，亦可宗也。」

朱注：「此言人之言行交際，皆當謹之於始，而慮其所終。不然，則因仍苟且之間，將有不勝其自失之悔者矣。」語極警切。

陸氏曰：「兩『近』字、一『不失』字，必先有窮理之功，不然，則以非義者爲義，非

〔一〕《書·大禹謨》孔穎達正義：「正身之德，利民之用，厚民之生，此三事惟當諧和之。」

〔二〕《中庸》文。

〔三〕《禮記·樂記》謂：「夫敬以和，何事不行？爲人君者謹其所好惡而已矣。」這是對統治意志善意的提點。

禮者爲禮，不當親者爲可親矣。曰：『可復。』曰：『遠耻辱。』曰：『可宗。』皆有一再審慎而後踐履之意，故此章當與《三省章》參讀，乃戰戰兢兢之義，非泛論也。」〔一〕

或以「因」作昏姻解，「宗」作宗族解〔二〕，迂曲難通。

14 子曰："「君子食無求飽，居無求安，敏於事而慎於言，就有道而正焉，可謂好學也已。」

此章有二義。

一係側説，蓋人若不求安飽，而不能敏事慎言，則無以措之於實行；若敏事慎言，而不能就正有道，則所學尤恐不得其正。

一係平説，蓋不求安飽，所以立好學之志；敏事慎言，所以踐好學之實；就正有道，所以明好學之徑途。然人所以不能好學者，皆安飽之念誤之也，故學者必先立

〔一〕陸隴其《松陽講義》卷四。

〔二〕黄式三《論語後案》徵引並肯定的武億説。武億（一七四五～一七九九），字虚谷、授堂，河南偃師人，乾隆四十五年（一七八〇）進士，在山東淄博創辦范泉書院。武億之説見《羣經義證》卷二《論語》。劉寶楠《論語正義》引此條誤作桂馥。

志。若志不立，則品行卑污，雖鞭策之而不起矣。

先儒謂此章當與「日知所亡」章〔一〕參看。「日知」章勵爲學之進步，故其所好者必須臾不離。此章立爲學之根基，故其所好者必絲毫不雜也。

15　子貢曰：「貧而無諂，富而無驕，何如？」子曰：「可也。未若貧而樂，富而好禮者也。」

此章言學問之無窮也。樂，樂道也。無諂無驕，猶未忘乎貧富也。樂與好禮，則超乎貧富之外〔二〕。素位而行，非因貧而後樂道、因富而後好禮也，乃進於樂天知命之學矣。子路終身誦「不忮不求」之詩，夫子戒以「何足以臧」，亦此意也。

子貢曰：「《詩》云：『如切如磋，如琢如磨。』其斯之謂與？」

許氏《説文序》曰：「分理相別異。」切，分也。至於磋，則析之極其精矣。琢，理也。至於磨，則治之極其密矣。

〔一〕《論語・子張》：「子夏曰：『日知其所亡，月無忘其所能，可謂好學也已矣。』」
〔二〕本朱子《論語集注》説。

黃氏曰：「《大學》：『如切如磋者道學也，如琢如磨者自修也。』《爾雅》文同。蓋古訓也。切磋者必判其分理之細，道學似之。琢磨者必去其瑕玷之微，自修似之。」〔二〕

子曰：「賜也，始可與言《詩》已矣！告諸往而知來者。」

往者，其所已言者。來者，其所未言者。蓋即聞一知二之意。黃氏曰：此章首節論貧富，次節言學問行詣，當愈進而愈深。三節言説《詩》家法，見論學觸類旁通之妙，各有意義。俗解泥貧富言，恐失其藴矣。

16 **子曰：「不患人之不己知，患不知人也。」**

此章與首章末節及《堯曰》篇末章末節均相應，意尤重在末句。蓋知人爲窮理之學，若爲政而不知人，則無以辨善惡邪正之分，而好惡流於乖僻，是政治中之患。若爲學而不知人，則無以辨詖淫邪遁之失，而趨向入於歧途，是學術中之患。故知人之

〔二〕黃式三《論語後案》文。按：黃氏原文「《大學》《爾雅》同」，唐先生疏通文意；又「判其分理之細」之「分理」，徵文作「文理」，今以黃氏原文爲正。

學，爲聖門先務之急。或曰：「知人者，當愛而知其惡，憎而知其善。」〔一〕説亦深細。

學而篇大義

《論語》開宗明義曰學，學字古文从爻从子，即古孝字。學者何？孝弟而已矣。仁者人心之德，所以爲人之本也。爲仁之本自孝弟始，失仁之端自巧言令色始。自古聖賢豪傑，孰不從家庭愛敬中來？天下穿窬盜賊，孰不從逢迎諂媚中來？養正之功，端在於是。此貫串之義，讀《論語》者入門法也。

曰「不亦説乎，不亦樂乎」，明爲學當求説與樂也。《易・乾》卦之初爻曰潛。潛者，聖人之至德。《學而》首章曰「人不知而不愠」，其末章曰「不患人之不己知」，《堯曰》之末章曰「不知命，無以爲君子」，皆潛德也。學問淺露，動輒表暴於人，浸至馳逐於名利之場，隳其品行，皆求知之一念爲之，此聖人所深痛，而學者之大戒，是《論語》二十篇徹始徹終之要旨也。

〔一〕 黄宗羲《明儒學案》卷八五。

「曾子三省」章以下，大抵皆爲初學而言。曾子非於三省之外，别無所事，曰忠信，曰傳習，教學者以簡易之目也。湯之盤銘曰：「苟日新，日日新，又日新。」能行三省之法，吾德庶幾其日新乎？凡人每日沐時，至少凡三。有能行三省之法，去其面之垢，即以去其心之垢者乎？

「道千乘之國」，政治學之初基也。「弟子入則孝」章，古時小學之教也。「賢賢易色」，事親竭力，事君致身，交友有信，性情品行之本原也。「不重則不威」章，皆教初學以篤實之旨，蓋不實則浮，浮則囂，囂則誕，學問終身無成矣。故學者以「重」爲尤要，能敬其庶幾「重」乎！

聖門立教，首重人倫；而孝弟，人倫之本也；「慎終追遠」，孝之本也，甚哉有子、曾子之言似夫子也！蓋天下固有不治父母之喪者矣。有春靈秋霜，歲時伏臘，不祀其先人者矣。民德之薄如此，孰使之然？亦可痛矣哉！「温良恭儉讓」，聖人處世之道，即學者學聖人之階梯也。「三年無改於父之道」，尤爲教孝之義。曷爲限以三年？曰：「三年，概以終身可也。如有非道者，改之可也。」

《易傳》曰：「履和而至。」又曰：「履以和行，謙以制禮。」「禮之用，和爲貴」，初學應世之方也。「小大由之」，貫始終一也。「信近於義」，言始可復；「恭近於禮」，始遠耻辱；「因不失其親」，始可宗。初學苟非辨之於早，有終身之失足者矣。

《論語》二十篇，時時教人以好學，而惟「食無求飽」數言，尤爲淺近而篤實。「貧而無諂，富而無驕」，學者之行，宜由淺以及深。學《詩》之義，亦宜由淺以入深。「告諸往而知來者」，治經之法也，所謂「舉一隅以三隅反」者也。「不患人之不己知」，與不知不愠義相應。

凡讀《論語》之法，有苦思力而始得之者，有淺近而易曉者，至於平易近人，親切有味，則《學而》一篇，尤宜三復也。而文治則更有進者。聖人教人最要之宗旨，讀書與立品，宜合爲一。故先儒謂讀《論語》每讀一篇，人品宜高一格，若書自書我自我，終其身與書隔閡，猶之不讀書矣。今學者玩時習之教，其亦知反諸身而體諸於心乎！

附録：論語講義式·論語首三章講義

【釋】唐先生極度重視《論語》首三章，視之爲理解孔子精神之基礎，故耳提面命，舉以爲範式。於一九三八年國難時期滬上講學，專門講述此三章，演示實事求是之讀書門徑，本《論語大義》首三章講義而成之《論語講義式·論語首三章講義》，原載一九四〇年出版《交通大學演講録》第四期第十三講《孟子周易學》之附録。唐先生演示「實事求是」之經學家法，故稱之爲「式」，乃總持其經學撰述之精神，展示方法與原則；而特揭「君子教育」爲《論語》精義所在，則説經精神因之而立，乃先生晚年定論也。今附於此，讀者循讀而知其全體大用焉。

宋朱子論讀書之法：「上章未明瞭，不得讀下章；上節未明瞭，不得讀下節；上句未明瞭，不得讀下句。」〔一〕（其有一節或數句，相因而致，當連同研究者，不在此例。）其精細如此。後世經學晦塞，全由講家囫圇吞棗，影響模糊，遂致誤人子弟，深爲嘆惜。須知講經，一字一句，皆當求其實在。兹特講《論語》開首數章以爲法式。

子曰：「學而時習之，不亦説乎？有朋自遠方來，不亦樂乎？人不知而不愠，不亦君子乎？」

孔子言學而時習之，此學字貫《論語》二十篇，究係何學？或曰：「《先進篇》子路言：『何必讀書，然後爲學？』夫子斥之爲佞。是讀書乃所以爲學也。」〔二〕此説是也。或曰：「學字當求之本篇之中，第二章言孝第、言仁，第三章言仁，『三省』以下五章皆言信，是學者當學仁學信也。」或曰：「《弟

〔一〕此唐先生概述朱子《答林退思》之意，原文云：「須且讀一書，先其近而易知者，字字考驗，句句推詳，上句了然後及下句，前段了然後及後段，乃能真實該徧，無所不通，使自家意思便與古聖賢意思泯然無間，不見古今彼此之隔，乃爲真讀書耳。」

〔二〕黄式三《論語後案》之説。

子章》之學文、《賢賢章》之學人倫、《食無求飽章》言好學，以及《論貧富章》切磋琢磨，求學問之進步，皆首章學字之義。」此二説則更精矣。或曰：「此學字即大學之道，格致誠正修齊治平皆是也。」〔一〕此説恐未然。蓋本篇學字均係初學淺近功夫，尚非大學之道。朱注「學之爲言效也」是指行言，又曰「人性皆善，而覺有先後」，是指知言；又曰「後覺者必效先覺之所爲」，可見爲學尤重知行合一也。

「時習」，舊解作「時時温習」〔二〕，意義太淺。竊謂時字有二義：一，古大學教法，春誦夏絃，秋學禮，冬讀書，因四時以書教，即順四時以嚮學。二，《禮記·學記篇》曰：「當其可之謂時。」因程度之高下，當其可而爲之學，無躐等陵節之弊，斯謂之時。習字有取于鳥數飛，何也？《小宛》之詩曰：「題彼脊令，載飛載鳴，我日斯邁，而月斯征。」脊令之飛最迅疾，學問之邁征，當無時或息也。

「説」字，舊解「所學者熟，而中心喜説其進自不能已」〔三〕，亦覺太淺。《禮記·文王世子篇》大學之士「其成也懌，恭敬而温文」，蓋其説懌之象，有見於面、盎於背者，非尋常之喜説也。

「有朋自遠方來」，古時遠方不過九州之内，若知〔四〕近世，則東海西海有聖人出焉，此心同此理

〔一〕陸隴其《松陽講義》卷四之説。
〔二〕朱子《論語集注》文。
〔三〕朱子《論語集注》文。
〔四〕「知」字疑爲「如」之誤。

同也；南海北海有聖人出焉，此心同此理同也。不遠數萬里而來，可見我之學説，徧傳於世界之内。《孟子》曰：「得天下英才而教育之，三樂也。」此樂非尋常之樂也。人字與朋字相對，朋者同志，親之之辭；人者疏之之辭，上自君相，下至社會，皆人也。

我有極高深之學問，無怪乎人之不知，《老子》所謂知希我貴也〔一〕，何愠之有？《易傳》曰：「遯世无悶，不見是而无悶。」惟悶故愠，愠則奔走運動之事起，品行掃地矣。

君子二字，有作平解者，如某君某子，尊稱也；有作側解者，古時在大學畢業者，統稱君之子，與天子諸侯世子等，則並尊其親矣。《論語》一書，無非「君子教育」；二十篇中，君子凡一百有四處，故以此冠於首章。學者，所以學爲君子也。末世教育失其本，而君子之名廢矣。

説經之法，要在以經證經，或引本經，或引他經，總以發揮心得，力去陳腐爲之。如「其爲人也孝弟」節，重在二「好」字。人性皆善，何以有好犯上、好作亂者？蓋此「好」字，一則出於氣質之狂誕，一則出於氣習之浮囂，故專以反對長上爲是。若出於性之所好，孝弟則上下和睦無怨，乖戾之氣自然消除。先儒謂：「《春秋》誅伐亂臣賊子於已然之後，《論語》培養忠臣孝子於未然之前。」〔二〕此之謂也。故首節通於《孝經》義，兼通於《春秋》義。

〔一〕老子《道德經》云：「知我者希，則我者貴。是以聖人被褐懷玉。」
〔二〕此阮元《論語解》説。

有子曰：「其爲人也孝弟，而好犯上者，鮮矣；不好犯上，而好作亂者，未之有也。君子務本，本立而道生。孝弟也者，其爲仁之本與！」

《中庸》立天下之大本，鄭注：「大本，《孝經》也。」木植於地謂之本，若樹木拔之離地，立即枯槁以死，猶孺子離父母，立即凍餓以死，是故父母者，人之本也，仁人之於孝，猶手足之有腹心，枝葉之有根本也。後漢延叔堅《仁孝論》，不可不熟讀也。《中庸》：「中也者，天下之大本也；和也者，天下之達道也。」由致中以之和，本立而道生也，故次節通於《中庸》義。「孝弟」爲仁之本。仁者人也，人而不孝不弟，不得謂之人。

子曰：「巧言令色，鮮矣仁！」

爲人之要，自孝弟始；不仁之端，自巧言令色始。朱注云：「專言鮮，則絶無可知。」何也？蓋我而有口，我而有面貌，皆有一定之法則，何爲乎巧言？何爲乎令色？非爲諂媚達官貴人，而欲得富貴乎！《孝經》曰：「不愛其親而愛他人者，謂之悖德；不敬其親而敬他人者，謂之悖禮。」余幼時嘗疑之，以爲天下決無悖德悖禮之人，迨閱歷世故，乃知此等人所在多有。他人者，達官貴人也。愛之敬之者，求富貴名利也。於是巧言令色，其心不可問矣。子曰：「巧言令色，鮮矣仁。」誅其心也。苟國民多巧言令色之人，則氣節掃地，其人無以立於天地之間，其國亦無以立於世界之内。嗚呼！聖人之言，萬世氣節之標準，即萬世立國之根本也。彼諂媚求利之徒，何能復容於天下哉！

卷二

爲政篇第二

1 **子曰：「爲政以德，譬如北辰，居其所而衆星共之。」**

此政治統一之説也。德，如《皐陶謨》之九德，《洪範》之三德是也。居其所，猶《書》所謂：「安汝止。」〔一〕非清靜無爲之謂。衆星共之，言旋繞而歸向之也。

〔一〕《書·益稷》載禹曰：「安汝止。惟幾惟康，其弼直。」孔安國傳説：「言慎在位，當先安好惡所止。念慮幾微，以保其安。其輔臣必用直人。」裴駰《史記集解》引鄭玄注云：「安汝之所止，無妄動。」是漢儒解釋《尚書》「安汝止」，皆含謹慎恐懼之意，孔穎達《尚書正義》疏説：「此禹重戒帝，覆上『慎乃在位』。『當先安好惡所止』，謂心之所止，當止好，不止惡。言惡以刑好也。《大學》云：『爲人君止於仁，爲人臣止於敬。』『好惡所止』謂此類也……帝先能自安所止，心之所止，止於好事。」孔《疏》引《大學》立義，正唐先生强調之君德修爲。

取象於星者何?「庶民惟星」〔一〕,《釋名》:「星,散也。」〔二〕惟有德以翕聚之,而後散者歸於一。不然,「月之從星,則以風雨」,是爲亂象〔三〕。《大學》曰:「君子先慎乎德,有德此有人,有人此有土。」蓋政治之統一,不徒統一乎土地,要在統一乎人心。德者,統一人心之具也。

2　子曰:「《詩》三百,一言以蔽之,曰思無邪。」

此夫子刪《詩》後之定論也。

蔽,括也。夫子刪《詩》,以思爲主。凡思之近於邪者皆刪之,其存者皆無邪者也。無邪之義,淺言之,「發乎情,止乎禮義」,雖鄭衛之詩,亦無非懲惡而勸善。若深言之,則與《禮》之「毋不敬」相合。蓋《詩》以《雅》《頌》爲重,如《文王》《大明》《昊天

〔一〕《書·洪範》言:「庶民惟星,星有好風,星有好雨。」按:此觀庶民之象。

〔二〕「星,散也」原作「散,星也」,據劉熙《釋名·釋天》文爲正。謹按:《釋名·釋天》云:「星,散也,列位布散也。」下又云:「霰,星也,水雪相摶如星而散也。」則若「散,星也」之「散」,實爲雨霰之霰。唐先生言散乃謂散慢離心,非如雨水之霰,不可收拾者,故復《釋名》之本文。

〔三〕《書·洪範》文,孔安國傳謂:「月經於箕則多風,離於畢則多雨。政教失常以從民欲,亦所以亂。」

有成命》《敬之》諸篇，凡周公所作者，皆以敬天命爲主。魯爲周公之國，故《魯頌・駉》篇有「思無邪」一言，乃敬天命之旨也。

3 **子曰：「道之以政，齊之以刑，民免而無耻；道之以德，齊之以禮，有耻且格。」**

此霸術也。

道，引道之。齊，畫一之。政、刑二字，辨之當精。春秋時尚無申、韓之刻覈，大抵如管子之作内政、子産之鑄刑書，故民能免於刑罰。無耻者，因在上者專以功效爲學，是以在下者亦急功近名，而羞惡之良泯。故善治民者，必先治民之心理。

此王道也。

德、禮二字，析之當精。德，如《書》所謂「正德」〔一〕，内省不疚〔二〕，不愧屋漏是

〔一〕《書・大禹謨》三事：「正德、利用、厚生，惟和。」孔安國傳謂：「正德以率下，利用以阜財，厚生以養民。三者和，所謂善政。」正德爲自正其德。孔穎達《尚書正義》疏説：「自正其德，居上位者正己以治民，故所以率下人。」如此乃「德政」的基礎。

〔二〕《論語・顔淵》載孔子語：「内省不疚，夫何憂何懼？」

也〔一〕。禮，如五禮、六禮等皆是，而從宜之道寓焉。有恥且格者，感乎於心理也。或解格爲變革者〔二〕，殊淺。

《孟子》曰：「善政不如善教之得民。」得民者，得民心也。《禮記·緇衣篇》曰：「夫民教之以德，齊之以禮，則民有格心。教之以政，齊之以刑，則民有遯心。」亦指心理而言。故欲治民之心理者，必先治己之心理〔三〕。

4　子曰：「吾十有五而志于〔四〕學。」

學，即《大學》格致、誠正、修齊、治平之道，知行並進者也。凡學聖之方，必先立志。聖人所以憤忘食、樂忘憂者，悉基於是。

〔一〕《詩·大雅·抑》：「相在爾室，尚不愧於屋漏。」此《中庸》慎獨之義。張載《西銘》云：「不愧屋漏爲無忝，存心養性爲匪懈。」朱子《詩集傳》强調：「此正心誠意之極功。」

〔二〕黄式三《論語後案》謂：「格、革，音義同。何氏訓正，變革不正以歸於正也，義亦通。」

〔三〕此儒家要求當政者正己爲先務。

〔四〕「于」字，定州竹簡本、王充《論衡·實知》、漢石經本、高麗本，並阮元本皆作「乎」。朱子注亦作「志乎道」。翟灝《四書考異》云《論語》「於」字獨於此章爲「于」，乃傳寫過程中致誤。翟灝，字大川，浙江仁和人，乾隆十九年（一七五四）進士，著《家語發覆》《四書考異》等。

三十而立。

立，謂立於禮也。品節明而德性定，至此而「富貴不能淫，貧賤不能移，威武不能屈」矣[一]。此指力行而言，而知在其中。

四十而不惑。

不惑者，於事物之理，皆無所疑，所謂知者不惑是也。至此而詖淫邪遁皆無所匿其情矣。此指致知而言，而行在其中。或疑不惑當在立之先[二]。不知立乃可與立，不惑乃可與權也。

五十而知天命。

天命，天道之流行而賦於物者，乃事物所以當然之理，至此則由知人以知天矣。亦指致知而言，而行在其中。子曰：「五十以學《易》。」《易》，盡人以合天[三]，是以

[一]《孟子·滕文公下》孟子稱述「大丈夫」語。

[二] 黄式三《論語後案·爲政二》謂：「立必先不惑。」是謂不惑在立之先。

[三] 孫奇逢《四書近指》卷二云：「聖人立教，是盡人以合天。」孫奇逢（一五八四～一六七五），字啓泰，號鍾元，直隸保定人，萬曆二十八年（一六〇〇）順天鄉試舉人，與東林黨人來往密切；明亡，講學於輝縣夏峰村，世稱夏峰先生，屢召不仕，稱孫徵君。

「窮理盡性，以至於命」，而知天地之化育。

六十而耳順。

聲入心通，無所違逆，至此而聞一善言，見一善行，若決江河，沛然莫之能禦。蓋知之精而行之熟矣。

七十而從心所欲，不踰矩。」

隨其心之所欲，自不過於法度。至此而「由仁義行，非行仁義」〔一〕，「不勉而中，不思而得」〔二〕，爲「安行」〔三〕之極則矣。

李氏曰：「欲，指心所省察而言，乃聖人之謙辭，非因心以造矩也。」義亦切實。此章聖人自言得力之大綱，非謂一知一行，進學必有年限也。講章或偏重天命〔四〕，

〔一〕《孟子·離婁下》載孟子語。
〔二〕《中庸》文：「誠者，不勉而中，不思而得，從容中道，聖人也。」
〔三〕《中庸》文：「或安而行之，或利而行之，或勉强而行之，及其成功，一也。」安行指聖人之德。
〔四〕張栻《論語解》：「不勉不思，而皆天則也。」陸隴其《松陽講義》卷四：「聖人隨心所發，皆是天理。」陸隴其《四書講義困勉録》卷五謂：「矩即是天命。」

或偏重心字、矩字者〔一〕，俱非。

5 **孟懿子問孝。子曰：「無違。」**

朱注：「無違，謂不背於理。」

黃氏曰：「《左傳・昭公七年》孟僖子屬何忌〔二〕於夫子，使事之而學禮。」是懿子之孝，惟禮盡之〔三〕。無違者，即告以無違於禮也〔四〕。

樊遲御，子告之曰：「孟孫問孝於我，我對曰『無違』。」

朱注：「夫子以懿子未達而不能問，恐其失指，而以從親之令爲孝，故語樊遲以發之。」

黃氏曰：「懿子未必失指，重述於樊遲之御者，方值問孝之後也。」〔五〕

〔一〕李顒《四書反身録・論語》：「人人有是心，心有是矩。」

〔二〕何忌是孟懿子之名。

〔三〕黃式三《論語後案》引陳傅良語。陳傅良（一一四一～一二〇三），字君舉，號止齋，温州瑞安人。

〔四〕黃式三《論語後案》並指出「古人凡背禮者謂之違」。

〔五〕黃式三《論語後案》。

樊遲曰：「何謂也？」子曰：「生，事之以禮；死，葬之以禮，祭之以禮。」

朱注：「是時三家僭禮，故夫子以是告之。」〔一〕

黄氏曰：「生事葬祭，乃申言禮之大綱，非必爲三家而發〔二〕。」俱可别備一義。

6　孟武伯問孝。子曰：「父母唯其疾之憂。」

朱注謂：「人子當身慎疾，而以父母之心爲心。」〔三〕義極精確〔四〕。

或曰：「子憂父母之疾，《孝經》所謂病則致其憂是也。上章言喪則致其哀，祭則致其嚴，下二章言居則致其敬，養則致其樂，義相連屬。」〔五〕

〔一〕「告之」，朱子《論語集注》卷一作「警之」。

〔二〕黄式三《論語後案》之大義。

〔三〕朱子《論語集注》卷一。黄式三《論語後案·爲政二》指出「《注》言慎疾之道，本謝氏」。

〔四〕唐先生《孝經講義（八）：孝經翼（《論語》論孝）》補充云：「試思人子當疾病時，父母之慢慮急迫爲何如？我而不知慎疾，致使父母有限之精神，消磨於生我劬勞之後，良知尚在，何以自安？」載上海《大衆》雜誌第二十九期，一九四五年，頁七三。

〔五〕此釋唐先生依據黄式三《論語後案》所概括王充《論衡·問孔》及《淮南子·説林》高誘注的大意，是東漢時代的看法。

或曰：「此疾概言身心之疾，猶言弊病。」〔一〕如《孟子》所言「惰其四支」等五者〔二〕，固疾也。曾子所言「居處不莊」等五者〔三〕，亦疾也。身心之疾，非藥石可療，故夫子於問孝時示之。

二説皆足補朱注所未備。

編者謹按：唐先生《孝經救世編》卷二《病則致憂篇》説此章曰：「朱注：『父母愛子之心，無所不至，惟恐其有疾病，常以爲憂。人子體此，而以父母之心爲心，則凡所以守其身者，自不容於不謹矣。』此蓋本馬氏注，謂父母憂其子之疾。或曰子憂父母之疾：『《孝經》所謂「病則致其憂」是也。上《孟懿子問孝章》言「喪則致其哀，祭則致其嚴」，下子游、子夏問孝二章，言「居則致其敬，養則致其樂」，義相連屬。』是謂人子憂父母之疾〔四〕。愚謂二説本宜溝通。曹氏叔彦曰：『孩提幼兒，往往多病，而所苦不能自言。父母心誠求之，曲中其隱以療之，自少至

〔一〕黄式三《論語後案》。

〔二〕《孟子·離婁下》載孟子語：「世俗所謂不孝者五：惰其四支（肢），不顧父母之養，一不孝也；博奕，好飲酒，不顧父母之養，二不孝也；好貨財，私妻子，不顧父母之養，三不孝也；從（縱）耳目之欲，以爲父母戮，四不孝也；好勇鬥很（狠），以危父母，五不孝也。」

〔三〕《禮記·祭義》載曾子語：「居處不莊，非孝也；事君不忠，非孝也；莅官不敬，非孝也；朋友不信，非孝也；戰陳無勇，非孝也。五者不遂，災及於親，敢不敬乎？」

〔四〕此概括黄式三《論語後案》之説。

長，不知幾經憂勞。人子思此，則父母之疾，其憂當何如乎？況子疾父母憂之而愈，父母之疾子或憂之而仍不能愈，人子思之，其憂當何如乎？痛自衰世，人心陷溺。竟有「久病無孝子」之諺，所謂哀莫大於心死者，苟尚有人心，清夜思之，其可以爲人、可以爲子乎？』曹氏之言，至爲沈痛。試思久病而果無孝子，父母之痛苦爲何如？痛憶不孝文治侍先妣胡太夫人肝暈疾，凡十二年，迨愈後，又患半身不遂證，侍疾又十年，每至病情加重，輒覺惶急無路。曹氏又有《書懷詩》云：『白髮梵梵銜恤兒，淒涼風木不勝悲。回思中夜祈天日，猶是吾生最幸時。』『同心之言，讀之下淚。然則致憂猶吾生最幸時也，倘得轉危爲安，喜何如乎？惟視人子至誠所格而已。」

7 子游問孝。子曰：「今之孝者，是謂能養。至於犬馬，皆能有養；不敬，何以別乎？」

「犬馬皆能有養」者，言犬以守禦，馬以代勞，雖下於犬馬，皆能養人也〔二〕。《禮

〔一〕此本何晏《論語集解》所引包咸注。包咸（前七～六五），字子良，東漢會稽人，習《魯詩》《論語》。王莽末年返鄉，立精舍講學，建武年間徵召入朝，以《論語》教授皇太子，爲漢明帝師。任諫議大夫、侍中、右中郎將、大鴻臚等。

記・坊記》篇：「小人皆能養其親，君子不敬，何以辨？」與此章語意相發明〔一〕。小人能養，不過效犬馬之勞而已。不能敬其親，嘻嗃無度，將何以別於禽獸乎？「仁人之事親如事天」〔二〕，故以敬爲大也。

舊說：「養其親而敬不至，則與養犬馬何異。」〔三〕引喻失義，恐聖人不應作是言也。

或謂：「禽獸亦能相養，但無禮耳。」〔四〕亦未安。

編者謹按：唐先生《孝經救世編》卷二《居則致敬篇》説此章，補充曰：「本章之訓，當以包注爲正。《禮記・坊記》篇云：『小人皆能養其親，君子不敬何以辨。』句例與此同。蓋犬馬眷戀之誠，有不泯者，故能代人之勞，然不知敬其主也。朱注謂『養其親而敬不至，則與養犬馬者何異』？以犬馬例親，意似未安。然亦有説焉。不敬者，輕其親、慢其親也。輕慢其親，甚至有厭惡之心與役使之象，充類至盡，豈非以犬馬待其親乎？不敬之子若婦，苟猛然自省，能無驚

〔一〕本黄式三《論語後案》説。
〔二〕《禮記・哀公問》文。
〔三〕朱子《論語集注》文。
〔四〕李光地《榕村四書説・讀論語劄記》文。

心動魄乎？讀『今之孝者』二句，不禁生感。『是謂能養』，談何容易！近世常有受親之養，而不知養其親者矣，安得春秋時之孝者乎？敬者，一心之主也，《禮記·哀公問》篇『仁之事親也如事天，事天如事親。』事親如事天，敬之至矣。或謂：『天道渺茫，安所用敬？』曰：『顧諟天之明命』，敬我心即敬天也。『仰不愧[一]於天』，惟敬故能不愧；『俯不怍於人』，惟敬故能不怍。敬爲儒者畢生之功，然必自敬親始。《易傳》『家人有嚴君焉，父母之謂也。』嚴字兼父母而言，敬亦兼父母言。曹氏叔彦謂：『敬由愛生，愛以敬立，有歡欣依慕之誠，必有慎重奉持之意。』此所謂良知也。」

8　子夏問孝。子曰：「色難。有事弟子服其勞，有酒食先生饌，曾是以爲孝乎？」

此與上章義相近，言服勞奉養之未足爲孝也。

色難，古注謂：「承望父母顔色乃爲難也。」[二]人子之養親，當視於無形，先意承志，此説足以引動孝子之誠意。而朱注引《禮記》「孝子之有深愛者，必有和氣；有和

[一]「不愧」二字，原倒作「愧不」。

[二]何晏《論語集解》所引包咸注。唐先生《孝經救世編》及《孝經講義（八）：孝經翼（《論語》論孝·子夏問孝章）》補述一句云：「此指父母之色而言。」載上海《大衆》第二十九期，一九四五年，頁七三～七五。

氣者，必有愉色；有愉色者，必有婉容。故事親之際，惟色爲難」〔一〕，蓋欲人子於事親之時，瞿然省察，勿涉於粗浮，勿流於飾僞，其義尤精。教孝之道，不厭求詳，二説當並存之。

編者謹按：唐先生《孝經救世編》卷一《孝德宏綱篇》説此章，補充曰：「鄭注言『和顏悦色是爲難』。朱注引《禮記·祭義》篇『孝子之有深愛者，必有和氣；有和氣者，必有愉色；有愉色者，必有婉容。故事親之際，惟色爲難』，是指人子之顏色而言。包氏謂『承順父母色乃爲難』，是指父母之顏色而言。愚謂色難，當兼父母之色與人子之色而言。太和之氣，周浹於家庭，此其所以爲難，是乃天地間生理生機之所發見也，《孟子》曰：『樂則生矣。生則惡可已也。惡可已，則不知足之蹈之，手之舞之。』必父母之色，與人子之色，訢合無間，其和氣發於無形之中，是乃所謂生理生機也。子曰：『父母其順矣乎？』是不獨父母與人子之色，即父與母之色，亦或有未能一致者，孝子當巧變以安之，則尤難矣。言念及此，人子體察本心，培養愛情，當復何如？若僅僅周旋膝下，承望顏色，不過偏端而已。至服勞奉養未足爲孝，蓋就聖門賢者而言，《禮》云中孝用勞〔二〕，又云其下能養。《孝經》言『謹身節用，以養父母』。古人有聞其父

〔一〕朱子《論語集注》卷一。
〔二〕《大戴禮記·曾子大孝》云：「孝有三：小孝用力，中孝用勞，大孝不匱。」

叱犢而泣下者〔一〕，若能盡己之力，代勞善養，亦未始非孝。聖人斯語，蓋爲賢者發爾。」

9　**子曰：「吾與回言終日，不違如愚。退而省其私，亦足以發。回也，不愚。」**

此章當與「於吾言無所不説」義〔二〕參看。

「如愚」「不愚」，乃深喜之辭。否則如顔子之至明至健，豈特不愚而已哉！「不違如愚」，兼深潛純粹而言，才華不外發而斂之於内心也。「私」，謂燕取獨處之時。「亦足以發」，兼心解力行而言。蓋不獨聖人所已言者足以發，即未言者亦足以發也。不獨聖人指示所已行者足以發，即未經指示者亦足以發也。所以深喜其不愚也。若以私作慎獨解〔三〕，則墮於空虚，此心齊坐忘之説所由起也。

或讀「吾與回言」句，「終日不違如愚」句〔四〕。極合。

〔一〕《二十四孝·趙志聞聲》事。

〔二〕《論語·先進》：「子曰：『回也非助我者也，於吾言無所不説。』」

〔三〕陸隴其《四書講義困勉録》卷五謂：「《大全》有單作慎獨看者，偏。」唐先生取陸氏之意。

〔四〕黄式三《論語後案》。

10 子曰："視其所以，

此章乃知人之學。〔一〕

陸氏曰："聖人待人必忠厚，而觀人必精詳。"〔二〕以，用也〔三〕。知人者，當先視其善惡之分途也〔四〕。

觀其所由，

陸氏曰："惡者可無庸觀矣。其善者，果出於爲己乎？抑爲人乎？當觀其意之所從來也。"〔五〕

察其所安。

察，考也。安，所居也。

陸氏曰："爲人者可無庸察矣。其爲己者，果出於自然乎？抑勉强乎？惟出於

〔一〕陸隴其《松陽講義》卷四謂："此章論聖人知人之法。"
〔二〕陸隴其《松陽講義》卷五《子曰視其所以章》。
〔三〕何晏《論語集解》文。
〔四〕本朱子《論語集注》。
〔五〕陸隴其《松陽講義》卷五《子曰視其所以章》。

自然，乃能久於其道也。」〔一〕

人焉廋哉？人焉廋哉？」

朱注：「焉，何也；廋，匿也。重言以申明之。」〔二〕此非矜其精明而誇其效，乃言人莫能匿其情也，由是則進於先覺矣。然知人之要，必先自視自觀自察，而後可以知人，且惟能自觀察，而後可以爲聖人所觀察也。

編者謹按：唐先生於一九三五年作《胡文忠公語録序》，具言其義謂：「孔子論用人之法，曰『視其所以』，視其手腕之靈與否也；曰『觀其所由』，觀其脚根之定與否也；曰『察其所安』，察其心術之正與否也。兼是三者，而萬物無遁形矣。」〔三〕

11　子曰：「温故而知新，可以爲師矣。」

温，水之熱者。引申之，凡物將寒而重熱之曰温〔四〕。「温故」，謂考前代之典

〔一〕陸隴其《松陽講義》卷五《子曰視其所以章》。

〔二〕「申明」，朱子《論語集注·爲政二》作「深明」。

〔三〕唐先生《胡文忠公語録序》，見載《茹經先生文集》四編卷六。

〔四〕黃式三《論語後案》爲本。

章〔一〕。「知新」，謂識今時之制度〔二〕。温故而不知新者，迂拘之士。知新而不温故者，淺俗之徒。「可以爲」三字，當重讀。言必通達古今，兼該體用，而後可以爲師也。《禮記·樂記》篇曰：「能爲師，然後能爲長。能爲長，然後能爲君。」是故擇師不可不慎也。或謂知新從温故中出，及專爲厭故喜新者戒。非正義。

12　子曰：「君子不器。」

子曰：「君子不可小知，而可大受也。」〔三〕小知者，器是也。大受者，不器是也。此器字與器使之器略同，與瑚璉之器實異。〔四〕《禮記·學記》篇曰：「大道不器。」〔五〕君子大道被於躬，是以體無不具，用無不周，而不爲一材一藝所囿也。

〔一〕黄式三《論語後案》引孔穎達《禮記正義序》文：「於是博物通人，知今温古，考前代之憲章，參當時之得失，俱以所見，各記舊聞。」

〔二〕劉逢禄《論語述何》謂：「故，古也。《六經》皆述古昔稱先王者也。知新，謂通其大義，以斟酌後世之制作。」唐先生本其意立義。

〔三〕《論語·衛靈公》載孔子語：「君子不可小知，而可大受也。小人不可大受，而可小知也。」

〔四〕李光地《榕村四書説·讀論語劄記》實指「瑚璉」之器，唐先生不取。

〔五〕劉寶楠《論語正義》引。

13　子貢問君子。子曰：「先行其言，而後從之。」〔一〕

《禮記・表記》篇曰：「天下有道，則行有枝葉。天下無道，則辭有枝葉。」政治學問，皆以力行爲先。君子「先行其言」者，所以倡率乎天下〔二〕。「而後從之」者，所以表明其徑途〔三〕。

14　子曰：「君子周而不比，小人比而不周。」

此心術之判也。周，普徧，其心公。比，偏黨，其心私。《易傳》「知周乎萬物」，此周字之義。《洪範》「人無有比德」，此比字之義。或疑《易・比》卦爲吉象，何以屬諸小人？不知解字有渾言、析言之别。若下從上，陰從陽，則比爲吉。若比之匪人，則比爲凶。此比字專指朋比而言，蓋其爲私也大矣。

〔一〕此章經文句讀，沈括《夢溪筆談》、郝敬《論語詳解》、翟灝《四書考異》、黄式三《論語後案》均斷句爲「先行，其言而後從之」，後程樹德先生《論語集釋》亦依從。唐先生不取。
〔二〕爲政者以身作則之意。
〔三〕長民者當示之以常，信也。

15 **子曰："學而不思則罔，思而不學則殆。"**

學而不思，訓詁詞章之弊也。思而不學，明心見性之害也。罔者紛雜而昧，殆者昏默而危。大抵天資魯鈍者，聞見先於知覺。天資高明者，知覺先於聞見。故是二家者，常接迹於天下。聖人有以正之，"涵養"與"窮理"之功，交相爲用，則所學所思，自無過不及之患矣。

16 **子曰："攻乎異端，斯害也已！"**

朱注："攻，專治也……異端，如楊、墨是也，其率天下至於無父無君，專治而欲精之，爲害甚矣。"説極精至。《孟子》所謂："生於其心，害於其政，發於其政，害於其事。"凡詖淫邪遁，皆異端也。

或訓攻爲擊，已爲止，謂攻擊異端而害斯止〔一〕。或謂異端不可攻，攻之斯有

〔一〕劉寶楠《論語正義》、黄式三《論語後案》指出《昭明文選》載任昉《王儉集序》開啓此意，引孫弈《示兒編》出此解。孫弈，字季昭，號履齋，南宋初廬陵人。其説見《履齋示兒編》卷四"攻乎異端"條。

害〔一〕。或訓攻爲錯，謂小道可觀，與異端切磋，以消害於無形〔二〕。穿鑿喜新，皆不足信。

17　子曰：「由！誨女知之乎？知之爲知之，不知爲不知，是知也。」

「誨女知之」者，誨以致知之學也。《禮記·學記》篇曰：「知類通達。」又曰：「先其易者，後其難。」則不知者皆於知，是致知之學也。子路天資高明，有「何必讀書然後爲學」之説，故夫子告之如此。

或乃拈「不知爲不知」句，以爲夫子欲子路掃除聞見〔三〕。深悖經旨。

或又過泥朱注，謂子路强不知以爲知，不免有自欺之蔽〔四〕。所見亦非。

〔一〕黄式三《論語後案》指出是吕大臨説法。吕大臨（一〇四四～一〇九一），字與叔，京兆藍田人，程頤門人，與游酢、楊時、謝良佐並稱程門四先生。

〔二〕劉寶楠《論語正義》、黄式三《論語後案》指出是焦循説法。劉寶楠《論語正義》詳引焦循文，並加以肯定。唐先生皆不從，精審可知。

〔三〕黄式三《論語後案》指出是王守仁主張。王守仁（一四七二～一五二九），字伯安，號陽明子，浙江餘姚人；世稱陽明先生。

〔四〕陸隴其《松陽講義》卷四力辟王守仁之説。

18　子張學干禄。

或謂子張於學之時，有干禄之意。或以「學干禄」三字連讀，言子張學干禄之道。後説爲長。《禮記・學記》篇曰：「凡學官先事。」蓋古者仕官自有其事〔一〕，非若後世之所謂干禄也。《詩・大雅》「干禄豈弟」、「干禄百福」，皆言天禄，與此干禄略異〔二〕。或曰「學」當作「問」〔三〕。

子曰：「多聞闕疑，慎言其餘，則寡尤。多見闕殆，慎行其餘，則寡悔。言寡尤，行寡悔，禄在其中矣。」

朱注：「多聞見者學之博，闕疑殆者擇之精，慎言行者守之約。」〔四〕其意已盡。然必能多聞見，而後能闕疑、殆。能闕疑、殆，而後慎言行，日益精密，功夫由淺而入

〔一〕黄式三《論語後案》説。
〔二〕此修正黄式三《論語後案》所説「古人不諱干禄，《詩》之言『干禄』可證」。
〔三〕黄式三《論語後案》引趙佑《四書温故録》之説。指求教《大雅・旱麓》「干禄豈弟」「干禄百福」之義，乃學《詩》而非求禄。趙佑（一七二七～一八〇〇），字啓人，號鹿泉，浙江仁和人，乾隆十七年（一七五二）進士。説見其《四書温故録・論語一》「子張」條。
〔四〕朱子《論語集注》卷一引范氏説。

深也。寡尤寡悔，特其效耳。《孝經》言卿大夫之孝曰：「口無擇言，身無擇行。」擇者，厭也。若口皆可厭之言，身皆可厭之行，安有得禄之理乎？雖然，儒者之學，正誼明道〔一〕。慎言行，原非得禄之地。《孟子》曰：「經德不回，非以干禄也。」故「禄在其中」句當讀得輕〔二〕。

19 哀公問曰：「何爲則民服？」孔子對曰：「舉直錯諸枉，則民服；舉枉錯諸直，則民不服。」

錯，舍置也。諸，衆也〔三〕。直者枉者，性情品行，萬有不齊。如何而舉？如何而錯？如何舉之而用得其當？如何錯之而事得其平？實有至精之理。此謝氏所以有

〔一〕「正誼明道」出董仲舒。《春秋繁露》謂「仁人者，正其道不謀其利，修其理不急其功」，以勉諸侯修德，班固《漢書·董仲舒傳》作「夫仁人者，正其誼不謀其利，明其道不計其功」，提煉「正道修理」爲「正誼明道」，自宋以來，爲儒家正義，同時亦是批孔貶儒者口實。唐先生堅持「正誼明道」，足見其救時正心之堅强願力之真切。

〔二〕《孟子·盡心下》謂：「堯舜，性者也。湯武，反之也。動容周旋中禮者，盛德之至也。哭死而哀，非爲生者也。經德不回，非以干禄也。言語必信，非以正行也。」此孟子舉堯舜並三代聖王以指點善德。此例爲過去注家所未及，唐先生舉《孟子》此語立論，體認極爲深刻。

〔三〕朱子《論語集注》文。

「大居敬而貴窮理」〔一〕之説也。「舉直錯枉」，則君子無掣肘之虞。「舉枉錯直」，則善人無立足之地。斯民皆直道而行〔二〕，其心豈可欺哉！

或謂哀公無用人之權，故不問所以舉錯之道。此説非是。哀公實無知人之明〔三〕，豈有併一二人不能舉錯哉？特當行之以漸耳。不然，夫子何爲告以此言乎？

20 季康子問：「使民敬、忠以勸，如之何？」子曰：「臨〔四〕之以莊則敬，孝慈則忠，舉善而教不能則勸。」

以，猶與也。「臨之以莊」，齊明盛服，非禮不動〔五〕也。「孝慈」，《禮記·文王世子篇》「養老幼於東序」，所謂「老吾老以及人之老，幼吾幼以及人之幼」也。善者，不屑爲逢迎。不能者，更易於廢棄。舉之、教之，公之至也。

〔一〕謝良佐語見引於朱子《論語集注》。

〔二〕《論語·衛靈公》載孔子語：「斯民也，三代之所以直道而行也。」朱子釋「斯民」爲「善其善、惡其惡而無所私曲之民」。

〔三〕皇侃《論語義疏》引范甯謂「哀公捨賢任佞」，邢昺《論語注疏》謂「哀公失德」。

〔四〕皇侃《論語義疏》「臨下」有「民」字。定州竹簡本同今本。

〔五〕《中庸》文：「齊明盛服，非禮不動，所以修身也。」孔穎達《禮記正義》疏説：「『齊明盛服』者，齊，謂整齊；明，謂嚴明；盛服，謂正其衣冠：是修身之體也，此等『非禮不動』，是所以勸修身。」

爲政之道，治人必先治己。莊所以自爲敬也，孝慈所以自爲忠也，舉教所以自勸於善也。初非求民之敬、忠與勸，而表正景端，效自隨之。《禮記・表記》篇：「仁者，天下之表也。義者，天下之制也。報者，天下之利也。」莊者，義也。孝慈，仁也。舉善教不能，仁義兼盡也。如是則民尊之、親之，報豈有不至哉？

21　或謂孔子曰：「子奚不爲政？」

《史記》：定公元年，季氏强僭，孔子不仕，退修《詩》《書》《禮》《樂》，弟子彌衆〔一〕。

子曰：「《書》云孝乎〔二〕**！『惟孝，友于兄弟，施於有政。』是亦爲政，奚其爲爲政？」**

孝乎惟孝，美大孝之辭〔三〕，猶《禮記・燕居》篇「禮乎禮」句例〔四〕。友，善也。施，行也。政，所施行也。春秋時，父子兄弟之禍亟矣。欲治其國者，先齊其家，故夫子

〔一〕朱子《論語集注》謂：「定公元年壬辰（元前五〇九），孔子年四十三。」
〔二〕定州竹簡本如字。而漢石經、皇侃《論語義疏》、陸德明《論語音義》皆作「于」，跟前「吾十有五而志于學」的「志于學」相同。
〔三〕何晏《論語集解》所引包咸注文。
〔四〕此用黄式三《論語後案》。

痛切言之，欲以救人倫之變，而明推恩之義。「是亦爲政」者，言是乃爲政之本也。

舊説謂夫子設辭以對或人〔一〕。恐未是。

22 **子曰：「人而無信，不知其可也。大車無輗，小車無軏，其何以行之哉？」**

朱注：「大車，謂平地任載之車。輗，轅端横木，縛軛以駕牛者。小車，謂田車、兵車、乘車。軏，轅端上曲鉤衡以駕馬者。」

字義，人言爲信。「人而無信」，不成爲言，即不可爲人矣。以車爲喻者，車以輗軏爲樞機，人以言爲樞機〔二〕。人無信，則天下皆知其欺詐。樞機既失，發號施令，其誰信之？此蓋爲當時執政者而發〔三〕。

23 **子張問：「十世可知也？」**

〔一〕朱子《論語集注》謂：「蓋孔子之不仕，有難以語或人者，故託此以告之。」

〔二〕見《易·繫辭上》：「言行，君子之樞機。樞機之發，榮辱之主也。」

〔三〕此唐先生自得之見。

孔氏曰：「文質禮變也。」〔一〕按：《論語》通例，門弟子所問，必皆有其辭，而記載之文略。孔氏所謂文質禮變者，因下文推而知之。「也」字一本作「乎」〔二〕。

子曰：「殷因於夏禮，所損益，可知也。周因於殷禮，所損益，可知也。其或繼周者，雖百世可知也。」

《易傳》曰：「損益盈虛，與時偕行。」天敘天秩，千古不變者也，故曰因。文章制度，隨時變更者也，故曰損益。

馬氏曰：「所因，謂三綱五常；所損益，謂文質三統。」〔三〕

朱注：「三綱，謂君爲臣綱，父爲子綱，夫爲妻綱。五常，謂仁、義、禮、智、信。文質，謂夏尚忠、商尚質、周尚文。三統，謂夏正建寅爲人統、商正建丑爲地統、周正建子爲天統。」是也。

人治之大〔四〕，禮爲常經。秉禮者其國存，損益得宜者其國治，廢禮者其國亡，故

〔一〕孔安國注文見引於何晏《論語集解》。
〔二〕黄式三《論語後案》。
〔三〕馬融注文見引於何晏《論語集解》。
〔四〕《禮記·大傳》：「名者，人治之大者也，可無慎乎？」鄭玄注謂：「人治所以正人。」

曰：「雖百世可知也。」

24　子曰：「非其鬼而祭之，諂也。見義不爲，無勇也。」

知者當「敬鬼神而遠之」，故祭祀自有常典。若非其祖考而祭之，則是於所薄者厚，將使人人爲索隱行怪之事，墨氏明鬼之説是也，其實始於諂也。

知者當「務民之義」，然後凡事行而宜之。若明知其義而不爲，則是於不可已者而已，將使人人爲潔身亂倫之行，楊氏爲我之學是也，其實始於無勇也。是二者，皆「攻乎異端」，越乎禮教，爲學術政治之害。

爲政篇大義

《春秋左氏傳》載鄭子産曰：「吾聞學而後入政，未聞以政學者也。」故有學問而後有政治。若不學而從政，譬猶未能操刀而使割，其自傷以傷民也多矣。是故《學而》之後，次以《爲政》。

爲政之以德，尚已！所務者至寡，而能服衆，何其神也！「思無邪」一言，温柔敦厚之本原也。世之治民者，將束民於法律乎？抑先教化其性情也？道德齊禮，道政齊刑，本末輕重，不可倒置明矣。

聖人之志學，修齊治平之學，非無用之學也。耳順從心，天德、王道、聖功相輔而行也。自古有家庭之教化，而後有社會之教化。有社會之教化，而後有國家之教化。晚近以來，家庭善良之教，廢弛殆盡，而徒欲以教育之法，行於學校之中，此雖聖人亦不能革其心而易其骨。孟懿子、武伯、子游、子夏問孝諸章，皆家庭中之教化也。入以事其父兄，而後出以事其長上也〔一〕。

「吾與回言終日，不違如愚」，爲治不在多言，顧力行何如耳，顔子所以爲王佐才也。「視其所以」，觀人之法也。「温故知新」，新民之師範也。「君子不器」，不可小知而可大受也。「先行其言而後從之」，天下患無實行之人，而尤患多議論之士。《禮記》曰：「天下有道，則行有枝葉。天下無道，則辭有葉。」空言多而實事少，國其可危也。「周而不比」，戒政黨也。爲政黨者，先政而後黨，猶不免朋黨之禍。若知有黨

〔一〕《孟子·梁惠王上》文。

而不知有政，其爲私也大矣，吁！可懼哉！可懼哉！

罔與殆，學術之偏也。異端蠭起，「生於其心，害於其政」〔一〕，此有國者之大憂也。「知之爲知之，不知爲不知」，知類之學也。窮理而後能明決，學與政一以貫之者也。《易》曰：「鳴鶴在陰，其子和之。我有好爵，我與爾靡之。」靡，與縻同，係戀也。夫子贊之曰：「君子居其室，出其言善，則千里之外應之，況其邇者乎？」夫儒者之言行，與好爵何與？而夫子以「爲樞機之發，榮辱之主」，蓋即「言寡尤，行寡悔，祿在其中」之義也。

哀公、季康子之問，皆政治之大綱。曰：「舉枉錯諸直，則民不服。」民心難得而易失，民情至愚而難欺也，尤可畏也。孝友而施於有政，亦因家庭之政，推而爲國家之政也。國於天地，必有與立，民信而已。圯上老人之訓張良，司馬穰苴之斬莊賈，皆以大信所在。「人而無信，不知其可」，若詐僞之言，欺罔之行，滿於天下，國其不國矣。「殷因於夏禮，所損益可知也。周因於殷禮，所損益可知也」，禮教爲政治之本，「雖百世可知也」。爲政之道，盡於是矣。

〔一〕《孟子・公孫丑上》文。

乃又特記孔子之言曰：「非其鬼而祭之，諂也。見義不爲，無勇也。」蓋福田利益之説，不可信也。迷信而民愚，愚民之術，不可爲也。「斯民也，三代之所以直道而行也」，民氣不可抑遏也，民志不可摧傷也。己而不義，是無勇也。道民於無勇，尤不可爲也。墨氏之教主明鬼，其實諂而已。楊氏之教主爲我，其實無勇而已。春秋之世，楊氏、墨氏之學説，已潛滋而暗長，夫子燭於幾先，特闢異端之害，以清政治之原，《爲政》篇所以以此終也。

卷三

八佾篇第三

1　**孔子謂季氏："八佾舞於庭，是可忍也，孰不可忍也？"**

佾，舞之行列也。天子用八，六十四人；諸侯用六，三十六人；大夫用四，十六人；士二，四人〔一〕。

黄氏曰："忍，从刃从心，取决絶之義。"〔二〕決斷以合義，是爲堅忍。"決斷以犯義，是爲殘忍。《國語·楚語》所謂强忍犯義者也。"〔三〕夫子言此，蓋誅其心也。馬氏

〔一〕何晏《論語集解》所引馬融注。
〔二〕黄式三《論語後案》文。
〔三〕黄式三《論語後案》文。

以季氏爲季桓子〔一〕。按：《漢書・劉向傳》：「季氏八佾舞於庭，卒逐昭公。」〔二〕是季氏當爲平子。

2　三家者以《雍》徹。子曰：「『相維辟公，天子穆穆』，奚取於三家之堂？」

《雍》，《周頌》篇名〔三〕。徹，祭畢而收其俎〔四〕。或曰徹別有詩〔五〕，不足據〔六〕。辟

〔一〕劉寶楠《論語正義》卷三批評馬融之説乃「大略言之，不足爲據」。

〔二〕季桓子乃季平子之子。程樹德先生《論語集釋》指出此書證本乾隆朝的周柄中《四書典故辨正》。文載《四書典故辨正》卷五《論語》「孔子謂季氏」條。黄式三《論語後案》亦引此書證，唐先生復明確論斷季氏當爲季平子，更早出程樹德先生《論語集釋》之按斷，足見深思自得之卓識。

〔三〕指《詩・周頌・臣工之什》。

〔四〕朱子《論語集注》文。

〔五〕周柄中《四書典故辨正》卷五指出並肯定季彭山《詩説解頤》此説云「歌徹恐有別詩」。黄式三《論語後案》亦云「季明德曰：歌徹別有詩」。按：季本（一四八五～一五六三），字明德，號彭山，會稽人，正德十二年（一五一七）進士。師事王守仁。季本説見載《詩説解頤》卷二七，云：「此詩（《雍》）但可用於祭文王之徹，歌徹恐有別詩。」程樹德先生《論語集釋》未採此説。

〔六〕孔子提到的「相維辟公，天子穆穆」，是《雍》詩之句。依上下文理，則歌徹的詩自是指此《雍》詩，所以唐先生不取此別有詩的新説，足見其求真之精神。

爲諸侯。公爲二王後也。堂，謂廟堂，「公廟設於私家，由三桓始。」〔一〕上言庭，此言堂。舞乃堂下之樂，歌者在堂上也。上章直斥之，此章婉諷之，皆《春秋》之旨〔二〕。

3 **子曰：「人而不仁，如禮何？人而不仁，如樂何？」**

禮樂起於愛敬〔三〕，愛敬出於本心。「人而不仁」，則本心亡矣。游氏謂：「雖欲用禮樂，而禮樂不爲之用。」〔四〕或曰：「不仁，即所謂忍也。」忍則害禮樂矣。「如何，難辭。」〔五〕亦傷之之辭。三代而後，所以禮廢樂壞者，皆不仁之人爲之也。

〔一〕《禮記·郊特牲》文。

〔二〕唐先生本此提點《春秋》正名之義。

〔三〕唐先生論學重旨，出《大戴禮記·哀公問於孔子》載孔子語：「古之爲政，愛人爲大，所以治。愛人，禮爲大，所以治。禮，敬爲大。敬之至也，大昏爲大，大昏至矣。大昏既至，冕而親迎，親之也。親之也者，親之也。是故君子興敬爲親。舍敬，是遺親也。弗愛不親，弗敬不正。『愛』與『敬』，其政之本與？」唐先生向重視《大戴禮記》。

〔四〕見朱子《論語集注》。游酢（一〇五三～一一二三），字定夫，號豸山，學者稱廣平先生，福建建陽人，元豐六年（一〇八三）進士。按：唐先生所引此文不見游酢《游廌山集》中《論語雜解》卷一「人如不仁」條。朱子原文在此兩句上引游氏曰「人而不仁，則人心亡矣」，接下方爲「雖欲用禮樂，而禮樂不爲之用」，此應屬朱子語。程樹德先生《論語集釋》及《四書集注》標點本亦連讀爲游酢之語，皆未查對游氏原書。

〔五〕黄式三《論語後案》説。

4　林放問禮之本。

《禮記・禮器》篇：「忠信，禮之本也；義理，禮之文也。無本不立，無文不行。」是禮中有本也〔一〕。或訓本爲初〔二〕，非。

子曰：「大哉問！

黄氏曰：「問禮固大，欲探其本，尤大。」〔三〕

禮，與其奢也，寧儉；喪，與其易也，寧戚。」

禮，綜冠、昏、喪、祭、鄉、相見而言〔四〕。周末文勝，日事奢華，害民傷財，不知紀極。夫子言儉爲禮之本，蓋欲變文以反質也。喪爲禮中最重者，故又特别言之。

〔一〕黄式三《論語後案》文。
〔二〕黄式三《論語後案》批評《朱子語録》以「本」指「禮之初」，是「已自異矣」，謂朱子觀點前後不一。按：訓本爲「初」，乃朱子的基本思路。唐先生依從「中」義訓本，故以朱子説爲非。
〔三〕黄式三《論語後案》説。「欲探其本」句，黄氏原文作「欲由本逮末」。
〔四〕此六禮。唐先生釋此，在糾《朱子語録》所言「禮不過吉凶二者而已」。

易，有二義。包氏謂：「易，和易也。」〔一〕蓋異端齊死生〔二〕，治喪皆簡率〔三〕。後人喪中祭奠如吉禮，即和易之弊。朱注：「易，治也。」言「節文習熟，而無哀痛慘怛之實」。〔四〕二説可並存。

黄氏曰：「儉則有不敢越分之心，戚則有不忍背死之心，是禮中之本也。」〔五〕

5 **子曰：「夷狄之有君，不如諸夏之亡也。」**

夷狄，有以區域言者，有以禮義教化言者，此章乃指區域而言。「不如諸夏之亡」，舊説謂如周、召共和之類。言無君而禮不廢，韓子《原道》引經本之〔六〕。程子

〔一〕何晏《論語集解》引包咸注。
〔二〕指莊、老之學。
〔三〕指墨者之學。
〔四〕「言」，朱子《論語集注》作「則」。
〔五〕黄式三《論語後案》文。唐先生徵引漏「中」字，今據黄氏原文補入。謹按：「禮中有本」是黄氏體會。
〔六〕黄式三《論語後案》文。

謂：「夷狄且有君長，不如諸夏之僭亂，反無上下之分。」〔一〕

愚按：春秋時，禮義廢而上下亂，夫子慨歎之意甚深〔二〕，當從程子説爲正〔三〕。

6 季氏旅於泰山。子謂冉有曰：「女弗能救與？」對曰：「不能。」子曰：「嗚呼！曾謂泰山，不如林放乎？」

《爾雅》：「旅，陳也。」言陳祈禳之事也。古有三望之祭，謂泰山、河、海，惟天子諸侯得以行之。季氏懼禍求福之心勝，是以肆行僭竊而不顧〔四〕。「對曰不能」者，言

〔一〕朱子《論語集注》引。按：劉寶楠《論語正義》謂程顥義本皇侃《論語義疏》。考《四庫》本皇侃《論語義疏》謂：「周室既衰，諸侯放肆，禮樂征伐之權不復出於天子，反不如夷狄之國尚有尊長統屬，不至如我中國之無君也。」但此段文字不見載鮑廷博《知不足齋叢書》所收之皇《疏》，唯引釋慧琳云：「有君無禮，不如有禮無君也。刺時季氏有君無禮也。」義同何晏《論語集解》。程樹德先生《論語集釋》亦謂鮑本此文可愛，唯來源不明。高尚榘《論語歧解輯録》判定《四庫》本基於嚴查違礙政策而私下改動內容，導致「嚴重失實」。是博洽如劉寶楠，亦爲《四庫》本所欺，則程顥之説，實爲創見。程氏原語載《二程遺書》卷九：「此孔子言當時天下大亂，無君之甚。若曰夷狄猶有君，不若是諸夏之亡君也。」

〔二〕朱子《論語集注》引尹焞語「孔子傷時之亂而歎之也」。

〔三〕黄式三《論語後案》亦云：「以文意繹之，程子注爲順。」

〔四〕意本黄式三《論語後案》。

不能破其迷信也。夫子之意，謂神聰明正直，不歆非祀。曾謂泰山之神，不如林放之知禮，正以見祈禳無益，猶欲救季氏之失，使知修德而循禮也〔一〕。

7 **子曰：「君子無所爭，必也射乎！揖讓而升，下而飲，其爭也君子。」**

春秋時，天下動以智力相爭。夫子欲以禮讓化爭，故此章重在「揖讓」二字。《禮記・樂記》篇曰：「揖讓而治天下者，禮樂之謂也。」又《射義》篇曰：「射者進退周旋必中禮。内志正，外體直，然後持弓矢審固。持弓矢審固，然後可以言中。此可以觀德行矣。」有禮義範其德行，則恭敬退讓之意，油然自生，人心風俗，豈有復出於爭者哉？不爭而天下平矣。

鄭君讀「揖讓而升下」句，「而飲」句〔二〕。蓋因升堂下堂，皆有揖讓，而飲則在堂上

〔一〕本朱子《論語集注》「欲季氏知其無益而自止」及黄式三《論語後案》「欲其悟而止也」。

〔二〕周柄中《四書典故辨正》卷五指出鄭玄注《詩・賓之初筵》亦云「下而飲」，明朱子斷句源於鄭玄，則鄭玄斷句，亦難以執一以概其餘。唯根據皇侃《論語義疏》，則是「揖讓而升下，而飲」，乃可以確定者。

也。似較近讀爲長〔一〕。

8　子夏問曰：「『巧笑倩兮，美目盼兮，素以爲絢兮。』何謂也？」

此逸詩也。倩，笑貌。盼，動目貌〔二〕。《説文》「素，白致繒也」，引申爲凡白飾之稱。「文成章曰絢。」〔三〕「素以爲絢」，言巧笑美盼之人，又善習儀容，以爲之飾。喻意深遠，故子夏問之。

子曰：「繪事後素。」

《考工記》「畫繪之事雜五色」下文云：「凡畫繪之事後素功。」是先布衆色，後加素功也〔四〕。

惠氏曰：「五色之黑、黄、蒼、赤，必以素爲之介，猶五德之仁、義、智、信，必以禮

〔一〕黄式三《論語後案》綜清儒考釋射禮之説，確定鄭玄區别升、下、飲乃儀式中三事，統於「揖讓」，即禮敬精神與禮容，因以《儀禮》爲典據。此唐先生所以主鄭玄説者也。

〔二〕何晏《論語集解》引馬融注。

〔三〕鄭玄注文，見引黄式三《論語後案》。

〔四〕黄式三《論語後案》文。

爲閑。」〔一〕是此「後」字，與下文禮後「後」字，其義正同。

朱注解作「後於素」〔二〕，恐非。

曰：「禮後乎？」子曰：「起予者商也，始可與言《詩》已矣。」

太素者〔三〕，禮之本也。「道德仁義，非禮不成」〔四〕。禮之於人，「成始而成終」者也〔五〕。子夏聞夫子之言，而悟「禮後」之旨〔六〕，知天下不獨忠信之人可以學禮，如巧笑美盼之人，尤當學禮以歸於質樸。此言於學術品行深有裨益，故夫子曰：「起予。」曰：「可與言《詩》。」蓋因子夏所言，正合「素以爲絢」之義也。或謂子夏因繪

〔一〕惠士奇《禮説》文，見引於劉寶楠《論語正義》及黃式三《論語後案》。惠士奇（一六七一～一七四一），江蘇吴縣人，康熙四十八年（一七〇九）進士。原文載《禮説》卷一四《考工記》「《論語》繪事後素」條。

〔二〕朱子《論語集注》卷二。

〔三〕班固《白虎通・天地》謂：「始起。先有太初，後有太始。形兆既成，名曰太素。」

〔四〕《禮記・曲禮》文：「道德仁義，非禮不成。教訓正俗，非禮不備。」

〔五〕《左傳・襄公四年》載子産語云：「政如農功，日夜思之，思其始而成其終，朝夕而行之。」《禮記・禮運》：「夫子之極言禮也，可得而聞與？」鄭玄注：「欲知禮終始所成。」尹會一《健餘劄記》載：「李正叔論朱子之道，主敬以立其本，窮理以致其知，反躬以踐其實。而敬者又貫通乎三者之間，所以成始而成終也。」尹會一（一六九一～一七四八），字元孚，號健餘，直隸博野人，雍正年間進士，提倡理學，增訂《洛學編》。唐先生於禮學與理學俱精湛有得，故遣辭皆有本。

〔六〕黃式三《論語後案》：「禮後，爲重禮之言。」此唐先生本意所出。

事而悟禮〔一〕，則與言《詩》不相涉矣。

9　**子曰：「夏禮，吾能言之，杞不足徵也。殷禮，吾能言之，宋不足徵也。文獻不足故也，足則吾能徵之矣。」**

言者，言其大略，或單辭瑣義也。《禮記·禮運》篇孔子曰：「吾欲觀夏道，是故之杞而不足徵也，吾得夏時焉。吾欲觀殷道，是故之宋而不足徵也，吾得坤乾焉。」夏時、坤乾〔二〕，皆大略也。徵，證也。文，典籍也。獻，彦之借字，謂賢者也〔三〕。「夫子學二代禮樂，欲斟酌損益删定之，以爲後世法，而文獻不足，雖能言之，究無徵驗，故不得以其説著之於篇」〔四〕，深可惜矣。舊注訓徵爲成，謂杞、宋無賢君，故不足以成禮〔五〕，與本經語意未合。

〔一〕何晏《論語集解》引孔安國云：「孔子言繪事後素，子夏聞而解，知以素喻禮。」

〔二〕鄭玄注「夏時」，謂「其書存者有《小正》」，即今《大戴禮記》之《夏小正》。注「坤乾」，謂「其書存者有《歸藏》」，皆指書。

〔三〕朱子《論語集注》。按：「獻，彦之借字」則爲黄式三《論語後案》語。

〔四〕劉寶楠《論語正義》文。

〔五〕何晏《論語集解》引包咸説。

10　子曰：「禘自既灌而往者，吾不欲觀之矣。」

禘有二，一爲祭天之禘，一爲祭廟之禘。此章指魯禘，蓋謂廟禘也。灌者，方祭之始，王以酒獻尸，尸灌於地以求神也。初獻以往，誠意已散，則其倦怠失禮可知矣〔一〕。或謂：魯祭亂昭穆，故夫子不欲觀〔二〕，與本經語意未合。

11　或問禘之説。子曰：「不知也。知其説者之於天下也，其如示諸斯乎！」指其掌。

「禘之説」，兼大禘、廟禘而言〔三〕。「不知」者，謙辭。亦以禘説精深，非或人所能知也。

李氏曰：「萬物本乎天，人本乎祖，知其理而仁孝足以體之，則物與民胞，皆我度内，子孫臣庶，呼吸相通，而治天下不難矣。故《中庸》又引子之言曰：『明乎郊社之

〔一〕本朱子《論語集注》説。
〔二〕何晏《論語集解》引孔安國説，乃本《春秋公羊傳》立義。
〔三〕黄式三《論語後案》説。

禮，禘嘗之義，治國其如示諸掌乎！』此論道之極致，非可易爲或人言也。」〔一〕

愚謂：「指其掌」者，蓋見以孝治天下，則「親親仁民，仁民愛物」〔二〕，推而行之，如身之使臂，臂之使指，猶孟子言治天下可運諸掌上。乃實指其理，非空言其效也。

12 祭如在，祭神如神在。

祭，祭先祖。祭神，祭五祀之屬。下言「吾不與祭，如不祭」，則此二句是當爲夫子之事。夫子未嘗得位，則祭神非天地山川之神。如在者，「事死如事生，事亡如事存」〔三〕，「如在其上，如在其左右」也〔四〕。又《禮記·玉藻》篇「凡祭，容貌色如見所祭者」，《祭義》篇「齊三日，乃見其所爲齊者」〔五〕，皆所謂祭如在，誠之至也〔六〕。

〔一〕李光地《榕村四書説·讀論語劄記》文。

〔二〕《孟子·盡心上》載孟子語云。

〔三〕《中庸》文，云在祭祀宗廟時之禮容如此，是「孝之至」。

〔四〕《中庸》載孔子語：「鬼神之爲德，其盛矣乎！視之而弗見，聽之而弗聞，體物而不可遺。使天下之人，齊明盛服，以承祭祀。洋洋乎如在其上，如在其左右。」

〔五〕齊謂齋。《禮記·祭統》言國君爲主祭，先「散齊七日以定之，致齊三日以齊之。定之之謂齊，齊者精明之至也，然後可以交於神明也」。

〔六〕此本朱子《論語集注》「此門人記孔子祭祀之誠意」之意。

編者謹按：唐先生《孝經救世編》卷二《祭則致嚴篇》説此章曰：「如在者，『事死如事生，事亡如事存』，『如在其上，如在其左右』[一]是也。《禮記·玉藻》篇『凡祭，容貌言色如見所祭者』，《祭義》篇『齊三日，乃見其所爲齊者』，皆所謂『如在』，誠之至也。《禮運》篇論祭曰：『作其祝號，玄酒以祭。君與夫人交獻，以嘉魂魄（嘉，樂也），是謂合莫。』又曰：『祝以孝告，嘏以慈告……此禮之大成也。』蓋祖考之精氣，寄託之於子孫。子孫之精氣，即祖考之精氣，故致齊三日，其精誠足以上通於祖考：以子孫之精神，嘉祖考之魂魄，是以通微合莫而無間也。故曰：『祝以孝告，嘏以慈告。』」

13

子曰：「吾不與祭，如不祭。」

祭如在者，祖考之精氣，寄託之於子孫。子孫之精氣，即祖考之精氣。故致齊三日，其精誠足以上通於祖考也。祭神如神在者，既爲祭主，則其精神亦足以通微合莫而無間也。若不與祭，而使他人代之，則精神隔閡，其誠無由而達，故如不祭也。或謂：魯祭失禮，夫子有譏時之意[二]。殊未合。

[一] 俱《禮記·中庸》句。
[二] 根據黄式三《論語後案》所引，唐先生指韓愈《論語筆解》謂：「魯逆祀，吾不與祭……言魯逆祀與不祀同。」

編者謹按：唐先生在一九四四年作《寶山潘君潤芝家傳》云：「『吾不與祭，如不祭。』蓋謂血統之相屬，精神之貫注也。」〔一〕

14　王孫賈問曰：「與其媚於奧，寧媚於灶。何謂也？」

室西南隅神爲奧。竈，據《月令》，爲夏所祭也。賈爲衛之權臣，故以奧喻君，以竈喻己〔二〕。

李氏曰：「室中有奧，蓋神道祖考之位，生人主者之居，是一家之最尊者。疑中霤之祭，當設於此。五祀之中，中霤爲貴，然竈者，飲食所從出，婦人孺子咸奔趨焉，故時俗爲此語。而賈述之。」〔三〕別備一義。

或謂：賈自周出仕衛，奥比周，竈比衛〔四〕。恐未必然。

子曰：「不然。獲罪於天，無所禱也。」

〔一〕見載《茹經堂文集》五編卷六，已録入《唐文治文集》「傳狀類」。
〔二〕本朱子《論語集注》。
〔三〕李光地《榕村四書説・讀論語劄記》文。
〔四〕黄式三《論語後案》轉述皇侃《論語義疏》所引欒肇説，比列朱子之説。唐先生則進一步取捨。

「天以喻君」〔一〕，其尊無上也。解者謂此乃氣數之天，福善禍淫者是也。説亦確切。朱注以訓天爲理者〔二〕，蓋以天理即心理。若獲罪於良心，則悔吝叢集，無地自容，尚何祈禱之有乎？是訓爲義理之天，其意尤深。

15 **子曰：「周監於二代，郁郁乎文哉！吾從周。」**

郁郁，紛麗也。夫子從周，非獨尊王也。蓋禮儀三百、威儀三千，至成周而大備。周公制禮，損益因時，最爲夫子所心折。此章即《述而》篇夢見周公、述而不作之旨。

16 **子入大廟，每事問。或曰：「孰謂鄹人之子知禮乎？入大廟，每事問。」子聞之曰：「是禮也。」**

閻氏曰：「鄹人之子，少賤時始仕之稱。孔子年二十爲委吏，二十一爲乘田吏……委吏，若《周禮》之委人，共祭祀之薪蒸木材。乘田，若《周禮》之牛人、羊人，共

〔一〕何晏《論語集解》引孔安國説。按：黄式三《論語後案》批評孔注「天以喻君」是「固非語意」，而唐先生則取其説。
〔二〕朱子《論語集注》卷二云：「天，即理也。」

祭祀之牲牷……應在羣有司之列。」〔一〕説亦可據。夫子言「是禮」者，《易傳》曰：「謙以制禮。」蓋禮文禮質，不厭求詳。「每事問」者，乃「道問學」之事，以虚受人，是禮之本意也〔二〕。

17　子曰：「射不主皮。爲力不同科，古之道也。」

射不主皮，《儀禮・鄉射禮》文〔三〕。《禮記・樂記》篇曰：「武王克商，散軍郊射，而貫革之射息。」主皮，即所謂貫革。周初其風已息矣〔四〕。

黄氏曰：「禮有三射。初射……能中的者又射，不中的者黜之而〔五〕不復射，是專以中的爲重也……再射之〔六〕，不貫不繹，亦兼重中的。然再射之勝與不勝者，皆預於

〔一〕閻若璩《四書釋地》「鄹人之子」條，見引於黄式三《論語後案》。閻若璩（一六三六～一七〇四）字百詩，號潛丘，山西太原人。按：閻若璩於文末聲明：「此則吴愈亦韓語余云爾，因並識之。」

〔二〕朱子《論語集注》卷二云：「孔子言是禮者，敬謹之至，乃所以爲禮也。」唐先生以謙虚之德充實之，即黄式三《論語後案》所説「聖不自聖」之意。

〔三〕朱子《論語集注》文。按：《儀禮》原文作「禮射不主皮」。

〔四〕本朱子《論語集注》。

〔五〕「而」字脱，據黄氏原文補入。

〔六〕「之」字脱，據黄氏原文補入。

三射。其三射時，苟容體比禮，其節比樂，即不中的無罰，故曰不主皮也。」〔一〕

言「古之道」者，蓋古之道即古之禮〔二〕。夫子以古禮告當世之人，欲其尚德而不尚力，非徒慨歎之而已也。

18 子貢欲去告朔之餼羊。

告朔者，每月朔日，以本月之政治告於廟，非特敬天道，亦所以慎民事也。其牲天子用牛，諸侯用羊。

黄氏曰：「『腥曰餼，生曰牽』……蓋殺而腥薦，故愛之。生養則何以愛之？」〔三〕其説是。

子曰：「賜也，爾愛其羊，我愛其禮。」

〔一〕黄式三《論語後案》文。
〔二〕唐先生據文理脈絡而下此解釋。
〔三〕黄式三《論語後案》文。「腥薦」，黄氏原文作「腥送」。

愛，猶惜也〔一〕。「我愛其〔二〕禮」者，言羊存而禮可念，羊去而禮遂亡。讀此知古禮之僅存者，士君子皆當愛而護之〔三〕。《易·剥》卦曰：「碩果不食。」轉剥爲復，正賴此一綫之僅存者也〔四〕。

19　子曰：「事君盡禮，人以爲諂也。」

盡禮，若「拜下違衆」之類是也〔五〕。盡禮與諂，相似而實相反。盡禮者必不諂，諂者必不能盡禮。當時人士，事君驕泰，而於執政之有權力者，諂媚無所不至，見有事君盡禮者，則目之爲諂。夫子以爲嫌疑莫決，是非不明〔六〕，禮意之失久矣。蓋感歎甚深，而其辭則甚和平也。

〔一〕朱子《論語集注》文。

〔二〕「其」字脱，據叙述文例補入。

〔三〕唐先生强調「古禮之僅存」義，本何晏《論語集解》所引包咸注「羊存猶以識其禮，羊亡禮遂廢」。

〔四〕本黄式三《論語後案》。

〔五〕「拜下違衆」出《論語·子罕》載孔子語：「拜下，禮也。今拜乎上，泰也。雖違衆，吾從下。」張栻《論語解》：「觀《鄉黨》所載，與夫拜下之從則可見矣。盡禮而人以爲諂，則時人不知禮可知矣。」按：唐先生此義本張栻。

〔六〕皇侃《論語義疏》云：「孔子明言以疾當時。」乃唐先生云明其是非。

20　定公問：「君使臣，臣事君，如之何？」孔子對曰：「君使臣以禮，臣事君以忠。」

禮者節制，不敢惡慢，不敢驕溢也。忠者實心，忠於一國，即忠於一人也。二者有明良交泰之思，有上下交責之意〔一〕。後世廢禮而諱言忠，秩序日亂，國事日隳矣。聖人之言，萬世之法戒也。

21　子曰：「《關雎》，樂而不淫，哀而不傷。」

「樂而不淫」二句，或指宮人言〔二〕，或指文王后妃言〔三〕，義均轇轕難通。

〔一〕意本黃式三《論語後案》所引陸隴其說。文載陸隴其《四書講義困勉録》卷六《定公問君使臣章》，云：「此章夫子有上下交責之義，有明良交泰之思。使，不是役使，只作服馭看。」按：張栻《論語解》「則上下交而泰」，是爲先導。

〔二〕晚明張振淵（字彦陵）《四書説統》之説，見引於陸隴其《四書講義困勉録》卷六「關雎樂而不淫」章，文云：「按《關雎》是文王宮人所作，哀樂俱是宮人哀樂，不是文王哀樂也。」黃式三《論語後案》引李光地《榕村四書説・讀論語劄記》云「《關雎》疑非宮人所作，乃是后妃自作」，實批評張振淵《四書説統》。李光地《讀論語劄記》此條以此突兀起筆，黃式三《論語後案》亦未有標出陸隴其所引張氏説，故特表出，以見緣起。

〔三〕《詩序》説，乃歷朝主流之説。

劉氏曰：「《詩》有《關雎》，《樂》亦有《關雎》。此章特據《樂》言之也。古之樂章，皆三篇爲一。傳曰：『《肆夏》之三。《文王》之三，《鹿鳴》之三。』記曰：『《宵雅》肆三。』《儀禮・鄉飲酒禮》……合樂。《周南・關雎》《葛覃》《卷耳》，亦同此例。夫子言《關雎》之亂，亦兼《葛覃》《卷耳》言之也。『樂而不淫』，《關雎》《葛覃》也。『哀而不傷』，《卷耳》也。《關雎》樂妃匹也，《葛覃》樂得婦職也，《卷耳》哀遠人也。而「維以不永傷」〔一〕，尤爲「哀而不傷」之顯證。〔二〕哀樂者，性情之極致，王道之權輿也。」〔三〕

《八佾篇》皆言禮樂，而《關雎》諸詩，列於鄉樂，夫子屢得聞之，故有此言也。又三家《詩》說：「周衰，康王晏起，畢公作《關雎》詩以諷。」與本經尤不合。〔四〕

編者謹按：先生於一九四三年爲金巨山《讀書管見》作序，及於此章云：「此章之義，舊説似皆未安。按：古人歌詩均以三篇銜接爲序，如《儀禮》《左傳》所引工歌《關雎》《葛覃》《卷耳》

〔一〕《詩・周南・卷耳》句。
〔二〕此唐先生補充之内證。
〔三〕劉台拱《論語駢枝》卷一，載《劉端臨先生遺書》。劉台拱（一七五一～一八〇五），字端臨，江蘇寶應人，乾隆三十五年（一七七〇）舉人，乃劉寶楠從叔。此段考證亦録入《論語正義》之中。按：黃式三《論語後案》未引此條。
〔四〕意本黃式三《論語後案》。

及《鹿鳴》《四牡》《皇華》,《文王》《大明》《緜》是也。《關雎篇》與《葛覃》《卷耳》並歌,《論語》之『哀而不傷』乃指歌詞之音節而言,即《卷耳》诗『維以不永傷』是也。後儒或解哀爲愛,或破作衷字,恐均未是。」〔一〕

22 **哀公問社於宰我。宰我對曰:「夏后氏以松,殷人以柏,周人以栗,曰使民戰栗。」**

問社,問社主也。夏后者,夏爲傳之始。后,主也,猶言君主也。氏者,大禹有功所賜之氏也。殷、周皆國名,故不稱氏稱人者,以行仁義,人所歸往也。戰栗,恐懼也。

方氏曰:「哀公欲去三桓,張公室,問社於宰我。戰栗之對,勸其斷也。」〔二〕

子聞之曰:「成事不説,遂事不諫,既往不咎。」

〔一〕 載《茹經堂文集》四編卷六,已録入《唐文治文集》「序跋類」。

〔二〕 方觀旭《論語偶記》「哀公問社於宰我」條,見載《皇清經解》卷一三二七。方觀旭,字升卿,浙江錢塘人,嘉慶十六年(一八一一)進士。

方氏曰：「哀公與宰我俱作隱語，故成事不說三句〔一〕，亦不顯言之也。宰我〔二〕對立社之旨，本有依據，是以夫子置社主不論，但指其事以責之。」〔三〕

愚按：此章與魯人爲長府，夫子贊閔子之言〔四〕正相應。哀公庸闇，大權旁落，豈能振作，徒見忌於三家耳。後世積弱之主，輕於舉事，盍細味聖言哉？

23　子曰：「管仲之器小哉！」

器，兼德器、禮器而言〔五〕。春秋之世，王、霸轉移之一大關鍵也。「管仲得君如彼

〔一〕此句方氏原文作「謀未發洩」。

〔二〕「宰我」，方氏原文作「其」。

〔三〕方觀旭《論語偶記》「哀公問社於宰我」條。

〔四〕《論語·先進》載：「魯人爲長府。閔子騫曰：『仍舊貫。如之何？何必改作！』子曰：『夫人不言，言必有中。』」

〔五〕陳澔《禮記集說》卷五《禮器》云：「器有二義。一是學禮者成德器之美。一是行禮者明用器之制。」唐先生本此立義。陳澔（一二六〇～一三四一），號雲住，江西南康府人，潛心學術，建雲住書院，入元不仕，有《禮記集說》十卷傳世。

其專，行國政如彼其久」〔一〕，乃因學識卑，局量淺〔二〕，卒至變王爲霸〔三〕，率天下而入於功利之途，故夫子稱其器小。蓋其德器小，故不能道民以德；禮器小，故不能齊民以禮，深可惜也。

或曰：「管仲儉乎？」曰：「管氏有三歸，官事不攝，焉得儉？」

三歸，臺名〔四〕。必窮高極侈者，故《國策・周策》《説苑・善説》篇引此事，皆謂其傷於民。「官事無攝」，見於桓公之命，孟子稱之。而夫子以之斥管仲者，蓋天子、諸侯當有專官，若卿大夫具官，則侈矣。

「然則管仲知禮乎？」曰：「邦君樹塞門，管氏亦樹塞門；邦君爲兩君之好，有反坫，管氏亦有反坫。管氏而知禮，孰不知禮？」

〔一〕《孟子・公孫丑上》載孟子語：「管仲得君如彼其專也，行乎國政如彼其久也，功烈如彼其卑也。爾何曾比予於是！」

〔二〕朱子《論語集注》謂管仲：「器小，言其不知聖賢大學之道，故局量褊淺、規模卑狹，不能正身修德，以致主於王道。」

〔三〕《史記・管晏列傳贊》：「管仲世所謂賢臣，然孔子小之，豈以爲周道衰微、桓公既賢而不勉之至王，乃稱伯哉？」此唐先生此章立意之所本。

〔四〕朱子《論語集注》。

樹，立也〔一〕。塞門，屏門。卿大夫見君，至屏而當肅敬者是也。好，謂好會。反坫，反爵之坫。獻酬飲畢，則反爵於坫上，亦諸侯之禮也。

李氏曰：「凡《論語》記或人所問，夫子多不盡其辭，蓋以其人之識未足深論。然就所謂示諸斯者而思之，則禘之説可知；就所謂不儉、不知禮者而推之，則器小之指亦可悟。此所以爲聖人之言也。」〔二〕

24　子語魯大師樂。曰：「樂其可知也：始作，翕如也；從之，純如也，皦如也，繹如也，以成。」

此所謂金聲玉振、始終條理之事也。指樂之節奏言，亦即指聽樂者言。

黄氏曰：「《玉篇》『翕，合也』，字从羽，謂鳥初飛而羽合舉也。皦者，玉石之白甚明也。純者，不雜之絲。繹者，不絶之絲。皆設喻之辭，故四言『如』也。」〔三〕

〔一〕 鄭玄與朱子皆解樹爲屏。唐先生未從。
〔二〕 李光地《榕村四書説·讀論語劄記·管仲之器小哉章》文。
〔三〕 黄式三《論語後案》文。

李氏曰：「此章言歌奏之聲〔一〕。始也相應而不相背，是翕如；久之則兩聲如一聲，是純如；細辨之條理分明，是皦如；合聽之一氣相生，是繹如。合而分，分而合，萬事皆然，聲音其一端爾。」〔二〕

編者謹按：唐先生在一九四零年作《書陳生柱尊臨諸家評點韓集後》，具言此章謂：「吾嘗以翕、純、皦、繹論文之精。翕、純、皦、繹者，世俗所謂起、承、轉、合也；或以飛鳥喻，或以紬絲喻，或以皎日喻，『樂理』不易測也。其起也，如山之立；其承轉也，如水之渟，如翰之疾；其合也，如山勢之環抱而無跡。曲如折，止如槁木，其變化神明，如天馬行空而不可羈勒。」〔三〕

25

儀封人請見。曰：「君子之至於斯也，吾未嘗不得見也。」從者見之。出曰：「二三子，何患於喪乎？天下之無道也久矣，天將以夫子爲木鐸。」

朱注：「喪，謂失位去國。」

愚謂患人心道德之淪喪也。「天下無道」三句，言剥極而將復也。

〔一〕此句是唐先生概括大意，非原文。
〔二〕李光地《榕村四書説·讀論語劄記·子語魯大師樂章》文。
〔三〕載《茹經堂文集》四編卷六，已録入《唐文治文集》「序跋類」。

閻氏曰：「鐸，大鈴也。有金鐸、木鐸。金鐸舌以金，木鐸舌以木。金鐸振武事，若司馬振鐸是也……木鐸振文事，若禮所言『徇以木鐸』是也。又《左傳》引《夏書》遒人以木鐸徇於路……蓋用以采詩，獻之大師……皆所以上宣政教，下通民情也。」〔一〕封人知夫子甚深，其非常人可知，惜乎問答之辭不詳耳。

26 子謂《韶》盡美矣，又盡善也；謂《武》盡美矣，未盡善也。

《禮記·樂記》篇曰：「王者功成作樂……其功大者其樂備。」鄭注：「樂以文德爲備。」引此經以證。《正義》曰：「又盡善也，謂文德具也……未盡善者，文德猶少，未致太平也。」據此，知雍容揖讓之風，與發揚蹈厲之概，固不侔矣〔二〕。《左氏·襄公二十九年傳》季札觀樂，「見舞《象箾》《南籥》者，曰：『美哉！猶有憾。』『見舞《大武》者，曰：『美哉！周之盛也，其若此乎？』見舞《韶箾》者，曰：『德之至

〔一〕此條非閻若璩《四書釋地》文，乃黄式三《論語後案》引録閻若璩《四書釋地》後之叙述，因同章不分段，則易連文而讀。

〔二〕唐先生此解釋「盡美」。

矣哉！大矣！如天之無不幬也，如地之無不載也。雖甚盛德，其蔑以加於此矣。』」此正《武》不及《韶》之證〔一〕。

27　子曰：「居上不寬，爲禮不敬，臨喪不哀，吾何以觀之哉？」

《易傳》曰：「寬以居之。」〔二〕本經「寬則得衆」，是居上以寬爲本也。

《孝經》曰：「禮者，敬而已矣。」〔三〕《曲禮》首言「毋不敬」，是爲禮以敬爲本也。

《禮記・檀弓》篇曰：「喪禮，與其哀不足而禮有餘也，不若禮不足而哀有餘也。」〔四〕是臨喪以哀爲本也。

《禮記・樂記》篇曰：「因感起物而動〔五〕，然後心術形焉。」曰居、曰爲、曰臨，皆

〔一〕此條明「盡善」。

〔二〕《易・乾・文言傳》謂：「君子學以聚之，問以辨之，以君德而處下體，資納於物者也。寬以居之，仁以行之。」唐先生經説，以《易》道貫論孔孟是特色。

〔三〕《孝經・廣要道章》文。

〔四〕《禮記・檀弓上》載子路曰：「吾聞諸夫子：喪禮，與其哀不足而禮有餘也，不若禮不足而哀有餘也。祭禮，與其敬不足而禮有餘也，不若禮不足而敬有餘也。」

〔五〕此句唐先生本誤刻爲「因感起而物動」，據《禮記》原文更正。

所感之時與地也。乃心術若斯，何以觀其品行哉？此與首四章相應，益見禮之根於人心〔一〕。

八佾篇大義

禮樂與人心相爲維繫者也。人心作禮樂，禮樂感人心。人心正而禮樂興，人心變而禮樂壞。至禮樂壞，而世道不可復問矣，悲夫！

吾夫子欲以木鐸之聲，宏宣當世，而天下之聰，皆塞而不聞。於是孔子特因季氏之舞《八佾》，誅其本心之明，曰：「是可忍也，孰不可忍也。」蓋禮樂者，不忍之心之精微也。忍字从刃从心，如常以刃加於心，天下萬事，孰不可忍乎？三家以《雍》徹，而孔子婉諷之，繼之曰：「人而不仁，如禮何？」蓋爲仁之道，起於君臣、父子、兄弟相愛之間，若併天性之愛情而澌滅之，其尚能用禮樂乎哉？

「大哉林放之問也」，與奢寧儉，與易寧戚，禮之本，本心之發也。夷狄、諸夏，以

〔一〕此人心謂道德良知，確定禮之本源，乃人性善德之客觀化體現，即寬、敬、哀之流露。

禮義教化分，不當以區域論。乃即以區域言之，夷狄且有禮義教化，不如諸夏反無上下之分。痛哉其言之也！「曾謂泰山不如林放」，「不仁者可與言哉」！「揖讓而升，下而飲」，謂之無爭可也。世有以好爭爲能自强者，謬也！好爭不讓，適足以亂國而已矣！

「繪事後素」，可以喻禮。素者禮也。《易》曰：「白賁无咎。」禮之文也，優優大哉！「禮儀三百，威儀三千」，周公所手定也。夏禮不足徵，殷禮不足徵，志在於從周也。周之盛也，禮樂之興自魯始。周之衰也，禮樂之廢亦自魯始，夫子深有感焉。不欲觀禘之既灌，不知禘之説，不與祭如不祭，皆傷魯也。媚奥不如媚竈，鄙夫之辭，然人必存一「獲罪於天，無所禱」之心，而後可以行禮，以其本心猶未泯也。「郁郁乎文」，比隆唐虞之世。世有興禮樂者，「吾其爲東周乎」？

「每事問」之「是禮」，至《關雎》數章，皆發明禮樂之本意。而《哀公問社》一章，尤有深意。管仲，霸者之佐耳，不能正其君，以納民於軌物，遑論興禮樂乎？語魯大師樂律，所謂「始條理，終條理」者也，秩序紊而世益亂。儀封人曰「天將以夫子爲木鐸」，其弗信矣乎！茫茫九州，棲棲車馬，誰與知孔子者？樂則《韶舞》，其徒託空言矣乎？

而記者於末章，復誌「居上不寬，爲禮不敬，臨喪不哀」，三致意焉，何哉？《孝經》曰：「禮者，敬而已矣。」《禮記・曲禮》首言「毋不敬」，鄭君注曰：「禮主於敬。」蓋仁者，禮樂之本原也；敬者，禮之所以行也。不仁而不可行禮樂也，不敬而不可行禮也，不寬、不敬、不哀，皆末流之怠慢，禮之所由廢也。

閒嘗登泰岱，遊鄒嶧。溯周公之盛治，觀孔子之遺風，慨然有感於鼉鼓辟雍〔一〕，西京已渺；鸞旂泮水〔二〕，東魯寖衰。迨至女樂之歸，三日不朝〔三〕；龜山作操，斧柯莫假〔四〕，而木鐸之宏音，且終不得聞矣。述《八佾》一篇，蓋傷之也。

〔一〕句出《詩・大雅・靈臺》述周文王太學禮樂彬彬之盛云：「於論鼓鍾，於樂辟雍。鼉鼓逢逢，矇瞍奏公。」

〔二〕泮水謂《詩・魯頌・泮水》，《詩序》言：「《泮水》，頌僖公能脩泮宮也。」泮宮，謂諸侯學宮。鸞旂乃魯君參與開學儀式之行駕儀仗飾旂，《泮水》云：「思樂泮水，薄采其芹。魯侯戾止，言觀其旂。其旂茷茷，鸞聲噦噦。無小無大，從公于邁。」言魯侯能繼承周文王重視禮樂教化之文德。下句慨嘆今非昔比也。

〔三〕《論語・微子》載：「齊人歸女樂，季桓子受之，三日不朝。孔子行。」蓋齊懼孔子執政而出此謀，故孔子知道之不行，禮樂之不興也。

〔四〕兩句出蔡邕《琴操》所載《龜山操》，述孔子欲諫女樂之事而不得，退而望魯之龜山，猶如托勢位於斧柯之季氏，專政蔽魯而害政，因閔百姓，乃援琴而歌。

卷四

里仁篇第四

1　**子曰：「里仁爲美。擇不處仁，焉得知？」**

里仁，有出於本然之美，有出於師儒講學提倡之功。美者，質樸敦厚之風是也。「擇不處仁」，有因天資昏昧者，有因習浮薄者。《孟子》曰：「仁，天之尊爵也，人之安宅也。」〔一〕不處仁，則其人賤且危矣。「焉得知」，亦有二義。迷謬而不知所擇，是因不知而不仁也。不處仁而失其是非之本心，是因不仁而不知也。

此篇言心學，常兼處境而言，而首章尤爲人心風俗之本。

〔一〕《孟子·公孫丑上》文。

2　子曰：「不仁者不可以久處約，不可以長處樂。仁者安仁，知者利仁。」

此亦以心對言也。不仁者，失其本心〔一〕，故一處夫約，其心則不勝其屈，而況久處乎？一處夫樂，其心即不勝其侈，而況長處乎？「仁者安仁」，安而行之也，居之如廣居也。「知者利仁」，利而行之也，利用即安身也〔二〕。學者能葆其本心，斯能勝物而不爲物所勝，所謂内重而外輕也。

3　子曰：「唯仁者能好人，能惡人。」

以下四章，皆言誠意之學。好惡者，人道之大原也。然唯仁者能好惡，何也？以其無私心而當於理也〔三〕。無私則好惡一出於大公，當理則所好所惡處之悉得其平。蓋義與智兼該焉，故《易傳》曰：「體仁足以長人。」〔四〕

〔一〕朱子《論語集注》。

〔二〕唐先生因《中庸》言「行」之實踐三層云「或安而行之，或利而行之，或勉强而行之，及其成功，一也」，以貫通「所處」之實在義。

〔三〕此句朱子《論語集注》文。

〔四〕《易・乾・文言傳》文。

4 子曰：「苟志於仁矣，無惡也。」

志者，心之所之，學問已在其中，故自然無惡。苟其志至誠不息，則所行皆善，不僅無惡而已〔一〕。字義，「仁」者，相人偶也。蓋存諸心者，不至有己而無人，則發諸行者，自不至有爲惡之事。故「心體」無惡，而後「事爲」〔二〕無惡。

5 子曰：「富與貴是人之所欲也，不以其道得之，不處也。貧與賤是人之所惡也，不以其道得之，不去也。

此亦以心與境對言也。「不以其道得之」，謂不當得而得之也。下句得之，亦指富貴而言，謂人當貧賤之時，苟不以其道而得富貴，則不當去貧賤而就富貴也。蓋人之處境，以道爲衡，則能近仁矣。

君子去仁，惡乎成名？

人不以處境累其心，則漸能守仁，此節功夫，蓋較進矣。仁者，名之歸也。去仁，

〔一〕朱子《論語集注》謂：「其心誠在於仁，則必無爲惡之事矣。」唐先生則更上一層，從自强不息之修爲立義。

〔二〕「心體」、「事爲」本末對舉，是王學話語。唐先生肯定王學，融攝心學原則。

則不免有忮求。在彼而惡，在此而射，豈能有譽於天下乎？《詩》云：「庶幾夙夜，以永終譽。」[一]謂勉焉夙夜，以求仁也。

君子無終食之間違仁，造次必於是，顛沛必於是。」

「無終食之間違仁」者，念念在於仁，至於造次、顛沛而不離焉，則漸造於安仁之域，功夫爲更進矣。顔子之「三月不違仁」，其庶幾乎？能循是以終身，則其心與仁爲一矣。

此章朱注以上二節作「取舍之分明」，下一節作「存養之功密」[二]。真氏又以末節「終食不違仁」，作存養「細密功夫」；造次、顛沛必於是，作存養「至細密功夫」[三]。然若無初始根基，豈能造於細密？故必以「審富貴、安貧賤」[四]爲本。蓋惟取舍之分，

[一]《經·周頌·振鷺》句。

[二] 朱子《論語集注》卷二。

[三] 真德秀《論語集編》卷二。真德秀（一一七八～一二三五），字景元，號西山，福建浦城人，後世稱西山先生，宋寧宗慶元五年（一一九九）進士，端平二年（一二三五）擢參知政事，謚文忠。按：真氏《論語集編》承朱注，認爲此章分三節，顯示由「粗」而「細密」而「至細密」的功夫進程。

[四] 朱子《論語集注》語。

精明堅確，是以造次、顛沛，貞固不摇，此用功之序也。

6 子曰：「我未見好仁者，惡不仁者。好仁者，無以尚之；惡不仁者，其爲仁矣，不使不仁者加乎其身。

「好仁」、「惡不仁」，或謂出於一人，或謂屬於兩事，義可兼採。「無以尚之」，如好好色也。「不使不仁者加乎其身」，如惡惡臭也。皆誠意之功，必自慊而無自欺也〔一〕。黄氏曰：「《論語》歎未見者數章，皆因所見而望所未見，説者以此抹摋一世，非聖人語意。」〔二〕

有能一日用其力於仁矣乎？我未見力不足者。

此夫子循循誘人之意也。力者，我之良能也。用我之良能，以復其本心，豈有不足之理乎？朱注：「志之所至，氣必至焉。」可見求仁必先立志。

蓋有之矣，我未之見也。」

〔一〕唐先生以《中庸》「所謂誠其意者，毋自欺也。如惡惡臭，如好好色，此之謂自謙」貫講大義。
〔二〕黄式三《論語後案》。

黄氏曰：「既云：『未見力不足者。』又云：『蓋有之矣。』仁之器重道遠，頻復、頻失之有厲，欲立、欲達之未周，造次、顛沛之難持，瞬存、息養之不密，未敢謂才力之易逮也。又云『我未之見』者，人必用力，始見力之不足，而人固不用力也，夫子所以歎未見也。」〔一〕

7　子曰：「人之過也，各於其黨。觀過，斯知仁矣。」

《禮記·表記》篇曰：「與仁同功，其仁未可知也；與仁同過，然後其仁可知也。」〔二〕先儒謂同功，如五霸假之之類；同過，如周公使管叔、孔子爲昭公諱之類〔三〕。必由迹以考心，而其仁尤著。

此章觀過知仁，不獨勉君子之爲仁，亦以望小人之改過也。蓋凡人之過，皆出於黨，有黨則有己而無人。是己黨則袒之護之，非己黨則排之忌之。故觀人之過，斯可

〔一〕黄式三《論語後案》。「力不足者」「夫子」，原脱漏，據黄氏文補。
〔二〕劉寶楠《論語正義》强調：「《表記》此文最足發明此章之義。」
〔三〕宋儒吕大臨《禮記解》之説，見引於衛湜《禮記集義》卷一三七《表記》。

泯人己之見，而知所以爲仁。

8　子曰：「朝聞道，夕死可矣。」

此非聖人勉人聞道之早，乃言求道者之心理然也。求道者汲汲皇皇，惟恐不及，其心以爲朝得聞道，雖夕死可矣。道無窮，而求聞之者亦無窮。此朝夕乃隨時之朝夕也，曾子所謂「死而後已」是也〔一〕。否則聞道之後，有進德修業之功〔二〕，有切磋琢磨之益，豈夕死而已可哉？

黄氏曰：「此言以身殉道也。朝聞當行之道，夕以死赴之，乃成仁取義之謂。」〔三〕恐未合。

9　子曰：「士志於道，而耻惡衣惡食者，未足與議也。」

〔一〕《論語・泰伯》載曾子語。

〔二〕《易・乾・文言傳》云：「君子進德修業，欲及時也。」

〔三〕黄式三《論語後案》。

既志於道矣，而猶耻惡衣惡食者，豈僞志乎？非也。其志未嘗不誠，而卒不能進於道者，皆耻惡衣惡食之心誤之也。衣不過被體，食不過養身〔一〕。惡而耻焉，則美者將誇耀於人，其心體之卑鄙甚矣。子思子言：「君子之道，闇然日章。」〔二〕而引《詩》曰：「衣錦尚絅。」〔三〕此蓋「爲己」之第一關也。〔四〕

10　子曰：「君子之於天下也，無適也，無莫也，義之與比。」

適，專主也。莫，不肯也〔五〕。適於此必莫於彼，莫於此必適於彼，二者相因而致也。然無適無莫，而不能衷之於義，則將猖狂自恣，藉口於「無可無不可」，而爲無忌

〔一〕此二句本《聖祖仁皇帝（康熙）庭訓格言》：「《老子》曰：『知足者富。』又曰：『知足不辱，知止不殆，可以長久。』奈何世人衣不過被體，而衣千金之裘猶以爲不足，不知鶉衣袍緼者，固自若也。食不過充腸，羅萬錢之食猶以爲不足，不知簞食瓢飲者，固自樂也。朕念及於此，恒自知足。」

〔二〕《中庸》文：「君子之道，闇然而日章。小人之道，的然而日亡。」

〔三〕《中庸》引此《衛風·碩人》句，强調：「惡其文之著也。」

〔四〕朱子《論語集注》説：「古之學者爲己，故其立心如此。」唐先生本此「爲己」意立義。

〔五〕朱子《論語集注》。

憚之小人矣。《易》言「時義」〔一〕，義必因時。其功有四，首在辨義，繼之以徙義，又繼之以集義，終之精義〔二〕。「義之與比」，蓋造於精義之學，由義行而非行義矣。此誠意之功，本於格致者也。

11 **子曰：「君子懷德，小人懷土；君子懷刑，小人懷惠。」**

懷德，謂先慎乎德，《大學》所謂「欲明其明德」也。

懷土，謂土田，常懷私産，欲有土以有財也。或解爲安土重遷者〔三〕，非。

懷刑，謂畏刑罰〔四〕，不敢毁傷是也。或解爲守法律〔五〕，義可相通。

懷惠，謂貪爵禄，常覬人之分己以財也。

以下四章，皆戒人心之失。

〔一〕《易》言「時義」之大，見《易傳》《豫》、《遯》、《姤》、《旅》等四卦的彖辭，皆存順應之義。

〔二〕《易·繫辭傳下》：「龍蛇之蟄，以存身也。精義入神，以致用也。利用安身，以崇德也。過此以往，未之或知也。」是以唐先生本《易》爲説，以精義爲格致之極致。

〔三〕此孔安國説，見引於何晏《論語集解》。黄式三《論語後案》徵引漢人説加以坐實。

〔四〕朱子《論語集注》。

〔五〕孔安國謂「安於法」，黄式三《論語後案》具説書證。

陸氏曰：「懷德之君子，勝於懷刑之君子；懷惠之小人，又不如懷土之小人……蓋自其事爲言之，則君子小人之分途，指示尚易，惟其所懷者不可知，故聖人抉其心而言，謂如是則爲君子，如是則爲小人也。此『懷』字與喻義利『喻』字有别。懷有在喻前者，因所懷而所喻益深也……有在喻後者，因所喻而所懷愈篤也。」〔一〕其説極精。可見君子小人，祇判於心術而已。

12　子曰：「放於利而行，多怨。」

放，縱也，逐也，謂縱其心以逐於利也〔二〕。「多怨」，爲其專利也〔三〕。利者，人之所欲，一人之心，千萬人之心也。一人專利，則天下之怨，集於一己〔四〕。故利極即爲害，而殺機隨之，此心理之必然者也。

〔一〕陸隴其《松陽講義》卷五。
〔二〕黄式三《論語後案》説。
〔三〕黄式三《論語後案》謂：「人惡其專利也。」
〔四〕孔安國注謂之「取怨之道」。

13 **子曰："能以禮讓爲國乎？何有？不能以禮讓爲國，如禮何？"**

《大學》曰："一家讓，一國興讓。一人貪戾，一國作亂。"鄭注："戾之言利也。"天下皆好利，則禮讓之風息，而國不可以爲國，故夫子歎之曰"如禮何"。言禮教將絶於天下，此春秋之所以變爲戰國也。

14 **子曰："不患無位，患所以立；不患莫己知，求爲可知也。"**

位者，人所立也。引申字，實會意字。無所以立，焉能立乎其位？《易傳》曰："德薄而位尊……鮮不及矣。"〔一〕言必及於禍也〔二〕。凡人無可知之實〔三〕，而奔走營擾，求之於人，則失其羞惡之良心，最爲人心風俗之害。曰："患所以立。"曰："求爲可知。"蓋因心理而切求之於學問事實也。

〔一〕《易·繫辭下》文："德薄而位尊，知小而謀大，力小而任重，鮮不及矣。"

〔二〕王符《潛夫論·忠貴》引此傳文之後，謂："是故德不稱其任，其禍必酷；能不稱其位，其殃必大。"

〔三〕朱子《論語集注》謂："可知，謂可以見知之實。"

15　子曰：「參乎！吾道一以貫之。」曾子曰：「唯。」

貫，通也[一]，徹也。此一貫指力行而言，由己以通之於人，所謂「己欲立而立人，己欲達而達人」也。聖人造於至精至熟，賢者則不免較淺耳。先儒或訓一爲天、爲理、爲心性。戴氏曰：「經文言一以貫之，非言以一貫之，一字不當別作他訓。」[二]其說是[三]。

子出。門人問曰：「何謂也？」曾子曰：「夫子之道，忠恕而已矣。」

「忠恕」者，推己以及人，人己一貫也。

陸氏曰：「就《大學》『絜矩』以釋一貫，猶未明瞭；就『所惡於上』一節以釋一貫，乃知忠恕之極，上下前後左右，無不一貫也。」說極精確。《中庸》引夫子之言曰：「忠恕違道不遠。」道即一貫之道，施諸己而不願，亦勿施於人，即所以爲一也。執柯

[一] 朱子《論語集注》解。

[二] 戴震《孟子字義疏證》卷下謂：「『一以貫之』非言『以一貫之』也。道有下學上達之殊致，學有識其跡與精於道之異趨。『吾道一以貫之』，言上達之道即下學之道也。『予一以貫之』，不曰『予學』，蒙上省文。言精於道，則心之所通，不假於紛然識其跡也。」

[三] 黃式三《論語後案》意。

伐柯，以人治人，惟其道之一也。

朱子謂：「天地生萬物，而其所生之物，皆物物有一天地之心。聖人應萬事，而其所處之事，亦事事有一聖人之心。」〔二〕據此，知一貫乃統體一太極，忠恕乃物物一太極也。釋氏有月落萬川之説，謂「月體本一，而川中之月則萬」。此蓋憑虚境象，與吾儒之實理，迥不相侔矣〔三〕。

16 子曰：「君子喻於義，小人喻於利。」

喻，獨知者也，故君子必慎其獨也。喻，深知者也，由淺入深。喻之層累曲折不同，故君子小人之程度亦各有不齊。一則上達而進於聖賢，一則下達而淪於禽獸。

程子曰：「惟其深喻，是以篤好。」〔三〕愚謂：惟有所好，故有所喻，喻之精，乃益

〔一〕李光地《榕村四書説・讀論語劄記》「參乎吾道一以貫之」章引《朱子語録》文。
〔二〕意本李光地《榕村四書説・讀論語劄記》「參乎吾道一以貫之」章。
〔三〕見引朱子《論語集注》。

好之篤。《孟子》曰：「欲知舜與蹠之分，無他，利與善之間也。」〔一〕然則君子、小人心術之分，義利之間而已。此其間不過毫髮之差，辨之可不早辨哉！

17 **子曰：「見賢思齊焉，見不賢而内自省也。」**

思與省，皆原於心理，而其端萌於見。見者，知覺之微也。知覺不明，則有以賢爲不賢，以不賢爲賢者矣。賢字兼古今人言，今人或出於修飾，而古人則史册昭然，辨之較易。故必先讀書而後閲世，則所見愈精。然思又非徒思，省又非徒省也，必考之於踐履，此則因心理而驗諸力行也。

18 **子曰：「事父母幾諫，見志不從，又敬不違，勞而不怨。」**

幾，微也。或在於事中，或在於事外，或設爲譬喻，或寓以笑言，皆心理之感孚

〔一〕《孟子·盡心上》載孟子語：「雞鳴而起，孳孳爲善者，舜之徒也。雞鳴而起，孳孳爲利者，蹠之徒也。欲知舜與蹠之分，無他，利與善之間也。」

也。「見志不從」，志者無形，以人子之心理，察父母之心理也〔一〕。敬主於心，「不違」而潛消父母之過，則更善矣。勞字有二解。一謂人子之身，即父母之身，俟父母既悦，雖再諫三諫，而不辭勞瘁〔二〕。一謂勞，憂也；《詩》「實勞我心」，「勞心忉忉」，言憂思也〔三〕。按：《孟子》：「父母憂之，喜而不忘；父母惡之，勞而不怨。」以勞與喜對言，則訓憂爲是〔四〕。然惟憂之至，故出於再諫三諫，則義亦相通也。「不怨」，亦所以感父母之心也。

編者謹按：唐先生《孝經救世編》卷一《孝德宏綱篇》説此章曰：「此皆人子心理之所感發也。幾諫者，或云相幾而諫，與微諫義亦通。『幾諫』一層，『見志』一層，『不從』又一層；『敬』一層，『不違』又一層；『勞』一層，『不怨』又一層，僅十七字，而有七層意義，惟《論語》記載有此精密文法。而其最要者，尤在『不違』二字。不違者，非以從親之令爲孝也。蓋父母有過而使

〔一〕唐先生《孝經講義（八）：孝經翼（《論語》論孝·事父母幾諫章）》補充「見志」云：「見志者，以人子之心理，默察父母之心理，《曲禮》所謂視無形、聽無聲也。」載《大衆》第二十九期，一九四五年，頁七三～七六。

〔二〕此吕祖謙説，謂「即形神俱弊而不敢怨」，見引於黄式三《論語後案》。

〔三〕此王引之説，見引於黄式三《論語後案》。

〔四〕唐先生《孝經講義（八）：孝經翼（《論語》論孝·事父母幾諫章）》概括「勞」義云：「勞，兼服勞、懮勞二義。」載《大衆》二十九期，一九四五年，頁七三～七六。

子行之，則於不違之中，必當彌縫其闕，匡救其失，而使其過消弭於無形，是以憂勞籌劃也。《事父母》篇又載曾子曰：『孝子惟七變，故父母安之。』巧變者，非變詐之謂，乃至誠所感發也。須知此章所言，乃謂父母有大過，所謂得罪於鄉黨州閭之事。若係家庭細故，而亦斷斷焉曰將幾諫也，則非孝子之心矣。」

19　子曰：「父母在，不遠遊。遊必有方。」

此亦人子之心理然也。遠遊恐傷父母之心，則不遠遊，可安父母之心也。既近遊矣，而所遊又必有方。《禮記·曲禮》篇曰：「所遊必有常。」《玉藻》篇曰「親老，出不易方」是也。如此，則父母之心更慰矣。雖然，父母之年易盡，遊一日則少一日。故人子能不遊，謂之有福。

編者謹按：唐先生《孝經救世編》卷一《孝德宏綱篇》說此章曰：「父母之年易盡也，遊一日則少一日，故人子以不遊之福爲最大(一)。然有不得不遊者，或求學也，或就業也，或從政也，此在父母若

(一) 唐先生《孝經講義(八)：孝經翼(《論語》論孝·父母在不遠遊章)》修訂此句曰：「人子能不離膝下，春暉永駐，其福最大。」

係獨子，或最鍾愛之子〔一〕，當離別時，或有牽衣隕涕者；即不然以大義相勉，而其淒然之意，常在無形之中，夢魂之隨其子，醒時有涕泣者矣。而人子之夢魂，依依於几杖，戀戀於庭闈，思之能毋惘乎！《戰國策·齊策》王孫賈之母曰：『汝朝出而晚來，則吾倚門而望汝。暮出而不還，則吾倚閭而望。』（母蓋勉賈移孝作忠，報齊閔之仇，當詳考原文。）夫父母之情若是，人子之情，其何以堪？〔二〕然《禮記·内則篇》有言：『男子生，以桑弧蓬矢射四方。』欲其尚武而有事於四方也，則安得而不遊？故聖人垂教曰『遊必有方』。雖然，既遊矣，或值父母疾病之時，人子有晏然歡樂而不知者矣！有聞疾奔赴而無及者矣！故人子以不遊之福爲最大。文治年二十五，處館天津大沽，因吾母多病，卧寐不寧，每當平旦披衣，輒思念吾親不止。《詩》云：『明發不寐，有懷二人。』〔三〕天下人子，必有同情。曾作《父母在不遠遊》制義以自戒，其後比及結處云：『行邁靡靡，中心如醉。得我父慰勞之語，不覺悲從中來。冬日烈烈，豈曰無衣？念我母縫紝之艱，曷

〔一〕「或最鍾愛之子」句，據前揭《孝經講義》補入。

〔二〕唐先生《孝經講義》補充以下文句云：「聖人立遠遊之戒，蓋不得已之言也。若至於涕泣辭墓之日，終天抱恨，其何及矣！」

〔三〕唐先生《孝經講義》補充以下文句云：「蔡邕《琴操》載曾子游學聖門，一日早起，作思親歌曰：『歔欷歸耕，來日安所耕？歷山盤兮欽崟。』孝親者宜譜是歌以傳之。唐狄仁傑授并州法曹參軍，親在河陽，登太行山，仁傑見白雲孤飛，謂左右曰：『吾親舍其下。』瞻悵久之，雲移乃去，可謂孝思不匱矣。」

禁愴焉欲涕〔一〕？乃後世不孝之徒，良心泯滅；其於父母，譬若鷙鳥，飢則相依，飽則颺去；此天道之所深惡，亦人道之所必誅也。』回憶此文，已近五十年，鮮民之生，不如死之久矣。故特申聖人之訓，而補之曰：『人子以不遊之福爲最大。』雖然，不遊而不能盡其孝，近依膝下，遠如萬里，其良心又安在乎？故不遠遊者，必當曲盡孝道，斯爲能享不遊之福〔二〕。」

20 子曰：「三年無改於父之道，可謂孝矣。」

解見《學而》篇。《禮記·坊記》篇曰：「君子弛其親之過而敬其美。」引此經爲證。弛其親之過，改其非道也；敬其美，不改其道也。

21 子曰：「父母之年，不可不知也。一則以喜，一則以懼。」

朱注：「知，猶記憶也。」愚謂：此記憶之心，出於良知者也。喜與懼，亦皆從良知中來也。以其時而言，當父母中年，則喜多而懼少。當父母暮年，則懼多而喜少。以其境而言，則一念而喜，一念而懼。然而喜之念，終不敵懼之念，故亟思有以盡其

〔一〕此兩段爲後比，下段爲結。
〔二〕本節唐先生以經驗誨人。

孝，此孝子之心理也。

編者謹按：唐先生《孝經救世編》卷一《孝德宏綱篇》説此章曰：「人生凡事皆可追補，如求學之時，辨事之時，皆可追補。惟事父母之年，則一往而不可復得。故聖人不曰父母之年當知，而曰父母之年不可不知，蓋喚醒萬世爲人子者之良知也。人子而不知父母之年，其良知安在乎？喜懼二字，要看得活[一]。以常理言之，父母在五十以前，則喜時多而懼時少。在五十以後，則喜時少而懼時多。然當父母强健，則往往而喜；當父母疾病，則往往而懼。故一則以喜，一則以懼，常往來於胸中，所謂喜懼交併也。然更有在無形之中，人子不可不知者。大抵父母年齡之長短，係於心境之鬱舒。心境而愉快也，則年齡自然久長；心境而抑鬱也，則年齡自然迫促。故父母之壽與不壽，實視乎人子之孝與不孝。由是思之，其爲喜乎？其爲懼乎？當兢兢業業，求所以永父母之天年矣，故曰不可不知也。」

22

子曰：「古者言之不出，耻躬之不逮也。」

黄氏曰：「談論著述，皆言也。」[二]

[一]「要看得活」句，唐先生《孝經講義（八）》：孝經翼（《論語》論孝）》修訂爲「未可拘説」。

[二] 黄式三《論語後案》。

愚謂：不出，不輕出也。《易》所謂「艮其輔」〔一〕是也。蓋大言不慚，最爲可耻。能知所耻，不獨葆其羞惡之良，而其躬行亦日以精進矣。此亦因心理而驗諸躬行也。

23　子曰：「以約失之者，鮮矣。」

朱注引謝氏〔二〕、尹氏二説〔三〕，以心與事對言〔四〕。愚謂：此即守約之學也。惟心不侈然自放，而後於事無失。此收斂所以爲治心之要。

24　子曰：「君子欲訥於言，而敏於行。」

言煩則矯之以訥，有餘不敢盡行也；行緩則勵之以敏，有所不足不敢不勉也。曰「欲」者，何也？《中庸》曰：「君子胡不慥慥爾。」蓋君子心理之中，常欲勉兹勿懈也。

〔一〕《易·艮》六五爻辭謂：「艮其輔，言有序，悔亡。」王弼注：「施止於輔，以處於中，故口无擇言，能亡其悔也。」

〔二〕謝氏指程門弟子謝良佐，字顯道，北宋壽春上蔡人，人稱上蔡先生，著有《論語説》。

〔三〕尹氏指程門弟子尹焞，字彦明，一字德充，北宋洛人，著有《論語解》。

〔四〕朱子《論語集注》卷二云：「謝氏曰：『不侈然以自放之謂約。』尹氏曰：『凡事約則鮮失，非止謂儉約也。』」

25 **子曰："德不孤，必有鄰。"**

《易傳》曰："同聲相應，同氣相求。"言心理之相感也。"東海西海有聖人出焉，此心同，此理同也；南海北海有聖人出焉，此心同，此理同也"〔一〕。即未至於聖人，但使有德行之表見，同志之士，自各以其類應，故曰："必有鄰。"鄰，猶親也。君子欲化人心，必先修德。

26 **子游曰："事君數，斯辱矣；朋友數，斯疏矣。"**

朱注引胡氏説〔二〕，作行諫納善解〔三〕。愚謂：行諫納善，雖辱與疏，義可弗顧。竊意"事君數"當爲求進之數，"朋友數"當爲求親之數。如《禮記·曲禮》篇所謂："盡人之忠，竭人之歡。"斯辱斯疏，乃心理之必然者也。然至於辱與疏，而猶不去不止，則其心術之卑鄙，更不可問矣。

〔一〕陸九淵語，見載楊簡《象山先生行狀》，《陸九淵集》卷三三。
〔二〕胡氏指胡寅，字明仲，人稱致堂先生，北宋建州崇安人。著有《論語詳説》。
〔三〕朱子《論語集注》卷二原文云："胡氏曰：『事君諫不行，則當去；導友善不納，則當止；至於煩瀆，則言者輕，聽者厭矣。是以求榮而反辱，求親而反疏也。』"

以上兩章，與首章相應。有德鄰而後有仁里，辱與疏皆自取。是非昏昧，焉得爲知？

里仁篇大義

先儒謂：「《里仁》後半篇，爲曾子弟子所記。」文治竊謂不獨後半篇爲然，要皆出於曾子弟子之手。細玩全篇，鞭策身心，至嚴至密，無過於是。

前半篇爲「求仁」之要，後半篇爲「學道」之基。開篇曰：「里仁爲美，擇不處仁，焉得知。」其論境耶？其言心耶？其驗之於力行耶？蓋全篇之例，起於此矣。下言「惟仁者而可處約」，「惟仁者而後能好惡」，重言仁者，令人向往不置矣。下言「志仁」，「不違仁」，「好仁不違仁」，「觀過知人」，皆爲仁之實功，而必以志仁爲首務。

仁即道也。《孟子》曰：「仁也者，人也。合而言之，道也。」蓋仁者，爲人之道也。就其具於心者而言，謂之仁；就其著於事物之當然者而言，謂之道。故下又特標「聞道」。聞道必先志道，志道必比義、懷德、懷刑，去利心、爭心、名位心。故自「士志於道」以下，皆詳言聞道之功，而必以志道爲首務。

道一而已矣。一則純乎天而爲仁，存於中爲忠，推於人爲恕。若稍有恥惡衣食心、適莫心、懷土懷惠心、放利心、不能以禮讓心、患無位莫己知心，是二也。二則雜，雜則存於中者不能忠，施於人者不能恕，故又特標「吾道一以貫之」爲綱領，而下以「喻義」、「喻利」爲分途，此學者求仁之大界也。陸子靜先生曰：「喻義、喻利，視其所志。志乎義則喻義矣，志乎利則喻利矣，學者可不先辨之哉！」〔一〕

見賢以下，皆道之見於倫常言行者，見賢事父母、事君、交友、言行之間，無一不合道，而後謂之聞道，而後謂之求仁、求道，皆切近真實之詣。以上採方氏宗誠說〔二〕。故曰鞭策身心，至嚴至密，無過於是。後世求心理學者，讀此篇足矣。而文治謂皆曾子弟子所傳，則更有說。

蓋「惟仁者能好人，能惡人」，即《大學》所謂放流、迸逐，「惟仁人爲能愛人、能惡人也」。「朝聞夕死」，即曾子所謂「而今而後吾知免夫」之義也。「懷德懷土」，即《大學》所謂「君子先慎乎德。有德此有人，有人此有土，有土此有財」是也。此一證也。

〔一〕陸九淵《白鹿洞書院論語講義》文，載《陸九淵集》卷二三。
〔二〕方宗誠《讀論孟筆記》文。

禮讓爲國，一國興讓之旨。忠恕之道，即絜矩之道。「所惡於上，毋以使下；所惡於前，無以先後」。由己而推之於人，所謂人己一貫者也。此皆曾子所傳之説也。是二證也。

《大戴禮記》中《曾子》十篇[一]，最爲粹美，而《曾子疾病》一篇尤爲精要。其言曰：「君子苟毋以利害義，則辱何由至哉？」此即傳喻義、喻利之説也。至此篇事父母數章，當爲曾子終身所服膺者。《疾病篇》曰：「人生百年之中，有疾病焉，有老幼焉，君子思其不可復者而先施焉。親戚即歿，親戚，謂父母也。雖欲孝，誰爲孝乎？」故孝有不及，此之謂與！蓋「往而不反者，年也；逝而不可追者，親也」，此即傳「一則以喜，一則以懼」之説也。是三證也。

唐柳宗元謂：「《論語》二十篇，仲尼弟子嘗雜記其言。然而卒成其書者，曾氏之徒也。」[二]其言信矣。

[一] 唐先生早年曾編輯《曾子大義》，故於《大戴禮記》所載認識殊精。
[二] 柳宗元《論語辨》上篇，《柳宗元集》卷四。

卷五

公冶長篇第五此篇專係論人，故注中姓氏爵位加詳，又别標章指，特例也。

1 **子謂公冶長，「可妻也。雖在縲絏之中，非其罪也」。以其子妻之。**

公冶，姓，字子長，孔子弟子〔一〕。

黄氏曰：「聖門不尚跅弛之士，必謹寡過，不干國紀。然無妄之災，上聖不避，刑戮之可免者，以理斷之，其不免者，所遭不幸也。」〔二〕

愚按：上篇論人，或以德行，或以才學，或以心術，皆以一二語爲定評，非可輕心

〔一〕本何晏《論語集解》引孔安國注。
〔二〕黄式三《論語後案》。

測之也。讀此章「雖在縲絏」二句，則長平日之謹守禮法可知矣[一]。

2　子謂南容，「邦有道，不廢；邦無道，免於刑戮」。以其兄之子妻之。

南容，居南宫，字子容，名縚，孔子弟子[二]。或據《左傳》孟僖子屬説與何忌於夫子，疑説與南容爲一人[三]。

朱注：「以其謹於言行，故能見用於治朝，免禍於亂世。」又引程子闢避嫌之説，極是相攸之道。視其才德與年齡之相耦，長、容俱聖門高弟，豈有軒輊之，何得疑聖人爲避嫌乎？

又按：此章贊長、容，蓋指德行而言。

3　子謂子賤，「君子哉若人！魯無君子者，斯焉取斯？」

[一] 方宗誠《讀論孟筆記》云：「則長未嘗不謹於言行。」
[二] 本何晏《論語集解》。
[三] 黄式三《論語後案》詳説。

子賤，姓宓，名不齊，孔子弟子〔一〕。上「斯」指其人，下「斯」指其德〔二〕。

黄氏曰：「魯至昭、定以後，治化日替。有夫子之教，諸君子聚於一門。子賤所取，正聖門諸賢敬業樂羣之益。言魯者，不私諸己也。」〔三〕

又按：此章贊子賤，亦指德行而言。

4　子貢問曰：「賜也何如？」子曰：「女器也。」曰：「何器也？」曰：「瑚璉也。」

朱注：「子貢見孔子以君子許子賤，故以己爲問。」説恐未然。子貢雖方人，而自勵甚切，「何如」之問，正「考德問業」〔四〕之意。

讀「女器也」句，足見聖門之學，務求體用兼備，必成德達材，而後可謂之成器。然器有大小貴賤之分，讀「何器也」之問，正見子貢兢兢然「不自滿假」〔五〕。讀「瑚璉

〔一〕兼何晏《論語集解》與朱子《論語集注》。
〔二〕朱子《論語集注》卷三。
〔三〕黄式三《論語後案》。
〔四〕韓愈《送温處士赴河陽軍序》文：「小子後生，於何考德而問業焉。」
〔五〕《書·大禹謨》：「克勤於邦，克儉於家，不自滿假。」孔安國傳云：「不自盈大。」孔穎達《尚書正義》謂：「言己無所不知，是爲自滿。言己無所不能，是爲自大。」乃自滿自大之意。

也」句，可見其貴重而華美，猶言三代以上人物也。

朱注謂子貢「未至於不器」，後儒遂疑子貢未成爲君子，説尤未然。此章器字，與君子不器「器」字較不同。夫子嘗言「賜也達」，正不器之證。要知瑚璉之答，全係贊美之辭，並無不滿之意。

又按：此章答子貢，蓋兼才德而言。

5　**或曰：「雍也，仁而不佞。」**

雍，姓冉，字仲弓，孔子弟子〔一〕。夫子言：「仁者其言也訒。」又言：「木訥近仁。」是不佞實仁之一端。而或者以之病仲弓〔二〕，謬矣。

子曰：「焉用佞？禦人以口給，屢憎於人。不知其仁，焉用佞？」

〔一〕兼何晏《論語集解》與朱子《論語集注》。
〔二〕黄式三《論語後案》當句注云：「病其短才也。」

禦，當也。給，捷也。憎，惡也〔一〕。禦人以口給，「截截善諞言」也〔二〕。屢憎於人，「在彼而惡，在此而斁」〔三〕也。夫子言巧言「鮮矣仁」，蓋巧言以取悦於人，則是非泯，而失其本心之德，是惟佞，乃所以爲不仁，故曰「不知其仁」，直言其不仁也。此與「孟武伯」章「不知其仁」，意義不同。

又按：此章論仲弓，蓋指心術而言。

6 子使漆雕開仕。對曰：「吾斯之未能信。」子説。

漆雕，姓，名啓〔四〕，字子開，孔子弟子。

〔一〕朱子《論語集注》卷三。

〔二〕《書·秦誓》文：「惟截截善諞言，俾君子易辭。」孔安國傳：「惟察察便巧善爲辨佞之言，使君子迴心易辭。」花言巧語之謂。

〔三〕《詩·周頌·振鷺》句：「在彼無惡，在此無斁。」無善無惡，圓滑鄉原之謂。

〔四〕黄式三《論語後案》據宋翔鳳《過庭録》按《漢書·古今人表》及清儒考證考定，宋氏並謂「吾斯之未能信」之吾乃古字「启」之訛。

程子曰：「溱雕開已見大意。」〔一〕後儒因之，或解斯字爲性〔二〕，或指爲道〔三〕，遂謂開造詣精深在諸賢之上。竊恐未然。

按：《論語》無「此」字，凡言斯者，大抵指實事而言，如「其斯之謂與」，指樂道好禮言；如「斯而已乎」，指修己以敬言；本篇「斯焉取斯」，指人與德言；此章斯字，承上仕字，當指治人之學而言。惟其於經世學問，不敢自信，而精進不已，自然體用兼全，夫子所以説之。倘以斯字爲指點本體，失之遠矣。

又按：此章説開，蓋指學術而言。

7　子曰：「道不行，乘桴浮于海。從我者其由與？」子路聞之喜。子曰：「由也好勇過我，無所取材。」

編竹木，大者曰筏，小者曰桴。「浮海」之歎，傷道之終不行也。材，與裁通〔四〕。「

〔一〕程顥語，見引於朱子《論語集注》卷三及《近思録》卷二。
〔二〕朱子《論語集注》云：「斯指此理而言。」
〔三〕趙佑《四書温故録》卷二云：「即舊注所謂仕進之道也。」
〔四〕本朱子《論語集注》云：「不能裁度事理。」

無所取材」，猶言「不知所以裁之」。此記者類記夫子之言，以爲子路之定評，非因其聞從我之喜而抑之也。

黄氏曰：「浮，過也……據《漢書・地理志》及《説文》，乘桴浮海即欲居九夷之事……《漢書》顔注引此經而申之曰：『言欲乘桴筏而適東夷，以其國有仁賢之化，可以行道也。』顔注蓋本古説……子路之喜，喜夫子之許其同行道也。好勇過我，謂勇於濟世也。無所取材，謂無人取用其材也。」[一]其義亦精。

又按：此章論子路，蓋指其才而言。

8　孟武伯問：「子路仁乎？」子曰：「不知也。」

「不知」者，非不許其仁也，言仁道至難，而學無止境，不知其後之能造於仁否也。

又問。子曰：「由也，千乘之國，可使治其賦也，不知其仁也。」

賦與役不同。賦者，出夫爲兵也。《先進篇》有勇知方節，正可與此節相印證。

「求也何如？」子曰：「求也，千室之邑，百乘之家，可使爲之宰也，不知其仁也。」

[一] 黄式三《論語後案》。「顔注」二字原脱漏，據黄氏文補。

邑，有國邑、縣邑之分。〔一〕「千室之邑」，蓋縣邑之大者。《先進》篇「可使民足」節，正可與此節相印證。

「赤也何如？」子曰：「赤也，束帶立於朝，可使與賓客言也，不知其仁也。」

赤，姓公西，字子華，孔子弟子〔二〕。《先進》篇「宗廟會同」節，正可與此節相印證。夫子嘗言：「我欲仁，斯仁至矣。」又言：「吾未見力不足者。」蓋仁道有淺深。在武伯觀之，三子已純乎天理；而自夫子觀之，則不過日月至焉而已，故曰：「不知其仁。」然三子之進境，皆無限量也。

又按：此章論三子，蓋兼才具心體而言。

9　子謂子貢曰：「女與回也孰愈？」

子貢明達，自待極高，「孰愈」之問，夫子將以進之，非因其用力之有差也。

對曰：「賜也何敢望回。回也聞一以知十，賜也聞一以知二。」

〔一〕黄式三《論語後案》云：「邑有以國邑言者……有以里居言者。」
〔二〕朱子《論語集注》卷三。

先儒謂顔子掃除聞見，故能聞一知十，子貢滯於見聞，故不過聞一知二[一]。謬矣。顔子從博文入，子貢從多學而識入，皆本於師法，其學一也，特其天資有高下，學力有淺深耳。朱注：「顔子明睿所照，即始而見終；子貢推測而知，因此而識彼。」推測者，窮理也。推測之熟，即可以進於明睿。其後得聞一貫及性道之學，蓋幾於顔子矣。

子曰：「弗如也，吾與女弗如也。」

夫子既歎子貢之弗如，復云「吾與女俱弗如」者，蓋欲以慰子貢，即以勉之也。凡人學無進境，在不自知其弗如人耳。

陸氏曰：「學者最可患者一矜字，最當守者一遜字。既不自矜，尤當猛力精進，故《説命》曰：『遜志務時敏。』遜與敏缺一不可。」[二]

又按：此章論二子，蓋以學問言。

[一] 此本王守仁《傳習録》的「黄誠甫問『汝與回也孰愈』章，先生曰：『子貢多學而識，在聞見上用力。顔子在心地上用功。』故聖人問以啓之。而子貢所對，又只在知見上。故聖人嘆惜之。非許之也」立論。

[二] 陸隴其《松陽講義》卷六「子謂子貢曰女與回也孰愈」條綜謂：「子貢平日自負非常。」

10　宰予晝寢。子曰：「朽木，不可雕也；糞土之牆，不可杇也。於予與何誅。」

晝寢，謂當晝而寐。朽，腐也。雕，刻畫也〔一〕。糞土，埽棄之土，雜散粗浮，塗之不成也〔二〕。聖門之學，進德修業，朝乾夕惕，瞬有存，息有養。宰我怠惰，故夫子責之。

梁武帝讀晝寢爲「畫寢」〔三〕，非。

11　子曰：「始吾於人也，聽其言而信其行；今吾於人也，聽其言而觀其行。於予與改是？」

聖人視以、觀由、察安〔四〕，豈不觀其行哉？曰「於予與改是」，設爲疑辭，非始寬而

〔一〕朱子《論語集注》卷三注文。

〔二〕黄式三《論語後案》語。

〔三〕梁武帝之説，見引於唐末李匡文《資暇録》，謂：「晝當作畫字，言其繪畫寢室。」按：韓愈、李翺《論語筆解》載韓愈解釋：「晝當爲畫，字之誤也。」則唐末李匡文所引「梁武帝注」，或韓愈説上承梁武帝。而程樹德先生《論語集解》稽考古説，認爲漢儒已有此説。

〔四〕此句濃縮《論語·爲政》孔子語：「視其所以，觀其所由，察其所安，人焉廋哉！人焉廋哉！」

今刻也。宰我在言語之科，善爲説辭，實行不逮，故以此專責之〔一〕。夫晝寢不過小有不謹，而責之嚴切如此，後世人士好爲大言，不顧行檢，則宰我之罪人矣。

又按：此章責宰我，蓋兼學問言行而言。

12 **子曰：「吾未見剛者。」或對曰：「申棖。」子曰：「棖也慾，焉得剛？」**

申棖，《史記》作申棠，字周，孔子弟子〔二〕。剛者，陽剛之性，天德也。慾者，陰柔之情，人欲也。謝氏曰：「能勝物之謂剛，故常伸於萬物之上。爲物揜之謂慾，故常屈於萬物之下。」〔三〕是剛與慾，相似而適相反也。聖人觀人，由表達裏，直能抉其心術之微。然所以不許申棖者，正冀其以理勝欲，而進於剛也。

又按：此章論申棖，蓋指心德而言。

13 **子貢曰：「我不欲人之加諸我也，吾亦欲無加諸人。」子曰：「賜也，非爾所及也。」**

〔一〕本朱子《論語集注》「宰予能言而行不逮」之説。
〔二〕本黄式三《論語後案》。
〔三〕朱子《論語集注》引。

程子曰：「我不欲人之加諸我，吾亦欲無加諸人，仁也。施諸己而不願，亦勿施於人，恕也。恕則子貢或能勉之，仁則非所及矣。」〔一〕朱子謂：「自然者爲仁，勉强者爲恕。」其説最精。

愚按：《論語》通例，弟子問答，無自稱我與吾者。此章「我不欲」二語，必係古時格言〔二〕，子貢因以爲問。而夫子謂「非爾所及」者，蓋推己及人，爲學者不易及之事，即爲不可不及之事，正欲子貢之能近取譬，切實以進於仁耳。先儒謂終身行之，終身不以爲及者，聖功也。

又按：此章言答子貢，蓋指性分而言。

14　子貢曰：「夫子之文章，可得而聞也；夫子之言性與天道，不可得而聞也。」

可不可，猶言能不能也。曰可得、不可得，有心得而後可聞也。曰言，非不言也，特罕言耳。

〔一〕朱子《論語集注》引。
〔二〕此係唐先生獨得之見。

性、道，有謂在文章中者〔一〕。李氏曰：「夫子告子貢『四時行焉，百物生焉』；又告以『一貫』〔二〕。蓋春秋冬夏，庶物露生，無非至教，則天載之神在是矣。《詩》《書》六藝，一以貫之，則性命之精在是矣。精粗本末合一之妙，非深於道者不能契也。」〔三〕

有謂在文章外者。細玩朱注語意，分作兩事〔四〕。陸氏亦謂：「夫子有教人文章之時，有教人性天道之時，非於文章内得性天道也。」〔五〕然此二説，要不可偏廢。

更有進者。子思子言天命之性，孟子道性善，豈非聖門之家法乎？蓋性與天道，有言其精微者，有言其梗概者。昔朱子輯《近思録》，首卷即列《太極圖説》。先儒

〔一〕呂柟《四書因問》卷三云：「性與天道皆寓於文章中，但人不能識耳。」呂柟（一四七九～一五四二），字仲木，號涇野，學者稱涇野先生，陝西高陵人，明武宗正德三年（一五〇八）進士，任國子監祭酒，官至南京太常寺少卿。

〔二〕唐先生省約原文。

〔三〕李光地《榕村四書説·讀論語劄記》「子貢曰夫子之文章」章。其中引文，唐先生爲之精簡處理。

〔四〕唐先生所謂「分作兩事」，蓋指「文章」與「性」二者。朱子《論語集注》云：「文章，德之見乎外者，威儀文辭皆是也。性者，人所受之天理。天道者，天理自然之本體。其實一理也。」

〔五〕陸隴其《松陽講義》卷六「子貢曰夫子之文章」。

謂：「後生晚進，於義理之本原，雖未容驟語，苟茫然不識其梗，則亦何所底止？」[一]然則聖門雖教不躐等，而於義理之本原，未嘗不道其大概，要在學者之自悟耳。

又按：此章論聖門教法。

15 子路有聞，未之能行，唯恐有聞。

曰恐，見其力行之勇，發於心理之誠，此正乾乾不息之學。蓋前所聞者未及行，唯恐復有所聞，而不及並行[二]。則既行之後，又汲汲以求聞可知矣，是以能不息也。

又按：此章贊子路，蓋兼行與心而言。

16 子貢問曰：「孔文子何以謂之文也？」子曰：「敏而好學，不恥下問，是以謂之文也。」

孔文子，名圉，衛國大夫。

[一] 吕祖謙《近思録》後序文。
[二] 「不及並行」説本何晏《論語集解》。朱子解作「行之不給」。

黄氏曰：「敏者，資之捷。好者，心之篤。好學者〔一〕……官司之圖籍，古今之典章，皆〔二〕能討論搜輯之也。下問者，不挾貴求實是也。事固有名〔三〕，卿大夫稽〔四〕祕府官司之掌，或未能詳悉釐定。而投閒置散之士……轉能明因革之由，論得失之故……此文子所以集衆益也。」〔五〕

《謚法》「勤學好問」亦得稱文〔六〕，非「經天緯地」之文也。

又按：此章論孔文子，蓋指學問而言。

17 子謂子產，「有君子之道四焉：其行己也恭，其事上也敬，其養民也惠，其使民也義。」

朱注：「子產，鄭大夫公孫僑。恭，謙遜也；敬，謹恪也；惠，愛利也。使民義，

〔一〕「好學者」三字乃唐先生所添，以連接上下文意。
〔二〕黄式三原文作「自」。
〔三〕「事固有」三字原脱，據黄式三文補入。
〔四〕「稽」字，唐先生誤作「於」，據黄式三文更正。
〔五〕黄式三《論語後案》語。按：唐先生以求精煉，此節引文字詞更動稍多。
〔六〕引朱子《論語集注》。

如都鄙有章，上下有服，田有封洫，廬井有伍之類。」愚按：恭、敬、惠、義，得其一，已足爲君子之道，況有其四乎！可見内外體用之兼全矣。

又按：此章贊子産，蓋兼德行、事功而言。

18 子曰："「晏平仲善與人交，久而敬之。」

晏，姓。平，謚，名嬰，齊大夫[一]。交友之道，不可以過親，親則狎。不可以過疏，疏則絶。善持於親疏之間者，敬而已矣。然交久則敬易衰，惟其交之久而敬益久，可見其心之始終不渝也。

皇本作「久而人敬之」，疏云：「此善交之驗。」

又按：此章論交友，蓋指心理而言。

19 子曰："「臧文仲居蔡，山節藻棁，何如其知也？」

〔一〕 本何晏《論語集解》引周氏《章句》説。

臧，姓。文，謚，名辰，魯大夫。蔡，大龜，出蔡地，因以爲名〔一〕。天子龜廣尺有二寸，諸侯尺，文仲居之，僭也〔二〕。節，柱頭斗栱。藻，水草。棁，梁上短柱〔三〕。古者卜人定龜，是藏龜本有定制。文仲因迷信而僭竊〔四〕，因僭竊而諂瀆，不知甚矣。

又按：此章論臧文仲，蓋指心術而言。

20 **子張問曰：「令尹子文三仕爲令尹，無喜色；三已之，無愠色。舊令尹之政，必以告新令尹。何如？」子曰：「忠矣。」曰：「仁矣乎？」曰：「未知，焉得仁？」**

令尹，官名，楚上卿執政者也。子文，姓鬬，名穀於菟〔五〕。「三仕三已」，無確考〔六〕。蓋言其屢進屢退，非必果爲三也。

〔一〕何晏《論語集解》。
〔二〕此本黄式三《論語後案》引《説文解字》立義。
〔三〕朱子《論語集注》卷三。
〔四〕朱子《朱子語類》卷二九謂臧文仲「惑於鬼神」，唐先生沿此説謂其「迷信」。
〔五〕朱子《論語集注》卷三。
〔六〕黄式三《論語後案》謂：「此事蓋不可考。」唐先生承此意。

鄭君讀知爲智[一]，正與上章臧文仲非知，下章甯武子知愚相應。蓋知以成仁，子文知有國而不知有身，可謂忠矣。然其舉子玉爲令尹，剛而無禮，以致城濮之戰，楚師敗績，再世不競，未得爲知，焉得爲仁也。

21 **「崔子弒齊君，陳文子有馬十乘，棄而違之。至於他邦，則曰：『猶吾大夫崔子也。』違之。之一邦，則又曰：『猶吾大夫崔子也。』違之。何如？」子曰：「清矣。」曰：「仁矣乎？」曰：「未知，焉得仁？」**

崔子，名杼，齊大夫。齊君，莊公，名光。陳文子，名須無，亦齊大夫[二]。文子違亂求治，不污其身，可謂清矣。然所如不合，無先幾之明，既不如甯武子之能愚，又不如蘧伯玉之可卷，未得爲知，焉得爲仁也。

又按：此章論子文、文子，蓋兼事迹、心術而言。

[一] 陸德明《經典釋文·論語音義》謂：「音智，《注》同。」按：《注》指鄭玄《論語注》。
[二] 朱子《論語集注》卷三。

22 季文子三思而後行。子聞之，曰：「再，斯可矣。」

季文子，名行父。文，謚，魯大夫[一]。凡人始念皆正。成敗得失之見，皆出於後起之私，此《周易》六十四卦初九一爻，所以多吉也。文子在當時，亦稱賢大夫。考《左氏·文公十八年傳》逐莒太子僕事可見。「三思後行」，實出於審慎，惟後人學之，則不免流於猶豫矣。

或曰：「周公仰而思之，夜以繼日，何也？」曰：以學問而言，雖十思不爲多。以事未至而言，亦不妨再三審度，所謂凡事豫則立也，此章蓋指臨事而言。

黄氏曰：「「三思，謂思之盡善也。」[二]

「斯可矣」與「得見善人者」句例同，言求三思者不易得，得再思者斯可矣。[三]

又按：此章論季文子，蓋專指心理而言。

[一] 何晏《論語集解》。

[二] 黄式三《論語後案》。按：劉寶楠《論語正義》强調「三思乃美行」及「三思爲賢」。

[三] 即退而求其次之意。

23

子曰：「寧武子邦有道則知，邦無道則愚。其知可及也，其愚不可及也。」

寧武子，名愈；武，謚；衛大夫。

陸氏曰：「知、愚二字，乃世俗之論。知謂其能自養重，愚謂其不避艱險。此處文法與『先進於禮樂，野人也；後進於禮樂，君子也』同例，非真野人、真君子也，此知、愚亦非真知真愚，皆世俗之見耳……夫子且不與深辨。謂世所其贊者，武子之知也，而不知其可及也；世所其笑者，武子之愚也，而不知其正不可及也。自古天下，皆賴有此等愚人擔任，若皆取巧，則不成世界矣……然論武子之心，安知有知？亦安知有愚哉？惟祇有忠而已矣。」[一]

又按：此章論寧武子，蓋專指心術而言。

24

子在陳曰：「歸與！歸與！吾黨之小子狂簡，斐然成章，不知所以裁之。」

此夫子道不行而思歸之歎也。簡，略也。或疑即狷字，蓋狷者有不爲，故近於略。

〔一〕陸隴其《松陽講義》卷六「子曰寧武子邦有道則知章」。

斐，文采錯雜也。成章，文章通達也〔一〕。裁，割正也〔二〕。狂者過乎中，簡者不及乎中，宜裁之使進於中庸。文采斐然，宜裁之使夷於義理，夫子傳道之心蓋如此。後儒以陷於異端疑之〔三〕，過矣。

又按：此章思吾黨小子，蓋指學術而言。

25　子曰："「伯夷、叔齊不念舊惡，怨是用希。」

朱注："「伯夷、叔齊，孤竹君之二子，孟子稱其『不立於惡人之朝，不與惡人言』。其介如此，宜若無所容矣。然其所惡之人，能改即止，故人亦不甚怨之也。」

愚按："「柳下惠不以三公易其介」〔四〕，和而能介，所以爲和者之德。「夷、齊不念舊惡」，清而能和，所以爲「清者之量」〔五〕。或解作不念舊時相惡之人〔六〕。又謂即指

〔一〕黄式三《論語後案》謂："「斐然成章，言文辭之條理分明也。」唐先生釋「成章」是「文章通達」本此。
〔二〕朱子《論語集注》卷三。
〔三〕此「後儒」指朱子，《論語集注》説："「但恐其過中失正，而或陷於異端耳。」
〔四〕《孟子·盡心(上)》載孟子語。
〔五〕「清者之量」乃程子語，見引於朱子《論語集注》卷三。
〔六〕毛奇齡《四書改錯》説。

武王而言〔一〕。又謂「怨是用希」，是夷、齊之困以寡怨，俱非。

又按：此章論夷、齊，蓋指心理而言。

26　子曰：「孰謂微生高直？或乞醯焉，乞諸其鄰而與之。」

微生，姓；高，名；魯人〔二〕。醯，醋也〔三〕。

黄氏曰：「醯本可有可無之物，而必曲遂乞者之意，是爲不直。朱子言『掠美』，未必然；言『曲意徇物』，是也。」〔四〕

愚謂：高用意委曲，苟非「掠美」，夫子亦何至斥其不直哉？此雖小節，以觀人之隱微也。

又按：此章論微生高，蓋指心術而言。

〔一〕指程子之説，具見考於黄式三《論語後案》。
〔二〕何晏《論語集解》。
〔三〕朱子《論語集注》。
〔四〕黄式三《論語後案》。

27 **子曰：「巧言、令色、足恭，左丘明恥之，丘亦恥之。匿怨而友其人，左丘明恥之，丘亦恥之。」**

足恭，便辟貌〔一〕。《禮記·表記》篇：「君子不失足於人，不失色於人，不失口於人。」足與言、色並舉〔二〕。足恭即指「趨蹌奔走，甚而屈膝一流」〔三〕是也。左，姓；丘明，名；魯之君子，作《春秋傳》者〔四〕。「匿怨而友」，言中心蓄怨，而詐作親近〔五〕。此非特諂諛而已，或有藉此報怨之意。蓋巧言三者，爲穿窬之事；匿怨友人，爲害人之事。夫子重言「左丘明恥之，丘亦恥之」者，不獨稱許同志，欲以激人心羞惡之良也。

又按：此章論左丘明，蓋指心術而言。

〔一〕何晏《論語集解》引孔注。
〔二〕翟灝《四書考異》說。
〔三〕黃式三《論語後案》語。按：「一」字疑爲「之」字之誤。
〔四〕沿黃式三《論語後案》據段玉裁說。
〔五〕何晏《論語集解》引孔氏說。

28　顔淵、季路侍。子曰：「盍各言爾志？」

《論語》記侍坐之例，有序齒者，「子路曾晳」章是也；有尚德者，此章是也〔一〕。志字所包甚廣，有指「事功」言，有指「性功」言〔二〕。此志字，言性功也。

子路曰：「願車馬，衣輕裘，與朋友共。敝之而無憾。」

願車馬，讀。衣輕裘，讀。與朋友共，句〔三〕。此雖近於豪俠，然非豪俠之士可比也，蓋萬物一體之懷所由始也，故先儒謂之求仁〔四〕。

顔淵曰：「願無伐善，無施勞。」

此雖近於謙謹，然非謙謹之士可比也。蓋萬物一體之懷所由推也，故先儒謂之不違仁〔五〕。

〔一〕閻若璩《四書釋地》卷中謂：「子路、曾晳、冉有、公西華侍坐，是以齒序。顔淵、季路侍，則以德序。」黄式三《論語後案》注出，唐先生説本此。

〔二〕「事功」「性功」之别本明末清初唐甄《潛書》説，「事功」指有位立功，「性功」指無位則復性歸善。

〔三〕唐先生特意指出句讀，乃因歷來出現兩種句讀。一是讀爲「與朋友共敝之」，見《白虎通》；一是「與朋友共，敝之而無憾」。唐先生主後一種句讀。

〔四〕「求仁」之説原出張栻《論語解》卷三，具説於陸隴其《松陽講義》卷六「顔淵季路侍」章。

〔五〕本陸隴其《松陽講義》卷六「顔淵季路侍」章之説。

子路曰：「願聞子之志。」子曰：「老者安之，朋友信之，少者懷之。」

此立人達人天理流行之象，雖近於兼愛，然非兼愛之學可比也。蓋萬物一體之懷所由充，其分固各殊也，故先儒謂之安仁[一]。

李氏曰：「聖賢之分，只在安勉，子路無憾，顏淵無伐無施，皆是自覺憾與伐施之不善，而願除去之。夫子安之信之懷之，是順乎心之自然，與以物所應得。體味三無字、三之字，則聖賢分量自見。無憾比之無伐、施又較粗，則子路、顏子所造之淺深亦見。」[二]

真氏曰：「學者先自學子路始，必如子路之忘私，方可進步。不然，則物我之私，横於胸中，如蟊賊如戈戟然，又安能如顏子，況於聖人乎？」[三]

合觀二説，此章之義盡矣。

又按：此章論志，蓋指性分而言。

[一] 陸隴其《松陽講義》卷六「顏淵季路侍」章。
[二] 李光地《榕村四書説・讀論語劄記》「顏淵季路侍」章。
[三] 真德秀語，見引於陸隴其《松陽講義》卷六「顏淵季路侍」章。

29　**子曰：「已矣乎！吾未見能見其過，而内自訟者也。」**

克伐不行，聞過則喜，聖門能改過者多矣。此云未見者，蓋更欲於未見之中，求其得見也。見其過者，本心之是非，致知之事。内自訟者，本心之兢惕，誠意之事。由致知而懔於獨知之地，其功較難，故未易見。用功之道如何？曰：審幾而已。《周易·訟》卦傳曰：「君子以作事謀始。」始者，始幾也。周子《通書》曰：「幾微故幽。」惟能戰勝於天人之界，以理制欲，則其能克治而進德也必矣。

又按：此章蓋指心體而言。

30　**子曰：「十室之邑，必有忠信如丘者焉，不如丘之好學也。」**

朱注：「言美質易得，至道難聞。學之至，則可以爲聖人；不學，則不免爲鄉人而已。」語意極摯。

愚按：《釋文》引衛瓘説「焉」讀於虔反，屬下句，與「焉知來者不如今也」句例同。焉，猶安也，言有忠信如丘者，焉有不如丘之好學也〔一〕，此見聖人不自矜而望人好學

〔一〕此説見邢昺《論語注疏》卷五。

之切，義更周匝。

又按：此章兼學行而言。

公冶長篇大義

列傳之體，昉自龍門。昉，始也。龍門，在今陝西高陵縣界，司馬遷所生之地。其傳贊則恒以數言論斷其人之生平，或善或否，或賢或不肖，後世如見其人。文學家宗之，以爲千古之絶調。至班固氏，遂撰《古今人表》，《人表》分九等，猶今所稱人格也。品題羣倫，分判高下，論者以爲創作，而不知其例皆本於《論語》。《公冶長》一篇，皆傳贊之體例，而即《古今人表》之權輿也。權輿，始也。

讀公冶長、南容之贊語，處末流之世，謹慎當何如矣。文治嘗謂《論語》中文法，以《公冶長》篇「子謂子賤」，《先進》篇「孝哉閔子騫」兩章爲特奇。「孝哉閔子騫」，父母之贊閔子在是言，昆弟之贊閔子在是言，人之贊閔子亦在是言，而孔子之贊閔子即在是言。「子謂子賤」，子賤之爲君子在於斯，魯之多君子在於斯，子賤取魯之君子在於斯，而孔子贊子賤之爲君子，與其善取君子，即在於斯。各於兩言之中，括無窮之意義，文法之妙，無過是已。賜之爲「瑚璉」也，雍之「仁而不佞」也，開之「未敢自信」也，由之「無所取材」也，由、求、赤之「不知其仁」也，賜之「何敢望回」也，宰予之言不副行也，申之未得爲剛也，皆門弟子之贊語也。

凡人有血氣心知之性，其大患在有己而無人，私心勝而公理滅，故聖門論克己之學，曰仁曰恕。仁从二人，恕者如心之謂。一人之心，千萬人之心也。「我不欲人之加諸我，吾亦欲無加諸人」，蓋一言而終身行之不能盡矣。「性與天道，不可得聞」，贊聖人盡性立命之學也。「未之能行，唯恐有聞」，贊子路兼人之勇也。自此以下，則爲列國卿大夫與古今賢哲之論贊。若孔文子，若子産，若晏平仲，若臧文仲，皆不過贊以數言，而其人之生平已畢見。

孔子不輕以仁許人，子文、文子之未得爲仁，猶由、求、赤之不知其仁也。「三思後行」，其美文子乎，則謂其審慎也；其貶文子乎，則謂其遲疑也。雖然，《易》言：「由豫大有得。」《中庸》言：「道前定則不窮。」古聖賢作事謀始，蓋慎之又慎矣。「邦有道則知，邦無道則愚」，武子洵千古忠臣哉！天下惟至愚之人，能濟艱難險阻之功，而成忠孝非常之詣，然而上下古今，如武子之愚者，何其少也。

惜哉！吾黨之小子不知所裁也！「其志嘐嘐然」，曰「古之人，古之人」，是必折衷於聖人，而後可傳於後世也。夷、齊之「不念舊惡」，其仁乃真仁。微生之「乞諸其鄰」，其直乃僞直。同心者，左丘明也，尚氣節，不匿怨。君子之所養，其可知矣。人而無志，不可立於天地之間。天地之德，在萬物各得其所。車馬輕裘，「敝之無憾」，袪爾我之見，公之至也。「無伐善，無施勞」，勞而不伐，有功而不德，厚之至也。而孔子之志，則老安、友信、少懷，蓋欲使萬物各得其所，天地之德也。反覆此章，豈特知聖賢分量之不同，修身進德之次第，備於此矣。

顧炎武氏謂：「此篇多論古今人物，而終之曰：『已矣乎！吾未見能見其過而内自訟者也。』又曰：『十室之邑，必有忠信如丘者焉，不如丘之好學也。』是則論人物者，所以爲内自訟之地，而非好學之深，則不能見己之過，雖欲改不善以遷於善，而其道無從也。記此二章於末，其用意當亦有在。」〔二〕善哉言乎！蓋古之君子，其律己也必嚴，其論人也必恕。律己而不嚴，則其品行之卑下可知也；論人而不恕，則其心術之刻薄可知也。世之好議論人者，其亦内自訟而無自怠其好學之志哉？

〔二〕 顧炎武《與人書十四》，載《亭林文集》卷四之六。

卷六

雍也篇第六

1　**子曰："雍也可使南面。"**

人皆知仲弓爲德行選，而不知德行實爲政事之本。"南面者，聽治之位"〔一〕，蓋指卿大夫而言〔二〕。可使者，猶言"可使爲宰""可使從政"之例。仲弓雖有君德，惟先儒解此節爲人君之位〔三〕，於"可使"二字，恐有未合。

〔一〕朱子《論語集注》謂："南面者，人君聽治之位。"
〔二〕用王引之《經義述聞》説。
〔三〕指朱子。

2 仲弓問子桑伯子。子曰：「可也。簡。」

此記者連類記之，以證「可使南面」之實。先儒謂仲弓因夫子許己，故有此問〔一〕，恐未然。伯子，或疑即莊周所稱子桑户〔二〕。可也，句〔三〕。簡，略也。

陸氏曰：「周末文勝，天下病在煩苛，得簡如子者，亦可補救。如漢初承秦之敝，文、景以黄老治之，天下亦得休息。然曰『可也』，則非全許之辭矣。」〔四〕

仲弓曰：「居敬而行簡，以臨其民，不亦可乎？居簡而行簡，無乃大簡乎？」

敬者，治心之原。簡者，治事之法。居者，以之爲體。行者，以之爲用。體用兼備，以臨其民，《易》之所謂「敦臨」〔五〕也。仲弓之言，蓋本於師訓，所謂「出門如見大賓」、「使民如承大祭」，此其所以爲可也。若體用皆簡，則近於黄老清靜之學，無事而

〔一〕朱子《論語集注》。
〔二〕朱子《論語集注》引胡寅説。
〔三〕黄式三《論語後案》。句，謂句讀。
〔四〕陸隴其《松陽講義》卷六「子曰雍也可使南面」章。
〔五〕《易·臨》爻辭云：「敦臨，吉，無咎。」象辭曰：「志在内也。」

適以多事，此大簡之弊，所以流爲苟簡，而終不可行也〔一〕。

子曰：「雍之言然。」

「可也簡」一語，夫子本有未盡之意，而仲弓疏釋簡字，根本於敬，至爲精密，故夫子喜而然之。

陸氏曰：「讀此，知萬世帝王治天下之大綱，皆在雍一言中，與『修己以敬』章蓋相表裏，非沾沾爲一簡字辨也。」〔二〕

3 **哀公問：「弟子孰爲好學？」孔子對曰：「有顔回者好學，不遷怒，不貳過。不幸短命死矣！今也則亡，未聞好學者也。」**

好學有在不遷、不貳外者，博聞窮理是也；有在不遷、不貳中者，涵養克治是也。或以好學爲本，不遷、不貳爲效驗〔三〕，恐未是。

〔一〕唐先生此章以「體用」立説。
〔二〕陸隴其《松陽講義》卷六「子曰雍也可使南面」章。
〔三〕朱子《論語集注》卷三引程子説。唐先生概括其旨如此。

不遷怒者，或以人言，或以事言，或以一人一事之始終言。程子所謂「在物不在己」[一]，能於怒時遽忘其怒，而觀理之是非也。不貳過者，「有不善未嘗不知，知之未嘗復行」[二]，《易》所謂「不遠復」也。其用功之大要，不外審一心之幾而已。

七十子之徒，不乏英奇之士，而夫子獨薦顏淵爲好學，且所注重者，在不遷、不貳兩端，則聖學之本可知矣。

「顏子之卒，先儒無定説，《史記》云：『少孔子三十歲，年二十九髮盡白，蚤卒。』……《家語》云：『三十一早死。』邢《疏》及《史記索隱》引《家語》作三十二。」[三]似以《索隱》、邢《疏》所引爲是。

4　子華使於齊，冉子爲其母請粟。子曰：「與之釜。」請益。曰：「與之庾。」冉子與之粟五秉。

[一]朱子《論語集注》卷三引程子語。
[二]《易·繫辭下》語，程子引以解「不貳過」，見載朱子《論語集注》卷三。
[三]黄式三《論語後案》文。

朱注：「使，爲孔子使；釜，六斗四升；庾，十六斗；秉，十六斛。」〔一〕

陸氏曰：「如冉子之與，豈不足矯天下之吝，然過乎中矣。夫子雖告以與釜、與庾，若欲委曲遂其『與之』之念者，然無非示以不當與也。」〔二〕

子曰：「赤之適齊也，乘肥馬，衣輕裘。吾聞之也，君子周急不繼富。」

「肥馬輕裘」，言其富也〔三〕。「周急不繼富」，裁之以義也。

5 原思爲之宰，與之粟九百，辭。

孔子爲魯司寇，以思爲宰〔四〕。九百，粟九百斗〔五〕。

陸氏曰：「如原思之辭，豈不足以矯天下之貪，然過乎中矣。」〔六〕

子曰：「毋！以與爾鄰里鄉黨乎！」

〔一〕朱子《論語集注》卷三，原文「爲孔子使」句末有「也」字。

〔二〕陸隴其《松陽講義》卷六「子華使於齊」章。

〔三〕朱子《論語集注》語。

〔四〕何晏《論語集解》引包咸說。

〔五〕「九百」之謂「九百斗」，乃何晏《論語集解》所引孔氏說，朱子認爲其量「不可考」。

〔六〕陸隴其《松陽講義》卷六「子華使於齊」章。

五家爲鄰，五鄰爲里，萬二千五百家爲鄉，五百家爲黨〔一〕。鄰里鄉黨，裁之以義也，取與皆當不苟。夫子告冉有，戒其與之過；其告原思，戒其廉之過，皆教之進於中庸也。朱子又論之曰：「學者未得中道，不幸而過，寧與無吝，寧廉無貪。」〔二〕此言更足救萬世之人心矣。

6　子謂仲弓曰：「犂牛之子騂且角，雖欲勿用，山川其舍諸？」

此章蓋指用人而言。或「語」仲弓〔三〕，或「論」仲弓〔四〕，不可考。犂，耕牛〔五〕。騂，赤色。角，角周且正，中犧牲之選〔六〕。山川，山川之神。言人雖不用，神必不舍也〔七〕。或解犂作雜文〔八〕，未是。王肅《家語》有仲弓父賤行惡之説，斥父稱子，豈聖

〔一〕何晏《論語集解》所引鄭氏説。
〔二〕朱子語見引於《論語集注大全》卷六。
〔三〕宦懋庸《論語稽》説。
〔四〕朱子《論語集注》認爲是「論」仲弓。
〔五〕黄式三《論語後案》考定之説。
〔六〕何晏《論語集解》文。
〔七〕朱子《論語集注》文。
〔八〕何晏《論語集解》及朱子《論語集注》俱如是解。

人之意？《家語》爲僞造之書，尤不足據。

7 **子曰：「回也，其心三月不違仁，其餘則日月至焉而已矣。」**

陸氏曰：「此章皆勉勵及門之爲仁，非稱顏子，貶諸子也。仁與心本合一，惟聖人渾然無間，自大賢以下，不免有私欲之隔，心與仁遂分爲二，則以學力之淺深，爲離合之久暫。顏子之三月不違，非謂其心於三月之外，便流於欲也，而不能不稍一間焉，則顏子不可不勉也。其餘日月至焉，非謂其於日至月至之外，盡汨於欲也，而不能不夾雜焉，則其餘更不可不勉也。『要知凡人之心，無非私欲汨亂之時，若孔門弟子，日至月至者，雖未到無絲毫私欲之地，然亦必皆寡欲矣。』」〔一〕

李氏曰：「『仁，人之安宅也。』〔二〕不違仁，則安居於此。日月至，則自外而來，或日一至，或月一至焉而已。張子『内外賓主』之説亦非〔三〕。顏子以仁爲主，其餘以仁

〔一〕陸隴其《松陽講義》卷六「子曰回也其心三月不違仁」章。按：引文末段自「要知凡人之心」以下，是《論語集注大全》引真德秀語。
〔二〕《孟子·離婁上》文。
〔三〕張載説見引於《朱子語類》。

爲賓。乃是以宅喻仁，心常依於此，則爲主。偶至於此，則爲賓爾。」〔一〕

二説均極精。

8 季康子問：「仲由可使從政也與？」子曰：「由也果，於從政乎何有？」曰：「賜也可使從政也與？」曰：「賜也達，於從政乎何有？」曰：「求也可使從政也與？」曰：「求也藝，於從政乎何有？」

果，謂有決斷，如「片言折獄」「無宿諾」是也。達，謂悉地方之風俗，知古今之沿革是也。藝，謂習練治術，有所專精，賅六藝而言，非「藝成而下」之謂也。

9 季氏使閔子騫爲費宰。閔子騫曰：「善爲我辭焉。如有復我者，則吾必在汶上矣。」

汶，水名，在齊南魯北境上。言若再來召我，則當去之齊〔二〕。意婉辭嚴，闇闇之

〔一〕李光地《榕村四書説・讀論語劄記》「子曰回也其心三月不違仁」章。
〔二〕本朱子《論語集注》。

氣象也。説者謂閔子高尚，遠勝上章三子〔一〕。殊未然。據《史記·孔子世家》季桓子遺命康子，欲用孔子，三子之仕於魯，爲之兆也。閔子淡於仕道，故不與三子同耳。後人以此疑三子，並疑仲弓，謬矣。

10 伯牛有疾，子問之，自牖執其手，曰：「亡之，命矣夫！斯人也，而有斯疾也！斯人也，而有斯疾也！」

有疾，或以爲厲，或以爲癩，厲即癩也〔二〕。問之，問疾。「牛有惡疾，不欲見人，故夫子從牖執其手。」〔三〕

亡，喪也，疾甚。故持其手曰喪之〔四〕。或作蔑之〔五〕。「蔑，微也，言天命暗不可

〔一〕蘇轍《齊州閔子祠堂記》之説。
〔二〕毛奇齡《四書賸言》説，本《淮南子·精神訓》所載「子夏失明，冉伯牛爲厲」爲據。
〔三〕何晏《論語集解》引包咸説。
〔四〕何晏《論語集解》引孔氏説。原脱「持其手」三字，據《集解》補入。
〔五〕見《漢書·宣元六王傳》引，陳澧《東塾讀書記》及黄式三《論語後案》均詳爲論述。

測也。」〔一〕讀五字爲一句〔二〕。别備一義。

此命字與短命同，言氣數之命也。義理之命，積善有慶；氣數之命，渺茫難知〔三〕。重言「斯人而有斯疾」，歎天命之不可測也。

11　子曰：「賢哉回也！一簞食，一瓢飲，在陋巷。人不堪其憂，回也不改其樂。賢哉回也！」

「人不堪憂」，言他人見之，代爲憂也。「不改其樂」，有淺言之者，謂顏子不以貧窶動其心，所樂者天爵，乃至富、至貴之境，如是則顏子猶未忘乎貧富之見，其説非也。有深言之者，謂顏子並非樂道，若以道爲可樂而樂之，則與道爲二矣，如是則將如莊子之稱顏子初忘禮樂，繼忘仁義，終以坐忘，其説太高，亦非也〔四〕。

〔一〕黄式三《論語後案》説。
〔二〕指讀如「亡（蔑）之命矣夫」。
〔三〕許謙《讀四書叢説·讀論語叢説》「不知命」章，把「命」分析爲「氣數之命」與「天理之命」，唐先生之説本此，「天命」是爲「氣數之命」。
〔四〕本黄式三《論語後案》説。

朱子引程子，言周茂叔每令尋孔顔樂處，所樂何事，此語「引而不發」，「學者但當從事於博文約禮之誨，以至於欲罷不能而竭其才，庶乎得之」。然則顔子之樂，樂道而已。孔子樂以忘憂，亦是樂道。惟孔子樂天知命，出於自然，故曰：「樂在其中。」顔子仰鑽高堅，篤於好學，故曰：「不改其樂。」此則未達一間處也。

12 **冉求曰：「非不説子之道，力不足也。」子曰：「力不足者，中道而廢。今女畫。」**

朱注：「力不足者，欲進而不能；畫者，能進而不欲。謂之畫者，如畫地以自限。」

黄氏曰：「廢，古通置。置於半途暫息之，俟有力而肩之也。」〔一〕

愚按：《中庸》曰：「君子遵道而行，半塗而廢，吾弗能已矣。」蓋力不足者，尚有奮起之時，而自畫者，則無入道之望。自來爲學之士，不進即退。夫子戒冉有自畫而非力竭，猶「止，吾止也」之意。

〔一〕 黄式三《論語後案》。

13 子謂子夏曰：「女爲君子儒，無爲小人儒。」

君子之儒，通達古今，實事求是之謂。

小人而亦稱儒者。李氏謂：「此小人，猶言『硜硜然小人哉』，褊狹之稱也。」〔一〕趙氏謂：「硜硜之小人，不失爲士之次，此言儒一也。子夏未免過於拘謹，聖人因而進之以遠大。」〔二〕二説極明。

舊説以爲己爲人〔三〕，與義利之間，分君子小人〔四〕，似未合。

14 子游爲武城宰。子曰：「女得人焉爾乎？」曰：「有澹臺滅明者，行不由徑。非公事，未嘗至於偃之室也。」

徑，斜路，《楚詞》所謂捷徑窘步者是也〔五〕。公事，或解作公正之事，或謂如飲射

〔一〕李光地《榕村四書説·讀論語劄記》「子謂子夏」章。
〔二〕趙佑《四書温故録》語，見引於黄式三《論語後案》。
〔三〕朱子《論語集注》引程子説。
〔四〕朱子《論語集注》引謝良佐説。
〔五〕屈原《離騷》句「夫唯捷徑以窘步」。

讀法之類，義可相兼[一]。

陸氏曰：「取人一事，在一邑則關係一邑之風尚，在天下則關係天下之風尚。子游方任政事，而不尚權術；素好文學，而不貴浮華，獨取寧方無圓、寧朴無華之士，其識量加人一等矣。春秋之天下不遂變爲戰國者，賴聖賢此等正大之見維持之。故此章實係世道人心中流之砥柱，不僅爲一邑言也。」[二]

15 **子曰：「孟之反不伐，奔而殿。將入門，策其馬，曰：『非敢後也，馬不進也。』」**

奔，師敗而奔。殿，在後拒敵。事在哀公十一年齊魯戰於清之役。

黄氏曰：「矜心未易去也，惟責己以職分所當爲而已，不以己所能者病人，不以人所不能者愧人，則私心消而矜心去矣。」[三]

愚按：孟之反之不伐，雖未必如顏子之無伐，然當舉世爭功之會，而謙讓若此，必其天資學問有過人者矣。

[一] 黄式三《論語後案》。
[二] 陸隴其《松陽講義》卷六「子游爲武城宰」章。
[三] 黄式三《論語後案》。

16 子曰：「不有祝鮀之佞，而有宋朝之美，難乎免於今之世矣！」

佞，巧言。美，令色。巧言令色徧天下，非此不能免。世道人心，可痛甚矣。或曰：「此言佞之更勝於色也。不有祝鮀之佞，則雖有宋朝之美，亦所難免。惡利口之覆邦家，而處士横議之日熾也。」

17 子曰：「誰能出不由户？何莫由斯道也？」

半門曰户[一]，以一扉啓閉者。言人不能出不由户，何以不由聖賢之道耶？

黄氏曰：「道者，平而不陂，正而不歧，通而不塞，安而不危，是當行之路也。舍此，則所由者陂耳、歧耳、塞耳、危耳，故怪而歎之。」[二]

18 子曰：「質勝文則野，文勝質則史。文質彬彬，然後君子。」

[一] 劉寶楠《論語正義》引《説文解字》文。
[二] 黄式三《論語後案》。

此君子，朱注以成德言[一]。

黄氏曰：「此爲修辭者發也。質勝文則野，如後儒語録之類；文勝質則史，如漢魏碑記不載事實、濫用陳言者是也。《儀禮·聘禮·記》曰：『辭多則史。』注：『史謂策祝。』彼注以史指策祝者，古時文辭不繁，而史官策祝之辭，已尚文飾也……彬彬，據《説文》引作份，文質備也。」[二]

愚按：《書·金縢》册祝之辭，確係文勝。君子進德，亦尚修辭。黄氏之説，似可與朱注並存。

19 **子曰：「人之生也直，罔之生也幸而免。」**

以生理言之，人受地質，直方乃生。以生氣言之，人受天氣，直養乃生。故曰：「斯民也，三代之所以直道而行也。」直道者，人所以生之心也。罔者，曲折欺誑，令人墮其術中，蓋其心已死矣。心死形存，尸居餘氣，不久必有大禍，亦終無幸免之理也。

[一] 朱子《論語集注》卷三。

[二] 黄式三《論語後案》。

20 **子曰：「知之者不如好之者，好之者不如樂之者。」**

知之、好之、樂之，或指義理，或指性天。愚謂：當依朱注，蓋謂道也。[一]

黄氏曰：「樂原於好，好原於知。以用功之節次言，真知自好，真好自樂；以究竟言，兩『不如』以品言。」[二]

愚按：樂之反爲苦，天下多不知道者，最苦惟在於不知耳。既能知之，當力求精進而不自已。

21 **子曰：「中人以上，可以語上也；中人以下，不可以語上也。」**

語上語下，自教者而言。以上以下，指學者之質而言。上知下愚不數覯，「兩舉中人，見其可上可下」[三]，惟在於自奮耳。

黄氏曰：「中人以上，是中人而能上進者；中人以下，是中人而下流者。以之訓

[一] 朱子《論語集注》卷三引尹焞云：「知之者，知有此道也；好之者，好而未得也；樂之者，有所得而樂之也。」

[二] 黄式三《論語後案》。

[三] 何晏《論語集解》引王肅説。

而，詳見王氏《經傳釋詞》。」〔一〕愚按：此説就學力言，尤足警起學者。

22 **樊遲問知。子曰：「務民之義，敬鬼神而遠之，可謂知矣。」問仁。曰：「仁者先難而後獲，可謂仁矣。」**

此章之義，有淺言之者，謂：「知者不惑於禍福，仁者不計功利也。」有深言之者，謂：「知以所知言，故不惑於天人之理；仁以所存言，故無所爲而爲，而合乎天地之心也。」〔二〕二説皆是，而未協於中。

竊謂：「務民之義」，行而宜之，窮理之學也。「敬鬼神而遠之」，所謂「未能事人，焉能事鬼」也。先難者，克己之學〔三〕，夫子以「克伐怨欲不行」爲難。《易傳》：「損，先難而後易。」謂懲忿窒欲〔四〕之難也。後獲者，復禮之效。視聽言動悉合乎禮，喜怒哀樂皆得其中也。

〔一〕黄式三《論語後案》。
〔二〕李光地《榕村四書説·讀論語劄記》「樊遲問知」章。
〔三〕朱子《論語集注》卷三引程子語。
〔四〕《易·損》象辭：「山下有澤損，君子以懲忿窒欲。」

《論語》通例，凡問知、問仁之類，問辭皆略。此蓋因遲之所問而答之，非必砭遲之失也。

23　子曰：「知者樂水，仁者樂山；知者動，仁者靜；知者樂，仁者壽。」

李氏曰：「山水外物，其理有與心相契之處，是以樂之也。動、靜者性體，能盡其性，則動也不窮，而其靜也不遷矣。樂、壽者，命也，而有可以道致者。故知仁，君子所爲窮理盡性以至於命者也。」〔一〕

愚謂：樂水、樂山以體言，動、靜以用言，樂、壽以效言。知與仁各具一體，亦相需爲用，天資學問，兼而有之，而其功歸於定性。以《易》義言之，所謂「知周乎萬物……樂天知命故不憂。安土敦乎仁，故能愛」是也。以《詩》義言之，所謂「天保定爾，亦孔之固」，「如川之方至……如南山之壽」是也。

24　子曰：「齊一變，至於魯；魯一變，至於道。」

〔一〕李光地《榕村四書説·讀論語劄記》「子曰知者樂水」章。

《史記》載太公伯禽報政之言，蓋不足信。「太公大賢，周公聖人」〔一〕，其立國規模，固自不同，其後風氣亦各自移易，故其變而至道有難易耳。此夫子欲籍手於齊、魯，以行其道，蓋實有設施之方，非徒論變法之次弟也。

黄氏曰：「齊之衰季，以道爲不足守而背馳者也。魯之秉禮，知道之宜守，而有偏而不舉者也……治齊者，當使知道在天下，千古不變；治魯者，但當舉其偏以補弊而已。」〔二〕

25　子曰：「觚不觚，觚哉！觚哉！」

觚，酒器有稜者。不觚，破以爲圓而不爲稜也。

皇疏引褚氏曰：「作觚而不用觚法，觚終不成，猶爲政而不用政法，豈成哉？」〔三〕

程子曰：「觚而失其形制，則非觚也。舉一器而天下之物，莫不皆然。故君而失

〔一〕何晏《論語集解》引包咸語。
〔二〕黄式三《論語後案》。
〔三〕皇侃《論語義疏》引褚仲都語。

其君之道，則爲不君。臣而失其臣之道，則爲虚位。」〔一〕

二説均見其大。然要之喜圓而惡方，則人心從可知矣。

26　宰我問曰：「仁者，雖告之曰井有仁焉，其從之也？」子曰：「何爲其然也？君子可逝也，不可陷也；可欺也，不可罔也。」

朱注：「有仁之『仁』，當作人。」〔二〕「逝，謂使之往救；陷，謂陷之於井；欺，謂誑之以理之所有；罔，謂昧之以理之所無。」

或疑宰我爲言語之科，何以不能辨從井救人之説〔三〕，不知此正窮理之學也。蓋春秋之世，兼愛之説方興，雖摩頂放踵亦爲之，而激烈之徒，又動言犧牲其身，以行匹夫之諒，故宰我充類以問之。而夫子告以可、不可兩端，是即窮理之學，而人生當守之界限也。蓋知其可，則有以盡我之心；知其不可，則不能窮我之術。若徇情兼愛，則流於愚矣，故曰：「好仁不好學，其蔽也愚。」

〔一〕朱子《論語集注》卷三引程子語。
〔二〕朱子《論語集注》卷三引劉聘君語。
〔三〕俞樾《羣經平議》説。

皇本「井有仁焉」作「井有仁者焉」。或引《晉語》「善人在患，不救不祥」以證之〔一〕。於義亦通。

27 **子曰：「君子博學於文，約之以禮，亦可以弗畔矣夫！」**

博文，致知之事。約禮，兼知行而言。由多識而一貫，亦不外此，蓋聖門教法然也。弗畔，弗畔於道也。「亦可以」句，夫子循循善誘之意，溢於言外。然此章與「顏淵」章較不同。「顏淵」章約禮，乃視聽言動，悉合乎禮，以臻於復禮之境。此章則不過六藝之中，約之以禮，《荀子》所謂：「始乎誦經，終乎讀禮。」功夫有淺深之不同，然惟弗畔於道，而後欲罷不能也。

28 **子見南子，子路不説。夫子矢之曰：「予所否者，天厭之！天厭之！」**

南子，衛靈公之夫人。古者有見小君之禮〔二〕。孔子至衛，南子請見，孔子不得已

〔一〕黄式三《論語後案》説。
〔二〕朱子《論語集注》卷三。按：此説乃朱子回護孔子，其禮不見載。

而見之。子路心以爲非，故不説。矢，直陳其辭也。舊注訓矢爲誓，非是〔一〕。子路不悦，理之正也。夫子何至設誓而指天以明之乎？蓋夫子有委曲難言之隱，因子路之不説而直陳之耳〔二〕。否，讀如《易》否泰之否。厭，棄絶也。夫子爲子路陳説天命，言予非欲籍南子以行道。若所爲有否塞吾道者，則天棄絶之也。《易·睽》卦初爻曰：「見惡人以辟咎也。」夫子之見南子、陽貨，蓋此義也。

29　子曰：「中庸之爲德也，其至矣乎！民鮮久矣。」

中者，無過不及之名。庸，平常也〔三〕。世衰道微，人之性情皆有所偏，或失之柔弱，或過於激烈，道不明而國不治，故夫子歎之〔四〕。然曰：「民鮮久矣。」則正欲反於中庸之教，陶淑民德而歸之大道也。

〔一〕何晏《論語集解》及朱子《論語集注》俱如是解。
〔二〕黄式三《論語後案》説。
〔三〕朱子《論語集注》卷三。
〔四〕本張栻《論語解》卷三。

30 **子貢曰：「如有博施於民，而能濟衆，何如？可謂仁乎？」子曰：「何事於仁，必也聖乎！堯舜其猶病諸！**

博施濟衆，愛之道，仁之用也。自其用而充之，則雖天地之大，人猶有所憾，故曰：「何事於仁，必也聖乎！」何事，猶言何止。病，心有所不足〔一〕。此與言「修己以安百姓」例同。見堯舜之心，歉然常有所不足，非之病堯舜也。

夫仁者，己欲立而立人，己欲達而達人。

立，自立。達，通達。仁者欲己之自立，亦欲人之自立；欲己之通達，亦欲人之通達。朱注謂：「狀仁之體，莫切於此。」〔二〕蓋仁者以萬物爲一體，不過去人己之間隔而已。

能近取譬，可謂仁之方也已。」

近，謂切近。譬，謂以己譬人，而去人己之間隔也。爲仁之方，猶言爲仁之道〔三〕。

〔一〕本朱子《論語集注》卷三。
〔二〕朱子《論語集注》卷三。
〔三〕何晏《論語集解》釋：「方，道也。」朱子則謂：「方，術也。」唐先生取《論語集解》。

《大學》所謂絜矩，《孟子》所謂强恕，皆是道也。

此章先儒以爲闢兼愛之説，未是。兼愛者愛無差等，非博施濟衆之謂。夫子之意，蓋謂仁之用充周而不可窮，學者求仁之體，必先行恕。他日告子貢終身行之，即此義也。

編者謹按：唐先生一九四三年作《論行善當先人而後己》謂：「譬者，以己譬人，以人譬己也。譬如我欲處於富貴而處人於貧賤，我必處於安樂而處人於困苦，天下有是理乎？如是則人心交怨而不平，不平則相爭，甚至相奪相殺，而天下亂；一家如是，一國亦如是。世界之所以擾攘而不安者，皆人己之間隔爲之也。」〔一〕

雍也篇大義

空山鼓琴，《先進》之文也。雲水蒼茫，《微子》之文也。桃源繚遠，聖哲離憂，離，罹也，言遭憂患之境也。《雍也》之文也。承《公冶長》一篇，故又歷記諸弟子之

〔一〕唐先生《論行善當先人而後己》，載《茹經堂文集》五編卷一，今録入《唐文治文集》「論説類」。

事。有弟子三千人，鴻才碩德，不能見用於世，徒抱博施濟衆之願以終，何哉？不有祝鮀之佞，而有宋朝之美，難乎免於今之世矣。此吾黨所爲往復神傷而不自已也。周公曰：「平易近民，民必歸之。」雍也可使南，以其能居敬而行簡，未有不居敬行簡而能臨民者，《易傳》曰：「易簡而天下之理得矣。」顏子獨非南面才乎？不幸短命死矣。子華、原思之辨取與也，仲弓之當見用也，回之三月不違仁也，由、賜、求之果達也，閔子騫之不爲費宰也，伯牛之不幸而有疾也，皆不世出之才也。「回也不改其樂」，何樂也？樂道也。「鄉鄰有鬬者，閉户可也」。

嗚呼！道也道也，亦足悲也。冉求聞夫子之教，終當説子之道也。子夏以文學之選而爲君子儒也，子游以文學之選而崇尚氣節之士也。孟之反之不伐，與顏子無伐善相近，其亦嘗奉教於聖門乎？昔在我周文王，文明宣化，樂育羣才，鳳凰鳴於朝陽〔一〕，

〔一〕《詩·大雅·卷阿》載文王龍興之瑞云：「鳳凰鳴矣，于彼高岡。梧桐生矣，於彼朝陽。」

菁莪盈於中沚〔一〕。迨其衰也，後先疏附，奔走禦侮〔二〕之彦，遂集於孔氏之門。然而奇才異能，率擯不用，蓋祝鮀、宋朝盈天下，而賢者且求免於今之世，豈不悲哉！

嗚呼！「道之不行也」，世綱之周密也，人心之險巇也。然而救世之心，愈不容已也。「何莫由斯道也」，孔子所以三歎言之。「文質彬彬」，得見君子斯可矣。「人之生也直」，直道而行也；「罔而免」，終身不知道也。知之、好之、樂之，道有淺深也；語上、語下，道有高下也。知之與仁，雖行事性質不同，而其歸於道則一也。

嗚呼！道也道也。天運有剥復也，世道有循環也。斧柯之假，當在齊魯之間，而聖人救世之心，愈不容已也。齊一變可至於魯，魯一變可致於道也。觚哉觚哉！破以爲圓，失其方正之道也。「君子可逝也不可陷也，可欺也不可罔也」，難罔以其非道也。大聲疾呼以告吾黨，從井救人之事不可爲也。亦惟有博文約禮，終身弗畔於道

〔一〕舉《詩・小雅・菁菁者莪》以言養才之盛，《毛詩序》云：「《菁菁者莪》，樂育材也。君子能長育人材，則天下喜樂之矣。」文王興教之德也。

〔二〕取《詩・大雅・綿》卒章：「虞芮質厥成，文王蹶厥生。予曰有疏附，予曰有先後，予曰有奔奏，予曰有禦侮。」鄭玄箋曰：「予，我也，詩人自我也。文王之德所以至然者，我念之曰：此亦由有疏附、先後、奔奏、御侮之臣力也。疏附，使疏者親也。奔奏，使人歸趨之。」謂足以轉危爲安之四類國士也。

而已矣。西狩獲麟，孔子曰：「吾道窮矣。」子見南子，子路不悦〔一〕，夫子矢之曰：「天厭之，天厭之。」不肯終枉其道，至是而聖人之心乃愈傷矣。

嗚呼！「道之不行也」，吾知之矣。「道之不明也」，吾知之矣。「中庸之爲德也，民鮮久矣」。然而聖人救世之心愈不容已也。故《雍也》一篇，特以「博施濟衆」終。蓋博施濟衆，聖人之行其道也。立人達人，賢者之行其道也。仁者相人偶也，見《説文》，言二人相偶，推己以及人也。「能近取譬」，即强恕而行也。「爲仁之方」，即爲仁之道也。仁非迂遠而難行，道非空虚而無際也。然而南面之權不得，則博施濟衆、立人達人之道，終不可得而行也。君子不能行其道，而小人乃得行其道也。孔子不得行博施濟衆之道，而人乃借博施濟衆之説，以行其道也。

嗚呼！道也道也。既難免於今之世，乃獨慕乎古之人，讀《雍也》一篇，而徒傷心於道也道也。何傳道之竟鮮其人，「何莫由斯道也」？

〔一〕「子路不悦」句後，衍「曰吾道窮矣」五字。

卷七

述而篇第七

1 **子曰："述而不作，信而好古，竊比於我老彭。"**

李氏曰："述而不作，則優柔涵泳於古作者之林，而不作聰明以亂舊，自然與古相契，信之深而好之篤矣。及其深信而篤好也，則孜孜於述之不暇，又何疑於作，二句蓋亦反覆相因也……述與信最難，萬一非所述而述，非所信而信，則其弊有不勝言者，故夫子讚《易》道以黜《八索》，述職方而除《九丘》，討論《墳典》，斷自唐虞，删古詩三千而爲三百。四代禮樂具折其中，識其正僞，所以能善述也；闕其疑殆，所以能存信也。"〔一〕

〔一〕李光地《榕村四書説・讀論語劄記》"子曰述而不作"章。

愚按：《禮記·樂記》篇「作者之謂聖，述者之謂明」，與此較異。彼蓋專指作禮樂而言。夫子所謂述，「質諸鬼神而無疑，百世以俟聖人而不惑」〔一〕，自後賢觀之，皆作也。老彭，或以爲商賢大夫〔二〕。或以爲老聃、彭祖〔三〕。無確考。

編者謹按：唐先生一九四四年作《竇山潘君潤芝家傳》云：「『竊比於我老彭』，老聃、彭祖，皆道家之宗。」〔四〕

2　**子曰：「默而識之，學而不厭，誨人不倦，何有於我哉？」**

默識，不言而存諸心〔五〕。或讀作知識之識，解爲默覺、默悟者，謬。「何有於我」，言何者有於我也〔六〕。夫子告子貢「我學不厭而教不倦」，告公西華「爲之不厭，誨人不倦，可謂云爾已矣」，而此章云何有於我者，非相背也。蓋默識、不

〔一〕《禮記·中庸》文。
〔二〕何晏《論語集解》引包咸説，朱子亦主之。
〔三〕具見黄式三《論語後案》。
〔四〕載《茹經堂文集》五編卷六，已録入《唐文治文集》「傳狀類」。
〔五〕朱子《論語集注》卷四。
〔六〕本朱子《論語集注》卷四「言何者能有於我也」，唐先生少一「能」字。

厭、不倦三者，聖人本以之自期。特是其功無盡，其心亦無窮。内省之餘，欿然不足，蓋望道未見之誠也。或訓「何有」爲不難[一]，與上下章語意未合。

3 **子曰：「德之不修，學之不講，聞義不能徙，不善不能改，是吾憂也。」**

此與上章意相貫。上章言内省之功，此章言日新之要。德日修而自覺其不修，學日講而自病其不講，推之徙義、改不善亦然。蓋精密至極，聖學之所以日新也。憂即自古聖人憂勤惕厲之心。憂以終身，故德業之新，終身無已時。《易傳》曰：「君子進德修業。」朋友講習，見善則遷，有過則改。蓋乾惕之意，皆從憂中來也。

4 **子之燕居，申申如也，夭夭如也。**

《禮記·仲尼燕居》孔疏：「退朝而處曰燕居。」[二]

劉氏曰：「先言申申，後言夭夭，猶《鄉黨》先言踧踖，後言與與也。申申整飭之貌。

[一] 黄式三《論語後案》作此解。

[二] 本黄式三《論語後案》。

言其敬，夭夭安舒之貌。言其和〔一〕……申申如者，所謂望之儼然；夭夭如者，所謂即之也温。」〔二〕

愚按：申申、夭夭，即肅肅、雝雝〔三〕之轉音，則敬與和自是確詁。黄氏訓居爲坐，謂申申乃坐容之直，夭夭乃坐容之稍俯〔四〕。别一義。

5　**子曰：「甚矣吾衰也！久矣吾不復夢見周公。」**

黄氏曰：「孔子此言，蓋因天運人事之日非，而身已值衰年，此行道之心，亦不著於夢焉。以一身之衰，天下之衰由之，周公其衰矣。」〔五〕

愚按：志與氣相爲表裏。聖人之志未嘗衰，特世衰而氣不免與之俱衰耳。甚矣一歎，益見思周公之深也。

〔一〕此劉寶楠引胡紹勳《四書拾義》説。按：括弧文字，乃唐先生補充之文。
〔二〕劉寶楠《論語正義》卷八。
〔三〕「肅肅」，《詩經·大雅·思齊》句云：「雝雝在宫，肅肅在廟。」《毛傳》：「肅肅，敬也。」《鄭箋》：「雝雝，和也。」
按：唐先生「敬與和自是確詁」出於此。
〔四〕黄式三《論語後案》。
〔五〕黄式三《論語後案》。

6 **子曰：「志於道，**

道者，自内言之，率性之謂，純粹中正者是也；自外言之，修齊治平之學，達於萬物者是也。凡言道必兼内外，始爲完備。志爲學者入門之要，譬諸兩途，志乎名利，則入乎名利矣；志乎道，則入乎道矣，是第一關也。

據於德，

據者，行據之也。《周官》「師氏以三德教國子」，注：「德行，内外之稱，在心爲德，施之爲行。」又「大司樂」注：「德，能躬行者。」是德字亦當兼内外而言〔一〕。後儒專言心，以至墮於空虚，殊未合。

依於仁，

依者，不違之謂〔二〕。或謂仁者心之德。仁與德何分？不知德乃普稱，仁乃善之長，依仁則私欲盡去，而天理常存矣。

此三句，有循序漸進者，有同時交修者，與「志學」章稍異。

〔一〕本黄式三《論語後案》。
〔二〕朱子《論語集注》卷四。

游於藝。」

游，周覽博習之謂。

李氏曰：「凡名物器數爲藝。六藝皆載道者，而有本與末之別。如同一禮樂，莊敬和樂不可斯須去身者，本也；玉帛籩豆鼓舞鏘者，末也。專以其末者言之〔一〕，雖曰：『德成而上，藝成而下。』然又曰：『藏焉修焉，息焉游焉。』《集注》所謂『博其義理之趣，而應務有餘；心無所放，而動息有養』者，亦兼知行言之，而爲志道、據德、依仁之助也。」〔二〕

黄氏曰：「士固有滯於藝而不聞道者，要未有不通於藝而遽高語道德者，此實學之所以出也……後人以冥悟爲仁，以虚無爲道，以清淨爲德，離訓詁文字而言理義〔三〕，遂滋流弊。君子博學無方，六藝之學，皆宜徧歷以知之，故曰游於藝。」〔四〕

〔一〕「專以其末者言之」句原脱，據李光地文補入。
〔二〕李光地《榕村四書説·讀論語劄記》「子曰志於道」章。
〔三〕「離訓詁文字而言理義」句原脱，據黄式三文補入。
〔四〕黄式三《論語後案》。

7 子曰："自行束脩以上，吾未嘗無誨焉。"

束脩，束身修行也。"束脩以上"，言束身修行以上之士，猶言中人以上也。誨者，教之尤切而細。鄭君注謂："年十五以上，能行束帶修飾之禮。"[一]朱注謂："十脡爲束，古者相見，執贄爲禮。"[二]二説於"自行"二字及"誨"字，似均未洽。

8 子曰："不憤不啓，不悱不發，舉一隅，不以三隅反，則不復也。"

《孟子》"有復於王"，《禮記·曲禮》篇"願有復也"，復皆訓告。此章三"不"字就學者言，三"不"字就教者言。必學者有自動之誠，而後教者可施以訓迪，《學記》篇所謂："知其心然後能救其失也。"近世所謂"自動力"[三]，亦即此意。惟今人所謂自動，或不裁以繩墨；古時教人之法，則因其自動，而即導其新機，使之中於規矩耳。

[一] 黄式三《論語後案》考釋鄭玄以及東漢時期之説。
[二] "執贄爲禮"句，朱子《論語集注》卷四原作"必執贄以爲禮"。
[三] "自動力"與"他動力"對舉，梁啓超常用以論文化問題。

9 子食於有喪者之側，未嘗飽也。

《詩》曰：「凡民有喪，匍匐救之。」匍匐者，扶持以救之，惻隱之心也[一]。《禮記・閒居》篇曰：「無服之喪，内恕孔悲。」因恕而悲，亦惻隱之心也，如是而食豈能飽乎？

10 子於是日哭，則不歌。

哭，弔哭[二]。由哀而樂，性情失正。

黄氏曰：「哭則不歌，非歌則不哭。朱注言『餘哀未忘』，是。」[三]

11 子謂顔淵曰：「用之則行，舍之則藏，唯我與爾有是夫！」

則，即字古通。用即行，舍即藏，《易傳》所謂：「樂則行之，憂則違之。」本經所謂「有道則見，無道則隱」是也。有是「是」字，當重讀，謂行藏之具，指學問道德言，又兼

[一] 以「惻隱之心」爲説，用何晏《論語集解》義。
[二] 朱子《論語集注》卷四。
[三] 黄式三《論語後案》。

因時之義而言。顔子有禹、稷才，又能樂天知命，故夫子許其有是，蓋具聖功、王道之全矣。

12 子路曰：「子行三軍，則誰與？」

黄氏曰：「此與上章類記之，未必爲一時之言。」[一]

子曰：「暴虎馮河，死而無悔者，吾不與也。必也臨事而懼，好謀而成者也。」

李氏曰：「臨事而懼，操心危也。好謀而成，慮事至也。成者，言其所謀，動出萬全，而誠意周於事後也。古人有無事而終日欽欽，如對大敵者，心常懼也；臨陣則志氣安閒，如不戰者，謀既成也。蓋聖賢之學，惟有敬、義二者。以行三軍言之，敬則天命是畏，國之存亡，民之死生，不可不謹；義則人謀既盡，成敗利鈍，不以動心。此事之最大者，而可以血氣才能當之乎？」[二]

愚按：《周書》曰：「敬勝怠者吉，義勝欲者從。」古聖賢敬、義之功，至行軍爲

[一] 黄式三《論語後案》。
[二] 李光地《榕村四書説・讀論語劄記》「子謂顔淵曰」章。

尤密。

13 子曰：「富而可求也，雖執鞭之士，吾亦爲之。如不可求，從吾所好。」

夫子設言如此。可不可，決之於道義，非決之於命也。若以命言，則世之任命而求富者多矣。

李氏曰：「執鞭是古者僕御之事，以下士爲之，亦非今所謂人役者……此章與下『飯疏食』章當合看，從我所好，即謂樂在其中者。」〔一〕

愚按：如李説，則所好爲道義明矣。

14 子之所慎：齊，戰，疾。

朱注：「齊之爲言齊也，將祭而齊其思慮之不齊，以交於神明也……戰則衆之死生、國之存亡繫焉；疾又吾身之所以死生存亡者，皆不可以不謹也。」〔二〕

〔一〕李光地《榕村四書説·讀論語劄記》「子曰富而可求也」章。
〔二〕「將祭而齊其思慮之不齊」句末，朱子《論語集注》卷四原文有「者」字。

黄氏曰：「齊不慎不誠，戰不慎不忠，疾不慎不孝。」〔一〕

15 **子在齊聞《韶》，三月不知肉味。曰：「不圖爲樂之至於斯也！」**

《史記》三月上有「學之」二字。〔二〕

黄氏曰：「三月者，古人習樂之常期。《文王世子》云『春誦夏弦』，誦以樂語，弦以樂音，必經時而畢……蓋齊人習《韶》之久，夫子與聞之，遂學之耳。爲樂，是泛言。『斯』字乃指《韶》言。蓋曰爲樂者多矣，不意至於斯之盡美又盡善也。《尚書》言《簫韶》九成，獸舞鳳儀。季札論《韶》，天幬地載。夫子習其聲容，通其象數，而得其神理，有非常人所能企及者矣。」〔三〕

16 **冉有曰：「夫子爲衛君乎？」子貢曰：「諾。吾將問之。」**

或疑衛輒拒父之舉，本非正理，何以聖門弟子尚有「夫子爲衛君」之疑？不知蒯

〔一〕黄式三《論語後案》。

〔二〕黄式三《論語後案》。原見朱子《論語集注》卷四。

〔三〕黄式三《論語後案》。

聵得罪於父，石曼姑帥師圍戚，或以衛民所爲。《公羊傳》所謂「以王父命拒父命」，是或一理，故有此問。**入，曰：「伯夷、叔齊何人也？」曰：「古之賢人也。」曰：「怨乎？」曰：「求仁而得仁，又何怨。」出，曰：「夫子不爲也。」**

蒯聵得罪於父，固不當立。晉趙鞅帥師納蒯聵，則衛輒自無拒父之理，爲輒計者，惟有逃之而已，故子貢以夷、齊爲問，夫子答以「古之賢人」，則其不爲衛已可知矣。

而子貢又有「怨乎」之問，何也？蓋所以窮古聖賢之心理也。怨者，固非怨父，亦非怨國人，亦非怨武王。蓋叔齊不得立，伯夷或有遺憾；伯夷不得立，叔齊或有遺憾，而吁嗟天命之衰，或不免「怨我生之不辰」爾。然而中子之立，國祚緜延，不食周粟，正氣塞乎天地，忠孝兩全，尚何遺憾！夫子曰：「求仁得仁，又何怨？」至是知衛輒之心，決不能以自安，其罪案定矣，故出曰：「夫子不爲也。」語意緊承，而聖賢心心相印，自在言外。

17　子曰：「飯疏食飲水，曲肱而枕之，樂亦在其中矣。不義而富且貴，於我如浮雲。」

疏食，菜食[一]。曲肱而枕，曲臂以爲枕也。

黄氏曰：「樂在其中，與顔子不改其樂有别。彼云其樂，是顔子樂道之樂；此樂在其中，謂貧賤之中，亦有可樂……浮，猶過也，如浮雲，謂雲倏過，不足凭於己也。」[二]

愚按：此乃聖人天德淡定，樂道樂貧，隨在皆是。伊尹耕於有莘之野，而樂堯舜之道，非義非道，弗顧弗視，意亦如此。

18 子曰：「加我數年，五十以學《易》，可以無大過矣。」

加，一本作假。古通用[三]。五十學《易》，以知命之年爲知命之學[四]。夫子晚年好《易》，韋編三絶，作《十翼》以贊之，不能不寬以歲月也。

李氏曰：「《易》有吉凶悔吝之循環，而要以無咎爲歸，蓋不祈吉而謹於悔吝之

[一] 何晏《論語集解》引孔注。朱子謂「粗飯」。
[二] 黄式三《論語後案》。
[三] 本黄式三《論語後案》。
[四] 本何晏《論語集解》。

介，以求免於凶焉者，《易》之教也。然則《易》六十四卦三百八十四爻，亦可一言以蔽之曰『善補過』。聖人所以能無過者，以其心常恐有過，兢兢業業，以成於性，故能動不踰矩焉爾，且不敢言『無過』，而曰『無大過』。聖人之存心固如此，夫子其得《易》之《乾》者乎？顔子其得《易》之《復》者乎？」〔一〕

或曰：五十者，天數，大衍所從生，聖人用五用十以學《易》，謂錯綜變化以求之也〔二〕。此説與上文義不貫，失之鑿矣。

19　子所雅言，《詩》《書》執禮，皆雅言也。

雅，常也〔三〕。《詩》以養性情，而歸本於端風化；《書》以道政事，而歸本於敬天命；禮言執者，所以範圍視聽言動，而歸本於尊德性、道問學。此聖門之家法，由博反約，實基於此。

〔一〕李光地《榕村四書説·讀論語劄記》「子曰加我數年」章。
〔二〕田藝蘅《留青日札》説。
〔三〕朱子《論語集注》卷四。

或曰：「雅，正也。讀先王典法，必正言其音，然後義全。」〔一〕此說不合。蓋誦《詩》讀《書》，猶可云正讀其音；若執禮，則道在力行，何所謂「正讀」乎？

20　葉公問孔子於子路，子路不對。

問孔子者，問孔子之爲人也。葉公好名，或有延攬聖人之意。子路不對，不屑告之也。

子曰：「女奚不曰：『其爲人也，發憤忘食，樂以忘憂，不知老之將至云爾。』」

此聖人善自韜晦之辭，而即此可見「至誠無息」之意。惟「至誠」然後能憤，惟「至誠」然後能樂。進學之道，必始於發憤。惟發憤而後得樂，《易傳》所謂「樂天知命，故不憂」也。「不知老之將至」，無息之功也。

按：《孔聖年譜》：「如葉時年六十二」，故云：「老之將至。」〔二〕

〔一〕何晏《論語集解》引鄭玄注。
〔二〕黄式三《論語後案》。

21　子曰：「我非生而知之者，好古敏以求之者也。」

知之者，知道也。求之者，求道也。篤好出於心，敏求則由知而進於行。敏者如不及也。先儒謂此係聖人之謙辭〔一〕。愚謂：天下無生而知之者，雖聖人亦必爲窮理之學也。人人皆有良知，雖因困而知之，亦與生知無異，則天下亦無不生知之人。惟「好古敏求」四字，當守以終身耳。

22　子不語怪、力、亂、神。

或疑怪異勇力四事，《左氏傳》備載之，而此經言不語者何？按：「語」字有二義：答述曰語，論難亦曰語。此不語，謂不與人辨詰也〔二〕。《左傳》所載，蓋所以垂警戒，義當分別觀之。

〔一〕宦懋庸《論語稽》卷七，見引黃式三《論語後案》。
〔二〕黃式三《論語後案》。

23　子曰：「三人行〔一〕，必有我師焉。擇其善者而從之，其不善者而改之。」

此夫子之設辭。三人同行，其一我也，其二人者，或此善而彼惡，或始善而終惡，或始惡而終善，或二人皆善，或二人皆惡〔二〕。擇之之道，在乎窮理精爾。此「取人爲善」之學，待觀感既深，不善者亦化爲善，則「與人爲善」亦在於是矣。

24　子曰：「天生德於予，桓魋其如予何？」

《史記・世家》孔子適宋，與弟子習禮大樹下，宋司馬桓魋欲殺孔子，拔其樹，孔子去，弟子曰：「可速矣！」孔子告以此語，所以慰諸弟子也〔三〕。

朱子謂：「聖人之臨患難，有爲不自必之辭……孔子之於公伯寮，孟子之於臧倉是也。其爲自必之辭，則孔子桓魋、匡人是也。」〔四〕

愚謂：聖賢所可自必者，義理之天也，故於惕厲之中，自有閒暇之意。

〔一〕《定州本論語》、皇侃《義疏》、陸德明《釋文》本、唐石經、高麗本等一系列經文，俱作「我三人行」。

〔二〕本朱子《論語集注》卷四。

〔三〕黄式三《論語後案》。按：「孔子告以此語，所以慰諸弟子也」句，黄氏原文「告」作「發」，「慰」作「曉」。

〔四〕朱子《論語或問》文。

25　子曰：「二三子以我爲隱乎？吾無隱乎爾。吾無行而不與二三子者，是丘也。」

學聖人者，不第在言語之間，要在動作禮義威儀之則。蓋聖人動靜語默，無非敬畏天命之誠，即無在非格致誠正之學，故曰：「無行而不與二三子。」是在學者善體之耳。是故聖人猶天也，本經曰：「天何言哉？四時行焉，百物生焉。」《禮記·閒居》篇曰：「天有四時，春秋冬夏，風雨霜露，無非教也；地載神氣，神氣風霆。風霆流形，庶物露生，無非教也。」故或者因此謂聖人不尚言詮，而高冥悟，則謬矣。

26　子以四教，文、行、忠、信。

李氏曰：「四者之序，當云忠、信、文、行。然忠信者，所以成始，亦以成終。以忠信爲本，而從事於博文約禮之功，所謂成始也；修辭立其誠，無非忠信之心，貫徹於一，所謂成終也。故夫子言：『主忠信徙義。』又言：『義以爲質，信以成之。』」〔一〕

〔一〕李光地《榕村四書説·讀論語劄記》「子以四教」章。

愚按：此蓋泥於程子忠信爲本之説[一]。實則四教不可偏重。《易傳》：「知至至之，知終終之。」以知至而知終者，博文之事也。所以至之而終之者，行與忠信之事也。然非博文以致其窮理之功，則有行非所當行，而以非忠爲忠，非信爲信者矣，故四教以文爲首。

27 **子曰：「聖人，吾不得而見之矣；得見君子者，斯可矣。」**

朱注：「聖人，神明不測之號。君子，才德出衆之名。」

黄氏引《韓詩外傳》曰：「『言行多當，未安愉也；知慮多當，未周密也。』是篤厚君子未及聖人也。」[二]

愚按：春秋時寡過之君子，如伯玉之儔，尚或有之。若大而化之，如孔子者，固絶無其人也。

[一] 朱子《論語集注》卷四引程子語：「忠信，本也。」

[二] 黄式三《論語後案》。

28　子曰：「善人，吾不得而見之矣；得見有恒者，斯可矣。

張子曰：「有恒者，不貳其心。善人者，志於仁而無惡。」〔一〕

愚按：《孟子》曰：「雞鳴而起，孳孳爲善者，舜之徒也。」孳孳，即惟日不足之意，惟有恒乃能爲善人也。

亡而爲有，虚而爲盈，約而爲泰，難乎有恒矣。」

李氏曰：「有恒者篤實之人……不篤實則虚夸，必不能有常心而久於事。《易》曰：『浚恒之凶，始求深也。』求深非不善也，始而求深，在賢者尚有進鋭退速之過，況其下者乎？夫子有川上之歎，而亟稱於水曰：『水哉！水哉！』爲其德至實，不舍晝夜，盈科後進也。故學者始而求小得，得一善則拳拳服膺，如水雖未出中，而涓涓不息也；終則其中未大，有若無，實若虚，如水之既平而終不盈也。惟其於是，是以能常德行而習教事，久於其道，而忽不知其入於聖賢之域矣。此夫子之思有恒意也。」〔二〕

〔一〕此條見引於朱子《論語集注》卷四。
〔二〕李光地《榕村四書説·讀論語劄記》「子曰善人吾不得而見之矣」章。

愚按：李氏以《恒》、《坎》兩卦釋此經，與《孟子》有本之意亦相合，其義極精。

29 **子釣而不綱，弋不射宿。**

朱注：「綱，以大繩屬網，絶流而漁者也；弋，以生絲繫矢而射也。」

或謂：「綱者，作大網横遮於廣水，而羅列多鉤，著之以取魚。弋，以細繩係丸而彈。」〔一〕別備一義。

黄氏曰：「宿，止也。言日中巢栖之鳥，非必夜止也。鳥飛集無常所，日中棲巢者必伏卵育雛之類，夫子不射之，《禮》所謂『不卵不殺胎，不殀夭，不覆巢』者是也。」〔二〕

愚按：聖人於祭祀賓客，躬自釣弋，所以敬致，禮所當然也。不綱、不射宿者，體天地生物之心，不盡其有餘，遂其生，即遂其性，此至誠之所以盡物性也。

〔一〕邢昺《論語正義》説。
〔二〕黄式三《論語後案》。

30　子曰：「蓋有不知而作之者，我無是也。多聞擇其善者而從之，多見而識之，知之次也。」

不知而作，穿鑿而妄作篇籍也〔一〕。多聞擇善而從，博考制度文章，折衷於至當也。多見而識，多識前言往行以畜其德也。知之次，謂次於生知者也〔二〕。或解不知而作爲生知之聖〔三〕，案之「我無是也」句，語意不類。或謂德性之良知，非由於聞見，專求於聞見之末，故曰「知之次」〔四〕，此非聖人勸學之恉，尤不可信。蓋聖人明教人以多聞多見，未嘗教人埽除聞見也。

31　互鄉難與言，童子見，門人惑。

鄭君注：「難與言者，言語自專，不達時宜。」〔五〕蓋風氣蔽塞者也。

〔一〕何晏《論語集解》引包咸説。
〔二〕何晏《論語集解》引孔氏説。
〔三〕王守仁《傳習録》所載《拔本塞源論》（即《答顧東喬書》）説。
〔四〕王守仁《拔本塞源論》説。
〔五〕何晏《論語集解》引鄭注。

子曰：「與其進也，不與其退也，唯何甚！人潔己以進，與其潔也，不保其往也。」

與，許也。「與其進」而來見，非與其昔日之退行也。唯何甚，不爲已甚也。潔，修治也。往，前日也〔一〕。不保其往，不咎既往也。或解往爲後日者〔二〕，非。《孟子》曰：「往者不追，來者不拒，苟以是心至，斯受之而已矣。」

朱注謂：「『人潔』至『往也』十四字，當在『與其進也』之前。」恐有以意改經之失。蓋上三句明所以見童子之意，下三句廣言與人之道耳，不必疑也。

32 子曰：「仁遠乎哉？我欲仁，斯仁至矣。」

或疑曾子言「仁以爲己任，不亦重乎？死而後已，不亦遠乎？」〔三〕《禮記·表記》篇言仁之爲道遠〔四〕，與此相背。不知曾子與《表記》之説，乃指後獲之功夫而言，而此

〔一〕朱子《論語集注》卷四。

〔二〕何晏《論語集解》引鄭玄釋讀「往」爲「去後」，即日後的意思。

〔三〕《論語·泰伯》載曾子語。

〔四〕此概括《禮記·表記》載孔子云：「仁之爲器重，其爲道遠，舉者莫能勝也，行者莫能致也，取數多者仁也。夫勉於仁者，不亦難乎？」

則言本心之德也。仁，人心也。放其心，則仁日遠矣。我欲仁，求放心也。仁至，操則存也。蓋本心之仁，反之即是，非欲者一物，至者又一物也。特提撕警覺之後，當加涵養之功，庶可保而弗失。

先儒以《易・復》卦冬至日喻仁至，而以夏至日喻積累之功〔一〕，其説極精。蓋仁道之精進，無已時也。

33　陳司敗問：「昭公知禮乎？」孔子曰：「知禮。」

司敗，即司寇。《左氏傳》所謂自拘於司敗是也。

劉氏曰：「《左氏・昭五年傳》：『公如晉，自郊勞至於贈賄，無失禮。晉侯謂女叔齊曰：「魯侯不亦善於禮乎？」對曰：「魯侯焉知禮。」公曰：「何爲？」對曰：「是儀也，不可謂禮。」』《公羊・昭二十五年傳》：『公孫於齊，次於陽州，齊侯唁公於野井，昭公曰「喪人不佞，失守魯國之社稷」云云，孔子曰：「其禮與其辭足觀矣。」』是魯

〔一〕李光地《榕村四書説・讀論語劄記》「子曰仁遠乎哉」章引陸九淵之説。

昭本習於容儀，當時以爲知禮，故司敗有此問。」[一]孔子亦指儀容而言，非詭辭以對也。

孔子退，揖巫馬期而進之，曰：「吾聞君子不黨，君子亦黨乎？君取於吴爲同姓，謂之吴孟子。君而知禮，孰不知禮？」

相助匿非曰黨[二]。「謂之吴孟子」者，諱之使若宋女子姓者然，如魯惠公妃孟子仲子，皆子姓也。黄氏讀「君取於吴」句，「爲同姓謂之吴孟子」句[三]，亦通。《禮記・坊記》篇曰：「《魯春秋》猶去夫人之姓曰吴，其死曰孟子卒。」按：《春秋・哀公十二年》經書孟子卒，不書姓，是去夫人之姓也[四]。

巫馬期以告。子曰：「丘也幸，苟有過，人必知之。」

聖人諱君之惡，而司敗揭之，故直以爲己過，此聖人度量之宏也。

黄氏曰：「昭公非不知禮者，不能守禮者也……愛君者自不深言，非必故諱之

〔一〕劉寶楠《論語正義》卷八。

〔二〕何晏《論語集解》引孔氏説。

〔三〕黄式三《論語後案》。

〔四〕本黄式三《論語後案》。

也……然司敗之論，公議也，故不與辨。近儒專言諱惡，信如是，司敗之問，期之告，皆不答可也。」〔一〕别備一義。

34　子與人歌而善，必使反之，而後和之。

歌，樂歌，《韶》舞等樂是也。子與人歌，教門弟子樂歌也，古者春誦夏絃，絃歌爲必修之業，故記其教法如此。必使返之，使弟子復歌也。而後和之，夫子和弟子同歌，復教正之也。此見聖人誨人不倦之誠，而取人爲善、與人爲善之意，皆在其中矣。

35　子曰：「文莫吾猶人也。躬行君子，則吾未之有得。」

李氏曰：「博文約禮，相須並進，文之所得愈深，則行之所成愈篤。世蓋有緩於反己自修之實，而徒以聞見之多、修飾之工爲事者，故夫子言此，以救偏重之病。」〔二〕

或謂文莫乃忞慔之省字，謂黽勉也。黽勉吾猶人也，言勉强自修，與「聽訟吾猶

〔一〕黄式三《論語後案》。
〔二〕李光地《榕村四書説·讀論語劄記》「子曰文莫吾猶人也」章。

人也」句例同〔一〕。說亦可取。

36 **子曰：「若聖與仁，則吾豈敢？抑爲之不厭，誨人不倦，則可謂云爾已矣。」公西華曰：「正唯弟子不能學也。」**

此夫子謙辭。「爲不厭，誨不倦」，淺言之即有恒之學，《易傳》所謂「恒雜而不厭」是也。深言之即無息之學，《中庸》謂「純亦不已」是也。惟爲不厭，而後造於聖；教不倦，而後進於仁。子貢曰：「學不厭，智也；教不倦，仁也。仁且智，夫子既聖矣。」不能學，即指不厭不倦而言。

37 **子疾病，子路請禱。子曰：「有諸？」子路對曰：「有之誄曰〔二〕：『禱爾于上下神祇。』」子曰：「丘之禱久矣。」**

有諸，問於古有徵否也。有之誄曰，當作一句讀，以古之誄辭作證也。誄，《說

〔一〕劉寶楠《論語正義》及黃式三《論語後案》皆持此說。

〔二〕用唐先生句讀。

文》引作讄，段氏注曰：「讄，施於生者以求福。誄，施於死者以作諡。」則此經當作讄爲是〔一〕。

聖人未嘗有過〔二〕，素行合於神明〔三〕，自無求禱之意。「丘之禱久」者，謂敬畏天命，尚不愧於屋漏，内省不疚之不功也。蓋聖人之禱在神明而不在形迹，在心性而不在禍福，在居恒而不在臨時，《書》所謂「祈天永命」者是也。

38　子曰：「奢則不孫，儉則固。與其不孫也，寧固。」

不孫，不順也。固，陋也〔四〕，與執一不通之「固」異。此章爲周末文勝而言，文勝則奢，奢則驕溢而不順，故聖人欲以儉救之〔五〕。

《八佾》篇「與其奢也寧儉」，指禮本而言。此章「與其不孫也寧固」，指心理而言。

〔一〕黄式三《論語後案》。
〔二〕朱子《論語集注》卷四。
〔三〕何晏《論語集解》引孔氏説，朱子《論語集注》卷四沿用。
〔四〕朱子《論語集注》卷四。
〔五〕黄式三《論語後案》説：「由奢返儉難，由儉充禮易。」唐先生本此立義。

欲救人心者，先救其偏。

39 **子曰：「君子坦蕩蕩，小人長戚戚。」**

《書》曰：「王道蕩蕩。」坦蕩蕩者，《孟子》所謂居廣居，立正位，行大道是也[一]。戚戚，乃蹙蹙之省文，言居心迫促而無所容，《詩》所謂「我瞻四方，蹙蹙靡所騁」也[二]。屈子《離騷》曰：「彼堯舜之耿介兮，既遵道而得路。何桀、紂之猖披兮，夫惟捷徑以窘步。」蓋遵道而後得路，所以坦蕩蕩也。若捷徑，未有不窘步，所以長戚戚也。

此以境喻心也。

40 **子温而厲，威而不猛，恭而安。**

李氏曰：「温者，春生之氣。威者，秋肅之氣。恭者，内温外肅，陰陽合德之氣也。温而厲，則陽中有陰；威而不猛，則陰中有陽。合二句，祗一恭字盡之。又推出

〔一〕 本黄式三《論語後案》。

〔二〕 黄式三《論語後案》。

一安字，則見其一出於誠，而無勉强，性之德固若是也。三句就一時想像亦可，然亦有迭見者，蓋喜怒哀樂，聖與人同，當其喜則温之氣形，當其怒則威之氣形，及乎喜怒未發，則恭之意常在也。深體而默識之，則知聖人與天地相似。」〔二〕

愚按：聖人全體太極，一陰一陽之道，成性存存〔三〕。《述而》篇記夫子之威儀容貌，以申申夭夭〔三〕始，以此章終，蓋涵養之功至矣〔四〕。

述而篇大義

古之經師，最重學派；古之人師，最重師表。有學派而後師表尊，有師表而後學派盛。讀《述而》一篇，可以知聖門之學派，可以知聖人之師表。

〔一〕李光地《榕村四書説·讀論語劄記》「子温而厲」章。

〔二〕本朱子《論語集注》卷四。《易繫辭上》云：「成性存存，道義之門。」孔穎達疏云：「性謂禀其始也，存謂保其終也。」

〔三〕《論語注疏》載馬融注云「和舒之貌」。

〔四〕此唐先生據文本脈絡解讀其內在的關係。

學派惟何？曰「述而不作，信而好古」，曰「志道據德依仁游藝」，曰「用之則行，舍之則藏」，曰「《詩》《書》執禮」「文行忠信」，曰「多聞擇其善者而從之，多見而識之」，曰「躬行君子」。以上數端，聖人之學派，表裏精粗，出處體用本末，具於是矣。而記者又以聖人之威儀動作，雜記其間，以明師表，如「默而識之」「修德講學」，承《述而章》，皆言學也，而記者即記之曰：「申申如，夭夭如。」是威儀中之師表也。

「不復夢周公」，示人以政治學之要。「自行束脩」「不憤不啓」，皆所以激勵學者，而記者即記之曰：「子食於有喪者之側，未嘗飽。」是性情中之師表也。「富而可求」，承「舍之則藏」言，戒學者之心，勿爲境遷，而記者即記之曰：「子之所慎，齊戰疾。」亦性情中之師表也。

「在齊聞《韶》」，學而不厭；「求仁得仁」，信而好古；「富貴浮雲」，終不可求。「五十學《易》」，所以知天命。「發憤忘食」「好古敏求」，皆以輔雅言之教，而記者即記之曰：「子不語怪、力、亂、神。」是實事求是之師表，教學者務民之義也。

「擇善而從」，能自得師；「天生德於予」，斯文在兹；「無行不與」，言語動作，皆師表也。有恒之詣，承忠信而言，而記者即記之曰：「子釣而不綱，弋不射宿。」是慈惠有餘之師表，教學者愛物之仁也。

「互鄉童子」「魯昭公」兩章，皆不絶人以已甚，所以然者，仁在方寸之間，各有其本心之明也，而記者即記之曰：「子與人歌而善，必使反之，而後和之。」是亦性情中之師表，教學者與人爲善之誠也。

聖門之學，要在知行合一。後世尚空言而不務躬行，學派紛歧，遂永無入道之日。「爲之不厭，誨人不倦」，皆躬行之實事也。創鬼神之宗教之説，開人迷信之門，非日用倫常之正，故曰「丘之禱久矣」。「與其不孫寧固」，居心坦蕩蕩，皆以躬行也，而記者即記之曰：「子温而厲，威而不猛，恭而安。」是威儀兼性情中之師表也。

綜聖人之學派凡七章，而記者記聖人之師表，亦分爲七章。若於各章之後，均爲一結，錯綜參互，文法特奇。先儒謂《史記》文綫索難尋，文治謂《論語》文綫索更爲難尋，若求而得之，則怡然理順矣。《禮記》曰：「師嚴然後道尊。」周子曰：「師道立則善人多。」師道之不明於天下久矣！後之爲人師者，其學派果可以信從乎？其師表果足爲矜式乎？其可不慎乎？其可不兢兢乎？

卷八

泰伯篇第八

1　**子曰：「泰伯，其可謂至德也已矣！三以天下讓，民無得而稱焉。」**

此章有三層，一釋三讓之義。或曰：「採藥赴吳，一讓也；太王没，季歷赴之不來，二讓也；免喪之後，斷髮文身，三讓也。」〔一〕或曰：「一讓王季，二讓文王，三讓武王。」〔二〕實皆臆説。李氏謂：「三讓者，必泰伯曾辭避之，而太王未之許，卒乃託名遯去，以遂其志，故曰三讓。」〔三〕其説最可信。

〔一〕邢昺《論語正義》引鄭玄注，見引於黄式三《論語後案》。
〔二〕皇侃《論語義疏》引范甯説，見引於黄式三《論語後案》。
〔三〕李光地《榕村四書説·讀論語劄記》「子曰泰伯其可謂至德也已矣」章。

一讓國讓天下之辨。泰伯之讓，讓岐陽耳。「而夫子云天下者，蓋以當日言則讓國，以後日言則讓天下。夫子言『稷躬稼而有天下』，《孟子》言『文王一怒而安天下之民』，語意相似。」〔一〕李氏謂：「周室將興，其兆已見。泰伯又賢，勢可奄大。以天下讓云者，事後追論之辭。」〔二〕其説亦可信。

一讓商讓周之辨。周自太王至武王，百餘年而始有天下，豈得謂之讓商？朱注本《史記》之説，謂太王有翦商之志，而泰伯不從，因逃去之〔三〕。揆諸事理，殊未必然。太王時，殷道猶盛，太王賢者，安得遂萌不臣之心，使有是心，而泰伯逃去之，則是成父之過，尚得爲至得乎？顧氏謂：「將稱泰伯之讓，而先以莽、操之志加諸太王，決非夫子立言之意。」〔四〕然則《魯頌》言「實始翦商」，非與？按：《爾

〔一〕黄式三《論語後案》。
〔二〕李光地《榕村四書説·讀論語劄記》「子曰泰伯其可謂至德也已矣」章。
〔三〕朱子《論語集注》卷四原文作：「大王因有翦商之志，而泰伯不從。大王遂欲傳位季歷以及昌，泰伯知之，即與仲雍逃之荆蠻。」
〔四〕顧炎武語見引於黄式三《論語後案》。

雅》：「翦，篲勸也。」〔一〕翦商即其勤王家之義，則因翦商之文，而疑爲讓商，固不可也。至泰伯之竄身荆蠻，特以國與弟耳。周之天下，武王始有之，則謂以天下讓周，似亦未安。

要之泰伯之讓，其心至隱。夷、齊讓於事之已形，而泰伯則讓於迹之未著，既不得謂之讓商，又不謂之讓周，是以民無得而稱。惟其無稱，乃爲至德，此聖人顯微闡幽之義也。

2 **子曰：「恭而無禮則勞，慎而無禮則葸，勇而無禮則亂，直而無禮則絞。**勞者，適所以取辱。葸者，適以僨事。此二者文勝之過，陰柔之弊，反而激焉，則亂爲絞。《陽貨》篇曰：「好勇不好學，其蔽也亂。好直不好學，其蔽也絞。」此二者囂淩之習，陽剛之弊，上行下效，秩序紊而世道日衰矣。

君子篤於親，則民興於仁；故舊不遺，則民不偷。」

〔一〕黄式三《論語後案》引《説文》爲説，而唐先生引《爾雅》，意在求是，原非立異。

朱注引吴氏〔一〕曰：「君子以下，當自爲一章，乃曾子之言也。」愚謂：此説無確據〔二〕。蓋夫子因世衰道微，而思周公之明訓耳。周公曰：「君子不施其親。」即篤於親也；又曰：「故舊無大過。」即不棄也，即不遺故舊也。周初人心風俗之所以厚，賴有君子提倡於上爾。

3　曾子有疾，召門弟子曰：「啓予足！啓予手！《詩》云：『戰戰兢兢，如臨深淵，如履薄冰。』而今而後，吾知免夫！小子！」

《禮記·哀公問》篇曰：「仁人之事親如事天，事天如事親。」張子《西銘》曰：「體其受而歸全者參乎！」不毁傷其身，即不毁傷其親，而體其所受乎天道之全也。此即曾子之大孝也。

啓足啓手，朱注謂：「使弟子開其衾而視之。」〔三〕黄氏曰：「手足不毁傷，何待開

〔一〕吴氏指吴棫。
〔二〕黄式三《論語後案》亦批評吴棫之説爲「臆説」。
〔三〕朱子《論語集注》卷四，同何晏《論語集解》引鄭玄説。

衾？啓爲『啓』之借字。啓者，省察之謂。」[一]亦通。

黄氏又謂：「《禮》載孔聖將病，曳杖消摇，又載曾子易簀事，曰：『吾得正而斃焉斯已矣。』……合此經觀之，知賢者之學聖如此。」[二]

愚謂：此説未免太拘。兢兢業業，始自堯舜。戰兢十二字，乃聖賢平日相傳之心法，不必至死時而始見其不懈。

編者謹按：唐先生《孝經救世編》卷二《不敢毁傷篇》説此章曰：「張子《西銘》曰：『體其受而歸全者參乎？』不毁傷其身，即不毁傷其親，而體其所受乎天地之全也。曹氏真予《孝親説》曰：『人苟愛其親，則必愛其身。夫自頂至踵，皆父母精血所遺也，故子身即親身。而愛其親者，則必愛其身矣。《孝經》曰：「身體髮膚，受之父母，不敢毁傷。」曾子有疾，啓手啓足，以免於毁傷爲幸。然所謂毁傷，非止於殘害之謂。一舉手而悖於理，傷其所受之手矣。一舉足而悖於理，傷其所受之足矣。由斯以推，目視非禮之色，傷所受之目矣；耳聽非禮之聲，傷所受之耳矣；口出非禮之言，傷所受之口矣；心懷非禮之心，傷所受之心矣。故曰：「戰戰兢兢，如臨深淵，如履薄冰。」言守身若斯之難也。故曰：「舜，其大孝也與！德爲聖人。」然則無

[一] 黄式三《論語後案》。
[二] 黄式三《論語後案》。

聖人之德者，其爲孝也小矣。』〔一〕是説也，萬世人子當書諸紳。讀《曾子》十篇，其守身可謂至矣！而猶戰兢若此者，充其心即堯舜之兢兢業業、周文之乾乾惕厲、孔子之恐懼修省，乃古聖人主敬之心法，不待有疾時始然，而曾子特於有疾時揭示之。或者以易簀事比例，以爲得正而斃〔二〕，拘矣。」此先生晚年定論。

4　曾子有疾，孟敬子問之。

朱注：「問之者，問其疾也。」

曾子言曰：「鳥之將死，其鳴也哀；人之將死，其言也善。

常人將死，感動良心。君子將死，志氣清明，故其言善。

君子所貴乎道者三：動容貌，斯遠暴慢矣；正顔色，斯近信矣；出辭氣，斯遠鄙倍矣。籩豆之事，則有司存。」

鄭君注：「此道，謂禮也。」〔三〕《禮記·表記》篇：「君子貌足畏也，色足憚也，

〔一〕曹真予《孝親説》文，見引於李顒《堊室類感》。
〔二〕此黄式三《論語後案》説。
〔三〕何晏《論語集解》引鄭玄説。

言足信也。」《冠義》篇：「禮義之始，在於正容體，齊顏色，順辭令。」本經子曰：「望之儼然，即之也溫，聽其言也厲。」皆指此三者而言。以《玉藻》「九容」言之，「動容貌」，足容重，手容恭，目容端，頭容直，立容德是也；「正顏色」，色容莊是也；「出辭氣」，口容止，氣容肅，聲容靜是也。所貴乎道者，言平日涵養之功。曰動，曰正，曰出，言臨時持守之力。遠暴慢、近信、遠鄙倍，鄭君指他人言，朱子指本身言。

竊謂：主本心言，較爲切實。末世士大夫，於考核器數，炫博矜奇，而修身立品之大原，轉置不講，故曾子揭言之，以爲此乃府史胥徒之職，君子不必究心也。

5 **曾子曰：「以能問於不能，以多問於寡；有若無，實若虛，犯而不校，昔者吾友嘗從事於斯矣。」**

此所謂大也。人之生莫不有德，有德即有量。人莫不具天地之量，祇以私欲錮蔽，遂至動與物忤，而己之所知所能，亦遂日以狹窄。顏子之從事於斯，所謂有容德乃大也。進乎此，則如舜之與人爲善，而與天地同其大矣。

陸氏曰：「顏子已至充實光輝之域，而欲然不自足，方可謂若無若虛。今人未至充實境界，正當就正有道，雖博稽廣詢，不得謂之若無若虚。顔子立於無過之地而人自犯之，方可謂犯而不校。今人未能無過，我以非理[一]加人，人亦以非理[二]答我，此乃出爾反爾，非犯也。即使默然無言，亦不得謂之不校。故欲如顔子之若無若虚，當先如子夏之切問近思。欲如顔子之不校，當先如孟子之三自反。」[三]

6 曾子曰：「可以託六尺之孤，可以寄百里之命，臨大節而不可奪也。君子人與？君子人也。」

此章指情之誠摯，與才之能提挈綱領者而言。「可以託孤，可以寄命」，兩可以字，情爲之主，才爲之輔。「臨大節而不可奪」，此不可字，發於至情，而才無與焉。《孟子》論性善，情取才之先。天下惟生有至情者，乃能善用其才。昔周公輔成王，攝國政，恐懼流言，讀《鴟鴞》《東山》之詩，而其情惻

[一]「理」字，陸隴其原作「禮」。
[二]「理」字，陸氏文原作「禮」。
[三]陸隴其《松陽講義》卷七「曾子曰以能問於不能」章。

然如見。漢諸葛武侯輔後主，至於鞠躬盡瘁，死而後已，讀《出師表》，而其情亦惻然如見，皆合此章分量。

陸氏謂：「可託、可寄、不可奪，原有淺深。故事業各有不同。」〔一〕其説亦是。

7 曾子曰：「士不可以不弘毅，任重而道遠。

《白虎通・爵》篇曰：「士者，事也，任事之稱也。」可見爲士者，皆當自任天下之事〔二〕。弘毅，以性質言；任重道遠，以志趣言。不曰士當弘毅，而曰「士不可以不弘毅」，又有以學問化性質之義。

仁以爲己任，不亦重乎？死而後已，不亦遠乎？」

「仁以爲己任」，是學問之實在處；「死而後已」，是學問之究竟處，所謂盡性以立命也。《禮記・表記》篇曰：「仁之爲器重，其爲道遠，舉者莫能勝也，行者莫能致也。」曾子所以得道統之傳者，惟在仁以爲己任。而千古有志之士，所以能立德、立

〔一〕陸隴其《松陽講義》卷七「曾子曰可以託六尺之孤」章。
〔二〕本劉寶楠《論語正義》卷九。

功、立言者，亦惟在仁以爲己任。

李氏曰：「前文連記曾子數章，以盡於此。合而觀之，「以能問於不能」一章是弘，「可以託六尺之孤」一章是毅，但其根本，則在戰戰兢兢以存心，而用力於容貌顏色辭氣之際而已。蓋心彌小則德彌弘，行彌謹則守彌固。《易》之『大過』，任天下之重者也，而以藉用白茅爲基；『大壯』，極君子之剛者也，而以非禮弗履自勝。故朱子之告陳同父曰：『臨深履薄，斂然於規矩準繩之中，而其自任以天下之重者，雖賁、育不能奪也。』〔一〕可謂得曾子之傳者矣。」〔二〕

8　子曰：「興於詩。

人皆求有以興，而不知所以興之道，未通經也。《禮記·經解》篇曰：「温柔敦厚，詩教也。」此蓋以養性爲主，故不曰「詩可以興」，而曰「興於詩」。

立於禮。

〔一〕文見朱子《答陳氏甲辰離棘寺歸書》，「臨深履薄」句原文無。
〔二〕李光地《榕村四書説·讀論語劄記》「曾子曰士不可以不弘毅」章。

心皆求有以立，而不知所以立之道，未通經也。《記》又曰：「恭儉莊敬，禮教也。」蓋以定命爲主，故不曰「禮可以立」，而曰「立於禮」。

成於樂。」

人皆求有以成，而不知所以成之道，未通經也。《記》又曰：「廣博易良，樂教也。」此蓋以磨礱德器爲主，故不曰「樂可以成」，而曰「成於樂」。可見夫子非評論詩、禮、樂也。

李氏曰：「志於道，據於德，依於仁，游於藝，首一字是用功處。興於詩，立於禮，成於樂，首一字是得效處。文雖同而意異，然二章之理，有可相通者。感發興起，是志道中事；卓立不惑，是據德中事；純粹完成，是依仁中事。至於詩、禮、樂，皆藝也，其精者與道德同歸，故可以興、以立、以成，其粗者爲篇章、文辭、器數、聲容之屬，亦莫非至精之所寓，故彼言道、德、仁，又言藝，而此混而一之。」〔一〕

9　子曰：「民可使由之，不可使知之。」

〔一〕李光地《榕村四書説・讀論語劄記》「子曰興於詩」章。

可，能也。不可，不能也。此猶「中人以上可以語上，中人以下不可以語上」之例。春秋時民智淺，但能使由之，不能使知之。夫子所深惜，非有所秘也。程子曰：「聖人設教，非不欲家喻而户曉也，然不能使之知，但能使之由之爾。若曰聖人不使民知，則是後世朝三暮四之術也，豈聖人之心乎？」〔一〕

李氏曰：「服教而明其意者，惟士爲能，百姓則日用而不知。然性者人所固有，故王道之行，使之由於斯道之中，可以移風易俗，而德歸厚。若愚者不安於愚，而曰予智，則王澤之竭，衰世之事也。民字重讀，其義自見。」〔二〕

愚按：二説俱精，惟所謂由之、知之者何？使由之、使知之者何？所以可使由、不可使知者何？蓋由之、知之者，道也；使由之、使知之者，上也；所以不可使知之者，非特道也，即事之始終本末，苟知其偏而不知其全，則徒滋議論，而政治爲之掣肘矣。《書·盤庚》篇曰：「不匿厥指。」《詩·節南山》曰：「俾民不迷。」聖人豈不欲使民知哉？其不能使知之者，理也，勢也。後人有深詆夫子之言以爲

〔一〕朱子《論語集注》卷四注引。「若曰聖人不使民知」之「不使」，原作「不能使」，據朱子文删。
〔二〕李光地《榕村四書説·讀論語劄記》「子曰民可使由之」章。

愚民之策者〔一〕，謬之又謬矣！

編者謹按：唐先生於《陽明學術發微》卷四「陽明學貫通經學變化神明」之十「良知昏昧之由」云：「《論語》言可不可之例，皆作能不能解，如『可得而聞』『不可得而聞』〔二〕，『可以語上』『不可以語下』〔三〕，皆作能不能解。『民可使由之，不可使知之』，此孔子惜民智之不能開，而思有以啓導之，豈愚民之道哉？《孟子》言『終身由之而不知其道』〔四〕，正與『日用不知』〔五〕『不可使知』之義相合，皆爲良知昏昧者戒也。」

10 **子曰：「好勇疾貧，亂也。人而不仁，疾之已甚，亂也。」**

疾，惡也。朱注：「好勇而不安分，則必作亂。惡不仁之人，而使之無所容，則必

〔一〕此就章太炎運用荻生徂徠（一六六六～一七二八）之《論語徵》之愚民觀，以批評清以來尊儒之舉爲愚民之策之言論，故先生一直强調孔子開導民智之義。

〔二〕《論語·公冶長》文。

〔三〕《論語·雍也》文。謹按：「不可以語下」句，《論語》作「不可以語上」。

〔四〕《孟子·盡心上》文。

〔五〕《易·繫辭上傳》文。

致亂。」〔一〕或解亂字以爲皆自亂其心〔二〕。亦通。黄氏曰：「欲治世者，先平其心。」〔三〕

11　子曰：「如有周公之才之美，使驕且吝，其餘不足觀也已。」

黄氏曰：「古有以德稱才者……如《左傳》『高陽氏才子齊聖廣淵、明允篤誠，高辛氏才子忠肅共懿、宣慈惠和』是也。有才德分言者，如《左傳》『酆舒……怙其儁才，而不以茂德，兹益罪也』是也。」〔四〕

愚按：司馬氏曰：「德勝才謂之君子，才勝德謂之小人。」〔五〕惟才勝德，故不免於驕且吝。驕者剛惡，吝者柔惡，然驕者未有不吝，惟吝乃益形其驕，二者相因而致也。「其餘不足觀」，正謂其才無足取。

〔一〕朱子《論語集注》卷四。
〔二〕黄式三《論語後案》引程頤門人張繹語。
〔三〕黄式三《論語後案》。按：黄氏原文無「先」字。
〔四〕黄式三《論語後案》。
〔五〕司馬光《資治通鑑》按論。

12 **子曰：「三年學，不至於穀，不易得也。」**

朱注：「穀，禄也；至，疑當作志。」

愚按：《周禮》「三年大比，而興賢能」，用爲鄉遂之吏，可以得禄。「不至於穀」者，不安於小成，而由司徒升國學也。志在遠大，故不易得。或讀穀爲縠，謂學之久必至於縠〔一〕。或訓穀爲善，謂反言以勉學者〔二〕。説皆迂曲。

13 **子曰：「篤信好學，守死善道。**

篤信而不好學，恐或流於異説，或墮於空虛。好學而不篤信，恐不得師承，不明宗旨。守死而不能善道，是謂「徒死」〔三〕。故善道者有守死不渝之節，而後吾道可傳諸永久。此「聖門八字箴」〔四〕，上句乃盡心知性之功，下句乃事天立命之事。

李氏曰：「『篤信好學』，以所知言；『守死善道』，以所行言。下文皆『守死善道』

〔一〕黄式三《論語後案》説。
〔二〕何晏《論語集解》引孔氏注。
〔三〕本朱子《論語集注》説。
〔四〕黄式三《論語後案》語。

之事，而自『篤信好學』中來者。蓋所謂守死者，言安貧賤之節，不苟合於當世而已。若攖暴亂之鋒，以爲守死，則『危邦不入，亂邦不居』云云者，皆不可通矣。」〔一〕

危邦不入，亂邦不居。天下有道則見，無道則隱。

國本動摇，謂之「危邦」。刑政不修，謂之「亂邦」。不入不居，所以免禍。有道無道，指天下大局而言，君子之出處視之。此樂天知命之誼，惟「篤信好學，守死善道」者能之，品詣之最高者也。

李氏曰：「『危邦不入，亂邦不居』，是有邦之可擇也。若夫天下無邦，則惟有隱遯不出而已。故又言『天下有道』二句。」〔二〕

邦有道，貧且賤焉，耻也；邦無道，富且貴焉，耻也。

此爲「篤信好學」者戒勉之辭，立品之初基也。

李氏曰：「天下無道，可以隱則隱矣。萬一姓名既著，鄉國既知，舉世混濁，莫之適也。父母之邦，不可去也，則惟固守貧賤以終其身而已，故又言邦有道六句。反覆

〔一〕李光地《榕村四書説·讀論語劄記》「子曰篤信好學」章。
〔二〕同前揭書。

申説，究歸於安守貧賤而止，故曰『守死善道』也。此三節重疊複説，所謂『邦』字、『天下』字，皆有意指。不然，末節成贅語矣。」〔一〕

14 **子曰：「不在其位，不謀其政。」**

有「性分」中之位，有「職分」中之位〔二〕。曾子曰：「君子思不出其位。」〔三〕性分中之位也。此章「位」字，職分中之位也。惟性分之位定，而後職分之位明。人人各盡其職，無越分侵官之弊，則天下自治。若人人有出位之思，議論紛紜，動多牽掣，則秩序混淆，而政事日亂。夫子垂戒之意深矣。

15 **子曰：「師摯之始，《關雎》之亂，洋洋乎！盈耳哉。」**

朱注：「孔子自衛反魯，適師摯在官之初。」〔四〕説恐未合。

〔一〕李光地《榕村四書説・讀論語劄記》「子曰篤信好學」章。
〔二〕「性分」與「職分」之分，見朱子《大學章句序》。
〔三〕《論語・憲問》載曾子語。
〔四〕「孔子自衛反魯」句，按：朱子《論語集注》卷四原文句後有「而正樂」三字。

按：始者樂之始，亂者樂之終。凡樂之大節，有歌有笙，有閒有合，始於升歌，終於合樂，故升歌謂之始，合樂謂之亂。《儀禮》燕及大射，皆太師升歌，摯爲太師，故云：「師摯之始。」合樂《周南·關雎》《葛覃》《卷耳》，《召南·鵲巢》《采蘩》《采蘋》，凡六篇，言「《關雎》之亂」者，舉上以該下也。升歌言人，合樂言詩，互相備也。

16 **子曰：「狂而不直，侗而不愿，悾悾而不信，吾不知之矣。」**

朱注：「侗，無知貌；愿，謹厚也；悾悾，無能貌。」

愚按：狂、侗、悾悾，氣質之性也〔一〕。不直、不愿、不信，習也。氣質有偏，而能矯之以學，猶可救也。若爲惡習所染〔二〕，浮僞巧滑，則終身不能入德，雖聖人無如之何矣。可畏哉！

〔一〕朱子《論語集注》卷四引蘇氏謂：「天之生物，氣質不齊。」黄式三《論語後案》謂：「狂、侗、悾悾，質之偏也。」唐先生本此説「氣質」。

〔二〕黄式三《論語後案》謂「以惡習變本質之偏」。

17 **子曰：「學如不及，猶恐失之。」**

李氏曰：「及者，及前路也。失者，失當前也。與『日知其所亡，月無忘其能』〔一〕相似。『如』字猶『恐』字，形容其瞻前顧後之心。」〔二〕

愚謂：此章聖人勉學者，重在二「猶」字，言學者如不及，孳孳以求，猶恐其失之。若自以爲已及，則更無所得矣。恐者，惕之於心也。失之者，失其學業也。

18 **子曰：「巍巍乎！舜、禹之有天下也，而不與焉。」**

不與者，天懷淡定之致。巢、許之輕天下，實則重天下。若舜、禹非特無重天下之心，亦無輕天下之心，所性分定故也。

黄氏謂：「孟子答陳相，上言以不得人爲憂，下言非無所用心，中引此經及下章爲證。而此經下章『舜有五人而天下治』，復駢章類敘，則『不與』者，得人善任，不身

〔一〕《論語·子張》載子夏語。

〔二〕李光地《榕村四書説·讀論語劄記》「子曰學如不及」章。

親其事也……『與』讀爲豫。」〔一〕説亦貫通。

19　子曰：「大哉，堯之爲君也！巍巍乎！唯天爲大，唯堯則之。蕩蕩乎！民無能名焉。

此節贊堯之德。「巍巍乎」句，亦指堯言，非指天言。《説文》曰：「天，顛也，至高無上，从一大。」故曰唯天爲大。民無能名者，「其仁如天，其知如神」〔二〕，莫得而名言之也。黄氏曰：「堯則天者，無爲而成〔三〕，正言其得人善任也。」〔四〕

巍巍乎！其有成功也；焕乎，其有文章！」

此節贊堯之功，文章本於成功，故用二「也」作轉。《堯典》自「親九族」，以至「黎民於變時雍」，皆成功也；自「歷象日月星，敬授人時」，以至「允釐百工，庶績咸熙」，皆文章也。而其功皆本於「明德」，此民之所以無能名也。

〔一〕黄式三《論語後案》。按：「『與』讀爲豫」原文作「『與』讀曰豫」，是《漢書》顔師古注。
〔二〕《大戴禮記·五帝德》及《史記·五帝本紀》贊帝堯之文。
〔三〕「無爲而成」句，黄氏文作「尹氏以爲無爲而成言」。
〔四〕黄式三《論語後案》。

黄氏曰："堯無爲，大莫能名〔一〕，然一時之功皆其功，文章皆其文章，見堯之善任人而不待爲之也。"〔二〕

20　舜有臣五人而天下治。

五人，禹、稷、契、皋陶、伯益〔三〕。舜之所以能得人者，惟在專任久任。若以皋陶爲農官，以后稷敷五教，則不得其治矣。後世之法舜者，其亦知此道乎？

武王曰："予有亂臣十人。"

朱注："亂，治也；十人，謂周公旦、召公奭、太公望、畢公、榮公、太顛、閎夭、散宜生、南宫适，其一人，謂文母〔四〕。劉侍讀以爲子無臣母之義，蓋邑姜也。九人治外，邑姜治内。"

〔一〕此"大莫能名"句脱，據黄氏文補入。
〔二〕黄式三《論語後案》。按：
〔三〕何晏《論語集解》引孔氏注。
〔四〕何晏《論語集解》引馬融注。

或引古本無「臣」字〔一〕，謂十人中有「文母」。揆諸武王語氣，似有未合。

孔子曰：「才難，不其然乎？唐、虞之際，於斯爲盛。有婦人焉，九人而已。

黄氏曰：「古注謂周才盛於唐、虞。兩代五人，周一代十人，是周盛也。中朱注者云：『唐虞盛於周，而夏商不能及，難也。十人取足於婦人，難也。周十人而以五人者……蓋不計多寡〔二〕，顧其人物地位何如也。』」〔三〕

愚謂：此不必拘。孔子之意，蓋謂唐、虞之際，與周初人才，皆爲極盛。然周不過九人而已，總以見人才之難得也。

三分天下有其二，以服事殷。周之德，其可謂至德也已矣。」

朱注：「『文王率商之叛國以事紂』〔四〕，蓋天下歸文王者六州：荆、梁、雍、豫、徐、揚也；惟青、兗、冀尚屬紂耳。」

〔一〕黄式三《論語後案》删去「臣」字，經文作「予有亂十人」，唐先生不取。

〔二〕「蓋不計多寡」句，黄氏文作「蔡介夫謂不計多寡」。按：蔡清，字介夫，明晉江人，理學名家，著有《易經蒙引》《四書蒙引》《虚齋三書》《虚齋集》。

〔三〕黄式三《論語後案》。按：黄氏所引「中朱注者」，乃指蔡清，文見蔡清《四書蒙引》卷六。

〔四〕朱子《論語集注》原文標明「《春秋傳》曰」。

愚按：《左氏·襄三十一年傳》：「《周書》數文王之德曰：『大國畏其力，小國懷其德。』……紂囚文王七年，天下皆從之囚，紂於是懼而歸之，可謂愛之；文王伐崇，再而降爲臣，蠻夷帥服，可謂畏之。」《禮記·表記》篇：「有君民之大德，有事君之小心，《詩》曰：『惟此文王，小心翼翼。』」此其所以爲至德也。

李氏曰：「此章必夫子因論才難之事，而感慨於文王之德。記者序列之意，乃欲以文王至德，參於堯舜禹三聖之間也。」[一]

或謂宜斷，「三分」以下別以「孔子曰」起之，而自爲一章[二]。未是。

21 子曰：「禹，吾無間然矣。菲飲食，而致孝乎鬼神；惡衣服，而致美乎黻冕；卑宫室，而盡力乎溝洫。禹，吾無間然矣。」

「菲飲食」三者，克儉也。「致孝鬼神」三者，克勤也。

或疑堯、舜、禹皆無間，夫子獨稱禹者何？曰：禹於古帝王中，爲至艱至苦之人，

[一] 李光地《榕村四書説·讀論語劄記》「舜有臣五人而天下治」章。
[二] 朱子《論語集注》卷四引或曰，唯未按論其可否。

所以獨推禹也。然則禹之豐功偉績，何以不言，而獨舉衣、食、居三者何？曰：此其窮理之極精極密，無間之至也。

李氏曰：「『致孝鬼神』與『菲飲食』相對，言犧牲粢盛之豐潔也。『致美黻冕』與『惡衣服』相對，『盡力溝洫』亦與『卑宫室』相對。當洪水未平，下巢上窟，民不得平土而居之，禹決九川，距四海，使大水有所歸，然經理猶未詳密也。乃復濬畎澮距川，則小水皆有所入，然後四隩既宅，民得安居。是則『卑宫室而盡力乎溝洫』者，居無求安，而奠萬姓之居是急也。」〔一〕

愚按：致孝鬼神，致美黻冕，孝敬之禮盡矣。夷考古者溝洫之制，方里爲井，井間有溝，溝廣深四尺。十里爲成，成間有洫，洫廣深八尺。一縱一横，因地制宜，無事備旱潦，有事阻戎車。溝之水歸於洫，洫之水歸於澮，澮之水歸於川，然後地可耕稼，中國可得而食。然則禹非特奠民居，亦所以興民食，其功豈不大哉！更有進者，禹之功德，造於至精至密，然後可謂之無間。後世帝王，德行不修，無一善之足述，尚不可謂之有間，而況無間乎？讀此章急宜猛省也。

〔一〕李光地《榕村四書説・讀論語劄記》「子曰禹吾無間然矣」章。

泰伯篇大義

人心衰，世風薄，聖人則以忠厚篤實之道教人，並以篤實之學教人。三代之時，人心無私而無所詐僞，無欺而無計較，渾渾穆穆，何其盛也！吾讀《泰伯》一篇而深有味焉。

子曰：「泰伯其可謂至德也已矣，三以天下讓。」朱子云：「三讓固遜也，德厚之至也。」「君子篤於親，則民興於仁。故舊不遺，則民不偷」，君子之德風也，小人之德草也，上下之交相厚也。

曾子之學，於聖門中最爲篤實，「啓予足，啓予手」，與《大戴記》中《疾病》篇語絶相類；「動容貌」三者，行誼篤實之至也；「以能問於不能」，交友忠厚之義也；「可以託六尺之孤」，事君忠厚之義也；「任重而道遠」，爲學之篤實者，皆當守此以爲宗旨也。

《詩》、禮、樂三者，漸民於厚也；「可使由之」，導民於厚也；「不疾人已甚」，使人亦返於厚也；「不驕不吝」，己德益歸於厚也。「三年學不至於穀」，「篤信好學」，爲學之篤實如此，無以復加矣。「守死善道」者何也？即曾子啓手足之言也；「任重道遠，死而後已」也，尤聖門篤實之真傳也。《孟子》曰：「大匠不爲拙工改廢繩墨。」欲人之篤信好學也；又曰：「天下有道，以道殉身，天下無道，以身殉道。」欲人之守死善道也，亦聖門篤實之真傳也。

不在其位而謀其政，天下多出位之事，天下皆虛憍之徒也。有《關雎》之意，而後可以行《周官》之政，忠厚之至也。洋洋盈耳，民俗歸於厚矣。士氣浮而囂，士志誕而無實，聖人日以爲大憂，故曰：「狂而不直，侗而不愿，悾悾而不信，吾不知之矣。」又曰：「學如不及，猶恐失之。」教學者之力求篤實者也。

夫子叙《書》至舜、禹相讓之際，蓋未嘗不太息也，曰：嗟乎！爲天下得人者謂之仁，如「舜、禹之有天下而不與」。堯之則天，其德可謂至厚矣。積德愈厚則人才愈多，繼起者其周文王乎！蓋民無能名，應乎「民〔一〕無得而稱」也。周之德其可謂至德，應乎「泰伯可謂至德」也，明周家之忠厚開基也。記者至此，可以終篇矣，乃又曰「禹吾無間然」者，自古制行之篤實，無過於禹。天下惟大拙之人，乃能爲大巧之事。禹

〔一〕「民」字原作「名」，據《論語》爲正。

之所以能治水者，以其治事無不篤實也。

吾嘗謂治中國者，必不在空言之士，宜廣求力行之人。自古力行家能勤能苦，其必以夏王爲法乎！其端於「菲飲食致孝乎鬼神」三者見之。傳曰：「美哉禹功！明德遠矣。」明德即至德也，故《泰伯》篇以「禹吾無間然」終，猶《八佾》篇言禮樂，以木鐸、《韶》舞終，而復發禮主於敬之義，教學者以宗旨之所在也，此皆孔思之精微也。

嗚呼！人心衰，世風薄，令人益神遊於中天之世。耕田鑿井之風，既渺不可追矣。惟望後來者，上而君相，下而儒生，皆無忘忠厚篤實之至意，其猶可挽回世運哉！其猶可挽回世運哉！

卷九

子罕篇第九

1 **子罕言利，與命與仁。**

罕，少也。自言曰言〔一〕。《子罕》篇詳言教人之法。《詩》、《書》、《禮》爲夫子雅言，利、命、仁爲夫子所罕言，三者皆《易》之精蘊也。

利者，義之和〔二〕，如所謂「以美利利天下，不言所利」〔三〕，「利居貞」〔四〕是也。

〔一〕唐先生以「自言」爲釋，明其非禦人口給之末事，蓋根本於性命之自得之學，乃須真切體會涵濡者也，故强調義通於《易》，而詮釋皆證以《易傳》。

〔二〕《易·乾·文言》釋元亨利貞之文。

〔三〕《易·乾·文言》云：「乾始，能以美利利天下，不言所利，大矣哉！」此言「天下平」之根本。

〔四〕《易·屯》爻辭文。

命者，窮理盡性之學，如所謂「窮理盡性以至於命」〔一〕，「順性命之理」〔二〕等是也。仁者，長人之本，如所謂「仁以行之」〔三〕，「何以守位曰仁」〔四〕，「立人之道，曰仁與義」〔五〕是也。

《易》義精微，故其言不可得而聞〔六〕。本經中諸弟子問仁，夫子答語較多，其餘自言者，皆仁之大概，不及本體功夫。至利與命，并語亦罕焉。

黄氏謂：「罕當借爲軒……有顯豁之義。」〔七〕説似迂曲。《史記》：「夫子罕言利，常防其源也。」〔八〕司馬遷習古文《論語》，而其言如是，則罕字自當訓少爲是。

〔一〕《易·説卦傳》言聖人之作《易》宗旨。
〔二〕《易·説卦傳》言聖人作《易》，衍天地人三才之原則。
〔三〕《易·乾·文言》言君德之義。
〔四〕《易·繫辭下》云：「天地之大德曰生，聖人之大寶曰位。何以守位曰仁，何以聚人曰財。」
〔五〕此《易·説卦傳》言三才之人道。
〔六〕《論語·公冶長》載子貢曰：「夫子之文章，可得而聞也。夫子之言性與天道，不可得而聞也。」謹按：《易》「性與天道」爲精微之《易》義，此唐先生之體會。
〔七〕黄式三《論語後案》。
〔八〕《史記·孟子荀卿列傳》文。

2 達巷黨人曰：「大哉孔子！博學而無所成名。」

黨人，或云項橐[一]，是也。夫子贊堯曰：「大哉！」子思子贊聖人之道，亦曰：「大哉！」則大哉之贊，黨人可謂談言微中矣。惟不云無能名，而云無所成名，蓋惜其學之博，而不能成一藝之名也。

子聞之，謂門弟子曰：「吾何執？執御乎？執射乎？吾執御矣。」

射、御皆六藝中事，《周禮》保氏所教[二]。言執御者，蓋聖學雖在於成德，然惟藝成而下，乃能德而上，博學之以約，此夫子以特訓門弟子也。

李氏曰：「此章答語，非故爲謙辭，蓋汎濫而不精於一，誠爲學者大病，在聖人雖不然，然黨人既有是言，則直受之而已。六藝莫粗於射御，而御較射又粗。學無精粗，而必由粗者始。人之爲學，往往馳心高妙，而有不屑卑近之過，此子游所以薄洒

[一] 黄式三《論語後案》，見引《漢書》顔師古注引孟康説。
[二] 《周禮·地官保氏》其職諫王惡，而養國子以道，包括六藝與六容。六藝涵蓋五禮、六樂、五射、五馭（同御）、六書、九數。六藝均貫以六儀，儀謂六種不同場合儀容，涵蓋祭祀、賓客、朝廷、喪紀、軍旅、車馬。謹按：五馭（同御）應用場合遠多於射，非關射御之間之高下精粗，蓋執五御之事，博用於六儀之中，乃應「博學而無所成名」之讚。

掃應對爲末節，而見譏於子夏也。」〔一〕

3　子曰：「麻冕，禮也；今也純，儉。吾從衆。

麻冕，先儒謂績麻三十升布以爲之〔二〕，染黑色，故又名緇布冠。純，用絲爲之。劉氏曰：「三十升者，鄭注喪服云『八十縷爲升』，一升八十縷，三十升，是二千四百縷。鄭依漢制，推古布幅廣二尺二寸，以二尺二寸布廣之度，容二千四百縷，是細密難成，轉不如用絲之省約矣。」〔三〕

愚按：吾從衆者，聖人之變禮以從俗也。舉麻冕一端，而凡類於麻冕者可知也。

拜下，禮也；今拜乎上，泰也。雖違衆，吾從下。」

黄氏曰：「拜下之禮，見於《覲禮》《燕禮》《大射儀》《公食大夫禮》《聘禮》諸篇爲詳。淩次仲曰〔四〕：『凡臣與君行禮，皆堂下再拜稽首。君待以客禮，下拜，則辭之，然

〔一〕李光地《榕村四書説·讀論語劄記》「達巷黨人曰」章。
〔二〕何晏《論語集解》引孔氏説。
〔三〕劉寶楠《論語正義》卷一〇。
〔四〕此「淩次仲曰」句原脱漏，據黄氏文補入。

後升，成拜。』淩氏説是也[一]。以《覲禮》言之，覲之時，入門右，再拜稽首；享之時，中庭奠幣，再拜稽首……凡經曰降階[二]，曰中庭，曰門右，皆拜下也。」[三]諸篇禮節，大致皆同。

愚按：吾從下者，聖人之變俗以從禮也。舉拜下一端，而凡類於拜下者可知也。大抵聖人處禮俗之宜，不論古今新舊，要必察其是非。今而是也，不妨從衆。今而非也，自宜違衆。惟窮理至精，力行不惑，然後能轉移風氣，而不爲風氣所轉移，初非有成見存乎其間也。後人論新舊而不論是非，遂致風俗日下，可歎也已。

4　子絶四：毋意，毋必，毋固，毋我。

絶四有二説。一説孔子自無此四者，毋即無字；一説禁絶學者毋得有此四者。蓋聖人所無，學者亦當禁絶。兩説可並存。意或作億，爲測度之義[四]。不如朱注解

[一] 此「淩氏説是也」句原脱漏，據黄氏文補入。
[二] 「曰降階」三字原脱漏，據黄氏文補入。
[三] 黄式三《論語後案》。
[四] 黄式三《論語後案》引段玉裁説。

作私意[一]爲善。

李氏曰：「我乃私意之根，雖不動念而不化者，《易》之艮，所謂身也。有失則不能廓然大公，故不能物來順應，而有意必有固。若物來順應，則物未來而私心妄念之不生，何意之有？應物而不累於物，何必之有？順理以應之，而不滯於物，何固之有？如是則復還於太虚而無迹，何我之有？蓋毋意則所發者皆天地之心，元之德也；毋必則爲不計效，施不望報，亨之德也；毋固則因物付物，利之德也；毋我則不言所利，貞之德也。三者皆歸於毋我，而行乎毋我，猶貞之始終於萬物也。不獲其身而不私於己，故能不見其人而不繫於物，聖人之與天地相似者如此。」[二]

5　子畏於匡。

畏者，有戒心之謂[三]。匡，鄭衛間邑。匡人圍夫子，故夫子有戒心也。

曰：「文王既没，文不在兹乎？

[一] 朱子《論語集注》卷五云：「意，私意也。」
[二] 李光地《榕村四書説·讀論語劄記》「子絶四」章。
[三] 朱子《論語集注》卷五。

道必寓於文，故四教以文爲首。

黄氏曰：「先王所以治天下者曰道，所以載道者文。夫子云述而不作，述斯文即述斯道也……自先儒[一]分文與道爲二，朱注因以不言道爲謙辭[二]。然經意是自任，非自謙之詞也。」[三]

天之將喪斯文也，後死者不得與於斯文也；天之未喪斯文也，匡人其如予何？」

馬氏曰：「文王既没，故孔子自謂後死者。」[四]黄氏曰：「後死者，謂後己而死者。」[五]

愚按：聖人所敬畏者，天命而已。天命不絶，則道亦不絶，世亦不絶。匡人既不能違天，惡能滅道而絶世？

〔一〕黄氏原文作「程子」。

〔二〕朱子《論語集注》卷五注云：「不曰道而曰文，亦謙辭也。」

〔三〕黄式三《論語後案》。

〔四〕此條是何晏《論語集解》引孔氏説，原非馬融注文。

〔五〕黄式三《論語後案》。

6　大宰問於子貢曰：「夫子聖者與？何其多能也？」

孔氏曰：「大宰，大夫〔一〕，官名。或吴或宋，未可知也。」〔二〕

愚按：春秋時他國亦有大宰，不僅吴、宋兩國有之。「夫子聖者與」，猶疑夫子之未聖也。「何其多能」，以多能爲聖也。古訓聖字，僅屬通明之稱，故大宰以多能爲聖耳。

子貢曰：「固天縱之將聖，又多能也。」

將，大也。或謂「固天縱之」句〔三〕，未是。「固天縱之將聖」，破其疑夫子之未聖也。「又多能也」，破其以多能爲聖也。聖門以大而化之爲聖，僅此二語，而子貢之善贊聖人可見矣。

子聞之，曰：「大宰知我乎！吾少也賤，故多能鄙事。君子多乎哉？不多也。」

或讀「故多能鄙事」句〔四〕，或以「鄙事」屬下句爲讀，均可。

〔一〕「大夫」二字，據何晏《論語集解》原文補。
〔二〕何晏《論語集解》引孔氏説。
〔三〕此李光地《榕村語録》卷三之説，而黄式三《論語後案》批評非妥。
〔四〕何晏《論語集解》引包咸説。

李氏曰：「子貢……智足知聖……故夫子舍其言，而與大宰相答。詳繹語意，蓋避聖之號，而又示人以學聖之方也。然前答黨人，則欲專於執御之卑；此答大宰，又言不貴鄙事，意似相反，而實相貫。黨人譽夫子以博學，就藝言之，故夫子因所謂無成名者而審所執。蓋克勤小物，亦學也；專精於一而不務博者，學之要也。大宰因多能而譽夫子以聖，則不知有德藝之分，故夫子不讓多能之名，而爲之明君子之學。大德不官，大道不器，務本而不急末者，尤學之要也。」〔一〕

牢曰：「子云：『吾不試，故藝。』」

不試，不以小試其才也。記者恐夫子鄙事之謙辭，後世又以多能爲輕，故類記此節，見聖門之尚藝，亦與「黨人」章相應。

7 子曰：「吾有知乎哉？無知也。有鄙夫問於我，空空如也，我叩其兩端而竭焉。」

〔一〕李光地《榕村四書說·讀論語劄記》「大宰問於子貢曰」章。按：「詳繹語意」句乃唐先生用以概括李光地之說明語。

無知，謙辭也。時人有因夫子應問不窮，而矜其無所不知者，故夫子謙言之耳〔一〕。空空，猶悾悾，愨也。叩，問也。兩端，末也。凡事物之始者，皆起微末，故末有始意。蓋「鄙夫來問，必有所疑，惟有兩端斯有疑，故先叩發其兩端。謂先還問其所疑，而後即其所疑之兩端，而窮盡其義以告之也。」〔二〕此兩端，即《中庸》「舜執其兩端，用其中於民」之兩端。處則以此爲學，用則以此爲治，皆聖人通變神化之妙也。

8　子曰：「鳳鳥不至，河不出圖，吾已矣夫！」

《詩》曰：「鳳皇鳴矣，于彼高岡。」此周初時之瑞也。《易傳》曰：「河出圖。」此伏羲時之瑞也。春秋時聖王不作，世運晦塞，故夫子傷之，而有終止之歎。然吉凶與民同患，此心實無已時也。漢董子引此經而申之曰：「自悲可致此物，而身卑賤不得致也。」〔三〕恐未合經義。蓋聖人爲一世慨，非爲一身慨也。

〔一〕本朱子《論語集注》「孔子謙言己無知識」之意。
〔二〕黃式三《論語後案》引焦循語。
〔三〕董仲舒説見引於黃式三《論語後案》。

9 子見齊衰者、冕衣裳者與瞽者，見之，雖少必作；過之，必趨。

此聖人之哀有喪，尊有爵，矜廢疾也〔一〕。記此見《曲禮》之意。

黄氏曰：「觀師冕見一章與此章，聖人之一言一動，皆誠心之所流行，日用間無非仁義也。」〔二〕

10 顔淵喟然歎曰：「仰之彌高，鑽之彌堅；瞻之在前，忽焉在後。

仰彌高，言道難及。鑽彌堅，言道難入。在前在後，言難以依據〔三〕。

或讀下八字爲句，以「瞻之」讀〔四〕，亦可。蓋道不過中庸而已。顔子初學時，覺中庸之道難能，致知力行，總覺未能適合，故有此歎，非「怳惚之象」也〔五〕。

李氏曰：「仰之彌高四句，乃顔子造聖根基，如周公之不合仰思，夫子之發憤忘

〔一〕本何晏《論語集解》引包咸注並朱子《論語集注》引范氏注。
〔二〕黄式三《論語後案》。
〔三〕本朱子《論語集注》卷五。
〔四〕黄式三《論語後案》云：「瞻之句在前，忽焉在後句。凡事必有一中，前則過，而後則不及。」蓋説明遊移之見所由生，此下文唐先生所以解釋以「中庸之道」爲難能。
〔五〕何晏《論語集解》並朱子《論語集注》皆言「在前在後，怳惚不可爲象」，唐先生不取此説。

食，皆此意也。」〔一〕

夫子循循然善誘人，博我以文，約我以禮。

循循，有次序貌。誘，通作牖，言引導也。顏子初苦道難幾及，而夫子則謂學必有積累，並無頓悟之法，惟有從事於文、禮二者，以由淺而入深。博文，格致之學也。約禮，克復之功也。至是而顏子之學，殆將由博反約，而進於一貫矣。

欲罷不能，既竭吾才，如有所立卓爾。雖欲從之，末由也已。」

此顏子從事於博文約禮，不能罷而竭盡其才也，至是乃大進矣。惟《孟子》言「中道而立，能者從之」，而顏子則言「欲從末由」者，蓋《孟子》以道爲繩墨彀率，有形迹之可求，猶其粗焉者也。顏子則力守中庸之道，拳拳服膺，大而未能化，故曰欲從末由。此蓋極至精至細之學，非謂聖道終不可幾及也。

李氏曰：「如有所立卓爾，知之明也；欲從末由，行之未熟也。蓋夫子自言曰：『七十而從心所欲，不踰矩。』形骸有幾微之未化，則不能從心所欲。而與之相應至於心即體，體即心，然後能從心所欲而不踰矩，所謂不言而喻者是也。顏子見道之真，

〔一〕李光地《榕村四書説·讀論語劄記》「顏淵喟然歎曰」章。

心欲從之，而似有未能從心者。蓋去道益親，而望道如未見也……此章當與《吾十有五章》合看，則孔顔之學可窺，周子所謂『發聖人之藴，教萬世無窮者』也。」〔一〕

11 子疾病，子路使門人爲臣。

疾甚曰病〔二〕。黄氏曰：「使門人爲臣，欲使門人治喪制服，依君臣禮也。禮，師弟之服，心喪三年；君臣之服，斬衰三年。此所以使爲臣，始得伸其情。」〔三〕

愚按：孔子嘗爲大夫。春秋時大夫去位，或有用家臣以治喪者，子路蓋從流俗之見以尊聖人耳。

病間，曰：「久矣哉！由之行詐也，無臣而爲有臣。吾誰欺？欺天乎？

夫子去大夫之位，當以士禮葬。「無臣而爲有臣」者，言人皆知吾無臣，則人不可欺，近於欺天矣。子路不過從俗耳，乃夫子責之曰詐，又自責曰欺天，蓋聖人之所謂

〔一〕李光地《榕村四書説·讀論語劄記》「顔淵喟然歎曰」章。
〔二〕何晏《論語集解》引包咸注。
〔三〕黄式三《論語後案》。

詐欺，非世俗之所謂詐欺也，其敬天命者至矣。**且予與其死於臣之手也，無寧死於二三子之手乎？且予縱不得大葬，予死於道路乎？」**

無寧，寧也〔一〕。有臣死於臣手，禮也。夫子願死於弟子之手者，以弟子之情，更親於臣也。

劉氏曰：「此爲孔子未反魯事……當是魯以幣召孔子，孔子將反魯，適於道路中得疾也。『縱不得大葬』，言予縱不得位，以大夫禮葬，亦必反魯，不至死於道路。所以然者，知斯文之在兹，必將以制作教萬世。又以見子路之豫凶事爲非禮也。」〔二〕

愚按：即此一端，聖人之不違禮以從俗，與夫重師弟之情，概可見矣。

12　子貢曰：「有美玉於斯，韞匵而藏諸？求善賈而沽諸？」子曰：「沽之哉！沽之哉！我待賈者也。」

〔一〕何晏《論語集解》引馬融注，朱子《論語集注》從。
〔二〕劉寶楠《論語正義》卷一〇。按：末句「以見子路之豫凶事爲非禮也」，劉氏原文「非禮」作「過計」。

待賈，待明王而出也。此章以待字破求字，蓋聖人之不願舍藏固矣，然亦非有求於人也，待賈焉耳。《禮記·聘義》篇曰：「昔者君子比德於玉焉。」《儒行》篇曰：「儒有席上之珍以待聘。」蓋儒者，人所需也。既爲人所需，則當待人之求，故曰待賈。《易傳》曰：「君子藏器於身，待時而動，何不利之有？」

13　子欲居九夷。

東方之夷有九種〔一〕，曰：畎夷、于夷、方夷、黄夷、白夷、赤夷、玄夷、風夷、陽夷〔二〕。欲居之者，以道不行，欲居海島之國也。

或曰陋，「如之何？」子曰：「君子居之，何陋之有？」

陋，謂其地僻陋，不知禮義。君子所居則化，若虞帝以孝友格耕稼陶漁之民，泰伯以仁讓治斷髮文身之俗〔三〕。講道德，開風氣，則僻陋變爲文明矣。

〔一〕何晏《論語集解》引馬融注，亦見朱子《論語集注》。

〔二〕九夷之名，邢昺《論語注疏》具列兩説。此據《後漢書·東夷傳》，黄式三《論語後案》及唐先生沿之。

〔三〕本黄式三《論語後案》。

劉氏曰：「居九夷，與乘桴浮海，皆謂朝鮮……朝鮮爲九夷之一……箕子受封後，能推道訓俗，教民禮義田蠶……衣冠禮樂，與中州同……『君子居之』，指箕子言，非孔子自稱。」[一]其説極新。

14　子曰：「吾自衛反魯，然後樂正，《雅》《頌》各得其所。」

朱注：「魯哀公十一年冬，孔子自衛反魯。是時《詩》《樂》殘缺失次，乃歸而正之。」[二]

李氏曰：「樂正所該者廣，凡律吕、聲音、器數皆是。然《詩》爲樂章，乃樂之本，故又以《雅》《頌》得所言之。『得所』亦有二義：篇什失次，釐而定之；工歌僭差，辨而明之也。如《文王》《大明》《緜》，天子所以享元侯者，則叔孫不拜[三]；三家《雍》

[一] 劉寶楠《論語正義》卷一〇。

[二] 「是時《詩》《樂》殘缺失次，乃歸而正之」句，朱子《論語集注》卷五原文云：「是時《周禮》在魯，然《詩》《樂》亦頗殘闕失次。孔子周流四方，參互考訂，以知其説。晚知道終不行，故歸而正之。」唐先生概括大意。

[三] 事載《春秋左傳·襄公四年》，魯大夫叔孫豹如晉報聘，晉侯廷享，歌《肆夏》《文王》《鹿鳴》之三，豹皆不拜，而應對以禮分之宜。按：《文王之什》前三首爲《文王》《大明》《緜》，故李光地舉此三首爲説，乃舉一隅爲例而已。

徹，而夫子譏之〔一〕。則當日所用，僭差〔二〕可知矣。」〔三〕

愚按：李説是。得所者，言用之鄉黨，用之朝廷邦國，用之燕射諸禮，皆得其宜，而不淩雜，故曰各得其所。

15　子曰：「出則事公卿，入則事父兄，喪事不敢不勉，不爲酒困，何有於我哉？」

出事公卿，貴貴之義；入事父兄，親親之義。勉喪事，重哀也；不爲酒困，節樂也。

或以「何有」作不難解〔四〕。按：夫子嘗言：「所求乎子以事父，未能也。」〔五〕蓋聖不自聖，故常有欿然不足之意，豈必遽自期許哉？

〔一〕事載《論語·八佾》云：「三家者以《雍》徹。子曰：『「相維辟公，天子穆穆」，奚取于三家之堂？』」按：此孔子譏責魯三桓孟孫氏、叔孫氏、季孫氏三家，大夫而用天子禮樂，僭越禮分。蓋較之晉侯用《肆夏》《文王》《鹿鳴》之三爲更甚。

〔二〕僭差謂僭越身份而失名分禮度。

〔三〕李光地《榕村四書説·讀論語劄記》「子曰吾自衛反魯」章。

〔四〕黄式三《論語後案》説。按：此説有孔子自謙之意。

〔五〕《禮記·中庸》語。

16　子在川上曰：「逝者如斯夫！不舍晝夜。」

逝，往也，言往而進也[一]。或曰流行也[二]。不舍，不止也。或讀「夫」字絶句。或以九字作一句，逝者略讀[三]。均可。

日往月來，月往日來；寒往暑來，暑往寒來；此天體之不息也。憧憧往來，朋從爾思；同歸殊途，一致百慮；此心體之不息也。四時行，百物生；人身之呼吸，與天地之闔闢相應；此道體之不息也[四]。程子曰：「純亦不已，天德也，其要祇在謹獨。」[五]蓋聖人以至誠配天，日就月將，緝熙光明；一動一静，互爲其根，而静者常爲之主；至於體用一原，顯微無間，而後心體與天地相似。若人欲間之，則有息矣。至由淺入深功夫，必先有本。故《孟子》曰：「盈科而後進，放乎四海，有本者如是。」無本則涸，涸爲息之大者，此初學之大患也。《易·坎》之象傳曰：「君子以常德行。」觀

[一] 本何晏《論語集注》引鄭注。
[二] 黄式三《論語後案》説。
[三] 黄式三《論語後案》説。
[四] 先生舉出天體、心體、道體三層之不息爲説。
[五] 朱子《論語集注》卷五引，唐先生概括大意。

水者取之，學道者取之。

17 **子曰：「吾未見好德如好色者也。」**

《史記》以此爲指衛靈公而言[一]。愚按：「好德如好色」，即《大學》「誠意」章[二]「如好好色」之意，謂慎獨之功，固未易見也。

18 **子曰：「譬如爲山，未成一簣，止，吾止也；譬如平地，雖覆一簣，進，吾往也。」**

朱注：「言山成而但少一簣，其止者，吾自止耳；平地而方覆一簣，其進者，吾自往矣。」蓋學問之道，在積少以高大，故《荀子》曰：「積土成山，風雨興焉；積水成淵，蛟龍生焉。」然積時而進，惟在於我。若必籍他人之策勵，必無所成。故《易傳》言「自彊」，《大學》言「自明」，而《孟子》則言「自暴自棄」。君子終日乾乾，所以貴因時而惕也[三]。

[一] 朱子《論語集注》卷五。
[二] 「章」字原脱，今補入。
[三] 《易·乾》九三爻辭「君子終日乾乾，夕惕若，厲无咎」象曰：「終日乾乾，反覆道也。」先生《周易消息大義》概括曰：「惟在進德修業而已。」義更明晰。

19　子曰：「語之而不惰者，其回也與！」

此「不惰」爲極深細之功。以克己言，非禮勿視聽言動，無絲毫之或惰也；以復禮言，「三月不違，無頃刻之或惰也；以博約言，欲罷不能，既竭吾才，無一知一行之或惰也。故爲其餘門弟子所不能及。何氏曰：「顏子解〔一〕，故語而不惰。餘人不解，故有惰語之時。是以惰字屬教者言。」〔二〕大誤。

20　子謂顏淵，曰：「惜乎！吾見其進也，未見其止也。」

此顏子既死而夫子惜之也〔三〕。「學貴乎不止。走者之速也，而過二里止；步者之遲也，而百里不止。必也步者前而走者後矣。況以顏子之猛進而久不止，豈不幾於聖哉？」〔四〕

此二章，皆言心體之無息也。

〔一〕解謂理解。
〔二〕何晏《論語集解》語。
〔三〕何晏《論語集解》引馬融注並朱子《論語集注》説。
〔四〕黄式三《論語後案》語。

21 **子曰：「苗而不秀者有矣夫！秀而不實者有矣夫！」**

苗而不秀，質美而不學也。秀而不實，半途而中止也。苗之不秀不實，地有肥磽，雨露之養，人事之不齊也。而學之不成，則皆由於人事，可不懼哉！

或曰：「亦惜顔子而發。」〔一〕殊不倫，此蓋爲浮而不實者戒爾。浮而不實，則妄念勝而學遂廢，故《易・無妄》卦曰「不耕穫，不菑畬」，凶〔二〕。

22 **子曰：「後生可畏，焉知來者之不如今也？四十、五十而無聞焉，斯亦不足畏也已。」**

此勉後生之惕於將來也。來者，後日也。焉知來者之不如今，言來者不如今日之可畏也。無聞，不能聞道也〔三〕。或曰無令聞〔四〕。亦通。

陸氏曰：「繼往開來之業，後生無不可任。參贊位育之事，後生無不可爲……是以可畏。若悠忽因循，知行不能精進，氣質不能變化，至於老而無聞，則一庸俗人而

〔一〕邢昺《論語注疏》説。
〔二〕「凶」字，《周易》作「則利有攸往」，用此字，以警遊閒不學之徒。
〔三〕黄式三《論語後案》文。
〔四〕邢昺《論語注疏》説。

已。縱使翻然悔悟，其年已非向時之年，其力已非向時之力。而況習氣日深，天性日汩〔一〕，其能有成者，鮮矣。夫子所以爲後生痛下鍼砭也。」〔二〕

23 **子曰：「法語之言，能無從乎？改之爲貴。巽與之言，能無説乎？繹之爲貴。説而不繹，從而不改，吾末如之何也已矣。」**

朱注：「法言人所敬憚，故必從。然不改，則面從而已。巽言無所乖忤，故必説。然不懌〔三〕，則又不足以知其微意之所在。」由是言之，則從與説未始非本心之發見，無如電光石火，稍縱即逝。不繹不改，則終其身無成矣。是故學者貴有猛進之心，尤貴有强毅之力也。

陸氏曰：「從與説，權在言者；改與繹，權不在言者，故曰『吾末如何』以激厲之。」〔四〕

〔一〕「汩」謂淹没。
〔二〕陸隴其《松陽講義》卷七「子曰後生可畏」章。
〔三〕「懌」字，朱注原作「繹」。
〔四〕陸隴其語，見引於黄式三《論語後案》。

或讀「也」字絶句，「已矣」句，言止也〔一〕。

24 **子曰：「主忠信，毋友不如己者，過則勿憚改。」**

較「君子不重」章少二句，蓋言者非一時，記者非一人也。

黄氏曰：「主友俱以交際言。」〔二〕

愚按：《禮記·儒行》篇「忠信之美，優游之法。」鄭君注：「美忠信，法和柔者。」〔三〕蓋君子之學，合内外之道也。

25 **子曰：「三軍可奪帥也，匹夫不可奪志也。」**

三軍雖衆，而其志不一，故其帥可得而奪；匹夫雖微，而其志獨立，故不可得而奪〔四〕。

〔一〕武億《讀經考異》説，見引於黄式三《論語後案》。

〔二〕黄式三《論語後案》。

〔三〕《儒行》本句鄭玄注云：「忠信之美，美忠信者也。優遊之法，法和柔者也。」唐先生取其主意。

〔四〕本何晏《論語集解》。

夫子曰：「志士不忘在溝壑。」〔一〕蓋此志大矣，終身立德立功，在於是人。苟志爲聖賢，誰能沮之？所謂「不爲威屈，不爲利誘」〔二〕也。

26　子曰：「衣敝緼袍，與衣狐貉者立，而不耻者，其由也與？

敝，壞也〔三〕。緼，絮也，蓋絲之亂者〔四〕。貉似狸。耻非必形諸外也，但使有内疚之意，則卑鄙之心已伏矣。道德至重，衣服至輕，固無所爲耻也。然貧富相形，終不免有流俗之見。子路特立獨行，故能不耻。

『不忮不求，何用不臧？』」

忮，忌也。忌從己，古文象形，以無形之蛇伏於心，害人之毒至矣，然而終必自害也。求，干求也，喪氣節之本也。先儒謂「逢人即有求，所以百事非」也〔五〕。《韓詩外

〔一〕此《孟子·滕文公》文，非孔子語。
〔二〕蔡沈《尚書集傳》注解《吕刑》「典獄非訖于威，惟訖于富」句云：「當時典獄之官非惟得盡法於權勢之家，亦惟得盡法於賄賂之人，言不爲威屈、不爲利誘也。」
〔三〕朱子《論語集注》卷五。
〔四〕本黄式三《論語後案》之考證。
〔五〕《朱子語録》卷一三引吕舍人詩。

傳》曰：「利爲害本，而〔一〕福爲禍先。惟不求利者爲無害，不求福者爲無禍。」〔二〕引此詩文，蓋害與禍皆所謂「否臧凶」也〔三〕。明乎利害禍福之原，則忮求之心泯矣。

子路終身誦之。子曰：「是道也，何足以臧？」

終身誦之，猶三復白圭也。是道，不忮不求之道也。何足以臧，言雖善矣，而未足爲至善也。蓋聖學無止境，樂天知命，其功當更進矣。

此章體例，與《子路》篇「南人」章引「不恒其德」相類。蓋記者類誌之。〔四〕或以「不忮不求」二句爲夫子美子路者〔五〕。非也。

27　子曰：「歲寒，然後知松柏之後彫也。」

李氏曰：「此章比喻者廣，惟守先待後之君子最相似也。《詩》曰：『風雨如晦，

〔一〕而字據《韓詩外傳》原文補入。
〔二〕《韓詩外傳》卷一。
〔三〕《易·師》卦初六爻辭。
〔四〕此黄式三《論語後案》引孔廣森之意。
〔五〕此邢昺《論語注疏》及朱子《論語集注》意。

雞鳴不已，既見君子，云胡不喜。』又曰：『蒹葭蒼蒼，白露爲霜，所謂伊人，在水一方。』皆言賢人君子處淫昏悍戾之邦，而喈喈者不輟其音，蒼蒼者不改其色，故願見而思從之也。不曰『不彫』而『後彫』云者，蓋松柏未嘗不彫，但其彫也後，舊葉未謝，而新枝已繼，《詩》所謂『無不爾或承』者是也。道之將廢，雖聖賢不能回天而易命，但能守道而不與時俗同流，則其緒有傳，而其風有繼。『然後知』三字，蓋言遇變亂，乃知『道』之足重〔一〕，勉人之爲松柏云爾。」〔二〕

愚按：李説極精。《魯頌》曰：「徂來之松，新甫之柏。」美魯道之興而不絶也。《商頌》曰：「陟彼景山，松柏丸丸。」美商道之興而不絶也。其皆言松柏何也？《禮記·禮器》篇曰：「其在人也，如松柏之有心也，故冠四時而不改柯易葉。」蓋松柏之心，固貞下而起元者也。後之傳道者，其勉之哉！

〔一〕「重」字，李氏原文作「持」。
〔二〕李光地《榕村四書説·讀論語劄記》「子曰歲寒然後知松柏之後彫也」章。按：黄式三《論語後案》但言李光地之説「别備一義」，而唐先生則稱許爲「極精」。

28 **子曰：「知者不惑，仁者不憂，勇者不懼。」**

知、仁、勇，言其德不惑。不憂不懼，言其效。《憲問》篇曰：「君子道者三，我無能焉。」蓋以之自責。而此章則以教學者，功有精粗，道無二致也。《中庸》曰：「知、仁、勇三者，天下之達德也……及其成功，一也。」

29 **子曰：「可與共學，未可與適道；可與適道，未可與立；可與立，未可與權。」**

可與共學，知力求正學者也，則惑於異端者去矣。可與適道，知力行正道者也，則迷於歧途者黜矣。可與立，知篤志固執者也，則轉移於風氣者退矣。「可與立，未可與權」者，蓋立者，事有一是一非，而能固守其一是，權則審度於兩是不並存之時，而取其至重者也。程子曰：「漢儒以反經合道爲權，故有權變、權術之論，皆非也。」[一]

按：《易傳》言：「巽以行權。」惟守經而後能行權[二]。非辨義至精，烏足語此？故聖門不輕言權，蓋非湯、武之至聖，不能用之也。

[一] 程子語，朱子《論語集注》卷五注引。

[二] 《易・繫辭傳》曰：「巽，德之制也。」以德爲制之前提下言權宜，方是先生之意。

30　**「唐棣之華，偏其反而。豈不爾思？室是遠而。」**

《爾雅》：「唐棣，栘。」郭注：「今白栘也，似白楊。」生江南山谷中[一]。偏，華搖動貌[二]。凡華皆先合後開，唐棣則先開後合，故曰反[三]。此以華之偏反有情，興起一人之有思也。後儒以偏反爲反經之證，謂若非與上章相合，則引此二語爲無謂[四]。不知《大學》言「宜其家人」，亦先引「桃夭」二句以起興，豈别有取義乎？穿鑿之説，不足信。

子曰：「未之思也，夫何遠之有？」

蓋夫子删此詩而復論之也。《竹竿》之詩曰：「豈不爾思，遠莫致之。」詞意與此詩相類。而夫子存之者，蓋女子思歸而不可得，其詞誠。朋友懷人而不相訪，其詞僞。聖人尚誠去僞也。誠者天道，思誠者人道。不思，又焉能誠？周子曰：「思者，

[一] 本邢昺《論語注疏》及黄式三《論語後案》。
[二] 朱子《論語集注》卷五。
[三] 本何晏《論語集解》與黄式三《論語後案》。
[四] 此指朱子《論語集注》。

聖功之本。」〔一〕故思爲聖學入門之要。或讀夫字絶句〔二〕。亦可。

子罕篇大義

物之不齊，物之情也；人之不齊，人之性也質也。言教育而欲齊生徒，不問程度之高下，概以語之，或失過淺，或失之過深，豈不妄哉？《述而》《子罕》兩篇，同言師範，同言教育，然《述而篇》重在明學派，自修之意多；《子罕》篇重在施教育，督責之意多。《述而》篇大抵爲中人以上言，《子罕》篇大抵爲中人以下言，讀首章而即知之。孔子未嘗不言利與命，至答門弟子問仁尤多。而云罕言者，蓋末學之士，語以利則志昏，命則迷信，仁則廣大而不知所歸宿也。

執御、執射，務實之至也。從衆、從下，毋意、毋必，聖人之師範也。不曰「道不在茲」，而曰「文不在茲」，文實而道虛也。文所以載道也，教初學之士，先以文也。少賤

〔一〕周敦頤《通書》語。
〔二〕黄式三《論語後案》此逗。

多能，兩端必竭，所以教中材以下者至矣。嗚呼！聖人之道德，不獲施於天下，而徒以杏壇設教終，此聖人所深惜也。「鳳鳥不至，河不出圖」，所爲三歎也。

「子見齊衰」章，師範也。仰高鑽堅，見道之無窮盡、無方體。然博文約禮，則歸於實矣，求道者不可迷於所嚮也。無寧死於二三子之手，見門人[一]之情至親也。美玉待賈，師範當自尊也。欲居九夷，教育無間於種族也。《雅》《頌》得所，國樂既正，教育之入人者深也。出入哀樂，教育在家庭社會之間。日往則月來，寒往則暑來，天地之所以常存，人心之所以不死者，道在不息而已矣。

「吾未見好德如好色」以下，所以督責末學者尤至。惰也不惰也，進也止也，皆吾自爲之也。論顔淵，所以策學者也。苗而不秀，秀而不實，四十五十而無聞，老冉冉其將至，没世而名不稱，可懼也哉！此大禹惜寸陰，吾輩所以當惜分陰也[二]。

然而君子之施教也，用何術乎？必也先定其語乎？法語之言，能無從乎？巽與之

[一]「門人」二字原刻作「師弟」，唐先生《十三經讀本評點劄記·論語》修正爲「門人」，以此爲正。蓋《十三經讀本》所收之《論語大義》刻板已成，修訂甚艱也。故字句微調，皆見《十三經讀本評點劄記·論語》。

[二] 言自覺與自律。

言，能無説乎？説而不繹，從而不改，雖聖人亦無如之何。人生天地間，同是心思，何爲無志而至於此極乎？「匹夫不可奪志」，軍國民之教育也〔一〕；「何足以臧」，學者進德，不宜自畫。歲寒松柏，不惑不憂不懼，皆以堅學者求道之心；「可與共學，未可與適道」，則又明論學者程度之高下，欲令施教術者定其淺深之法。君子之道，不可誣也。

《學記》曰：「道而弗牽，强而弗抑，開而弗達。」道，示以道塗。牽，牽引也。强，勉强之。抑，抑其志意也。開，開其端。達，竟其緒也。皆所以養成學者自治之道〔二〕。此三者皆所以教學者之思。蓋天下之學者，其大患恒在於不思。能教育者，要在善導學者之思。孔子曰：「未之思也，夫何遠之有？」不思，雖聖人無如之何也。能思而後能由淺以入深，由近以及遠也。故讀《子罕》篇，又有倒讀之法。能思而後能聽法語，而後不至於無聞，不至於秀而不實，不至於功虧一簣。能思而後能博文約禮之教，而後能多才多藝，而後能保斯文之在兹。萬能之事，貫以一思。是故文治謂《論語·子罕》一篇，所以明師範教育之原理；《禮記·學記》一篇，所以示師範教育之入門。

〔一〕唐先生於民國初年主持上海南洋大學期間提倡「軍國民教育」，以强化學子體質，助其遠離不良嗜好，强固其生存意志。詳參先生《中學國文新讀本序》，載本集文章編「書序類」。

〔二〕「自治」乃唐先生所提倡者，謂教育學子自治其心與身也。

卷十

鄉黨篇第十

1 **孔子於鄉黨，恂恂如也，似不能言者。**

孔子生於陬邑，遷於闕黨而設教焉〔一〕。此文「鄉黨」，即指此二地也〔二〕。

鄭君注：「恂恂，恭順貌。」〔三〕蓋兼容貌辭氣而言。

朱注：「似不能言者，謙卑遜順，不以賢知先人也。」

其在宗廟朝廷，便便言，唯謹爾。

〔一〕王鎏《鄉黨正義》語，見引於劉寶楠《論語正義》卷一一。按：闕黨之爲《論語》所言之闕里，《漢書·梅福傳》「今仲尼之廟不出闕里」，顔師古注曰：「闕里，孔子舊里也。」

〔二〕劉寶楠《論語正義》卷一一。

〔三〕見引於黄式三《論語後案》。

在宗廟朝廷，謂助祭於公與見君時也〔一〕。便便，《史記・世家》作辯辯。《書・堯典》「平章百姓」，伏傳作「辯章」，《史記》作「便章」。便、辯古字通用。便便，謂辯論之也。謹者，慎言其餘也。

朱注：「此一節，記孔子在鄉黨、宗廟、朝廷言貌之不同。」

2　朝，與下大夫言，侃侃如也；與上大夫言，誾誾如也。

朱注：「侃侃，剛直。誾誾，和悦而諍。」〔二〕

愚按：朝，朝魯君也。時魯國政逮於下大夫，故言必侃侃。上大夫如三桓子孫，失政權，故言可誾誾，非嚴於下大夫而和於上大夫也。

或曰：「侃侃，通作衎衎，和樂意。誾誾，通作齗齗，中正貌。」〔三〕

君在，踧踖如也，與與如也。

〔一〕劉寶楠《論語正義》卷一一。
〔二〕朱子《論語集注》卷五引《説文解字》。按：「剛直」與「和悦而諍」末，原注有「也」字。
〔三〕劉寶楠《論語正義》卷一一。

《禮記·玉藻》篇：「朝辨色始入，君日出而視之。」此「君在」，謂君視朝[一]。踧踖，敬畏貌。與與，徐徐意[二]，言恭安也。古聖威儀，皆以「敬」與「和」對言，《詩》所謂「肅肅雍雍」也。

朱注：「此一節，記孔子在朝廷事上接下之不同。」

3 **君召使擯，色勃如也，足躩如也。**

鄭君注：「君召使擯者，有賓客使迎之也。」[三]《說文》：「儐，導也。」擯、儐一字。召使擯者，以孔子知禮。

劉氏曰：「孔子攝行相事，即攝行擯相之事，若夾谷之會孔子相是也。」[四]亦備一義。

勃如，顏色之變。躩如，容止之變。聖人無所不敬，但因君命，則敬心愈至耳。

〔一〕何晏《論語集解》引馬融注。
〔二〕皇侃《論語義疏》說。
〔三〕何晏《論語集解》引。
〔四〕劉寶楠《論語正義》卷一一。

揖所與立，左右手。衣前後，襜如也。

揖所與立，揖同爲擯者也。擯分左右，以次傳君命而出，傳賓命而入。孔子傳命時，揖左擯則左其手，揖右擯則右其手，順所向也〔一〕。江氏曰：「擯者雁行，立於東方，西面北上，是以南北爲左右，東西爲前後，叙位次極明……襜，衣動貌。」〔二〕

趨進，翼如也。

趨進，據《聘禮》，從中庭進至東階也。步張足曰趨，兩手略高拱，如鳥舒翼〔三〕。

賓退，必復命曰：「賓不顧矣。」

復命，復命於君也。迴首曰顧。《聘禮》君拜送於門内，賓不顧。所以不顧者，不敢當君之盛禮，且示有終也〔四〕。

朱注：「此一節，記孔子爲君擯相之容。」

〔一〕本劉寶楠《論語正義》卷一一。
〔二〕江永《鄉黨圖考》文，見引於劉寶楠《論語正義》卷一一。
〔三〕本江永《鄉黨圖考》，見引於劉寶楠《論語正義》卷一一及黄式三《論語後案》。
〔四〕劉寶楠《論語正義》卷一一。

4　入公門，鞠躬如也，如不容。

劉氏曰：「此及下節，言孔子爲聘賓事也。公門者，諸侯之外門、中門，即庫門、雉門也……公者，君也。《曲禮》大夫士出入公門。彼謂己國，此謂所聘之國也……《釋文》：『躬作窮。』《廣雅·釋訓》：『匑匑，謹敬也。』踧踖、鞠躬，皆用雙聲字以形容之。」〔一〕

愚按：鞠，曲也。鞠躬，猶折枝之義。如不容者，謹畏之形，若無所容也〔二〕。

立不中門，行不履閾。

劉氏曰：「《曲禮》云：『爲人子者，立不中門。』可知中門爲尊者之迹，人臣人子皆當避之……《曲禮》又云：『大夫士出入君門，由闑右。』孔疏謂：『右在東，此爲臣入君門法也。』……閾，門限。門啓或去其閾，以通車行。廟門則常設而不去，行者多踐履其上，夫子則以不履爲敬。」〔三〕

〔一〕劉寶楠《論語正義》卷一一。
〔二〕本朱子《論語集注》卷五。
〔三〕劉寶楠《論語正義》卷一一。

愚按：古者廟門之閾，未必過卑。此不履，蓋恐蹴之而失容，言行必以度也。

過位，色勃如也，足躩如也，其言似不足者。

過位，過君在朝時所立之處也。聖人色容莊，足容重，口容止，無往不然，雖當君不在之時，尤必加謹，不敢略有所肆也。

攝齊升堂，鞠躬如也，屏氣似不息者。

劉氏曰：「攝，斂也，整也。舉足登階，齊易發揚〔一〕，以收斂整飭爲難……衣之下齊整齊曰攝齊，猶上節言『衣前後襜如』者，皆自然合禮，不假手爲更動也……諸侯堂高七尺，見《禮器》……升堂，謂拾級聚足，連步以上也……《説文》：『屏，蔽也。』《廣雅·釋詁》：『屏，藏也。』屏氣似不息，謂氣容肅也。」〔二〕

或引鄭注：「屏氣自靜，以俟君言。」〔三〕是別一義。

出，降一等，逞顔色，怡怡如也。没階趨，翼如也。復其位，踧踖如也。

〔一〕「揚」字，唐先生本誤刻作「陽」。

〔二〕劉寶楠《論語正義》卷一一。

〔三〕鄭玄注見載於《北堂書鈔·禮儀部》，陳鱣（一七五三～一八一七）《論語古訓》搜出此注，見引於劉寶楠《論語正義》卷一一。

劉氏曰：「等者，階之級。《曲禮》拾級，注：『級，等也。』……天子堂九尺，階九等，諸侯堂七尺，階七等……降一等者，指堂廉而言……上文言屏息，息即氣也。顔色，是氣之見於外者……《聘禮·記》：『下階，發氣怡焉。』注：『發氣，舍息也。』舍與舒音同，與逞義同。」[一]

没階者，謂降西階盡等，下至地。趨進者，趨前之謂。《史記·世家》及《聘禮》注引，並有進字，非誤也。復其位，復聘賓之位也。[二]

朱注：「此一節，記孔子在朝之容。」

5 執圭，鞠躬如也，如不勝。上如揖，下如授。勃如戰色，足縮縮，如有循。

劉氏曰：「執圭者，行聘時賓執圭以致君命也。《曲禮》云：『執夫子之器則上衡，國君則平衡。』衡者，衡於心也，此執圭亦當平衡也。如不勝者，敬之至也……《曲禮》云：『凡執主器，執輕如不克。』注云：『重慎也。』即敬義……『上如揖』，如今與人

[一] 劉寶楠《論語正義》卷一一。
[二] 臧琳《經義雜記》説，見引於黄式三《論語後案》。

相拱手，有高、平、下之别……此如揖，不過平衡也……《聘禮·記》：『下如送。』送當謂送物與人，與此言授同……『勃如戰色』，戰戰兢兢，懼有失墮，貽辱君命也。《玉藻》：『執龜玉，舉前曳踵，蹜蹜如也。』注云：『著徐趨之事。』又『圈豚行不舉足，齊如流。』注云：『圈，轉也。豚之言若有循，不舉足曳踵，則衣之齊如水之流矣。孔子執圭則然。』《説文》：『循，順行也。』兩足不能分步，則趾踵相接，順遞而行，故曰：『如有循。』」〔一〕

享禮，有容色。

鄭君注：「享，獻也。《聘禮》：『既聘而享，用圭，有庭實。』」〔二〕

按：《聘禮·記》云：「及享，發氣焉盈容。」注：「發氣，舍氣也。」江氏曰：「聘執圭，享執璧，嚴與和微異。享禮有容色，正對勃如戰色，謂身容手容如初，惟發氣盈容，不若初之變色耳。」〔三〕

〔一〕劉寶楠《論語正義》卷一一。
〔二〕鄭玄注，見引於何晏《論語集解》。
〔三〕江永《鄉黨圖考》文，見引於劉寶楠《論語正義》卷一一。

私覿，愉愉如也。

鄭君注：「覿，見也。既享，乃以私禮見。愉愉，顏色和。」〔一〕

劉氏曰：「《郊特牲》云：『朝覲，大夫之私覿，非禮也。』大夫執圭而使，所以申信也。不敢私覿，所以致敬也。而庭實私覿，何爲乎諸侯之庭？爲人臣者無外交，不敢貳君也。」〔二〕

愚按：此章首專言敬，次則敬與和並言，末專言和，聖人之盡禮、盡情如此。

朱注：「此一節，記孔子爲君聘於鄰國之禮。」

6 **君子不以紺緅飾。**

劉氏曰：「君子，謂孔子。變言之者，見凡君子宜然也。」〔三〕

〔一〕鄭玄注，見引於何晏《論語集解》。
〔二〕劉寶楠《論語正義》卷一一。
〔三〕劉寶楠《論語正義》卷一二。

紺，深青兼赤色〔一〕。段氏曰：「即今之天青，又名紅青也。」〔二〕緅，微黑色。二者皆以爲祭服。飾，緣邊也。不以爲飾，所以別於祭服耳。

紅紫不以爲褻服。

朱注：「紅紫，間色不正，且近於婦人女子之服也。褻服，私居服也。言此則不以爲朝祭之服可知。」

愚按：段氏謂：「紅，如桃紅、粉紅之類。」〔三〕則其非正色可知。夫子惡紫奪朱。玄冠紫緌，自魯桓公始〔四〕。則古時賤紫，由來久矣。後世衣裳多用間色，詭更奇衺，端人恥之。此經當以朱注爲正。或解紅紫爲玄纁色，類祭服者〔五〕。誤。

當暑，袗絺綌，必表而出之。

劉氏曰：「袗，一本作袗。段氏《説文注》以袗爲正……言單也。《禮·玉藻》：

〔一〕義出《説文解字》。
〔二〕段玉裁《説文解字注》文。
〔三〕段玉裁《説文解字注》文，見引於黄式三《論語後案》。
〔四〕江永《鄉黨圖考》文。
〔五〕此鄭玄説。

『振絺綌不入公門。』注：『振，讀爲袗，單也。單，謂衣無裏，對袷褶之有裏者言之也。』」[一]

愚按：《詩·葛覃》「爲絺爲綌」，《毛傳》：「精曰絺，粗曰綌。」又《詩》「君子偕老，蒙彼縐絺」，《毛傳》：「蒙，覆也。」蓋加絺綌於褻衣之上，即所謂表而出之也。

緇衣羔裘，素衣麑裘，黄衣狐裘。

朱注：「緇，黑色；羔裘，黑羊皮；麑，鹿子，色白；狐，色黄。」[二]

愚按：《禮記·玉藻篇》曰：「羔裘緇衣以裼之，狐裘黄衣以裼之。」蓋古人著裘，皆以毛向外，加衣於裘上，其色相稱，所謂裼衣也。

褻裘長，短右袂。

江氏曰：「褻裘，即狐貉裘……禮服之狐裘，欲其文與褻服之狐裘異。褻裘長，則禮服之裘宜短，以其行禮時有升降上下，長則不便於行禮也。」[三]

愚按：右，又也。《説文》：「又，手也，象形。」單言手，不言右手者，明又爲兩手

[一] 劉寶楠《論語正義》卷一二。
[二] 朱子《論語集注》卷五。朱子文「黑羊皮」前有「用」字。
[三] 江永《鄉黨圖考》文，見引於劉寶楠《論語正義》卷一二。

之統詞。則此經右袂，統言左袂可知。《禮記·深衣》篇「袂之長短，反詘之及肘」是也。舊解謂僅短右袂〔一〕。則是衣不中度矣。

必有寢衣，長一身有半。

劉氏曰：「寢衣，鄭注云：『今小臥被也。』……古人衣不連裳，夫子製此寢衣，較平時所服之衣稍長，寢時著之以臥，蓋取其兼可覆體。」〔二〕

李氏曰：「一身有半，舊説恐非。蓋此一身僅半身耳。」引三分天下有其二「有」字爲證〔三〕。別備一義。

狐貉之厚以居。

狐貉，裘之貴者。厚，温厚。居，家居。在家以接見賓客，與褻裘不同。

劉氏曰：「居，坐也。《陽貨篇》『居吾語女』，即坐也。古人席地而坐其上〔四〕，大

〔一〕何晏《論語集解》引孔氏注，並朱子《論語集注》説。
〔二〕劉寶楠《論語正義》卷一二。
〔三〕李光地《榕村四書説·讀論語劄記》「必有寢衣」章。
〔四〕「其上」二字脱，據劉氏原文補入。

夫席再重。至冬時氣寒，故夫子於所居處，用狐貉之厚藉也。」〔一〕

去喪，無所不佩。

去，除也。〔二〕

劉氏曰：「《説文》：『佩，大帶佩也……』段氏注：『大帶佩者，謂佩必系於大帶也。从人者，人所利用；从凡者，無所不佩；从巾者，其一端也。』」〔三〕

愚按：《禮記·樂記》篇：「君子在車，則聞鸞和之聲，行則鳴佩玉，是以非辟之心無自入也。」聖人無所不佩，蓋以謹步趨，考德行，非謂文飾也。

非帷裳，必殺之。

帷裳，謂朝祭之服〔四〕。裳用正幅，如帷。帷，圍也。朝祭之裳，襞積無數，以人要中寬狹不一，各就所宜爲之也。非帷裳，謂其餘之衣。殺之者，削其幅使有下縫，所以別於朝祭之服也。

〔一〕劉寶楠《論語正義》卷一二。
〔二〕何晏《論語集解》引孔氏注。
〔三〕劉寶楠《論語正義》卷一二。
〔四〕皇侃《論語義疏》引鄭玄説。

羔裘玄冠不以弔。

朱注：「喪主素，吉主玄。弔必變服，所以哀死。」〔一〕

愚按：《士冠禮・記》：「委貌，周道也。」鄭君注：「或謂委貌爲玄冠。委，猶安也，所以安正容貌也。」君子臨喪則有哀色，以吉服臨凶事，不獨非禮之宜，且於本心有不安矣。

吉月，必朝服而朝。

朱注：「吉月，月朔也。孔子在魯致仕時如此。」〔二〕

愚按：《禮記・玉藻》篇曰：「諸侯皮弁以聽朔於太廟。朝服以日視朝於内朝。」聽朔者，每月之禮。視朝者，每日之禮。諸侯每月聽朝，所以頒布國政。孔子時爲國老，朝服而朝，聽政事而備詢問也。

朱注：「此一節，記〔三〕孔子衣服之制。」

〔一〕朱子《論語集注》卷五本何晏《論語集解》引孔氏説。
〔二〕朱子《論語集注》卷五本何晏《論語集解》引孔氏説。
〔三〕「記」字脱，據朱子《論語集注》補。

7 齊必有明衣，布。

劉氏曰：「《御覽》引鄭注云：『明衣，親身衣，所以自潔清也。』……親身衣，即汗襗襦袴之屬，因其潔清，故稱明衣。衣者，上下服之通稱。」〔一〕

愚按：《中庸》兩言「齊明盛服」，齊服必取明盛，而裏衣尤當潔清，必每日易之也。

齊必變食，居必遷坐。

變食，改常饌〔二〕。謂不飲酒，不茹葷也。〔三〕

劉氏曰：「不茹葷者，《禮·玉藻》注：『葷者，薑及辛菜也。』又《荀子》……楊倞注：『葷，蓋蔥薤之屬也。』……解者誤以葷爲肉食，而凡齊皆禁用之，與禮意悖矣。」〔四〕

愚按：葷字从草，所以知爲蔥薤之屬者，以其氣發揚，神明易散，於齊非宜也。

〔一〕劉寶楠《論語正義》卷一二。
〔二〕何晏《論語集解》引孔氏説。
〔三〕朱子《論語集注》卷五。
〔四〕劉寶楠《論語正義》卷一二。按：此糾正朱子之説。

遷坐，易常處〔一〕。劉氏曰：「古者自天子至於士，常居皆在燕寢，至齊必遷居正寢。」〔二〕

愚按：古人齊必有室。遷坐者，取其靜而安爾。

朱注：「此一節，記孔子謹齊〔三〕之事。」

8 食不厭精，膾不厭細。

食，飯也。精，鑿也〔四〕。膾，切肉爲絲。厭，足也。

孔子食必有節，不因精細而求饜足。與下文「不多食」相應，衛生之道也。

食饐而餲，魚餒而肉敗，不食。色惡不食，臭惡不食，失飪不食，不時不食。

朱注：「饐，飯傷熱濕也。餲，味變也。魚爛曰餒。肉腐曰敗。色惡、臭惡，未敗而色、臭變也。飪，烹調生熟之節也。不時，五穀不成、果實未熟之類。此數者皆足

〔一〕何晏《論語集解》引孔氏説。
〔二〕劉寶楠《論語正義》卷一二。
〔三〕朱注「齊」皆作「齋」。
〔四〕朱子《論語集注》卷五。

以傷人，故不食。」

或曰：不時，非朝夕日中時〔一〕。別備一義。

割不正不食，不得其醬不食。

割不正，謂解割牲體，不中腠理；配置樽俎，狼藉不純正也。馬氏曰：「魚膾非芥醬不食。」〔二〕

愚按：《禮記·曲禮》篇：「凡進食之禮，左殽右胾……膾炙處外，醯醬處內。」蓋古人設饌，皆有定則。不得則不食者，惡其不備也。

肉雖多，不使勝食氣。惟酒無量，不及亂。

人含天氣地質以生。食者，得天氣而秉地質以成者也。凡人養生，以食氣爲主，肉以佐之。若食肉多，則食氣爲肉所勝，或致傷人矣。酒無量，猶《禮》言「無算爵」，謂不居多寡，無一定之量。淩氏曰：「『肉雖多』二句，爲食禮言之也。『惟酒無量』二

〔一〕何晏《論語集解》引鄭玄注。

〔二〕何晏《論語集解》引馬融注。

句，爲燕禮言之也。」[一]

愚按：《禮記·曲禮》篇「食饗不爲槩」，量也。此「無量」，即不爲槩之義，蓋指燕賓客而言，非謂一人之飲量也。亂者移性，亦足傷生。

沽酒市脯不食。

沽，麤惡，謂惡酒也。《周禮·酒正》注：「作酒有功沽之巧。」疏曰：「功沽，謂善惡。」是沽酒爲惡酒之證。《説文》：「市，買賣所之也。」「脯，乾肉。」[二]

劉氏曰：「市脯不食，亦恐不精潔，且恐日久味變也。」[三]

不撤薑食。

《説文》：「薑，御溼之菜也。」作薑者，省文。《本草經》：「乾薑，主逐風溼，生者尤良，久服去臭氣，通神明。」不撤者，蓋用以和羹而已。

不多食。

[一] 淩廷堪語，見引於劉寶楠《論語正義》卷一二。
[二] 本梁玉繩《瞥記》説，見引於劉寶楠《論語正義》卷一二。
[三] 劉寶楠《論語正義》卷一二。

《易・頤》卦象傳曰「節飲食」，先儒云患從口入〔一〕。蓋多食易致疾也，外多食爲衛生之要法也。

祭於公，不宿肉。祭肉不出三日。出三日，不食之矣。

朱注：「助祭於公，所得胙肉，歸即頒賜。不俟經宿者，不留神惠也。家之祭肉，則不過三日，皆以分賜。蓋過三日，則肉必敗，而人不食之，是褻鬼神之餘也。」

愚按：食物經久味變，食之傷生。舉祭肉爲例，其他可知。

食不語，寢不言。

答述而辨難曰語，發端而自言曰言〔二〕。君子最寶氣，肺爲氣主，而聲出焉。寢食則氣窒而不通，語言尤易傷氣。老年之人，有患哽咽之疾者，皆由不知寶氣有以致之。此二者，亦衛生之要旨也。

雖疏食菜羹，瓜祭，必齊如也。

朱注：「古人飲食，每種各出少許……以祭先代始爲飲食之人，不忘本也。齊，

〔一〕孔穎達《周易正義》引「先儒」説，出晉傅玄《擬金人銘作口銘》「禍從口出」；又見《太平御覽》卷三六七。

〔二〕本《周禮・大司樂》鄭玄《注》：「發端曰言，答述曰語。」皇侃《論語義疏》據釋《論語》之立名。

嚴敬貌。」

愚按：疏食、菜羹、瓜，三者雖薄物，而聖人祭之必敬，心誠壹也。《禮記·玉藻》篇曰：「瓜祭上環。」[一]是瓜亦用祭也。先儒謂瓜當作「必」[二]。改經字。恐非。

朱注：「此一節，記孔子飲食之節。」

9　席不正，不坐。

席，籍也，謂藉之於地也。身偏則形偏，必致有妨於生理。身正則心正[三]，所以自養其神明。聖人必正席而後坐者，《禮》所謂「莊敬日强」也[四]，而衛生寓其中矣。

鄉人飲酒，杖者出，斯出矣。

朱注：「杖者，老人也。六十杖於鄉，未出不敢先，既出不敢後。」[五]

〔一〕孔穎達《禮記正義》：「瓜祭上環者，食瓜亦祭先也。」

〔二〕朱子《論語集注》卷五引陸德明《經典釋文》謂「《魯論》瓜作必」。潘維城(錢大昕再傳弟子)《論語古注集箋》卷五主此説。

〔三〕朱子《論語集注》卷五引謝氏謂「聖人之心安於正」。

〔四〕《禮記·表記》語。

〔五〕朱子《論語集注》卷五，本何晏《論語集解》引孔氏注。

愚按：鄉飲酒義，以敬老爲主。「徐行後長」，聖人之以身作則也。

鄉人儺，朝服而立於阼階。

儺，古讀作難[一]。《禮記·郊特牲》篇：「鄉人禓，孔子朝服立於阼，存室神也。」禓讀如陽，與難音相近。禓所以逐强鬼，儺所以毆疫，其義一也。室神者，恐驚祖考五祀之神也[二]。

朱注：「此一節，記孔子居鄉之事。」

10 問人於他邦，再拜而送之。

問人，致問於朋友也。古人之使，非必僕人，如蘧伯玉使人之類是。再拜而送，致其禮，即所以表其情也。劉氏訓「問爲遺」，謂問人必有物以將意[三]。其説太拘。

康子饋藥，拜而受之。曰：「丘未達，不敢嘗。」

[一] 黄式三《論語後案》及劉寶楠《論語正義》説。
[二] 本何晏《論語集解》引孔氏注，及朱子《論語集注》引「或曰」説。
[三] 劉寶楠《論語正義》説。按：劉氏並舉訓詁，未定一説。

古者致物於人，尊之則曰獻，通行曰遺。拜受，敬也。《禮》大夫賜皆拜受於家，常例也。未達，未曉也。嘗，飲也。言未曉其藥性，故不敢飲。《易・无妄》卦傳曰：「无妄之藥，不可試也。」《禮記・曲禮》篇：「醫不三世，不服其藥。」蓋皆慎疾之意。

朱注：「此一節，記孔子與人交之誠意。」

11　廄焚。子退朝，曰：「傷人乎？」不問馬。

《釋名》：「廄，勼也。勼，聚也，牛馬之所聚也。」〔一〕焚，失火。《左氏傳》：「人火曰火，天火曰災，二者皆謂之焚。」〔二〕

「不問馬」，記者之辭〔三〕。蓋聖人「貴人賤畜」〔四〕，流露於自然，非有意而爲之也。

君賜食，必正席先嘗之；君賜腥，必熟而薦之；君賜生，必畜之。

朱注：「正席先嘗，如對君也。言先嘗，則餘當以頒賜矣。腥，生肉，熟而薦之祖

〔一〕《釋名》語見引於劉寶楠《論語正義》卷一三。
〔二〕此劉寶楠《論語正義》卷一三文。
〔三〕邢昺《論語注疏》謂：「『不問馬』一句，記者之言也。」
〔四〕「貴人賤畜」乃何晏《論語集解》所引鄭玄注，朱注仍之。

考，榮君賜也。畜之者，仁君之惠，無故不敢殺也。」

愚按：君賜，兼本國異國而言。薦，進也，凡熟物曰薦，若薦新之類，非祭也。或讀生爲牲，作獸畜之稱[一]。不若从生爲正。

侍食於君，君祭，先飯。

朱注：「《周禮》：『王日一舉，膳夫授祭品，嘗食，王乃食。』故侍食者，君祭，則己不祭而先飯，若爲君嘗食然，不敢當客禮也。」

愚按：《禮記・玉藻》篇曰：「若賜之食而君客之，則命之祭然後祭。先飯，辨嘗羞飲而侍。」則此經當爲不命祭之時也。[二]

疾，君視之，東首，加朝服，拖紳。

朱注：「東首，以受生氣也。病臥不能著衣束帶，又不可以褻服見君，故加朝服於身，又引大帶於上也。」

[一] 陸德明《經典釋文》魯讀。按：黄式三《論語後案》謂「作『牲』爲正」，唐先生未從。

[二] 何晏《論語集解》及朱子《論語集注》均强調「君祭」之時，唐先生則從潘維城《論語古注集箋》及劉寶楠《論語正義》之説。

愚按：疾不能興，猶不敢忘恭也。本經明言君視，或解作「使人視」者，非。

君命召，不俟駕行矣。

《禮記·玉藻》篇曰：「凡君召以三節，二節以走，一節以趨。在官不俟屨，在外不俟車。」蓋君命來召，必有要政也。《孟子》曰：「孔子當仕有官職，而以其官召之也。」

朱注：「此一節，記孔子事君之禮。」

12　入太廟，每事問。

義見《八佾》篇。

朋友死，無所歸。曰：「於我殯。」

《禮記·檀弓》篇：「賓客至，無所館。夫子曰：『生於我乎館，死於我乎殯。』」〔一〕聖人交誼，不因生死而變，其情之厚如此。

〔一〕亦見《孔子家語·子夏篇》。

一説殯之爲言賓也。死者在棺，將遷而葬，以賓禮待之〔一〕，故曰殯。別備一義。

朋友之饋，雖車馬，非祭肉，不拜。

朱注：「朋友有通財之義，故雖車馬之重不拜。祭肉則拜者，敬其祖考，同於己親也。」

愚按：《禮記・坊記》篇曰：「父母在，饋獻不及車馬。」則車馬之重可知。此經繫一雖字，蓋至重之物皆該焉。

朱注：「此一節，記孔子交朋友之義。」

13　寢不尸，居不容。

朱注：「尸，謂偃臥似死人也。」

愚按：凡仰仆皆謂之偃。《禮記・曲禮》篇「寢毋伏」，亦不尸之義。劉氏謂：「人臥法，『眠當欹而小屈』，謂足小屈也。夫子曲肱而枕，則側臥可知，今養生家説亦

〔一〕《説文・歺部》云：「殯，死在棺，將遷葬柩，賓遇之。」

如此。」〔一〕語極精確。

居，燕居。容，謂禮容。言燕居之時，不爲禮容也。容或作「客」，謂行客禮〔二〕。

見齊衰者，雖狎，必變。見冕者與瞽者，雖褻，必以貌。

洪氏曰：「雖少必作，過之必趨，謂不相識者也。雖狎必變，雖褻必以貌，謂素所親比者也。」〔三〕

愚謂：聖人之心，無往不存，雖狎雖褻，皆震動恪恭之時也。

凶服者式之。式負版者。

劉氏曰：「式，又作軾。《説文》：『軾，車前也。』《釋名》：『軾，式也。所伏以式所敬者也。』古人車皆立乘。若有所禮，以爲敬，則微俯其首，以手伏軾。《禮記》所謂『撫式』是也……鄭君注：『版，謂邦國圖籍者。』」〔四〕

〔一〕「眠當歃而小屈」是皇侃《論語義疏》説，劉寶楠《論語正義》本此申説。
〔二〕何晏《論語集解》及陸德明《經典釋文》俱作「居不客」。段玉裁主從，見引於黄式三《論語後案》。按：黄式三《論語後案》並改經文爲「居不客」，唐先生未從。
〔三〕洪興祖《論語説》文，見引於《論語集注大全》卷一〇。
〔四〕朱子《論語集注》卷五。

朱注：「式此二者，哀有喪，重民數也。」

愚按：民以君爲天，君亦以民爲天。《周禮》司民之職，獻民數於王，王拜受之，古之重民如此。聖人式負版者，老安少懷，民吾同胞之意至矣。

有盛饌，必變色而作。

蓋敬主人之親饋也。[一]

劉氏曰：「《曲禮》云：『侍食於長者，主人親饋，則拜而食；主人不親饋，則不拜而食。』《坊記》云：『故食禮，主人親饋，則客祭；主人不親饋，則客不祭。故君子苟無禮，雖美不食焉。』據此，則親饋乃爲禮盛，不祗在食品之多備矣。」[二]

迅雷風烈，必變。

鄭君注：「敬天之怒。」[三]愚按：《禮記・玉藻》篇曰：「若有疾風迅雷甚雨，則必變，雖夜必興，衣服冠而坐。」蓋聖人戒慎恐懼之學，無乎不在，而於此又加敬焉者，

[一] 何晏《論語集解》引孔氏注。
[二] 劉寶楠《論語正義》卷一三。
[三] 何晏《論語集解》引鄭玄注。

《易》所謂「茂對時」是也。

朱注：「此一節，記孔子容貌之變。」

14 升車，必正立執綏。

朱注：「綏，挽以上車之索也。」

愚按：綏者，安也[一]。《禮記·曲禮篇》：「凡僕人之禮，必授人綏。」此所謂升車時正立，受綏執之，著其敬也。

車中，不内顧，不疾言，不親指。

朱注：「内顧，回視也。《禮》曰：『顧不過轂。』」

愚按：此即「尊其瞻視」也[二]。疾，高急也。在車上言易高，故不疾言，爲驚於人也。《禮記·曲禮》篇曰：「車上不廣欬，不妄指。」鄭君彼注云：「爲惑衆。」蓋人在車

[一]「綏安」之義，取自何晏《論語集解》引周氏注及皇侃《論語義疏》。
[二]《論語·堯曰》孔子言「五美」之「威而不猛」語。

上，若無事虛以手指麾於四方，是惑衆也。劉氏欲改「親指」爲「妄指」〔一〕，非是。「親」者，近也，言近以該遠也。

以上皆「威儀三千」〔二〕之中，舊禮寖廢，聖人蓋本身以作則耳。

朱注：「此一節，記孔子升車之容。」

15　色斯舉矣，翔而後集。

朱注：「言鳥見人之顔色不善，則飛去，回翔審視，而後下止。人之見幾而作，審擇所處，亦當如此。」

或以「色斯」二字連讀，指鳥言，謂色斯驚動貌〔三〕。不若從朱注爲正。

曰：「山梁雌雉，時哉！時哉！」子路共之，三嗅而作。

〔一〕劉寶楠《論語正義》卷一三謂：「『親』疑即『妄』字之誤。」

〔二〕《禮記・中庸》云：「禮儀三百，威儀三千，待其人而後行。」此贊聖人之道指大，故唐先生徵之，以明孔子大聖之行諸禮儀，乃即「其人」親以示範也。

〔三〕潘維城《論語古注集箋》卷五、劉寶楠《論語正義》卷一三持此説。黄式三《論語後案》又指出王引之（一七六六～一八三四）亦持此説。

凡兩端低而中隆起者，謂之梁。山梁，山之高處，非橋梁也〔一〕。或謂通作粱〔二〕。義更迂曲。時哉，言雉舉集得其時。嗅，《石經》作戛，謂雉鳴也〔三〕。「子路共之」三句，其說不一。或曰子路共具之，孔子不食，三嗅其氣而起〔四〕。或曰拱執之，雉驚鳴而起〔五〕。愚按：夫子既贊雌雉之時，子路斷無執而供之之理，此二說非也。或曰子路供雉之飲食，雉不食子路所供，終作而不集，言其性之靈警也〔六〕。此說近之，然猶不若李氏說爲善。

李氏曰：「色斯舉矣，易退之也。翔而後集，難進也。夫子偶見山梁雌雉之如此，而歎其得緩速之時也。當其集也，子路拱而望之，遂三鳴而起，又謂『色斯舉者』

〔一〕本黄式三《論語後案》。
〔二〕錢坫《論語後録》卷二「山梁雌雉」條，義本《昭明文選》所録《七發》李善《注》引鄭玄的一段話：「孔子山行，見一雌雉食其粱粟。」
〔三〕朱子《論語集注》卷五引晁説之《論語講義》之説。
〔四〕邢昺《論語注疏》説，朱子《論語集注》並引邢昺説。
〔五〕劉寶楠《論語正義》説。
〔六〕皇侃《論語義疏》引虞氏説。

也。《孟子》以仕止久速言孔子之時，記者記此篇終，其此意也與？」[一]此説蓋本西山真氏而引申之，最合經意。

鄉黨篇大義

【釋】此篇大義録入《國文經緯貫通大義》卷八「鍊氣歸神法」中，其法曰：「學至此，如百鍊精金，光彩内斂，蓋大而化之矣。」

噫吁！世皆機也。機，殺多而生少也。物就生以避殺，而人常就殺以避生者，物能見有形之網，而人不能見無形之網也。

子曰「鳳鳥不至」，有子曰「鳳凰之於飛鳥」，接輿歌曰「鳳兮鳳兮」。孔子，鳳也，何爲乎言雉哉？我知之矣。《衛風》之詩曰：「雄雉于飛，泄泄其羽。」泄泄，舒緩貌。《王風》之詩曰：「有兔爰爰，雉離于羅。」爰爰，緩意。離，罹也。羅，網也。雉易入網羅者也，

[一] 李光地《榕村四書説·讀論語劄記》「色斯舉矣」章。

而「山梁雌雉」，能不陷於殺機，何也？審於機而善自藏也。孔子贊之曰：「時哉時哉！」此非孔子自贊，記者更無庸贊一辭也，而不得謂非贊辭也。《鄉黨》篇記孔子之居鄉居朝、爲擯出使、衣服飲食，以逮辭受取與、居常處變、造次顛沛，無一不合於中道，而不入春秋時之網羅者，聖人之善韜晦也。故不言鳳而言雉，不獨言雉而言雌雉。且不獨言雌雉，而先引起之曰「色斯舉矣，翔而後集」，喻聖人之審於機也。《老子》曰：「知其雄，守其雌，爲天下谿。」忍而默之，露斯爲滅矣！

噫吁！德輝莫下，《楚辭》：「鳳凰翔於千仞兮，覽德輝而下之。」吾安適矣！羽毛既豐，行自惜矣！鳳兮鳳兮，不可諫而猶可追矣！雉兮雉兮，吾見其舉而不見其集矣！

卷十一

先進篇第十一

1 **子曰：「先進於禮樂，野人也；後進於禮樂，君子也。**

此時人之言也〔一〕。周初禮樂，周公所定，文質得中，備哉燦爛，今乃謂之野人。周末文勝，漸近飾僞，今乃謂之君子。流俗之論，闇無知識，自昔已然，於今爲烈，豈可爲其所惑哉〔二〕！

如用之，則吾從先進。」

朱注：「用之，謂用禮樂。」

〔一〕朱子《論語集注》卷六引程子謂：「時人之語如此。」

〔二〕朱子《論語集注》卷六謂：「孔子既述時人之言，又自言其如此，蓋欲損過以就中也。」

竊謂：當時禮樂尚未盡廢，此「如用之」，與《中庸》「今用之」不同，當如「用之則行」之例，言用我以正禮樂也。「從先進」，復周公之舊也[一]。《詩》曰：「雖無老成人，尚有典刑。」自古以來，世道日新月異，而人道不至於絶滅者，正賴有先進之士，轉移風氣，不爲風氣所轉移爾。

2　子曰：「從我於陳、蔡者，皆不及門也。」

鄭君注：「言弟子從我而戹於陳、蔡者，皆不及仕進之門而失其所。」[二]朱注以爲「皆不在門」[三]。

愚按：此篇大意，言聖門人才衆多，惜其不用，當依鄭説爲是。

3　德行：顏淵、閔子騫、冉伯牛、仲弓。言語：宰我、子貢。政事：冉有、季路。文

[一] 黄式三《論語後案》謂：「此先進即先正，指周初也。」唐先生承其説。
[二] 何晏《論語集解》引鄭玄注。按：句末「而失其所」四字脱，據鄭注原文補入。
[三] 朱注云：「孔子嘗戹於陳蔡之間，弟子多從之者；此時皆不在門，故孔子思之，蓋不忘其相從於患難之中也。」見朱子《論語集注》卷六。

學：子游、子夏。

此節有數義：

一，當知四科必聖人所許可而論定者，故記者特記之。

二，當知曾子、有子諸人不與其列者，蓋未從陳、蔡之役。十哲之稱，未爲論定〔一〕。

三，當知四科皆爲特長，如顏淵、仲弓、子貢，未嘗不優於政事，惟其專長在此不在彼耳。

四，當知聖門所重，在立德、立功、立言，而學道必以德行爲本。

或曰：游、夏開文學兩大宗，爲南北派。南方學者多聰穎文藻之徒，北方學者多篤守力行之士。說亦近理。

4 子曰：「回也非助我者也，於吾言無所不說。」

朱注：「助我，若子夏之『起予』。」

〔一〕此承程子意。程子云十哲説者乃「世俗論」，見朱子《論語集注》當句注引。

愚謂：子夏之因論《詩》而悟禮，與子貢之因論貧富而悟《詩》，皆不過「聞一知二」。而顏子則「聞一知十」，觸類旁通，無所不解，是以「無所不説」。《禮記·學記》篇所謂「相説以解」是也。然本經不言解而言説者，蓋解剖析義理，而説則學者與教者之心理，契合於無形之中，是以「不違如愚」，轉無問難以相啓發，故夫子深喜之也。

5　子曰：「孝哉閔子騫！人不間於其父母昆弟之言。」

孝哉一語，人言也。聖問無字弟子者，夫子蓋即引人言以贊閔子也。不間，無間於其言也。同父者稱昆弟，疏者稱兄弟[一]。孝譽始於家庭，推至於國人稱願然，曰：「幸哉！有子如此。」[二]閔子之孝，可謂至矣。

6　南容三復白圭，孔子以其兄之子妻之。

[一] 黄式三《論語後案》説。

[二] 《禮記·祭義》云：「君子之所謂孝也者，國人稱願然，曰：『幸哉有子。』如此，所謂孝也已。」孔穎達疏云：「一國之人稱揚羨願。」

三復，回環雒誦，言屢讀之也。《易・頤》卦大象傳曰：「君子以慎言語。」孔疏：「先儒云禍從口出。」言禍患皆自口而出也。是以夫子告子張曰：「慎言其餘。」告司馬牛曰：「其言也訒。」蓋言語之時，必斬絶其餘，乃不至召尤而取辱。南容三復白圭，所以免於刑戮，夫子以兄子妻之，因其慎言而知其謹行也。

7 **季康子問：「弟子孰爲好學？」孔子對曰：「有顏回者好學，不幸短命死矣！今也則亡。」**

或曰：哀公、康子之問同，而對有詳略者，蓋對君宜詳盡，若康子則冀其能問而後告之也〔一〕。

8 **顏淵死，顏路請子之車以爲之椁。**

朱注：「椁，外棺也。請爲椁，欲賣車以買椁也。」

劉氏曰：「古者喪事有賵。賵者，蓋以乘馬束帛。是賵喪之禮，本有車馬。故夫

〔一〕本朱子《論語集注》卷六引范氏説。

子於舊館人之喪，説驂以贈。今顏子死，夫子亦必有賵，而顏路復請子之車以爲椁，哀痛迫切，不遑計及於禮之當否也。」〔一〕

子曰：「才不才，亦各言其子也。鯉也死，有棺而無椁。吾不徒行以爲之椁，以吾從大夫之後，不可徒行也。」

此節當與「厚葬」章參看。貧而無椁，縣棺而窆，禮也。伯魚之死，因貧不能具椁，則顏子之死，亦當循禮。不可徒行，亦守禮之義。

9　顏淵死。子曰：「噫！天喪予！天喪予！」

《公羊·哀公十四年傳》：「顏淵死，子曰：『噫！天喪予！』子路死，子曰：『噫！天祝予！』西狩獲麟，孔子曰：『吾道窮矣！』」蓋天生聖人，必生賢才以輔佐之〔二〕。顏子王佐之才，而早夭以死，夫子痛助己之無人，而致吾道之終窮，故曰喪予。朱注：「悼道無傳。」義似稍隘。

〔一〕劉寶楠《論語正義》卷一四。

〔二〕劉寶楠《論語正義》卷一四。

10 顔淵死，子哭之慟。從者曰：「子慟矣。」

黄氏曰：「鄭君注：『慟，變動容貌。』見《釋文》。」[一]

曰：「有慟乎？

朱注：「哀傷之至，不自知也。」

非夫人之爲慟而誰爲！」

夫，彼也[二]。下文同。

11 顔淵死，門人欲厚葬之，子曰：「不可。」

門人欲厚葬，朋友之誼也。然家貧而受厚誼，非禮所宜，故夫子止之。

門人厚葬之。

朱注：「蓋顔路聽之。」

子曰：「回也視予猶父也，予不得視猶子也。非我也，夫二三子也。」

[一] 黄式三《論語後案》。
[二] 黄式三《論語後案》。

顏子安貧樂道，動必以禮。貧而厚葬，於死者之心，必有不安。故夫子深痛之曰：「非我也，夫二三子也。」正與「使門人爲臣」章責子路意相似。蓋聖人於禮，雖絲毫不敢有所失也[一]。

12　季路問事鬼神。子曰：「未能事人，焉能事鬼？」「敢問死。」[二]曰：「未知生，焉知死？」

夫子非不告子路也，言能事人而後能事鬼，能知生而後能知死也。事人，事父母也，其禮詳見於《禮記·曲禮》《内則》篇。事鬼，祭祖考也，其禮詳見於《禮記·祭義》篇。然所謂「齊之日，思其所樂，思其所嗜」者，要必先於逮存之日，視於無形，聽於無聲，而後能盡其道。

《中庸》言：「君子之道，行遠自邇，登高自卑。」由順父母推至於繼志述事。「事

[一] 黄式三《論語後案》謂：「知聖賢之於禮，無一時敢失也。」唐先生發揮此旨。

[二] 「敢問死」句前，定州本、皇侃《論語義疏》、唐《石經》、邢昺《論語注疏》有「曰」字，黄式三《論語後案》用此本。唐先生沿用朱子《論語集注》文。

死如事生，事亡如事存」〔一〕，是必能事人而後能事鬼也。生有生之理，良知也；有生之氣，良能也。人秉天氣地質以生，即受天地之中以生。知能盡則理氣亡，故立命之學，必本於存心養性。

《易傳》曰：「晝夜者，死生之象也。」又曰：「精氣爲物，游魂爲變。」「原始反終，故知死生之説。」其理精微而不可窮。然以「分宫卦象」言之，五世滅而爲游魂、爲歸魂，爲善則長，不善則促，是必能知生而後能知死也。道在人倫日用之間，若雜以釋氏之學，則流於迷信矣〔二〕。

13 閔子侍側，誾誾如也；子路，行行如也；冉有、子貢，侃侃如也。子樂。

誾誾，侃侃，義見前。朱注：「行行，剛强貌。」〔三〕或曰：「誾誾，中正也。侃悦，和

〔一〕《禮記·中庸》語。
〔二〕康有爲《論語注》同以《易》義説此章，亦强調孔子早已貫思輪回之旨，不必以輪回爲説。唐先生從《易》「分宫卦象」立説，精微過康氏。
〔三〕「剛强貌」，朱子《論語集注》原作「剛强之貌」。

樂也。」〔一〕要之，誾誾是含畜之意，行行是發露剛果之意，侃侃則微露圭角之意。三者記四賢之氣象〔二〕。而其有疑必問，有懷必吐，亦可見矣。

「若由也，不得其死然。」

言子路過剛，處亂世，恐不得以壽終。若、然者，疑辭，微言以戒之也。

一本「子樂」作「子曰」。或曰即上章知死之義〔三〕。殊失之鑿。

14　魯人爲長府。

朱注：「長府，藏名，藏貨財曰府。爲，蓋改作之。」

劉氏曰：「魯人，指魯昭公。長府，儲甲兵貨藏之地。昭公欲據之以伐季氏，因毁壞而有所改作，以爲不虞之備……昭公伐季氏事在廿五年，孔子時正居魯……本經稱魯人者，明爲公諱也。」〔四〕

〔一〕皇侃《論語義疏》，見引黄式三《論語後案》。
〔二〕汪紱《四書詮義》謂：「祇就氣象上看，皆是英才。」見引程樹德《論語集釋》卷二二。
〔三〕皇侃《論語義疏》、朱子《論語集注》卷六引洪興祖及尹氏説。
〔四〕劉寶楠《論語正義》卷一四。按：唐先生約其文辭。

或以魯人爲季氏及三家〔一〕。未合。蓋季氏若欲毁長府，以去公之所恃，則不必改作之矣。

閔子騫曰：「仍舊貫，如之何？何必改作？」

朱注：「貫，事也。」或曰：「習也，言習慣也。」〔二〕

劉氏曰：「季氏得民已久，非可以力相制……故閔子曰仍舊貫，言但仍舊事，略加繕治，何必改作，以諷使公無妄動也。」〔三〕

子曰：「夫人不言，言必有中。」

中者，中於理也〔四〕。蓋其不欲傷財害民，爲仁人之言也。

劉氏曰：「伐季之謀，當時路人皆知，閔子所言，正指其事。然其辭微而婉，故夫子稱其言必有中也。」〔五〕

〔一〕翟灝《四書考異》説。
〔二〕黄式三《論語後案》暗引包慎言《温故録》説發揮。
〔三〕劉寶楠《論語正義》卷一四。按：末句脱「以」及「使」字，據劉氏原文補。
〔四〕張栻《論語解》卷六。
〔五〕劉寶楠《論語正義》卷一四。

15　子曰："由之瑟，奚爲於丘之門？"

聲音之道，與性情通。子路性剛，其鼓瑟有激烈殺伐之聲，而不足於中和，故夫子戒之。《説苑·修文》篇："子路鼓瑟，有北鄙之聲，孔子聞之曰：『信矣！由之不才也。』冉有侍，孔子曰：『求，爾奚不謂由？夫先王之制音也，奏中聲爲中節。流入於南，不歸於北。南者生育之鄉，北者殺伐之域。故君子執中以爲本，務生以爲基。故其温和而居中，以象生育之氣也。』"〔一〕

愚按：《説苑》所載，或出傅會。惟此章確係裁仲由以"中"之意，故録之。

門人不敬子路。子曰："由也升堂矣，未入於室也。"

劉氏曰："升堂入室，喻學道有淺深。凡入室必由堂，至入室則已觀止。故夫子言善人之道，亦以入室爲喻也。"〔二〕

愚按：《孟子》言子路人告之以有過則喜，程子稱子路爲百世之師，升堂豈易言哉？

〔一〕見引於劉寶楠《論語正義》卷一四。

〔二〕劉寶楠《論語正義》卷一四。

16 **子貢問：「師與商也孰賢？」子曰：「師也過，商也不及。」**

過者，過乎中。不及者，不及乎中[一]。子張、子夏奉教於聖門，蓋已近於中道，而猶有過、不及者，蓋氣質之偏也[二]。夫子指而示之，欲二子盡力學問，更加精進，以求所謂「中」也。

曰：「然則師愈與？」

陸氏曰：「子貢平日才識亦近於過，故有師愈之問。以爲過乎中者，猶愈於不及中者也。」[三]

子曰：「過猶不及。」

陸氏曰：「師愈一問，病痛非細。充其『愈』之意，則天下不能中者，皆將求過乎中以掩其短，言必求其驚世，行必求其駭俗，或入於浮誇，或流於過激，皆由於此，故夫子急正之曰過猶不及，蓋沈潛剛克，高明柔克，無非大中之教也。然二子皆聖門高

[一] 何晏《論語集解》引孔氏注：「言俱不得中也。」
[二] 黄式三《論語後案》謂：「學各得其性之所近，而未易遽化如此。」唐先生就氣質之説本此。
[三] 陸隴其《松陽講義》卷八。

弟，其所謂過不及，不過較中道略差一鍼耳。夫子之品題，至精至微之論也。後世學道者，程度尚遠，譬諸適燕京然，二子相去僅二三里，後儒則千百里矣。嚮道者急宜勉之。」〔一〕

17　季氏富於周公，而求也爲之聚斂而附益之。

周公，天子之卿〔二〕，如《左氏傳》周公黑肩、周公忌父、周公孔〔三〕之類，非成王時所封周公旦也〔四〕。富，謂食采之地所入。季氏以諸侯之卿，而富過於天子之卿，故曰「富於周公」。聚斂，斂財而聚之府庫也。附益者，賦粟倍他日以益其富也。

子曰：「非吾徒也。小子鳴鼓而攻之可也。」

冉有善於理財，夫子所惡者，爲其聚斂耳。財聚則民散，聚斂非理財之道也。

〔一〕陸隴其《松陽講義》卷八。
〔二〕何晏《論語集解》引孔氏注：「周公，天子之宰，卿士也。」
〔三〕周公孔謂宰孔。
〔四〕俞樾《羣經平議》卷三一「季氏富於周公」條。

《孟子》所謂：「君不行仁政而富之，皆棄於孔子者也。」〔一〕

朱氏曰：「《論語》出於子夏等六十四人所撰，其意專主尊其師，故於弟子之過具書之，以明師教之嚴也。若後人爲之，必將曲爲同學者諱矣。」〔二〕

或曰：「上節即稱冉子之名，此『子曰』當在章首。」〔三〕

18　柴也愚。

《禮記·檀弓》篇：「高子皋之執親之喪也，泣血三年，未嘗見齒，君子以爲難。」其人之孝敬誠篤可知。愚蓋言其氣質之偏也，下「魯、辟、喭」同。

黄氏曰：「葬不買道，遭衛難不死。愚不終愚，記其愚〔四〕，所以明聖教也。」〔五〕

參也魯。

〔一〕《孟子·離婁上》文。

〔二〕朱彝尊語，見引黄式三《論語後案》。

〔三〕黄式三《論語後案》説。

〔四〕「記其愚」三字脱，據黄氏原文補入。

〔五〕黄式三《論語後案》説。按：

魯者，言其學從艱苦而得也。先儒謂參也以魯得之，蓋曾子誠篤，故能卒傳夫子之道〔一〕。凡天下至艱之事，惟至拙者能之。

黄氏曰：「聞孝而得道之綱，聞禮而通事之變，不終魯矣。」〔二〕

師也辟。

辟，偏也。子張才高意廣，容貌堂堂，其氣質不免有稍偏之處，故曰辟〔三〕。朱注訓「辟」爲便辟，謂「習於容止，少誠實」。恐非。

黄氏曰：「自書紳勵學後，執德宏，信道篤，不終於辟矣。」〔四〕

由也喭。

喭，率爾之義。子路聞斯行之，其氣質不免有率直之處，故曰喭。朱注訓「喭」爲「粗俗」。恐非。

〔一〕此先儒謂程子，其語見引於朱子《論語集注》卷六。
〔二〕黄式三《論語後案》。
〔三〕本黄式三《論語後案》説。
〔四〕黄式三《論語後案》。

黃氏曰：「噫不終噫，本於聞過則喜，承譽則恐也。」〔一〕

愚按：以四子之才，自聖人觀之，則謂之愚、魯、辟、噫，然一經時雨之化，而其氣質皆合於中。言此固所以進四子，尤見天下無不可化之氣質。惜不能奉教於聖門耳。

18 子曰：「回也其庶乎，屢空。

《易傳》：「顏氏之子，其殆庶幾乎！有不善未嘗不知，知之未嘗復行也。」〔二〕此「庶乎」即庶幾之義，言其不遠復而近道也〔三〕。

朱注：「屢空，數至空匱也。不以貧窶動心而求富，故屢至於空匱。」

或曰：「屢，每也。空，猶虛中也。不虛心，不能知道。」〔四〕說殊迂曲。

賜不受命，而貨殖焉，億則屢中。」

〔一〕黃式三《論語後案》。
〔二〕《易·繫辭下》文。
〔三〕朱子《論語集注》謂：「庶，近也。言近道也。」
〔四〕何晏《論語集解》引「或曰」。

不受命，言不爲命所限制。朱注：「貨殖，貨財生殖也。」

按：「馬、班、范、陳四史，皆以貨殖爲商賈。《韓詩外傳》曰：『子貢，衛之賈人，學問〔一〕於孔子，遂爲天下顯士。』〔二〕蓋其初年嘗爲此也。」〔三〕

億則屢中，言天資敏達，「料事多中」〔四〕。或曰以億中致富〔五〕。說亦迂曲。

本經每以顏子、端木子並論〔六〕。此章「屢空」與「貨殖」相對，「庶乎」與「屢中」相對，皆有許之之意。

19　子張問善人之道。子曰：「不踐跡，亦不入於室。」

踐迹，循途守轍，如博文約禮、致知力行等是也。室，聖人之奧室。惟能好學，乃可以入精微之奧。下章子路曰：「何必讀書，然後爲學。」即不踐迹之意，是以升堂而

〔一〕「問」字於黃氏《論語後案》與唐先生皆脫，今據《韓詩外傳》補入。
〔二〕《韓詩外傳》卷八文，見引黃式三《論語後案》。
〔三〕黃式三《論語後案》文。
〔四〕朱子《論語集注》卷六語。
〔五〕此說見引於黃式三《論語後案》。
〔六〕李光地《榕村四書說・讀論語劄記》「子曰回也其庶乎」章謂：「夫子往往以回與賜較。」

未入於室耳。

陸氏謂：「善人天資類中行。而中行能進，善人不能進。善人功夫未至似狂狷，然狂狷病痛多而能進，善人病痛少而不能進。」〔一〕

愚謂：重讀一「亦」字，聖人勉踐迹之意可知。若能踐迹，則造於美大聖神之域，不難矣。天下鄉黨自好之士，倘皆得聖學爲依歸，其成就何可限量哉！

20 **子曰：「論篤是與，君子者乎？色莊者乎？」**

與，許也。莊，妝之假借字，飾也〔二〕。言但以其言論篤實而許之，則未知其爲君子者乎，抑飾爲色莊者乎〔三〕？

此言觀人之法，當審其心術〔四〕，亦以勉學者「修辭立其誠」也。

〔一〕陸隴其《松陽講義》卷八「子張問善人之道」。

〔二〕黄式三《論語後案》。

〔三〕朱子《四書集注》文。按：「抑飾爲色莊者乎」句，朱注原文作「爲色莊者乎」，此唐先生據黄式三釋「莊」爲「飾」之義充實注文。

〔四〕朱子《四書集注》謂：「言不可以言、貌取人。」

21　子路問：「聞斯行諸？」子曰：「有父兄在，如之何其聞斯行之？」冉有問：「聞斯行諸？」子曰：「聞斯行之。」公西華曰：「由也問聞斯行諸，子曰『有父兄在』；求也問聞斯行諸，子曰『聞斯行之』。赤也惑，敢問。」子曰：「求也退，故進之；由也兼人，故退之。」

聞行，舊注謂「振窮救乏」之事〔一〕，極是。蓋惟其爲善舉，故二子有「聞斯行之」之問也。

陸氏曰：「此章見聖人因材施教，與「師商孰與」章一例……夫子之意，非謂求之於行，但當進不當退，特退非求之所難者，所難者進耳。非謂由之於行，但當退不當進，特進非由之所難，所難者退耳。因其氣質之偏，而以義理挽之，使歸於中。聖門之教，無處不然，力行其一端也。」〔二〕

愚謂：此即《中庸》「執兩端而用中」之義。夫子教門弟子如此，則所以教天下之民而化其偏者，其道蓋不外是矣。

〔一〕何晏《論語集解》引包咸注。
〔二〕陸隴其《松陽講義》卷八「子路問聞斯行諸」章。

22 子畏於匡，顏淵後。子曰：「吾以女爲死矣。」曰：「子在，回何敢死？」

任氏曰：「『以女爲死』，情急中之喜語。顏子直答以『子在』，信子之必在也。曰『何敢死』，明免難之道同也。」〔一〕

愚按：讀此則聖賢信天知命之誠，與夫全身避害之智，皆在言外。而師弟相依，有如性命感情之厚，因道義相結而愈深，尤可知矣。

23 季子然問：「仲由、冉求可謂大臣與？」

朱注：「子然，季氏子弟，自多其家得臣二子，故問之。」

子曰：「吾以子爲異之問，曾由與求之問。

民生疾苦，國家大政，非常之事，應問國老者甚多。子然僅以門弟子爲問，故夫子云然。

所謂大臣者，以道事君，不可則止。

道，仁義之道。事君，事天子、諸侯也。不可則止者，止，已也。禮所謂「道合則

〔一〕任啓運語，見引黃式三《論語後案》。

服從，不可則去」〔一〕是也。

今由與求也，可謂具臣矣。」

具臣，謂備用之臣。二子明於大臣之道者也，乃不見用於天子、諸侯而爲家臣，可慨也已。夫子稱之曰具臣，爲二子韜晦之辭也。

曰：「然則從之者與？」

「從」字對「止」字言。子然意二子既不在「不可則止」之列，則從季氏所爲否〔二〕？

子曰：「弑父與君，亦不從也。」

子路嘗曰：「親於其身爲不善者，君子不入也。」二子親炙聖教，弑逆大故，豈有從之之理。蓋其時季氏已有無君之心〔三〕，夫子此言，《春秋》誅心之論也。

先儒論此章，謂季氏不臣，二子不當仕於其家，甚至以荀彧從曹操、劉穆之從劉裕比二子〔四〕。其説近謬。

〔一〕黄式三《論語後案》引《禮記·内則》文。
〔二〕本朱子《論語集注》。
〔三〕句出朱子《論語集注》引尹氏語。
〔四〕此先儒指張栻，唐先生批評者，乃張氏《論語解》「漸勢順長」之説。

按：《史記》季桓子臨終，命康子必用孔子，二子之仕於季氏爲之兆也。乃終不能救氏之失，卒去之而已。讀書宜求事實，未可妄生議論，後學慎諸。

24　子路使子羔爲費宰。

《史記・弟子列傳》：「高柴，字子羔，少孔子三十歲。」子路年長，故舉之爲宰，實出於愛才之意。

子曰：「賊夫人之子。」

賊，害也[一]。《左氏・襄三十一年傳》子皮欲使尹何爲邑。子產曰：「人之愛人，求利之也，今吾子愛人則以政，猶未能操刀而使割也，其傷實多。」又云：「僑聞學而後入政，未聞以政學者也。」[二]亦此節之意。後世年少者多求仕以爲榮，害人而實以自害。夫子此語，可作千古箴。

子路曰：「有民人焉，有社稷焉。何必讀書，然後爲學？」

[一] 朱子《論語集注》卷六。

[二]《左傳》子產語，見引於劉寶楠《論語正義》卷一四。

民，庶民，庶人在官者。社，土神。稷，穀神。古者建國築壇，以爲神主。子路之意，言治民事神，皆所以爲學〔一〕，所謂「以政學」〔二〕也。

子曰：「是故惡夫佞者。」

本經子夏曰：「仕而優則學。」《禮記・學記》篇曰：「凡學官先事，士先志。」是古者，學校本有學仕之法，惟指夫仕而有餘力者言，非謂學未成而可以入仕也。子路明知此理，因愛才心切，特爲高論以相答，故夫子不辨其非，而特斥其佞耳。

又按：《禮記・檀弓》篇載：「成人有其兄死，而不爲衰者，聞子皋將爲成宰，遂爲衰，成人謳歌之甚至。」當是子羔學成後仕，足見其才可用，夫子有以裁成之也。

25 子路、曾晳、冉有、公西華侍坐。

此以齒爲序也。

子曰：「以吾一日長乎爾，毋吾以也。

〔一〕何晏《論語集解》引孔氏説及朱子《論語集注》。
〔二〕《左傳》子産語：「未聞以政學」。

朱注：「言我雖年少長於女，然女勿以我長而難言。」

或曰：「以，已通。」〔一〕言勿因師長在前而遂已於言也。

居則曰：『不吾知也！』如或知爾，則何以哉？」

聖門之學，用則行，舍則藏。夫子此問，蓋欲考諸賢經綸之業〔二〕。若空疏無具，則非儒者之志矣。

子路率爾而對曰：「千乘之國，攝乎大國之間，加之以師旅，因之以饑饉；由也爲之，比及三年，可使有勇，且知方也。」夫子哂之。

朱注：「攝，管束也。」或曰：「迫也，迫居大國之間也。」〔三〕二千五百人爲師，五百人爲旅〔四〕，謂加以敵國師旅之侵伐也。因，仍也。穀不熟曰饑，菜不熟曰饉〔五〕，謂頻

〔一〕黄式三《論語後案》。
〔二〕黄式三《論語後案》謂「須有經綸參贊之用」。
〔三〕何晏《論語集解》引包咸説。
〔四〕朱子《論語集注》卷六。
〔五〕朱子《論語集注》卷六。

年荒歉也。《穀梁傳》曰：「二穀不升謂之饑，三穀不升謂之饉。」〔一〕別備一義。方，義方也，謂民知向義。蓋子路所言，三年中實有次第訓練之法，非虛言也。哂，微笑〔二〕。或解爲大笑，通作矧者〔三〕，非。

「求！爾何如？」對曰：「方六七十，如五六十，求也爲之，比及三年，可使足民。如其禮樂，以俟君子。」

方，方里。「方六七十，如五六十」，謂小有展布耳。足，謂富足〔四〕。

黄氏曰：「《大學》言生衆、食寡、爲疾、用舒，治家以此而家富，治國以此而國富。使民之家皆如是，則足民之道也。」又曰：「用之者舒……言循序爲之，不可遽迫也。」〔五〕

愚按：《易傳》言：「節以制度，不傷財，不害民。」〔六〕古人理財，必先節儉，以紓民

〔一〕黄式三《論語後案》。
〔二〕朱子《論語集注》卷六。
〔三〕皇侃《論語義疏》卷六，黄式三《論語後案》引載並申説。
〔四〕朱子《論語集注》卷六。
〔五〕黄式三《論語後案》引述其父黄興悟的教誨。
〔六〕《易·節·卦彖傳》文。

力，然後可徐使之富。冉有所言，三年中實有預算之法，開源節流，次第行之，非虛言也。「禮樂俟君子」，謙辭〔一〕。

「赤！爾何如？」對曰：「非曰能之，願學焉。宗廟之事，如會同，端章甫，願爲小相焉。」

宗廟之事，承大祭也〔二〕。《周禮・春官・大宗伯》：「時見曰會，殷頫曰同。」鄭注：「時見者，言〔三〕無常期。諸侯有不順服者，王將有討伐之事……合諸侯而命事焉……殷，猶衆也。十二歲王如不巡守……合諸侯以命政焉。所命之政，如王巡守。殷頫四方，四時分來，終歲則徧也。」〔四〕

端，玄端服，即玄裳也。《禮記・儒行》篇孔子曰：「長居宋，冠章甫之冠。」章甫本屬殷官，此經統言爲禮冠爾。小相，亦謙辭〔五〕。

〔一〕何晏《論語集解》引孔氏義。
〔二〕何晏《論語集解》引鄭玄注及朱子《論語集注》俱言「宗廟之事，謂祭祀也」。
〔三〕「者，言」二字脱，據《周禮正義》鄭玄注文補入。
〔四〕鄭玄注載孔穎達《周禮正義》卷一八。
〔五〕本朱子《論語集注》。

「點，爾何如？」鼓瑟希，鏗爾，舍瑟而作，對曰：「異乎三子者之撰。」子曰：「何傷乎？亦各言其志也。」曰：「莫春者，春服既成。冠者五六人，童子六七人，浴乎沂，風乎舞雩，詠而歸。」夫子喟然歎曰：「吾與點也。」

三子問答之時，皙方鼓瑟，至此而希，狂者之氣象可見。撰，猶具也〔一〕。浴，洗濯。蓋上巳祓除之意，洗濯手足，非裸浴也。風，諷通，諷誦文章也。詠，詠先王之道。歸，歸夫子之門〔二〕。

吾與點者，傷世不吾用，雖有三代之英，而將隱居以老也。先儒以爲聖人與點之意，以「其胸次悠然，上下與天地同流，不若三子規規於事爲之末」〔三〕。愚謂：聖人用世之志，因曾皙之言而興感，故與之，不必言之太高。若因與點而抑三子，則與上文「如或知爾」之問，意不貫串。李氏以《孟武伯章》「不許三子之仁」作比例〔四〕，亦屬枝節。夫子與曾皙之高曠自樂，非許皙以仁也。

〔一〕何晏《論語集解》引孔氏注，朱子《論語集注》云：「撰，具也。」。
〔二〕本何晏《論語集解》引包咸注。
〔三〕朱子《論語集注》卷六。
〔四〕見論於李光地《榕村四書説・讀論語劄記》「子路曾皙冉有公西華侍坐」章。

三子者出，曾皙後。曾皙曰：「夫三子者之言何如？」子曰：「亦各言其志也已矣。」

隱居求志，行義達道，固聖人所期許。然成材於身，以著用於世，乃是學問至實處。曾皙知夫子之意未嘗不與三子，故問之。

曰：「夫子何哂由也？」

曰：「爲國以禮，其言不讓，是故哂之。」

夫子論爲國之道，以禮爲本，曰：「能以禮讓爲國，於從政乎何有？」曰：「動之不以禮，未善也。」子路奉教有年，而率爾之態度，猶然呈露，故夫子哂之。〔一〕

「唯求則非邦也與？」「安見方六七十如五六十而非邦也者？」

「唯赤則非邦也與？」「宗廟會同，非諸侯而何？赤也爲之小，孰能爲之大？」

劉氏曰：「唯求、唯赤二語，皇、邢《疏》皆謂夫子語是也。夫子以求赤所言皆爲邦之事，而求祇言能仕方六七十如五六十之小地，赤祇言能爲小相，則所言皆讓，與子路異，故夫子反言以明之，言方六七十如五六十安見非邦？宗廟會同皆諸侯之事，

〔一〕本何晏《論語集解》引包咸注。

安見不能爲大相？而二子之言皆讓，故無可議也。」〔一〕

愚按：劉説甚是。二子所言，皆禮樂之事。此二節承「爲國以禮」而言。舊解謂曾晳一問再問，恐不若是之拙。蓋夫子雖與曾晳，而終不忘用世之志。記者恐後世誤會聖人之心，故特記贊三子之言以結之也。

先進篇大義

悲哉聖人用世之心也！子曰：「甚矣吾衰也！久矣吾不復夢見周公。」《先進》首章曰：「如用之，則吾從先進。」從周公之禮樂也，懷周公也。吾夫子欲以興魯者興天下，非一日矣。四科之選，皆王佐之才，乃不見用於世，而困阨於陳、蔡間，絶糧興歎。夫子思之，所爲黯然而神傷者也。顔子、閔子又特加以贊語。「南容三復白圭」，邦有道不廢者也。康子問弟子，孔子獨薦顔淵爲好學。而顔子卒早夭，子哭之慟。嗚呼！「子在，回何敢死！」其言猶在耳也。天阨聖人，而俾無助我之人，天意蓋可

〔一〕劉寶楠《論語正義》卷一四。

知也。

政治之學，不貴以神道設教，曾於《爲政》篇末發明之。而《雍也》篇又曰：「務民之義，敬鬼神而遠之。」此亦政治之綱要。兩答子路之問，亦此義也，務實之道也。閔子侍側誾誾如，子路行行如，冉有、子貢侃侃如，子樂者，樂其用世之才也。善爲政者，不務更張其名，而在力行實事。「仍舊貫，何必改作」，閔子真治世才也，其不就費宰，宜哉！由之瑟不協於中和，賜與商過猶不及，治世之才，不宜有所偏也。理財之本，端在生財，國雖貧弱，不可爲搜括聚斂之事。「求非吾徒也」，不僅爲吾黨戒也，爲今之從政者戒也。

柴也、參也、師也、由也、回也、賜也，其材質行事不同，其歸於有用一也。「不踐迹，亦不入於室」，當引而進之。「論篤而色莊」，當斥而遠之。此不獨設科教人之法，亦用人之方也。「求也退，故進之；由也兼人，故退之」，陶鑄人才之道，在於無形之中，至矣盡矣！中庸至德，民鮮久矣！推而教之，意在斯乎？其即虞、舜「執兩用中」之道乎？

匡之役，猶陳、蔡之役也。「踽踽涼涼」者，獨悲顔子一人而已。季子然何如人也，「不可與言而與之言」，則曰由、求具臣而已，此爲二子韜晦之詞也。鄭子産之言曰:「學而後入政,未聞以政學者也。」此政治家之名言。民人社稷,非嘗試之具,未能操刀而使割,傷己以傷人,聖門之所大戒也。記者因孔子之從先進,而序弟子之列傳,以記人才之盛,意固昭然。

吾讀「四子侍坐」章而益有感焉。居則曰「不我知也,如或知爾,則何以哉?」聖人用世之心,縈於夢寐之間,溢於語言之表,而三子之對,則用世之事也,乃世不吾用。至於莫春成服,浴乎沂,風乎舞雩,而猥與童冠之徒,詠歌自適以終其身也,夫子喟然歎曰:「吾與點也。」蓋大道之行,與三代之英,所以有志而未逮也。唯求則非邦也與?唯赤則非邦也與?反覆之間〔一〕,而益足徵聖人用世之心也。蓋至是而夫子「從先進」之志,泬然〔二〕其無間也。至是而夫子「夢周公」之志,渺乎其不復也。洙泗之人才,皆風流而雲散也。嗚呼!其可悲也,伊可痛也。

〔一〕「反覆之間」句,原刻作「回環往復」,本唐先生《十三經讀本評點劄記·論語》之修訂本爲正。
〔二〕落拓虚空之謂。

卷十二

顔淵篇第十二

1 顔淵問仁。子曰：「克己復禮爲仁。一日克己復禮，天下歸仁焉。爲仁由己，而由人乎哉？」

此節義極精微。

一，當知顔子已有格致之功，於理欲之界，剖析已精，故直以克己復禮告之。

二，當知克己「己」字，與下文「己」字不同。克己者，克有我之私〔一〕。或解作責己〔二〕，未合。

〔一〕朱子《論語集注》卷六謂：「克，勝也。己，謂身之私欲也。」

〔二〕何晏《論語集解》引范甯説：「克，責也。」黄式三《論語後案》謂：「克己，猶深自克責也。」

三，當知禮字是渾言之禮，與《孟子》偏言「恭儉辭讓」不同。蓋本於天叙天秩，如《詩》所謂「物則」〔一〕是也。

四，當知「天下歸仁」，仍言其功〔二〕，非言其效〔三〕，謂天下之仁皆歸之也。朱注以爲「天下皆與其仁」〔四〕，似未明顯。

五，當知末二句非贊歎，亦非勉勵。蓋天下歸仁，如張子所謂：「天下之罷癃殘疾，皆吾兄弟之顛連而無告。」〔五〕若是者，所以全吾之性，完吾之體，故曰由己不由人也。意義本屬一貫，先儒解作三層〔六〕，未是。李氏以「義勝欲，敬勝怠」爲説〔七〕，亦屬枝節。

〔一〕《詩·大雅·烝民》云：「天生烝民，有物有則。民之秉彝，好是懿德。」《孟子》所徵引者。
〔二〕指「克己復禮」的功夫。詳李光地《榕村四書説·讀論語劄記》「顔淵問仁」章。
〔三〕朱子《論語集注》卷六謂：「極言其效之甚速而至大也。」
〔四〕朱注原文云：「又言一日克己復禮，則天下之人皆與其仁，極言其效之甚速而至大也。」朱子《論語集注》卷六。
〔五〕張載《西銘》文。唐先生引文遺漏中「惸獨鰥寡」句。
〔六〕朱子《論語集注》：「又言一日克己復禮，則天下之人皆與其仁，極言其效之甚速而至大也。又言爲仁由己而非他人所能預，又見其機之在我而無難也。」唐先生所批評「三層」説指此。
〔七〕李光地《榕村四書説·讀論語劄記》「顔淵問仁」章。

顏淵曰：「請問其目。」子曰：「非禮勿視，非禮勿聽，非禮勿言，非禮勿動。」顏淵曰：「回雖不敏，請事斯語矣。」

目者，克復之目也〔一〕。《洪範》五事言「思」〔二〕，而此經不言思者〔三〕，「四勿」即思，朱注所謂「人心之所以爲主，而勝私復禮之機」也〔四〕。此「機」字最要，通微作聖之基，實在於是。蓋非禮者己也，勿者克也，視聽言動者，禮之目也。先儒有謂「克己之後，別有復禮功夫」〔五〕；有謂克己即以復禮〔六〕，二説未有折衷。

愚謂：克己後又須復禮者，如「克伐怨欲不行」，未可爲仁也，此就功之淺者而言也。克己即以復禮者，「知之未嘗復行」，《易》所稱「不遠之復」是也，此就功之深者而言也。「請事斯語」，顏子之功，精密可知。程子《四箴》録後〔七〕。學者讀之，可得入門

〔一〕何晏《論語集解》引鄭玄注：「此四者，克己復禮之目。」

〔二〕《洪範》五事指貌、言、視、聽、思。

〔三〕張栻《論語説》卷六。陸隴其《松陽講義》卷八「顏淵問仁」章、黃式三《論語後案》爲説。

〔四〕朱子《論語集注》卷六。

〔五〕陸隴其《松陽講義》卷八「顏淵問仁」章。

〔六〕李光地《榕村四書説・讀論語劄記》「顏淵問仁」章。

〔七〕《程子四箴》見載於朱子《論語集注》本文注下。

之法矣。其《視箴》曰：

「心兮本虚，應物無迹。操之有要，視爲之則。蔽交於前，其中則遷。制之於外，以安其内。克己復禮，久而誠矣。」

其《聽箴》曰：

「人有秉彝，本乎天性。知誘物化，遂亡其正。卓彼先覺，知止有定。閑邪存誠，非禮勿聽。」

其《言箴》曰：

「人心之動，因言以宣。發禁躁妄，内斯靜專。矧是樞機，興戎出好。吉凶榮辱，惟其所召。傷易則誕，傷煩則支。己肆物忤，出悖來違。非法不道，欽哉訓辭。」

其《動箴》曰：

「哲人知幾，誠之於思。志士勵行，守之於爲。順理則裕，從欲惟危。造次克念，戰兢自持。習與性成，聖賢同歸。」

編者謹按：唐先生《紫陽學術發微》卷三《朱子心性學發微》引朱子《答陳明仲書》，按語云：「《論語》『四勿』『九思』，相爲表裏，何以勿視、勿聽、勿言、勿動，皆出於思也。《洪範》『五事』，以思次於貌、言、視、聽之後，蓋以配五行之土，寄王於四時爾。至於『思曰睿，睿作聖』，則其功夫較『四勿』『九思』爲純熟矣。此書〔一〕謂孔子『偏舉「四勿」而不及夫思』，『蓋欲學者循其可見易守之法，以養其不可見不可繫之心』，非由思通而進於無思者乎！」

2 **仲弓問仁。子曰：「出門如見大賓，使民如承大祭。己所不欲，勿施於人。在邦無怨，在家無怨。」仲弓曰：「雍雖不敏，請事斯語矣。」**

不曰賓而曰大賓，不曰祭而曰大祭，敬之至也。曰出門，曰使民，則其未出門、未使民之時，涵養深邃可知也〔二〕。此敬之無間於動靜也。曰不欲、勿施，則其所欲施於人可知。能近取譬，恕之無間於人己也。邦家無怨，所以極其功而致其效，亦兼人己而言。然必在我先無怨於邦家，而後邦家無怨於我，猶《孝經》言：「不敢惡於人，不敢慢於人。」〔三〕而後人不得而惡慢之也。此皆敬恕之所推也。顏子天資明健，克復者，自强不息之功也，乾道也。仲弓天資敦厚，敬恕者，厚德載物

〔一〕指朱子《答陳明仲書》。
〔二〕本朱子《論語集注》引程子語。
〔三〕此《孝經·天子章》節文，原文云：「愛親者，不敢惡於人；敬親者，不敢慢於人。」

之功也，坤道也〔一〕。

3　司馬牛問仁。

朱注：「司馬牛，孔子弟子，名犂，向魋之弟。」

子曰：「仁者其言也訒。」

朱注：「訒，忍也，難也。仁者心存而不放，故其言若有所忍而不易發。」

愚按：訒，字義从言从刃，有斬絶之意。當未發之際，慎度而出，斬絶之而不使易，所謂「言前定則不跲」〔二〕也。及既發之際，適可而止，斬絶之而不使支，所謂「慎言其餘則寡尤」也。如此則心存而不放矣。《史記》載「牛多言而躁」，故夫子告之以戒。

曰：「其言也訒，斯謂之仁已乎？」子曰：「爲之難，言之得無訒乎？」

訒言者，德之一端耳，故牛意以爲不足以盡仁。不知夫子之意，在對病發藥，以

〔一〕以「乾道」「坤道」分別喻顏淵與冉雍之學，見朱子《論語集注》卷六。

〔二〕《禮記·中庸》文。

爲牛必先能訒言，而後可以求仁，此乃入德之方〔一〕。蓋存養之功，始於定靜。以《易》義言之，「艮其輔」而後絶「朋從之思」；以禮義言之，「安定辭」而後「清明在躬」也。爲之「之」字，指仁而言。言之「之」字，乃泛言。舊解專屬言仁者〔二〕，非。

4　司馬牛問君子。子曰：「君子不憂不懼。」

仁者不憂，勇者不懼，處常如此，處變亦如此，君子蓋「無入而不自得也」〔三〕。

曰：「不憂不懼，斯謂之君子已乎？」子曰：「内省不疚，夫何憂何懼？」

牛意當憂懼而不憂懼，貌爲鎮定，恐不得爲君子。此一問，實爲本無學問强自排遣者而發〔四〕，不知君子有内省之學也。《中庸》曰：「内省不疚，無惡於志。」蓋君子之不憂不懼，實從憂懼中來。「戒慎不覩，恐懼不聞」〔五〕，然後能無愧於心，而自無憂懼，

〔一〕「入德」沿用朱子《論語集注》語。
〔二〕何晏《論語集解》引孔氏之意，黄式三《論語後案》加以批評，唐先生沿此爲説。
〔三〕本朱子《論語集注》引晁説之《論語講義》之語。按：陸隴其《松陽講義》卷八「司馬牛問君子」章承其旨，强調：「此章見君子之無入而不自得。」
〔四〕晁説之《論語講義》謂：「故無入而不自得，非實有憂懼而强排之也。」見引於朱子《論語集注》卷六。
〔五〕《禮記·中庸》文：「是故君子戒慎乎其所不睹，恐懼乎其所不聞。」

所謂「有終身之憂，無一朝之患也」〔一〕，此詣豈易幾哉？

5　司馬牛憂曰：「人皆有兄弟，我獨亡。」

《左傳・哀公十四年》載司馬牛適齊、適吴至魯事甚詳。此言當在向魋、向巢或奔或死之時也〔二〕。

子夏曰：「商聞之矣：死生有命，富貴在天。

富貴，兼貧賤患難而言。莫之爲而爲者，天也；莫之致而至者，命也。居易俟命〔三〕，君子之學也，後天而奉天時者〔四〕也。樂天知命〔五〕，聖人之道也，先天而天弗違者也。

〔一〕《孟子・離婁下》文。
〔二〕本黄式三《論語後案》説。按：司馬牛與向魋、向巢爲兄弟。
〔三〕《禮記・中庸》云：「上不怨天，下不尤人，故君子居易以俟命。」
〔四〕《易・乾・文言》云：「夫大人者，與天地合其德，與日月合其明，與四時合其序，與鬼神合其吉凶。先天而天弗違，後天而奉天時。」唐先生分别遣用先天與後天句。後天者屬君子，先天者屬小人。
〔五〕《易・繫辭上》云：「易與天地準，故能彌綸天地之道。……旁行而不流，樂天知命故不憂。」此乃聖人作《易》之精神境界，歸於「神无方而易无體」，磅礴而不偏一隅如天德。

君子敬而無失，與人恭而有禮，四海之內皆兄弟也〔一〕。君子何患乎無兄弟也？」

敬者，敬天命也。無失者，念茲在茲〔二〕，顧諟天之明命也〔三〕。恭而有禮者，循禮以盡仁，「敬人者人恒敬之，愛人者人恒愛之」〔四〕。民吾同胞〔五〕，故四海之內皆兄弟也。此章雖係寬牛之憂，實與上數章論仁、論君子，及答樊遲「居處恭，執事敬，與人忠」之義，息息相通。聖門敬天命之學〔六〕，不外乎是矣。

6　子張問明。子曰：「浸潤之譖，膚受之愬，不行焉，可謂明也已矣。浸潤之譖，膚受之愬，不行焉，可謂遠也已矣。」

陸氏曰：「子張才高，其問明之意，或欲究天地古今之理，而轉忽於人情閱歷之

〔一〕程樹德《論語集釋》認爲自「死生有命」至「四海之內皆兄弟也」五句，皆子夏有聞於孔子之言。

〔二〕《書・大禹謨》云：「帝念哉！念茲在茲，釋茲在茲。」孔傳云：「茲，此。釋，廢也。念此人在此功，廢此人在此罪，言不可誣。」言從實事實功。

〔三〕《禮記・大學》引用《書・太甲》句。朱子釋云：「常目在之，則無時不明矣。」謂自持明德而不失也。

〔四〕《孟子・離婁下》文。

〔五〕張載《西銘》云：「民吾同胞，物吾與也。」謂博愛也。

〔六〕敬天命乃先生之重旨。

常。不知明者，是非邪正不惑而已，而是非邪正之淆於譖愬者最多。譖之術不一，而莫難辨者，『浸潤之譖』。愬之術不一，而莫難辨者，『膚受之愬』。況後世人情益險，譖愬益工，我防其緩，彼偏用急；我防其急，彼偏用緩。千態萬狀，雖工於逆億，亦屬無益，惟有居敬窮理，則彼之術窮矣。」〔一〕

愚按：陸説至精。蓋「不行」者，必在我有「知人」之學〔二〕，使彼譖愬者不得行也。以《易》象言之：坎，陰象也，當以剛克之，故中爻爲陽，則坎水明矣；離，陽象也，當以柔克之，故中爻爲陰，則離火明矣。《離》大象傳曰：「大人以繼明照於四方。」〔三〕言其明之至遠也。

7　子貢問政。子曰：「足食足兵，民信之矣。」

陸氏曰：「足食者，制田里，薄税斂，而使倉廩實也。足兵者，比什伍，時簡閲，而

〔一〕陸隴其《松陽講義》卷八「子張問明」章。
〔二〕黄式三《論語後案》謂：「故明莫先於知言，莫重於任善。」按：唐先生「知人」之論本此。
〔三〕王弼注云：「繼謂不絶也。明照相繼，不絶曠也。」曠，《説文》云明也。

使武備修也。至於重禮教，崇信義，則民自無欺詐離叛之心，此周禮也。」[一]

愚按：「民信之矣」，貫徹於兵、食二者之中。蓋兵以信訓練而來，食以信制度而入也。

子貢曰：「必不得已而去，於斯三者何先？」曰：「去兵。」

陸氏曰：「上節言其常。此不得已，言其變也……去兵者，非必盡去之，蓋伍兩卒旅之缺未暇補，蒐苗獮狩之制未暇講爾。」[二]

子貢曰：「必不得已而去，於斯二者何先？」曰：「去食。自古皆有死，民無信不立。」

陸氏曰：「此不得已，於時勢爲更迫矣……去食者，就固有之食以圖存，而不爲加派搜括之事也。然恐人以爲迂，故大聲疾呼曰：『自古皆有死，民無信不立。』蓋信者，乃人之所以爲人者也。民無信，則相欺相詐，無所不至。形雖人而質不異於禽獸，身雖存而心則死矣。何以立於天地間？不若死之爲安矣！」[三]

愚按：陸氏説深得經意。後世阻兵而不能去兵，甚至侮奪人以取食，則與民同

[一] 陸隴其《松陽講義》卷八「子貢問政」章。
[二] 陸隴其《松陽講義》卷八「子貢問政」章。
[三] 陸隴其《松陽講義》卷八「子貢問政」章。

歸於盡矣。聖人之言，豈非萬世之法戒乎？

8 棘子成曰：「君子質而已矣，何以文爲？」

朱注：「棘子成，衛大夫。疾時人文勝，故爲此言。」

子貢曰：「惜乎！夫子之説。君子也，駟不及舌。

君子也，指尚質而言。駟不及舌，指廢文而言，所謂「一言以爲知，一言以爲不知」也。或以「君子也」屬上句連讀[一]，非。

文，猶質也；質，猶文也。虎豹之鞟，猶犬羊之鞟。」

朱注：「鞟，皮去毛者也，言文質等耳，不可相無。若必盡去其文，獨存其質[二]，則君子小人無以辨矣。」

愚按：《易·革》卦言「虎變」，《象傳》曰：「其文炳也。」又言「豹變」，《象傳》曰：「其文蔚也。」蓋虎豹與犬羊之别，以毛文異耳。若去其毛而留其鞟，何以别虎豹與犬羊耶？

[一] 何晏《論語集解》引鄭玄注。

[二] 朱注「獨存其質」原文句首有「而」字。

或曰：「鞟爲革。虎豹之鞟喻文，犬羊之鞟喻質。言其皮皆有所用，如文質不宜偏廢也。」[一]

9 哀公問於有若曰：「年饑，用不足，如之何？」

稱有若者，臣對於君之辭。李氏曰：「哀公斯問，其將喪邦乎？年饑不憂民之餓莩，而憂用之不足，此豈君道也哉！」[二]

有若對曰：「盍徹乎？」

古井田之制，象井字形。井九百畝，八家同井，耕則通力合作，收則計畝均分。大率民得其九，公家取一，故謂之徹。《孟子》曰：「周人百畝而徹，徹者，徹也。」謂通計之也。魯自宣公稅畝，又逐畝什取其一，則爲什取二矣。哀公憂己用之不足，而有若則憂民之不足，若不喻其意者。蓋仁人之心，忠告之道也[三]。

曰：「二，吾猶不足，如之何其徹也？」

[一] 劉寶楠《論語正義》卷一五。
[二] 李光地《榕村四書説·讀論語劄記》「哀公問於有若曰」章。
[三] 本朱子《論語集注》爲説。

二，什分而取其二。公欲加賦，故云不足，至是而公欲加賦之意乃顯白矣。曰吾猶不足，與上「用不足」相應，但知有己，不知有民也。

對曰：「百姓足，君孰與不足？百姓不足，君孰與足？」

李氏曰：「此節非泛言君民一體之義〔一〕，實專主『年饑時用不足』而言。蓋年饑之時，百姓必死亡流離，邑里將虛，田卒汙萊，於此不加寬恤而厚斂之，是避小不足而就大不足，大不足者將至矣。故惟加惠於民，使之樂生安土，則君雖損己節用，亦無憂於不足也。」〔二〕

愚按：《禮記·緇衣》篇曰：「心以體全，亦以體傷；君以民存，亦以民亡。」百姓足則君存矣，百姓不足則君亡矣。愚讀有子之言，未嘗不流涕也。

又按：《說苑·政理》篇：「魯〔三〕哀公問政於孔子，對曰：『政有使民富且壽〔四〕。』

〔一〕此批評朱子《論語集注》所說「有若深言『君民一體』之義」。
〔二〕李光地《榕村四書説·讀論語劄記》「哀公問於有若曰」章。
〔三〕「魯」字脱，據《説苑》原文補入。
〔四〕「且壽」字脱，據《説苑》原文補入。

哀〔一〕公曰：『何謂也？』對曰：『薄賦斂則民富……』公曰：『若是則寡人貧矣〔二〕。』孔子曰：『《詩》云：「豈弟君子，民之父母。」未見其子富而父母貧者也。』」與此章大義同〔三〕。

10 **子張問崇德、辨惑，子曰：「主忠信，徙義，崇德也。**

此章蓋言智也。《易傳》曰：「夫《易》，聖人之所以崇德而廣業也。智〔四〕崇禮卑。」其義可見。知其爲忠信而主之，知其爲義而徙之。此窮理之學，智者之事也。

愛之欲其生，惡之欲其死。既欲其生，又欲其死，是惑也。

此言不智者之惑。上二句是泛言。「既欲其生」二句，是專指一人而言，猶所謂「進人若將加諸膝，退人若將墜諸淵」〔五〕也，此不僅愛惡之無定識也，但「之其所親愛

〔一〕「哀」字脱，據《説苑》原文補入。

〔二〕「矣」字脱，據《説苑》原文補入。

〔三〕唐先生徵引《説苑》文。按：其中脱漏句全同劉寶楠《論語正義》卷一五所引。今皆本《説苑》爲正。

〔四〕「智」字，《繫辭上傳》作「知」。按：崇卑分別指天地。

〔五〕《禮記·檀弓下》批評「今之君子」之極端行徑。

而辟焉，之其所賤惡而辟焉」[一]，已有此弊矣。故曰：「好而知其惡，惡而知其美者，天下鮮矣。」[二]能窮理則知人，能知人則不惑。

『誠不以富，亦祇以異。』

此《詩·小雅·我行其野》之辭也[三]。富，益也。異，取異也。夫子引此詩，以明其人愛惡如是，誠不爲有益，亦祇以自取異而已[四]。先儒以爲錯簡[五]，恐非。

11　齊景公問政於孔子。

朱注：「齊景公，名杵臼。魯昭公末年，孔子適齊。」

孔子對曰：「君君，臣臣，父父，子子。」

《易傳》言：「有夫婦，然後有父子。有父子，然後有君臣。有君臣，然後有上下。

〔一〕《禮記·大學》文。
〔二〕《禮記·大學》文。
〔三〕朱子《論語集注》卷六。
〔四〕蔡節《論語集説》卷六。
〔五〕朱子《論語集注》卷六引程子説。

有上下，然後禮義有所錯。」〔一〕此天地之常經，人道之根本也。由此者，家盛而國興；不由此者，家衰而國滅。蓋四者，天叙天秩之所由生也。秩叙順則治以存，秩叙反則亂以亡。春秋時欲廢禮義，求治難矣。夫子爲景公言，蓋不僅爲景公言也。

公曰：「善哉！信如君不君，臣不臣，父不父，子不子，雖有粟，吾得而食諸？」

信如，誠如也。不得食粟，不能有其身也。景公之語不足道。而記者記之者，《易·坤》卦初爻「履霜堅冰至」，傳曰：「臣弑其君，子弑其父，非一朝一夕之故，其所由來者漸矣，由辨之不早辨也。」〔二〕後世君不君，臣不臣，父不父，子不子，以致國亡而家破者，何可勝數？景公此言，蓋良心之乍露，惜乎不能用，而卒致篡弑之禍，所謂不暇自哀，而後人哀之也；後人哀之而廢倫常，亦使後人而復哀後人也〔三〕。故特記之以爲千古之炯戒。

12　子曰：「片言可以折獄者，其由也與？」

〔一〕《易·序卦傳》文，「有父子」三字原脱，據《易傳》補入。
〔二〕《易·坤卦·文言傳》文。
〔三〕唐先生化用杜牧《阿房宮賦》文「秦人不暇自哀，而後人哀之；後人哀之而不鑑之，亦使後人而復哀後人也」句。

片言，一言也〔一〕。子路忠信明決〔二〕，故言一發而可以斷獄。或謂：聽一造之辭，已可折服其心〔三〕。恐非。

子路無宿諾。

朱注：「宿，留也。」「急於踐言，不留其諾也。」蓋上節言其言之果，此節記其行之果。或訓宿爲豫，謂子路不豫諾〔四〕，故無諾責。亦非〔五〕。

子曰：「聽訟，吾猶人也，必也使無訟乎！」

無訟者，非不敢訟也。誠意相孚，乃能「畏民志」〔六〕也。若謂民不敢訟，則精明武健者能之矣，豈知本之學乎？

楊氏謂：「子路片言折獄，未能使民無訟，故又記孔子之言，以見聖人不以聽訟

〔一〕何晏《論語集解》引孔氏注：「偏信一言以折獄者，唯子路可也。」蔡節《論語集説》卷六引錢宏語：「片言，猶一言也。」

〔二〕朱子《論語集注》卷六。

〔三〕本何晏《論語集解》引孫綽語。孫綽謂並非以子路語折獄，而是人信其言以爲正。

〔四〕何晏《論語集解》。

〔五〕黄式三《論語後案》不主此説。

〔六〕用《禮記·大學》語。詳下。

爲難，而以使民無訟爲貴。」〔一〕説恐未然〔二〕。《大學》「無訟」，承「與國人交，止於信」而言〔三〕。此章「無訟」，承「無宿諾」而言，亦謂其信也。惟信乃進於誠也。

13　子張問政。子曰：「居之無倦，行之以忠。」

無倦者，心之貞也，恒固之精神也。以忠，行之實也，有實心而後行實政也。兩「之」字，或指心言，或指事言〔四〕。愚謂：皆指政而言。蓋在上者必使政治與心理息息相依，久之則至誠而無息矣。

14　子曰：「君子博學於文，約之以禮，亦可以弗畔矣夫！」

〔一〕朱子《論語集注》卷六引，此有節略。
〔二〕黄式三《論語後案》亦謂：「楊説未必然。」
〔三〕《禮記·大學》言「知本」云：「爲人君，止於仁。爲人臣，止於敬。爲人子，止於孝，爲人父，止於慈。與國人交，止於信。子曰：『聽訟，吾猶人也，必也使無訟乎！』無情者不得盡其辭，大畏民志。此謂知本。」指君臣、父子、交友各盡道義而言。
〔四〕李光地《榕村四書説·讀論語劄記》「子張問政」章謂：「『居之無倦』者，以事存心也；『行之以忠』者，以心制事也。」

此聖門之家法。黄氏曰：「夫子累言之者，諄復之意也。」〔一〕

15　**子曰：「君子成人之美，不成人之惡。小人反是。」**

不言善而言美者，善藴諸心，美則兼名實而言也。擴而充之，與人爲善之道在是矣。蓋君子之心以爲美，乃天下之美，非一人之美也。有以成之，天下皆進於美矣。惡非一人之惡，天下之惡也。無以成之，天下皆改其惡矣。小人之心以爲美者，一人之美也。一人擅其美，而我無美名矣。至於同惡相濟，更無待言。要其性情心術，公私厚薄，各因其類而殊。而人心風俗，遂因以轉移焉。

或曰：此章指毁譽而言。蓋譽者，所以成人之美。毁者，所以成人之惡也。

16　**季康子問政於孔子。孔子對曰：「政者，正也。子帥以正，孰敢不正？」**

政之爲正，古字義也。本經曰：「其身正，不令而行。」表正則影端，故《禮記·表記》篇曰：「仁者，天下之表也。」漢桓寬《鹽鐵論》曰：「民亂反之政，政亂反之身。身

〔一〕黄式三《論語後案》意。

久矣。

正而天下定。」[一]然則身者所以帥民之準，而家、國、天下之主宰也，此義蓋晦於後世

17 季康子患盜，問於孔子。孔子對曰：「苟子之不欲，雖賞之不竊。」

胡氏曰：「『盜生於欲』[二]。康子，魯之大盜也。夫子答其患盜之問，不直曰苟子之不盜，其辭婉而意深矣。」[三]夫上爲大盜，而欲禁民之盜，豈不愚哉？康子亦反諸身而已矣。

或曰：「《説文》『賞，賜有功也』。言雖功名賞禄，亦不竊，而況財賄乎？」别備一義。

18 季康子問政於孔子曰：「如殺無道，以就有道，何如？」孔子對曰：「子爲政，焉用殺？子欲善，而民善矣。君子之德風，小人之德草。草上之風，必偃。」

[一] 桓寬《鹽鐵論》文見引於黄式三《論語後案》。

[二] 「盜生於欲」語出張載，見引於張栻《論語解》卷六，並見引於劉寶楠《論語正義》卷一五。

[三] 胡炳文《論語通》卷六。

汪氏曰：「康子欲殺惡人，以成就善人。夫子欲化惡人亦爲善人，意謂上之所欲者善，非特不待於殺，且化惡爲善矣。」〔一〕爲政之道，教化爲本，刑罰爲末。上失其道，民散久矣。孰使之無道，尚忍言殺乎？夫子曰：「君子之德風，小人之德草。」蓋即善機與殺機之判也。善機生而天下皆好善，殺機生而天下皆好殺矣。

以上三章，皆重言子者，見爲政必本身以作則也。

19 **子張問：「士何如斯可謂之達矣？」**

士君子處末世，往往有方枘圓鑿、窒礙不通之患，故子張問之。

子曰：「何哉，爾所謂達者？」

達有實心，有實行。若狥外爲人〔二〕，圓通以求合於世，則大誤矣。故夫子詰之。

子張對曰：「在邦必聞，在家必聞。」

〔一〕此是「汪氏」，唐先生本誤刻爲「洪氏」。此汪革《論語直解》語，見引於胡廣《四書大全·論語集注大全》卷一二。按：蔡節《論語集説》卷六亦謂：「康子之意，蓋欲以殺而止姦。」

〔二〕朱子《論語集注》卷六謂：「子張務外。」

聞者，流於外者也。子張之意，是求之於人，而非求之於我矣。

子曰：「是聞也，非達也。

朱注：「聞與達相似而不同，乃誠、僞之所以分，學者不可不審也。」

愚謂：誠、僞者，務實與求名之別，即君子小人所由判也。

夫達也者，質直而好義，察言而觀色，慮以下人。在邦必達，在家必達。

李氏曰：「質直則存忠信，好義則能徙義，此是有實德實行者，而又不敢徑情直行。察乎人情，思其所以處之者，而退讓以下之。此所以誠孚行著，而邦家必達也。」[一]

愚按：此所謂誠而務實者也。以《易》義言之，《履》卦初爻曰：「素履往无咎。」素者，質也；二爻曰：「履道坦坦。」言行乎義之正路也。《謙》卦初爻傳曰：「謙謙君子，卑以自牧。」即所謂「慮以下人」也。「履，德之基也。謙，德之柄也」[二]，君子處憂

[一] 李光地《榕村四書説·讀論語劄記》「子張問士」章。
[二] 《易·繫辭下傳》文。

患之世，能和而至，尊而光〔一〕，則無所不達矣。

夫聞也者，色取仁而行違，居之不疑。在邦必聞，在家必聞。」

李氏曰：「色取仁則非質直，行違則不能好義，居之不疑則又自以爲是，而不顧人之是非，即聖人之所謂鄉原者，是以充其欺世盗名之術，而邦家必聞也。」〔二〕

愚按：此所謂僞而求名者也。然有與鄉原不同者，蓋鄉原闇然陰柔以媚世，此則好爲大言，務在壓倒一切，雖君子不免受其欺矣。嗚呼！學者苟揣摩風氣，良心泯滅，亦復何所不至乎？所謂聞者，不久亦消磨於無有矣。

20 樊遲從遊於舞雩之下，曰：「敢問崇德、修慝、辨惑。」

特記「舞雩」之下者，以其時雨暘，不能時若〔三〕。樊遲問「崇德」三者，蓋其意專指執政者而言。

劉氏曰：「崇德、修慝、辨惑，當是雩禱之辭。以德、慝、惑爲韻，如湯禱桑林，以

〔一〕《易·繫辭下傳》云：「履，和而至；謙，尊而光。」

〔二〕李光地《榕村四書説·讀論語劄記》「子張問士」章。

〔三〕本黄式三《論語後案》説。

六事自責也。」〔一〕

子曰：「善哉問！

遲意欲本「人心」以對答「天心」，與子張問不同，故夫子特善之。

先事後得，非崇德與？攻其惡，無攻人之惡，非修慝與？一朝之忿，忘其身，以及其親，非惑與？」

三者皆作疑辭，亦指執政者而不明言之也。「先事後得」，行仁修德，得乎民心〔二〕，乃能奉若天時也。「攻其惡，無攻人之惡」，恐懼修省，洗心齊戒，消除沴氣，乃能上迓天庥也。惡人慢人，戾氣充塞久矣，積憤以結讎怨。忘身及親，不保其宗廟社稷，不孝之甚，尤大惑而不解者也。夫子此言，切中當日人心之患。《論衡·明雩》篇曰：「樊遲從遊，感雩而問，刺魯不論崇德而徒雩也。」〔三〕蓋古義如此。

〔一〕劉寶楠《論語正義》卷一五。

〔二〕皇侃《論語義疏》卷六謂「得」是「得禄位勳勞」，黃式三《論語後案》張之。謹按：唐先生以「得民心」爲釋，非刻意立異，乃因設定孔子之語就「執政者」的角度立義。

〔三〕《論衡·明雩篇》文見引於劉寶楠《論語正義》卷一五。

21　樊遲問仁。子曰：「愛人。」問知。子曰：「知人。」

陸氏曰：「樊遲問仁、知，是二者平説，夫子亦平答之。就仁論仁，則曰愛人；就知論知，則曰知人。仁知兼體用，而此獨以用言者，朱子謂：『體與用雖是二事，本末未嘗相離。用即體之所以流行者也。』」〔一〕

愚按：樊遲兼問仁知，本經兩見，當時各有問詞，夫子蓋隨所問而答耳。

樊遲未達。

陸氏曰：「遲疑愛人則無所不愛，知人則當有別，二者若相妨，此亦疑所當疑也。」〔二〕

子曰：「舉直錯諸枉，能使枉者直。」

陸氏曰：「仁知本屬合一。仁中有知，知中有仁，非謂愛人不論直枉皆愛之也。直固當舉，枉自不得不錯，仁何嘗妨知？既舉直錯枉，則枉者亦且化而爲直，是錯之

〔一〕陸隴其《松陽講義》卷八「樊遲問仁子曰愛人」章，文中所引朱子説載《朱子語類·論語二十四》。
〔二〕陸隴其《松陽講義》卷八「樊遲問仁子曰愛人」章。

適以愛之，知何嘗妨仁？夫子言仁知相成之意，可謂明矣。」〔一〕

樊遲退，見子夏。曰：「鄉也吾見於夫子而問知，子曰：『舉直錯諸枉，能使枉者直。』何謂也？」

陸氏曰：「樊遲已明仁知合一之理，故此節專言知。蓋謂知即仁也，仁即知也，是鄉之未達者，至此已達矣。而又一未達者，謂舉錯是我所得主，枉者直則非我所得主。天下賢愚不齊，剛柔不一，舉直錯枉，何以即能使枉者直？此蓋深憂人心之難動，風俗之難變，而疑區區一舉錯，未必遂能見效也。」〔二〕

子夏曰：「富哉言乎！舜有天下，選於衆，舉皋陶，不仁者遠矣。湯有天下，選於衆，舉伊尹，不仁者遠矣。」

陸氏曰：「子夏既歎夫子之言所包者廣，不止言知，乃引舜、湯之事以申其義。蓋舜、湯之大天下，非有舉而無錯也，其所舉者特一皋陶，一伊尹，則所錯者亦多矣，而不仁者胥遠。然則不憂枉者之不直也，憂舉錯之不如舜、湯耳，能使枉直之言，又

〔一〕陸隴其《松陽講義》卷八「樊遲問仁子曰愛人」章。
〔二〕陸隴其《松陽講義》卷八「樊遲問仁子曰愛人」章。

何疑乎？能使枉直既無可疑，則仁知之相成，益無可疑矣。」〔一〕

愚按：此章爲千古仁知之名言，即爲千古選舉之標準。蓋選舉而出於意氣黨見之私，則必有所偏，而直者且無立足之地。選舉而出於大公至正之途，則天下咸服，而枉者皆有革非之心。後世言選舉者，盍三復聖賢之言？

22　子貢問友。子曰：「忠告而善道之，不可則止，無自辱焉。」

饒氏曰：「忠告者，盡此心之誠。既誠矣，不能善其辭説以道之，恐其未必從。二者俱盡，而彼不從，然後宜止。未能忠且善焉，而泛然告之、道之，遽以彼不從而止，則是在我者有未盡也。」〔二〕

愚按：忠告善道，仁也。不可則止，知也。仁知流行於交際之間，故《里仁篇》首言仁知，亦以「朋友數斯疏」終也。

〔一〕陸隴其《松陽講義》卷八「樊遲問仁子曰愛人」章。
〔二〕饒魯之言，見引於胡廣《四書大全·論語集注大全》卷一二。

23 **曾子曰：「君子以文會友，以友輔仁。」**

不言取友而言會友者，會，集也，《易・兑》卦傳曰：「君子以朋友講習。」惟會友而後能取友也。不言成仁而言輔仁者，輔，助也。吾心之仁有欠缺、有間斷，必賴友以輔助之，惟輔仁而後能成仁也。《大戴禮・曾子疾病》篇曰：「與君子游，如長日加益而不自知。與小人游，如履薄冰，每履而下，豈有不陷乎？」〔一〕是故取友不可不慎也。

顔淵篇大義

仁、義、禮、智、信爲五德，何始乎？或曰：「始自《孟子》。」非也。蓋實始於《論語・顔淵》一篇。《顔淵》篇以仁爲主。仁者，愛敬之原也，必以禮、義、智、信爲輔，故曰徙義、曰質直而好義、曰復禮、曰與人恭而有禮、曰約之以禮。問智，則曰知人，又曰民無信不立，曰主忠信。蓋五德之信，猶五行之土，寄王王與旺通。於四時。信爲仁

〔一〕末句「豈有不陷乎」，《大戴禮記・曾子疾病》作「幾何而不陷乎哉」。

之榦，非信則仁無以行也。

顔淵問仁，夫子告以「克己復禮」，又示以目曰：「非禮勿視，非禮勿聽，非禮勿言，非禮勿動。」蓋禮者天則也。吾之耳目，自有天則，何爲而有非禮之視、非禮之聽？吾之口，吾之身，自有天則，何爲而有非禮之言、非禮之動？制於外所以養其内，節乎人所以合乎天，程子《四箴》宜三復也。

「出門如見大賓」云云者，敬以致中，愛以致和也；「其言也訒」，敬之至也；「不憂不懼」，仁者之事也；「君子敬而無失」，「與人恭而有禮」，愛敬之心，推諸四海而皆準也。末世風俗僞而人心詐，愛人者易受人愚。明也遠也，仁中之智也。

中國數千年來天下所以難治者，在於民不知有信。「自古皆有死，民無信不立」，聖人之言，和易以緩，未有若斯之斬截者也。於字義，人言爲信。無信而無以爲言，無信而無以爲人也。民無信不立，無信而不能立國，無信而不能立於天地之間也。

文質相宜，禮之宜也。無本不立，無文不行也。盍徹之對，愛民之至也。「百姓足，君孰與不足」，仁人之言，藹如也。主忠信徙義，皆所以輔仁也。因愛惡之偏，而顛倒其死生之念，是昧於智而失其仁也。

仁義之道，起於君臣、父子相愛之間；而禮法、政治之原，出於君臣上下相敬之際。相愛則有所不忍，相敬則有所不敢。不忍與不敢之心合，而後聖人之道，得行乎其中，此天地之常經，古今之通義也。若君不君則犯，臣不臣則誅，父不父則無道，子不子則不孝，雖有粟吾得而食諸，其言亦可痛矣哉！《孟子》曰：「天子不仁，不保四海；諸侯不仁，不保社稷；卿大夫不仁，不保宗廟；士庶人不仁，不保四體。」此之謂也。然則救之者，其惟孝乎？其惟孝而後可推其仁於天下乎？

「片言折獄」，「無宿諾」，智也，信也。「聽訟吾猶人」，智也。「使無訟」，仁也。「居之無倦」，禮也。「行之以忠」，仁也。「博文約禮」，復於禮，所以進於仁也。「君子成人之美」，厚之至，仁之德也，未有小人而仁者也。帥民以正而不欲，義也，亦仁也。風行草偃，仁義之道，庶幾相感而化乎？「質直好義，寬以下人」，義也，亦禮也。「色取仁而行違」，不仁也。「居之不疑」，不信也。達者無不聞也，求人之聞，可耻也。「先事後得」，即所謂「先難後獲」，仁者之事也。「無攻人之惡」，仁中之義也。不逞「一朝之忿」，仁中之智也。「舉直錯諸枉，能使枉者直」，仁中之智，即智中之仁也。「忠告善道」，盡己之仁。「以友輔仁」，取人之仁。然不可則止，「以文會友」，則義與禮兼賅焉。

凡仁、義、禮、智、信五德，參互錯綜於一篇之中，仁爲之主，禮、義、智、信爲輔。其義理若不相蒙，而實相貫也；其文法若不相聯，而實相間也。嗚呼！聖人之言，廣矣！大矣！聖門之文，奥矣！妙矣！非夫探賾索隱，鉤深致遠，其孰能知之？

卷十三

子路篇第十三

1 **子路問政。子曰：「先之，勞之。」**

先，謂以身先民，倡率之也〔一〕。勞，謂不辭勞瘁，與民同辛苦也。《易》曰：「説以先民。」又曰：「勞而不伐。」苟在上者不能勤苦，則民亦惰媮。或訓勞爲慰勞〔二〕。

請益。曰：「無倦。」

請益，請申言也〔三〕。勤苦之事，易生倦心，惟持之以恒而已。蓋先勞乃邁往之精

〔一〕黄式三《論語後案》解作「訓導」，唐先生未從。
〔二〕陸德明《經典釋文》引鄭玄注説，見引於劉寶楠《論語正義》卷一六。
〔三〕本黄式三《論語後案》「請申説」之義。

神，無倦乃貞固之精神，皆從憂勤惕厲中來[一]，故《子路》篇言政治，以是爲首。

2　仲弓爲季氏宰，問政。子曰："先有司，赦小過，舉賢才。"

李氏曰："先有司者，以身爲有司倡也。如倡之以廉，倡之以惠，倡之以勤，皆其事也……赦小過，承有司言，亦指在官之過誤。先有司則自治也嚴，而下皆相師；赦小過則待人也恕，而人得自盡。至舉賢才，尤爲政之要務，不但使有司得其職，而所以厲人才、成風俗者，在於是也。"[二]

曰："焉知賢才而舉之？"曰："舉爾所知。爾所不知，人其舍諸？"

黄氏曰："古者薦舉之法，祇是舉其所知。得其人，則受進賢之賞；不得其人，則被濫舉之罰。黜陟之内，刑賞因之，國家所以得真才，而士之爲知己報者，亦激切也。"[三]

愚按：《易》《泰》、《否》二卦初爻，皆言"拔茅茹以其彙"，君子以同類爲朋，小人

[一] 此本《易》義爲説。
[二] 李光地《榕村四書説·讀論語劄記》"仲弓爲季氏宰"章。
[三] 黄式三《論語後案》。

亦以同類而進。選舉德行之科，所舉者必善士，故夫子告之以此。

3　子路曰：「衛君待子而爲政，子將奚先？」

衛君，出公輒也。時輒父蒯聵，不得立在外，諸侯多非之。而孔子弟子多仕於衛，故衛君欲得孔子爲政〔一〕。奚先，以何者爲先。

子曰：「必也正名乎！」

正名，正父子之名也〔二〕。靈公逐蒯聵，而輒復拒之，父子之倫蔑矣。必正其名，以明大義〔三〕。衛國之事，乃可次第而治。

鄭君注：「正書字。」〔四〕後人申之，以爲正文字之誤。其意蓋謂正文字中之「名詞」〔五〕也。

〔一〕黄式三《論語後案》。

〔二〕黄式三《論語後案》本朱子《論語集注》説。

〔三〕劉寶楠《論語正義》卷一六承全祖望、夏忻、惲敬的考證，依據歷史本事與語境，指出此章所説「正名」的具體内涵，便是「正太子之名」。

〔四〕皇侃《論語義疏》卷七引鄭玄注：「正名，謂正書字也。古者曰名，今世曰字。」

〔五〕「名詞」指「名位之詞」，從倫理關係而説，不是現代語法的名詞觀念。

子路曰：「有是哉，子之迂也！奚其正？」

奚其正者，言衛事亂，徒正父子之名，奚益於實事也。

李氏曰：「夫子而爲衛，則必待衛君感悟，而求善處於公子之間。顧言正名，則實事在其中矣。子路未喻其意，以爲夫子當此之際，而欲正名，則空言而不可施於事，正與下文『言之，必可行』相對。」〔一〕

子曰：「野哉由也！君子於其所不知，蓋闕如也。

質勝文謂之野，責其率爾而言也〔二〕。「蓋闕如」，與「踧踖如」、「鞠躬如」同一句例〔三〕。蓋闕，謂審慎不言也。

名不正，則言不順；言不順，則事不成；事不成，

《春秋》道名分〔四〕。名不正，則言不能表示於衆，必有作僞而不能順遂者，豈能行

〔一〕李光地《榕村四書說·讀論語劄記》「子路曰衛君待子而爲政」章。

〔二〕本朱子《論語集注》卷七。

〔三〕黃式三《論語後案》據段玉裁「疊韻雙聲字」說，劉寶楠《論語正義》卷一六據宋翔鳳《過庭録》、段玉裁說。按：程樹德《論語集釋》卷二六置宋翔鳳說於「別解」。

〔四〕《莊子·天下》云：「《春秋》以道名分。」

之於事實乎？故凡以急遽之心，行苟且之政者，皆可斷其無成也。

黄氏曰：「《孟子》言：『瞽瞍厎豫，而天下爲父子者定。』〔一〕本孝出治，父子之倫爲重也。治國者不正一家父子之名，而欲正一國之父子，無諸己而求諸人，言之則一己多忌諱之私，而事亦阻窒而不成矣。」〔二〕

則禮樂不興；禮樂不興，則刑罰不中；刑罰不中，則民無所措手足。

禮生於孝之序，樂生於孝之和。不孝則乖戾之氣積，焉能興禮樂乎？五刑之屬三千，罪莫大於不孝，故《周禮》先不孝之刑〔三〕。上無以率下，則民皆罹於刑罰矣。措，置也。無以置其手足，言動皆獲罪，國無紀綱之害也。

黄氏曰：「禮樂刑罰，事之大者。禮莫大於父子之序，樂莫大於父子之和，刑罰莫大於不孝。三者失而事之不成甚矣。是以治世之要務，在彝倫攸敘。」〔四〕

故君子名之必可言也，言之必可行也。君子於其言，無所苟而已矣。」

〔一〕《孟子·離婁上》文。
〔二〕黄式三《論語後案》。
〔三〕《周禮·大司徒》的「鄉八刑」之首是「不孝之刑」。
〔四〕黄式三《論語後案》。按：劉寶楠《論語正義》卷一六亦徵引黄氏此按語。

名必正大，是謂可言。言必副實，是謂可行。君子於言無所苟，戒子路之失言也。此章夫子推論名言之實，所以隱蒯聵之事〔一〕而不言者，乃「居是邦不非其大夫」〔二〕之意，當與「爲衛君」章〔三〕參看。

黄氏謂蒯聵志在殺母，父喪未葬，又興晉師以襲國，其罪必不容立。而輒之讓國，亦有所難。聖人必有善處於骨肉之間者。其論甚正，詳見《論語後案》〔四〕。

4　樊遲請學稼，子曰：「吾不如老農。」請學爲圃。曰：「吾不如老圃。」

耕田而種五穀謂之稼，闢場而種蔬菜謂之圃〔五〕。樊遲請爲稼圃之學，蓋欲研究農家之説。夫子告以不如者，言學識不如經驗之實也。

李氏曰：「使樊遲但爲營生細謀而問，則夫子下文所言，若不相應。蓋遲亦以稼

〔一〕蒯聵惡行，備載《左傳》。
〔二〕此「禮」之文，見《孔子家語》及《荀子・子道》。
〔三〕《論語・述而》載：「冉有曰：『夫子爲衛君乎？』子貢曰：『諾。吾將問之。』入，曰：『伯夷、叔齊何人也？』曰：『古之賢人也。』曰：『怨乎？』曰：『求仁而得仁，又何怨。』出，曰：『夫子不爲也。』」
〔四〕唐先生概述黄式三《論語後案》要旨，非黄氏原文。按：黄式三《論語後案》並交代王守仁《傳習録》同有此説。
〔五〕本何晏《論語集解》引馬融注並朱子《四書集注》。

圃爲實學，如《漢書》之有九流，亦學者所宜游心也。故夫子拒之，而復言其遠者大者，使之聞之。」〔一〕

樊遲出。子曰：「小人哉，樊須也！

《書・無逸》篇：「先知稼穡之艱難，乃逸〔二〕，則知小人之依。」稼穡非不當學，惟士君子之所學，不屑屑於農事，故斥之曰小人，以其所學者小也。〔三〕

上好禮，則民莫敢不敬；上好義，則民莫敢不服；上好信，則民莫敢不用情。夫如是，則四方之民襁負其子而至矣，焉用稼？」

禮、義、信，大人之事〔四〕。焉用稼，言何用學稼以教民乎〔五〕？樊遲所問，近於「並耕之説」〔六〕，故夫子正之。

〔一〕李光地《榕村四書説・讀論語劄記》「樊遲請學稼」章。
〔二〕唐先生徵引沿前人注，故脱落處相同。「乃逸」據《尚書・無逸》文補入。
〔三〕朱子《四書集注》卷七謂：「小人，謂細民，《孟子》所謂『小人之事』者也。」
〔四〕朱子《四書集注》卷七。
〔五〕何晏《論語集解》引孔氏注。
〔六〕《孟子・滕文公上》載陳相見孟子，道農家許行之言曰：「滕君，則誠賢君也，雖然，未聞道也。賢者與民並耕而食，饔飧而治。」

或曰：「樊遲見夫子周游列國而道不行，請學稼圃，意欲隱居不出耳。然聖人之心，未嘗忘一天下，則有大人經世之學在也。」〔一〕

5　子曰：「誦《詩》三百，授之以政，不達；使於四方，不能專對；雖多，亦奚以爲？」

《詩》有誦、歌、絃之分。誦《詩》，謂口讀而以聲節之〔二〕。三百，謂終業。專對，謂應對有專長。《詩》所以考風俗之盛衰，驗政治之得失，而有本於敦厚温柔、揚扢風雅之旨。誦之者苟不達於政事，而無言語之才，則所學者章句之末耳〔三〕，奚益哉？故通經必求致用。

6　子曰：「其身正，不令而行；其不正，雖令不從。」

身者，天下之表也。《書·洪範》所謂「皇建其有極」是也。令，教令也〔四〕。《易

〔一〕黄式三《論語後案》引元儒王簡夫語。
〔二〕本黄式三《論語後案》之據鄭玄注及皇侃「口讀」説。
〔三〕本朱子《四書集注》卷七意。
〔四〕何晏《論語集解》。

緯》曰：「正其本，萬事理。」《孟子》曰：「國之本在家，家之本在身。」身苟不正，條教空文，徒爲民所蔑視而已。此章乃《大學》之精義也。

7　**子曰：「魯、衛之政，兄弟也。」**

魯，周公之封。衛，康叔之封。周公、康叔爲兄弟最睦，其國之政，亦如兄弟[一]，雖當季世，猶善於他國。夫子由後溯前，望其皆變而至道也。

陸氏曰：「魯秉周禮，衛多君子。周公、康叔之遺風遺在，而無振起之，故歎其衰。有惜之意，有望之意[二]，亦有憂之意。」[三]

8　**子謂衛公子荆，「善居室。始有，曰：『苟合矣。』少有，曰：『苟完矣。』富有，曰：『苟美矣。』」**

[一] 何晏《論語集解》引包咸注。
[二] 黄式三《論語後案》引陸隴其語。「有望之意」句，據黄氏引文補入。
[三] 劉寶楠《論語正義》卷一六，引陸氏此説而無「有望之意」句，唐先生乃轉引劉氏《正義》文。按：語見陸隴其《四書講義困勉録》卷一六，原文有「有望之意」，故據以補入。

善居室，善其能以勤儉起家也。苟，誠也〔一〕。合，聚也。完，備也〔二〕。公子荆能知足，故夫子稱之〔三〕，爲當時奢侈者戒。

9　子適衛，冉有僕。

黄氏曰：「《周禮》諸侯僕皆大夫士，别有人牽馬駕車，是此僕當爲監駕也。」〔四〕

子曰：「庶矣哉！」

陸氏曰：「庶哉一歎，即具老安少懷之意。此時富教二字，已旋轉洋溢於方寸之中，待冉有之問而即發。」〔五〕

冉有曰：「既庶矣，又何加焉？」曰：「富之。」

朱注：「庶而不富，則民生不遂，故必制田里〔六〕、薄賦斂以富之。」蓋其時去古未

〔一〕劉寶楠《論語正義》卷一六注。
〔二〕朱子《四書集注》卷七。
〔三〕邢昺《論語注疏》謂：「此章孔子稱謂衛公子荆有君子之德也。」
〔四〕黄式三《論語後案》。
〔五〕陸隴其《松陽講義》卷九「子適衛」章。
〔六〕「故必制田里」，朱子《論語集注》卷七原文無「必」字。

遠，井田猶可復也，此富之道也。

曰：「既富矣，又何加焉？」曰：「教之。」

朱注：「富而不教，則近於禽獸，故必立學校，明禮義以教之。」蓋其時異學未興，庠序猶易復也，此教之道也。

富、教二者爲聖人經國之大猷。不能富，則民將自爲富，而壟斷侵奪之事興。不能教，則民將自爲教，而異端邪説之徒衆。聖門弟子，於富教之條目，平時必熟聞之，故冉子不待再問也〔一〕。

10 **子曰：「苟有用我者。朞月而已可也，三年有成。」**

據《史記》，此夫子在位時之言〔二〕。朞月，謂周一歲之月〔三〕，即一年也。以富而言，三年耕必有一年之蓄，九年耕必有三年之蓄〔四〕，是倉廩足也。以教而言，比年入

〔一〕本陸隴其《松陽講義》卷九「子適衛」章。
〔二〕本朱子《論語集注》卷七。
〔三〕朱子《論語集注》卷七。
〔四〕本《禮記·王制》。

學，中年考校，三年大比〔一〕，是禮義明也。所謂「已可」，所謂「有成」者，蓋指此，非空言也。

11 **子曰：「善人爲邦百年，亦可以勝殘去殺矣。誠哉是言也！」**

朱注：「爲邦百年，言相繼而久也；勝殘，化殘暴之人，使不爲惡也；去殺，謂民化於善，可不用刑殺也。」

程子曰：「善人者，所謂『不踐迹，亦不入於室』〔二〕者也。既不循前人之弊以守之，又不得聖人之道而行，宜其緩且久也。」〔三〕

陸氏曰：「誠哉是言，所以逆折夫世之言刑名法術者。蓋當世殘殺之風甚矣，夫子有深痛焉。」〔四〕

〔一〕本《禮記·學記》。

〔二〕《論語·先進》載：「子張問善人之道，子曰：『不踐跡，亦不入於室。』」

〔三〕程顥《南廟試策五道·第五道》文。

〔四〕陸隴其《四書講義困勉録》卷一六。按：此兩則皆唐先生迻録自黄式三《論語後案》。

12 **子曰：「如有王者，必世而後仁。」**

王者，謂聖人受命而興。三十年爲一世〔一〕。仁，謂一國興仁也。必世而後仁，量民之力之所能，民德之所進，不迫切之也〔二〕。蓋王者在位，則能止於至善矣。鄭君謂：「周自大王、王季、文王、武王，賢聖相承四世，周道至美。武王伐紂，至成王乃致太平，由承殷紂敝化之後故也。」〔三〕是夫子此言，思周初之盛也。

或曰：《王制》『以三十年之通制國用』，蓋富而後教，倉廩足而知禮義，故可進於仁也〔四〕。亦通。

13 **子曰：「苟正其身矣，於從政乎何有？不能正其身，如正人何？」**

在上之人，民所瞻仰。政者，正也。後世爲治者，不能正其身，而欲正人，其所令反其所好，而民不從。非特不能正人也，身亦危矣。

〔一〕朱子《論語集注》卷七。
〔二〕包慎言《温故録》文，見引於劉寶楠《論語正義》卷一六。
〔三〕鄭玄注見引黃式三《論語後案》與劉寶楠《論語正義》卷一六。
〔四〕黃式三《論語後案》。

14　冉子退朝。子曰：「何晏也？」對曰：「有政。」子曰：「其事也。如有政，雖不吾以，吾其與聞之。」

禮，大夫雖不治事，猶得預聞國政〔二〕。夫子「政」與「事」之辨，《春秋》正名分之旨也〔三〕。

黄氏曰：「國有大事更張，正當會集公朝，詢及國老，故曰：『雖不吾以，吾其與聞之。』所以抑季氏，教冉有，知國之舊典，不可輒謀更張於私室也……如謂公朝常行之務，致仕者必共聞之，揆之『不在其位，不謀其政』之義，有未安矣。」〔三〕

15　定公問：「一言而可以興邦，有諸？」孔子對曰：「言不可以若是其幾也。

朱注：「幾，期也……言一言之間，未可以如此必期其效。」〔四〕

〔一〕朱子《論語集注》卷七。
〔二〕朱子《論語集注》卷七謂：「其所以正名分、抑季氏而教冉有之意深矣。」
〔三〕黄式三《論語後案》。
〔四〕「未可以如此必期其效」句，朱子《論語集注》卷七「如此」後有「而」字。

黃氏訓幾爲終，謂與下「不幾」字相合〔一〕。似牽强。

人之言曰：『爲君難，爲臣不易。』

此即興邦之言也〔二〕。

如知爲君之難也，不幾乎一言而興邦乎？」

因「爲君難」一言，而知「爲君」之所以難，無一事之敢忽，則一言興邦，庶可期矣〔三〕。

黃氏曰：「國之興敗，分於敬畏與驕逸之心。《晉語》郭偃曰：『君以爲易，其難也將至矣；君以爲難，其易也將至矣。』」〔四〕

曰：「一言而喪邦，有諸？」孔子對曰：「言不可以若是其幾也。人之言曰：『予無樂乎爲君，唯其言而莫予違也。』

喪邦，失國家。「無樂乎爲君，唯其言而莫予違」，此即喪邦之言也。

〔一〕黃式三《論語後案》。
〔二〕朱子《論語集注》卷七謂：「當時有此言也。」
〔三〕本朱子《論語集注》卷七。
〔四〕黃式三《論語後案》。按：郭偃語末「矣」字，《國語·晉語》作「焉」。

如其善而莫之違也，不亦善乎？如不善而莫之違也，不幾乎一言而喪邦乎？」

言專制則行專制，行專制則驕横生。讒諂日進，忠良日退，邦焉得而不喪？黄氏曰：「言莫予違，敢自是也……自是者安知難？」〔一〕

16　葉公問政。子曰：「近者説，遠者來。」

朱注：「被其澤則説，聞其風則來。」

愚按：來者，歸嚮之也。此蓋周武王「不泄不忘」〔二〕之德，其本在行仁政而順民情，惜乎葉公不能問也。

17　子夏爲莒父宰，問政。子曰：「無欲速，無見小利。欲速則不達，見小利則大事不成。」

〔一〕黄式三《論語後案》。

〔二〕此概括《孟子·離婁下》載孟子言禹、湯、周文王、武王、周公之善政，周武王「不泄邇，不忘遠」。謂不論遠近，一視同仁。

莒父，魯下邑〔一〕。或曰：「欲速者，心之躁，陽剛之弊。見小利者，心之私，陰柔之弊。」〔二〕或曰：「欲速、見小，皆霸者之爲，此尊王黜霸之旨。」〔三〕

要之，子夏規模不免狹隘。夫子恐其求治過速，改絃更張，而不免於急遽苟且之弊，爲民興小利，規規於目前，而不免有妨於大事，故告之以此。即「必世後仁」之意，千古政治之名言也。

18　葉公語孔子曰：「吾黨有直躬者，其父攘羊，而子證之。」

直躬，朱注：「直身而行。」〔四〕或曰：「直人名躬。」〔五〕攘、讓，古字通〔六〕。《禮記・曲禮》篇「左右攘避」，攘即讓也。攘羊，謂以羊故讓與人也。其子證之，證其爲己物也。葉公好名，故以此爲直。

〔一〕何晏《論語集解》鄭玄注引「舊説」。
〔二〕李光地《榕村四書説・讀論語劄記》「子夏爲莒父宰問政」章。
〔三〕黄式三《論語後案》。
〔四〕朱子《論語集注》卷七。
〔五〕陸德明《經典釋文》引鄭玄注，見引於黄式三《論語後案》，劉寶楠《論語正義》主此説。
〔六〕黄式三《論語後案》。謹按：唐先生主推讓之義，隱成善意善行。

先儒解爲「有因而盜曰攘」[一]。參以下節之義，恐非。

孔子曰：「吾黨之直者異於是。父爲子隱，子爲父隱，直在其中矣。」

此節先儒多以爲「天理人情之至」[二]。竊謂宜剖析言之。上文攘羊，若作攘竊解，則子爲父隱，猶可言也。父爲子隱，是教子爲竊盜矣，豈得云直在其中？惟因彼此「推讓」，互相隱以成其攘，即互相隱以成其直，斯爲天理人情之至矣。

19 樊遲問仁。子曰：「居處恭，執事敬，與人忠。雖之夷狄，不可棄也。」

此所謂心存而不失也。「居處恭」，是涵養其所未發。「執事敬，與人忠」，則皆省察之功，即以驗其所涵養者也。隨時隨地而不失此心，故曰之夷狄不可棄。本經樊遲問仁凡三。以此章居最後，具見其於治心之學，日有進境。可與顏淵、仲弓問仁兩章參看。

[一] 何晏《論語集解》引周氏注及朱子《論語集注》卷七。

[二] 朱子《論語集注》卷七、陸隴其《四書講義困勉録》卷一六。

20 子貢問曰：「何如斯可謂之士矣？」子曰：「行己有耻，使於四方，不辱君命，可謂士矣。」

行己有耻，志有所不爲，體也[一]；不辱君命，材足以有爲，用也[二]。體用全，乃可謂之士。耻與辱相因而致，惟有耻而後能不辱，未有無耻而不辱者也。《禮記·哀公問》篇曰：「物耻足以振之，國耻足以興之。」蓋其氣節懔然，所行之不辱[三]，決可知矣。

曰：「敢問其次。」曰：「宗族稱孝焉，鄉黨稱弟焉。」

《學而》篇云：「入則孝，出則弟。」孝在門内，故稱宗族；弟在門外，故稱鄉黨。此體立而材不足者，故爲其次。

黄氏曰：「宗族稱之，鄉黨稱之，積於中而著於外，此非虚名，而爲實行，亦使宗族鄉黨有所矜式也。」[四]

[一] 本何晏《論語集解》引孔氏注，朱子《論語集注》並同。

[二] 朱子《論語集注》卷七。

[三] 此有體有用之士。

[四] 黄式三《論語後案》。按：「而爲實行」句，黄氏原文作「堪證實行」。

曰：「敢問其次。」曰：「言必信，行必果，硜硜然小人哉！抑亦可以爲次矣。」

黄氏曰：「《孟子》言：『大人者，言不必信，行不必果，惟義所在。』」朱注引尹氏〔一〕曰：『主於義，則信果在其中矣。主於果，未必合義。』〔二〕蓋士之砥礪言行者，於義雖未精，而未嘗不擇義，故爲士之次……若堅忍犯義之流，明知非義而言之行之，豈得謂信果哉！」〔三〕

愚謂：惟必信必果而後能孝弟，惟孝弟而後能有耻不辱，惟有耻不辱而後成聖賢，工夫無止境。惟斗筲之人，決不能入德耳。

曰：「今從政者何如？」子曰：「噫！斗筲之人，何足算也。」

從政，謂仕於朝者。斗筲之人，謂求升斗之禄也。算，數也，通作選。言何足選擇而數之也〔四〕。士人無才德可稱，而志惟在於食禄，則無耻而不足數矣。

〔一〕尹氏指尹焞。
〔二〕「主於果，未必合義」句，朱子《孟子集注·離婁下》：「孟子曰：『大人者，言不必信，行不必果，惟義所在。』」注引尹焞原文作：「主於信果，則未必合義。」
〔三〕黄式三《論語後案》。
〔四〕本黄式三《論語後案》。

舊解謂：「從政者，如魯三家之屬，夫子斥之。」[一]恐聖人之言不若是之急切也。

21 **子曰：「不得中行而與之，必也狂狷乎！狂者進取，狷者有所不爲也。」**

與之，與之進於道也。中行，性質之近於中庸者。狂者過，狷者不及，皆可以進於中庸之道也。

李氏曰：「『必也狂狷乎』句，意中恐有似中行而非中行者，故言既不得中行而與，則無寧狂狷耳。蓋狂狷與中行不相似，而取進之志可以裁，不爲之行可以進也。惟孟子知孔子之心，故引此章之語，既釋其意，而遂繼之以『鄉原，德之賊』，乃此章之義疏也。」[二]

22 **子曰：「南人有言曰：『人而無恒，不可以作巫醫。』善夫！」**

心無定主，則事無定業。《禮記・緇衣》篇「南人有言曰：『人而無恒，不可以爲

[一] 朱子《論語集注》卷七。
[二] 李光地《榕村四書説・讀論語劄記》「子曰不得中行而與之」章。

卜筮。』古之遺言與？龜[一]筮猶不能知也，而況於人乎？」末引《易》曰「恒其德貞」云云，與此章似同而實異。蓋記文所言，謂人之煩瀆無常，雖鬼神猶厭棄之。本經所言，謂人之作輟無定，雖小道亦不能成就也。

「不恒其德，或承之羞。」

此《易·恒》卦九三爻辭。承，繼也。羞，辱也。言無恒則繼之以辱也。先儒訓「或」爲常[二]，訓「承」爲進[三]。别備一義。

子曰：「不占而已矣。」

加「子曰」二字，以别《易》文。不占者，言無恒之人，不知占易道也。末俗之士，朝三暮四，日居凶悔吝之中，哀哉！君子觀象玩辭，觀變玩占，欲以救人心也。

23　子曰：「君子和而不同，小人同而不和。」

[一]「龜」字原作「卜」，據《禮記·緇衣》爲正。
[二] 皇侃《論語義疏》卷七。
[三] 朱子《論語集注》卷七。

李氏曰：「同德故和；以義相濟，故不同。同惡故同；各懷其私，故不和。」[一]愚按：《春秋左氏傳》晏子論和同之義，謂五味五聲惟不同而後能和。若小人則如以水濟水，無是非可否，則終之於不和而已。後世黨見紛歧，人心之乖戾益深，風俗之囂張日甚，安得聖人一正之？

24 子貢問曰：「鄉人皆好之，何如？」子曰：「未可也。」「鄉人皆惡之，何如？」子曰：「未可也。不如鄉人之善者好之，其不善者惡之。」

子貢方人，求觀人之法於「鄉評」，所見進矣。然鄉人皆好，或係同流合汙之徒；鄉人皆惡，或係崖岸自高之士，故曰：「不如鄉人之善者好之，其不善者惡之。」不如者，對皆好、皆惡而言，猶云彼善於此耳，非果以爲標準也。蓋欲辨鄉人之善不善，必有我先有窮理之功，而後有以察之，故曰：「衆惡之必察焉，衆好之必察焉。」[二]又曰：「視其所以，觀其所由，察其所安。」[三]是故知人之學，本於窮理。若專以「鄉評」

[一] 李光地《榕村四書説・讀論語劄記》「子曰君子和而不同」章。
[二] 見《論語・衛靈公》。
[三] 見《論語・爲政》。

爲主，而誤以善者爲不善，不善者爲善，則所差者大矣。

25　**子曰：「君子易事而難説也。説之不以道，不説也；及其使人也，器之。小人難事而易説也。説之雖不以道，説也；及其使人也，求備焉。」**

易事，能相見以誠也。《禮記·緇衣》篇曰：「爲上易事也，爲下易知也，則刑不煩矣。」説，謂投以所好也。不以道，謂近佞媚也。器之，謂隨其才具高下而用之。求備，求全責備之義。

或曰：求説即非道，難説、易説及兩「説之」，當作解釋之義〔一〕，謂有所陳説也。下「説也」「不説也」，當讀作悦。亦備一義。

26　**子曰：「君子泰而不驕，小人驕而不泰。」**

李氏曰：「無愧於己，故泰；檢身若不及，故不驕。有恃於己，故驕；與物常相

〔一〕黄式三《論語後案》謂：「説，解釋道義也。」

形，故不泰。」〔一〕

愚按：泰與驕，蓋就形於外者言之，若考其心術，則在於敬肆之分而已。

27 **子曰：「剛毅、木訥，近仁。」**

剛，無慾也。毅，果敢也。木，質樸也。訥，遲鈍也〔二〕。四者皆氣質也，其良心未我，故近於仁〔三〕。若進以學問，則不止於近仁矣。此章當與「巧言令色，鮮矣仁」義參看。或以《中庸》「力行近乎仁」解之〔四〕，恐未是。

28 **子路問曰：「何如斯可謂之士矣？」子曰：「切切偲偲，怡怡如也，可謂士矣。朋友切切偲偲，兄弟怡怡。」**

子路才力過人，此章「何如斯可爲士」一問，已有進矣。夫子特以其所不足者告

〔一〕李光地《榕村四書説·讀論語劄記》「子曰君子泰而不驕」章。
〔二〕本何晏《論語集解》引王肅注。
〔三〕本朱子《論語集注》引程子説。
〔四〕黄式三《論語後案》。

之，曰「切切偲偲怡怡」，蓋以士之氣象而言。《論語》凡言如者，皆謂氣象，如申申、夭夭之例。夫子蓋矯子路「行行」之弊，因以三者進之，俾之涵泳於《詩》《書》，磨礱〔一〕其德性，自能有此氣象，所謂「高明柔克」〔二〕也。

朱子謂：「切切者，教告懇惻而不揚其過；偲偲者，勸勉詳盡而不强其從。二者皆有忠愛之誠，而無勁訐之害。」〔三〕可見六字皆和厚之意，不但怡怡爲和厚也。

陸氏謂：「朋友切切偲偲，非謂朋友不必怡怡也，但當以切偲爲主。兄弟怡怡，非謂兄弟不必切偲也，但當以怡怡爲主。總之『氣質』少一分，與此『氣象』即近一分。」〔四〕語皆精切。

29　子曰：「善人教民七年，亦可以即戎矣。」

朱注：「教民者，教之以孝弟忠信之行、務農講武之法。」

〔一〕磨礱，砥礪之謂。
〔二〕《尚書·洪範》句。
〔三〕朱子《論語或問》卷一三文。按：「勁訐」原誤作「勁忤」，據朱子文更正。
〔四〕陸隴其《松陽講義》卷九「何如斯可謂之士矣」章。

愚按：即戎，即「足兵」之義，言教而「民信」自在其中。七年，言其久也。古人以數爲約，皆取諸奇，故三載考績，五年則再考，七年則三考。三年爲初，七年爲終也。程子謂：「當考其作爲如何？乃有益。」〔一〕尤見其實事求是之意。

30　子曰：「以不教民戰，是謂棄之。」

所謂教者，非徒武備之學也，修孝弟忠信，是其本矣〔二〕。用不教之民以戰，必有敗亡之禍，是自殺其民也〔三〕。棄，如棄市之棄。古人常以棄、宥對言。棄之，謂殺之也。自殺其民，抑何忍乎？《孟子》曰：「不教民而用之，謂之殃民。殃民者，不容於堯舜之世。」〔四〕

〔一〕朱子《論語集注》引程子語。按：朱注原文「考」作「思」。

〔二〕朱子《論語集注》説：「教民者，教之以孝弟忠信之行，務農講武之法。」

〔三〕朱子《論語集注》卷七。按：「是自殺其民」，朱注原文作「是棄其民」。

〔四〕《孟子・告子下》文。

子路篇大義

《子路》篇論政治，與《爲政》篇不同。蓋《爲政》篇重在推原德化，本學術以爲治術。而《子路》篇則多敷陳時政，意在補救當時之失。故《爲政》篇辭多緩和，而《子路》篇則辭多迫切。

先之勞之，爲政者之模範也。不先不勞，未有能率人者也。舉賢才，政本也。賢才屈於下，國未有能治者也。以衛輒之昏庸，而夫子猶以「正名」爲先，推言之曰：「禮樂不興，刑罰不中，則民無所措手足。」甚矣！吾民無所控訴之苦也。

禮義信三者，大人之事。「勞心者治人，勞力者治於人」，天下之通義也。誦《詩》三百，通經貴乎致用。苟無所用，「亦奚以爲」？「其身正不令而行」，與論魯衛之政，皆慨時政之失也。衛公子荆善居室，世禄之家，堂高數仞，榱題數尺，競以居處之富麗相炫耀矣。《老子》曰：「知足不辱。」荆誠賢公子哉！

富教者，千古政治之綱領也。「先富而後教」，民救死而恐不贍，奚暇治禮義也？期月已可，「三年有成」，如何而可有成？爲邦百年，如何而「勝殘去殺」？王者必世，如何而仁？皆聖人之大經濟也。學者不徒知其效，當實求其治法之所在也。

「苟正其身，從政乎何有」與《其身正不令而行章》相應。政與事之辨，見國之賢士君子，宜與聞乎大政也。「爲君難」，即興邦之一言也；「唯其言而莫予違」，即喪邦之一言也。聖人對君之辭，何其委婉而詳盡也！近說〔一〕遠來，告時人者，宜示以爲政之效也。「無欲速，無見小利」，告吾黨者，宜示以爲政之不求速效也。

「葉公語孔子」章以下，於政治乎何與？豈因葉公問政而連類及之與？非也。蓋爲政之本，首在先勞，而倡率之方，尤在舉賢才以自輔。用人者，治亂之樞機也，未有不講求用人而能行政者也。是故攘羊證父，作僞者也；父子相隱，率真者也。作僞者不可用，而率真者可用。輕浮無實之徒，爲政治之大蠹。恭敬忠三者，勤勤懇懇者也。勤懇之士當用。「行己有耻，不辱君命」者，賢士也。賢士不可不用。無耻而辱君者，斗筲之人也。斗筲之人不可用。中行之士可用，狂狷亦可用。《易傳》曰：「恒，德之固也。」政貴有恒，有恒者可用，無恒者不可用。和而不同，無黨見者也，是宜用；同而不和，有黨見者也，是不宜用。春秋之世，士大夫之知識，未足與言政

〔一〕此説字讀爲悦。

黨也。

「鄉人皆惡」，是必僞士，僞士不可用。「善者好之，不善者惡之」，是必善人，善人不可不用。易事而難説者可用，難事而易説者不可用。「泰而不驕」，無衆寡小大，無敢慢者也，是宜用；「驕而不泰」，驕人者常諂人，是不宜用。若以逢迎我者即爲君子，又謂使貪使詐，小人可暫用焉，未有不僨天下之事者也。浮囂而有氣習者，最足以害政；樸質而無氣習者，皆可與任事。「剛毅木訥」，樸質而無氣習者也，是可用。「切切、偲偲、怡怡」，在家庭社會中，有和氣者可用，有戾氣者不可用。

《子路》篇以子路問始，以子路問終，可矣！乃又記「教民即戎」兩章，觀聖人之辭，體聖人之意，特鄭重出之者，何哉？蓋爲政之先務，不過外交、軍事兩端。《子路》篇一則曰：「使於四方，不能專對。」再則曰：「使於四方，不辱君命。」其於外交，可謂重矣。然而處危難之世，則軍事爲尤急。蓋强者國之所以存也，弱者國之所以亡也。小役大，弱役强，天也，實人爲之也。浸假而弱之極焉，不獨役之已也，且將吞而滅之也。

虎豹居於山，而人莫之敢犯，牛羊陳於肆，而人得割之食之者，非牛羊之生命，不如虎豹之屬也，一强一弱之異也。人爲刀俎，我爲魚肉，可危也。是以夫子鄭重言之曰：「善教民七年，亦可以即戎矣。」又曰：「以不教民戰，是謂棄之。」且夫人君雖愚不肖，孰肯自棄其民而卒至於棄之者？蓋先存一利害交戰之心，以爲赤子而龍蛇，則將反而噬也。庸詎知人非喪心病狂，鮮有剚刃於其心腹者？剚，插刀也。《史記·張耳陳餘傳》：「莫敢剚刃公之腹中者。」此理不明，於是乎吾民血肉之軀，遂不免當鋒鏑之慘！於是乎吾民肝腦塗地，薫眼、折臂、自經之狀，口不可忍於言！於是乎吾民鬻男賣女、輾轉溝壑、流離、破産、滅種之痛，筆不可忍而述！

前史所載亂亡之禍常如此者，非一世也。是何以至此也？曰：「惟其弱也。」何以弱也？曰：「皆不教之民也。」然則如之何而可也？曰：「民皆爲兵，而後能免此禍也！」蓋惟教通國之民，定强歲壯年以下，《禮記》四十曰强，三十曰壯。皆編爲兵籍之制，俾之嫺習軍事，而又愛我民，親我民，不輕視蔑視我民，如是而後可以即戎，如是而後可使之戰，如是而乃爲政治中之善人也。是故有教而民皆可爲兵，無教而民皆被戕於兵，自殘自殺，其禍胡所底止？有聖人作，教其民，先教其兵，而後天下可得而治。

卷十四

憲問篇第十四

1 憲問耻。子曰：「邦有道，穀；邦無道，穀，耻也。」

穀，禄也。邦有道之時，宜辨天下之大事，乃僅食禄焉，則其短於才德可知也，可耻也〔一〕。邦無道之時，宜隱居以求其志，乃亦食禄焉，則其從俗浮沈，或曲學阿世可知也，尤可耻也〔二〕。

朱注：「憲之狷介，其於『邦無道，穀』之可耻，固知之矣。至於『邦有道，穀』之可耻，則未必知也。故夫子因其問而并言之，以廣其志，使知所以自勉，而進於有爲。」

〔一〕何晏《論語集解》引孔氏注謂：「邦有道，當食其禄也。」此朱子《論語集注》所不取。
〔二〕本朱子《論語集注》卷七。

最合經意。

或謂：受禄不誣，何耻之有[一]？不知夫子所謂「邦有道，穀」，乃指素餐而言。耻者，正所以求其不誣也。

「克、伐、怨、欲不行焉，可以爲仁矣？」

先儒謂：「『克、伐者，因己所有而生，氣盈也。怨、欲者，因己所無而生，氣歉也。』[二]四者之病雖不同，無非氣質用事……不行者，强制之功，其根株猶伏於中也。」[三]

子曰：「可以爲難矣，仁則吾不知也。」

陸氏曰：「克、伐、怨、欲四者，其勢與力，如奔馬之不可控遏，如江河之不可提防，非憲之力不能制之，故曰『可以爲難矣』，蓋許之之辭也……惟憲遽以爲仁，則於仁字尚未能透徹，故又曰『仁則吾不知也』，此進之之辭也。」[四]

[一] 黄式三《論語後案》謂：「有道時以功詔禄，君子受禄不誣，無可耻也。」
[二] 胡廣《四書大全·論語集注大全》卷一四。
[三] 陸隴其《松陽講義》卷九「克伐怨欲」章。
[四] 陸隴其《松陽講義》卷九「克伐怨欲」章。

李氏曰：「鋤稂莠者，將以殖嘉穀，疏壅塞者，將以行泉源，去克伐怨欲者，將以求吾心之德也。吾心之德，必居敬以持之，明理以克之，則人欲有日消之勢，此則顔子『四勿』之功也。憲之『不行』，必也强忍力制，而未有本源功夫，縱使能之，而無天理流行其間，猶之稂莠既鋤而嘉穀不生，壅塞既疏而泉源不至。此異氏之學，所以異於吾儒也。」〔一〕

二説均極精至。又程子惜原憲不能再問〔二〕。要之聖門切問近思，原子〔三〕退而自省其功，必有日進者矣。

2　子曰：「士而懷居，不足以爲士矣。」

懷者，每念不舍之義。懷居，謂如求田問舍，所謂「小人懷土」是也，其志卑而品下矣，豈足以爲士乎？此與「耻惡衣惡食」章義相發明。

〔一〕李光地《榕村四書説·讀論語劄記》「克伐怨欲不行焉」章。
〔二〕朱子《論語集注》卷七引。
〔三〕謂原憲。

3 **子曰：「邦有道，危言危行；邦無道，危行言孫。」**

危，高峻也。孫，卑順也〔一〕。君子處有道之時，其德日修，故言行不可不高峻。處無道之時，恐流於小人之歸，故行不可不高峻，而言欲其孫者，不必得罪於小人以取禍也。蓋邦有道，當提倡天下之道德；邦無道，當自守其道德，而不隨風氣爲轉移。「言行，君子之樞機。」〔二〕樞機之發，禍福隨之〔三〕，故曰：「言行，君子之所以動天地也。」〔四〕

或引《廣雅》訓「危」爲正〔五〕，亦通。

4 **子曰：「有德者必有言，有言者不必有德；仁者必有勇，勇者不必有仁。」**

有德者之言，仁義之人，其言藹如也；有言者，詞華辯才而已。仁者之勇，發於

〔一〕朱子《論語集注》卷七。
〔二〕《易·繫辭上》文。
〔三〕《易·繫辭上》作「樞機之發，榮辱之主」。
〔四〕《易·繫辭上》文。
〔五〕黄式三《論語後案》。

義理，雖千萬人吾往是也；勇者僅有血氣之强而已。此爲末世好談著作及徒尚意氣者而發。

5 **南宮适問於孔子曰：「羿善射，奡盪舟，俱不得其死然；禹、稷躬稼，而有天下。」夫子不答，南宮适出。子曰：「君子哉若人！尚德哉若人！」**

盪舟，陸地行舟[一]。或曰：「當作覆舟。」[二]《楚辭・天問》篇：「覆舟斟、鄩。」言奡滅斟、鄩二國，多力而能覆舟也。恃其多力，卒爲夏少康所誅，故曰：「俱不得其死然。」

禹盡力於溝洫，稷播種百穀，故曰「躬稼」。禹及身而有天下，稷之後，至周武王亦有天下，皆修德之報。

黃氏曰：「周末權奸，自矜智力可以奪命，幾乎皆爲羿、奡，豈知惡積必至滅身，祈命必有用德……世或有行道而凶、違道而吉者，此數之變，而不可爲常。常者多且

[一] 何晏《論語集解》引孔氏注。
[二] 顧炎武《日知録》、黃式三《論語後案》、劉寶楠《論語正義》俱主此說。

久，變者少且暫。以少且暫之變，而遂言命數不足憑，豈其然乎？」〔一〕

愚按：适之問，夫子之贊，皆以天命警人心也。

或讀「俱不得其死」爲句，以「然」字屬下讀〔二〕，與《先進》篇「若由也」〔三〕句例不合。

6　子曰：「君子而不仁者有矣夫，未有小人而仁者也。」

君子小人，以心術而分〔四〕。君子於造次顛沛之時，偶爾失檢，或致不仁，然其心可原，所謂君子之過也。若小人則一意爲惡，本心既喪，決無偶進於仁之理，故居心不可不慎也。愚又嘗推言之曰：「君子而不能治事者有之矣，未有小人而能治事者也。」

〔一〕黄式三《論語後案》。
〔二〕金履祥《論語集注考證》卷七。按：金氏並批評本句連「然」字爲「俗讀」。
〔三〕此句是「若由也，不得其死然」。
〔四〕周宗建《論語商》卷下《君子章》謂：「但此處君子小人不在人品上説，就以『心』言。」按：唐先生具體以「心術」言。

7　子曰：「愛之，能勿勞乎？忠焉，能勿誨乎？」

人必習勞，乃能幹事。愛而勿勞之，適以害之。人必納誨，乃能爲善。忠而勿誨之，適以縱恣之。細讀兩「能勿」字，其用心周且至矣。蘇氏曰：「愛而勿勞，禽犢之愛也；忠而勿誨，婦寺之忠也。」〔一〕或以上句爲父之於子，下句爲師之於弟〔二〕，亦通。要之倫紀之中，貴以至誠相感也。

8　子曰：「爲命：裨諶草創之，世叔討論之，行人子羽修飾之，東里子產潤色之。」

《左氏・襄公三十一年傳》載：「裨諶能謀，謀於野則獲，謀於邑則否。子太叔美秀而文。公孫揮能知四國之爲。鄭國將有諸侯之事，子產乃問四國之爲於子羽，且使多爲辭令，與裨諶乘以適野，使謀可否，而告馮簡子，使斷之。事成，乃授子太叔，使行之，以應對賓客，是以鮮有敗事。」〔三〕與本經略異。要知子產實能總其大成，故介

〔一〕見引於朱子《四書集注》卷七。
〔二〕戚學標之説，見引於黄式三《論語後案》。
〔三〕《左傳》原文「子太叔美秀而文。公孫揮能知四國之爲」在「裨諶能謀，謀於野則獲，謀於邑則否」之前。

於晉楚之間，因應適得其宜。蓋辭令本於禮義，雖至强者亦爲折服，孰謂弱國之無外交哉？

9　或問子産。子曰：「惠人也。」

黄氏曰：「子産謂子太叔：『惟有德者能以寛服民，其次莫如猛。』所以矯子太叔懦弱之弊。刑書之鑄，不過申明已墜之法，亦不足爲子産病也。」〔一〕

愚按：黄説是。子産之「猛以制寛」〔二〕，正所以成其德惠，所謂「殺一二人以生千萬人」也，夫子以爲「惠人」，蓋指其愛人之心而言。《孟子》以爲「惠而不知爲政」，乃專指乘輿濟人一事而言〔三〕。

問子西。曰：「彼哉！彼哉！」

朱注：「子西，楚公子申，能遜楚國，立昭王，而改紀其政……彼哉者，外之

〔一〕黄式三《論語後案》。
〔二〕《左傳·昭公二十年》載讚美子産施政得宜語。
〔三〕本胡廣《論語集注大全》卷一四引元儒胡炳文語。

之辭。」

陸氏曰：「子西不能革僭王之號，與子文同，而非子文比也。沮孔子，與晏子同，而非晏子比也。所謂改紀，祇改囊瓦之政耳。」〔一〕

或曰：「子西，鄭大夫。或人因夫子歎鄭之多賢，故以子産、子西爲問，以二人同聽鄭政者也。」〔二〕彼，或作彼，言邪也〔三〕。

問管仲。曰：「人也。奪伯氏駢邑三百，飯疏食，没齒無怨言。」

人也，猶言此人也〔四〕。或作仁厚解〔五〕，非也。伯氏，齊大夫。駢邑，地名，伯氏食采之地也。三百，三百户。齒，年也。伯氏有罪，管仲削奪其邑，籍没其家産也〔六〕。

〔一〕此文見引於黄式三《論語後案》。遍考陸隴其《松陽講義》及《四書講義困勉録》，均未見，疑黄氏筆誤。按：劉寶楠《論語正義》卷一七所説意同。

〔二〕潘維城《論語古注集箋》卷七引崔應榴《吾亦廬稿》文。

〔三〕黄式三《論語後案》。按：此條本毛奇齡《論語稽求篇》卷六「彼哉彼哉」條。劉寶楠《論語正義》則認爲此説言之過份而「未可據」。

〔四〕朱子《論語集注》卷七。

〔五〕朱彬《經義考證》、潘維城《論語古注集箋》、黄式三《論語後案》、劉寶楠《論語正義》均主此説。

〔六〕本何晏《論語集解》及朱子《論語集注》。

「没齒無怨言」者，由仲之斷獄得其平。

10 **子曰：「貧而無怨難，富而無驕易。」**

朱注：「處貧難，處富易，人之常情。」

愚按：聖人非泛論難易也，欲人勉爲盡性知命之學也，當與「無諂無驕」章參看。

黄氏曰：「難者終難，易者不易，是以歎之。」〔一〕别一義。

11 **子曰：「孟公綽，爲趙、魏老則優，不可以爲滕、薛大夫。」**

朱注：「滕、薛國小政煩，大夫位高責重，公綽蓋廉静寡欲，而短於才者。」

愚按：司馬氏曰：「德勝才者謂之君子。」〔二〕夫子此言，蓋美公綽之意，是以下章論成人，又贊之曰不欲。

〔一〕黄式三《論語後案》。

〔二〕司馬光《資治通鑑》卷一按論。「者」字原脱，據司馬氏文補入。

12　子路問成人。子曰：「若臧武仲之知，公綽之不欲，卞莊子之勇，冉求之藝，文之以禮樂，亦可以爲成人矣。」

莊子，魯下邑大夫，力能刺虎，勇士也〔一〕。蓋不知勇藝四者皆材質也，禮樂則須出於學。材質備而學進於中和，其爲人也亦成矣。蓋人受天地之中以生〔二〕，必踐形復性〔三〕，乃爲成人。此蓋未及乎聖人，而就子路之所未能者而言，玩一「亦」字可見。

曰：「今之成人者何必然？見利思義，見危授命，久要不忘平生之言，亦可以爲成人矣。」

復加曰字者，既答而復言也〔四〕。「見利思義」三者，忠信之質，爲子路所已能者，夫子復指示之，猶因「不忮不求」而進以道也。蓋成人之始，要在先審義利一關，次破生死一關，次明誠僞一關，而後可謂之人〔五〕，否則先已墮落矣。

〔一〕本皇侃《論語義疏》説。
〔二〕《左傳·成公十三年》載劉定公語。
〔三〕《孟子·盡心上》載孟子語：「形色，天性也。惟聖人然後可以踐形。」
〔四〕朱子《論語集注》卷七。
〔五〕本陸隴其《松陽講義》爲説。

陸氏曰：「利、危、久要等，當審察極細。利尚在可取可不取之間，危尚有可死可不死之間，平生之言，踐之或大不合於時，或大不便於我，且或日久相忘，並無諾責。至此而能思義，能授命，能不忘平生之言，蓋已有慎獨之功矣。」〔一〕

13 子問公叔文子於公明賈曰：「信乎夫子不言、不笑、不取乎？」

蓋時人之言如此，夫子引之以問。

公明賈對曰：「以告者過也。夫子時然後言，人不厭其言；樂然後笑，人不厭其笑；義然後取，人不厭其取。」子曰：「其然，豈其然乎？」

「以告者過」，稱之者過其實也。「時然後言，樂然後笑，義然後取」，非禮義充溢於中，得時措之宜者不能。夫子曰：「豈其然乎？」豈，庶幾之辭也〔二〕。言文子庶幾乎此，聖人之論人以恕也。

張氏曰：「文子意者簡默厚重之士，故人稱之如此。聖人質之於其門人，將以察

〔一〕陸隴其《松陽講義》「子路問成人」章。
〔二〕黃式三《論語後案》。

其然也。公明賈之言則善矣〔一〕，恐非文子所能及……夫子不直謂不然……其詞氣含洪忠厚如此。」〔二〕

14 **子曰：「臧武仲以防求爲後於魯，雖曰不要君，吾不信也。」**

「求爲後」，求立臧氏之後〔三〕。要，有挾而求也〔四〕。魯襄公二十三年，武仲爲孟氏所譖，出奔邾〔五〕。自邾如防。使請立後而避邑，以示若不得請，則據防以叛〔六〕。夫子正其罪曰「要君」，《春秋》誅意之法也〔七〕。蓋武仲若越境請求，亦未始不可得請，其罪在「以防」耳。「以」者，言不當以也。《禮記·表記》篇曰：「事君三違而不出境，

〔一〕「則善矣」三字脱，據張栻《論語解》原文補入。
〔二〕張栻《論語解》卷七，並見引於胡廣《論語集注大全》卷一四。
〔三〕本何晏《論語集解》引孔氏注。
〔四〕朱子《論語集注》卷七。
〔五〕何晏《論語集解》引孔氏注。
〔六〕朱子《論語集注》卷七。
〔七〕朱子《論語集注》卷七引楊氏語。

則利禄也。人雖曰不要，吾弗信也。」〔一〕夫利禄猶不可，況據邑乎〔二〕？武仲好智而不好學〔三〕，故至於此。惜哉！

15　子曰：「晉文公譎而不正，齊桓公正而不譎。」

桓、文皆霸主，以心術而言，實皆不正〔四〕。以事迹而言，桓公召陵之役，責楚包茅之貢不入，問昭王南征不復，仗義執言，是「正而不譎」也〔五〕。文公反國之後，多親小人；城濮之役，伐衛以誘楚，陰謀以取勝〔六〕；且召天子狩於河陽，而使諸侯朝之，「以臣召君，不可以訓」，是「譎而不正」也〔七〕。夫子言此以發其隱〔八〕，蓋《春秋》「彼善於

〔一〕黃式三《論語後案》引。
〔二〕本皇侃《論語義疏》引袁氏語，亦見引於黃式三《論語後案》。
〔三〕朱子《論語集注》卷七引范氏語。
〔四〕本朱子《論語集注》「心皆不正」立義。
〔五〕何晏《論語集解》引馬融注。
〔六〕朱子《論語集注》卷七。
〔七〕何晏《論語集解》引鄭玄注。「以臣召君，不可以訓」乃孔子評語。
〔八〕朱子《論語集注》卷七。

此」之義耳[一]。

黄氏曰：「桓公知守正道，有時持之不堅，僞心乘之，所行遂未必皆正。然惟其知守正，則事之正者爲多……觀傳所載霸略，内則問鄉長之舉賢，外則反侵地，存亡國，功高威立，受胙下拜，皆晉文之所不能爲。」[二]

陳氏謂：「晉文之譎，非無正也；齊桓之正，非無譎也。正不勝譎，故謂之譎而不正；譎不勝正，故曰正而不譎。」[三]其義亦明。

16 子路曰：「桓公殺公子糾，召忽死之，管仲不死。」曰：「未仁乎？」

《春秋左氏傳》載，齊襄公無道，其臣鮑叔牙奉公子小白出奔莒。襄公從弟公孫無知殺襄公，管夷吾、召忽乃奉公子糾出奔魯。齊人殺無知，魯伐齊納子糾。小白自莒先入，是爲桓公。乃殺公子糾。召忽自殺，管仲請囚，鮑叔牙薦於桓公以爲相。

[一] 出《孟子·盡心下》孟子語：「《春秋》無義戰，彼善於此，則有之矣。征者，上伐下也，敵國不相征也。」

[二] 黄式三《論語後案》。

[三] 陳祥道《論語全解》卷一四文，並見引於黄式三《論語後案》。

子路疑管仲忘舊主之讐，而事桓公，或於心理有歉，未得爲仁也〔一〕。

子曰：「桓公九合諸侯，不以兵車，管仲之力也。如其仁！如其仁！」

朱注：「九，《春秋傳》作糾，督也……不以兵車，言不假威力也。『如其仁』，言『誰如其仁』……蓋管仲利澤及人，有仁之功矣。」〔二〕

李氏曰：「『九合諸侯，不以兵車』，是以義動而人心服也。『如其仁』，《集注》作『誰如其仁』，似太重。蓋管仲雖能使桓公以義率諸侯，然未免所謂『五霸假之』者，若仁則王者之事矣。語意猶云：『似乎亦可稱仁也。』蓋未成乎仁者之德，而有其功，固不可没也。體味六字，斟酌輕重，銖黍不差。」〔三〕愚按：李説較確。

或訓「如」爲乃〔四〕，言仲之力乃其仁，夫子實有不滿之意〔五〕。亦備一義。

子貢曰：「管仲非仁者與？桓公殺公子糾，不能死，又相之。」

〔一〕本朱子《論語集注》卷七。
〔二〕自「言誰如其人」至「有仁之功矣」乃先生簡略朱注之文。朱子《論語集注》卷七原文云：「言誰如其人者，蓋管仲雖未得爲仁人，而其利澤及人，則有仁之功矣。」。
〔三〕李光地《榕村四書説・讀論語劄記》「子曰桓公九合諸侯」章。
〔四〕王引之《經傳釋詞》，申述於黄式三《論語後案》。按：劉寶楠《論語正義》稱：「此訓爲最當。」
〔五〕黄式三《論語後案》説。

朱注：「子貢意不死猶可，相之則已甚矣。」

子曰：「管仲相桓公，霸諸侯，一匡天下，民到于今受其賜。微管仲，吾其被髮左衽矣。

朱注：「匡，正也。尊周室，攘夷狄，皆所以正天下也……『被髮左衽』，夷狄之俗。」

李氏曰：「一字非統一之義，乃粗與之之意。言東遷後王室陵夷，蠻夷猾夏，至是而始一正也。」[一]

愚按：齊桓時淮夷病杞，狄亡邢滅衛，楚滅漢陽諸姬，周王子帶以揚、拒、泉、皋、伊、雒之戎同伐京師，非管仲無以制之[二]。故夫子特贊其平戎之功耳。

豈若匹夫匹婦之爲諒也，自經於溝瀆，而莫之知也。」

朱注：「諒，小信也。經，縊也。莫之知，人不知也。」

[一] 李光地《榕村四書説·讀論語劄記》「子貢曰管仲非仁者與」章。
[二] 黄式三《論語後案》説。

或曰：「經，剄之借字，謂斷頭也。溝瀆，通作句瀆，魯地名，即春秋時之生竇。」〔一〕

愚按：召忽、管仲之死與不死，先儒或謂「君臣之分未定」〔二〕，或謂「桓兄、糾弟」，不當輔糾〔三〕，其説頗紛〔四〕。竊意管仲能成定霸救民之功，故可不拘小節。以事理輕重權之，管仲固賢於忽；而忽自量才不如仲，是以成其爲諒耳。

17 公叔文子之臣大夫僎，與文子同升諸公。

臣，家臣。公，公朝〔五〕。僎本文子家臣，文子薦之，與己並爲大夫，同升於公朝〔六〕。或曰：「春秋時，陪臣亦稱大夫。」〔七〕

〔一〕黄式三《論語後案》。
〔二〕此王肅説，見何晏《論語集解》引。按：黄式三《論語後案》不認同，謂：「王説固，不足據。」
〔三〕此程子説，見朱子《論語集注》卷七引。按：黄式三《論語後案》亦批評此説於「《三傳》無明文」而「未可據」。
〔四〕歷來爭議皆不離「節義」與「事功」之間的權衡。
〔五〕朱子《論語集注》卷七。
〔六〕何晏《論語集解》引孔氏注。
〔七〕閻若璩《四書釋地》説，見引於黄式三《論語後案》。又毛奇齡《四書賸言》説。閻、毛説同見引於劉寶楠《論語正義》卷一七。

子聞之曰：「可以爲文矣。」

古謚法，錫民爵位曰文〔一〕。洪氏曰：「家臣之賤，而引之使與己並，有三善焉：知人，一也；忘己，二也；事君，三也。」〔二〕

愚按：士惟窮理，乃能知人〔三〕。春秋時比黨蔽賢者衆矣，夫子闡揚之，有微意焉。

18　子言衛靈公之無道也，康子曰：「夫如是，奚而不喪？」

無道，謂其彝倫不叙也。喪，謂喪邦。

孔子曰：「仲叔圉治賓客，祝鮀治宗廟，王孫賈治軍旅。夫如是，奚其喪？」

賓客，賓禮也。宗廟，祭禮也。軍旅，軍禮也。《左氏傳》言：「魯秉周禮，所以不亡。」〔四〕衛國大夫猶能守禮，所以不至喪邦。由是觀之，國君雖無道，禮不廢則國不亡。若一國廢禮，庸有倖乎？

〔一〕邢昺《論語注疏》及朱子《論語集注》卷七。
〔二〕洪氏語見引於朱子《論語集注》卷七，黄式三《論語後案》並按論其説。
〔三〕黄式三《論語後案》謂：「洪氏言知人、忘己、事君之三善，皆由讀書窮理得之。」按：唐先生本此立義。
〔四〕唐先生約取《左傳・閔公元年》齊仲孫湫勸齊桓公放棄攻略魯地之語。

19　子曰：「其言之不怍，則爲之也難。」

子曰：「仁者其言也訒。」又曰：「力行近乎仁。」若大言不慙，則本心漸失，豈能望其力行乎？故曰：「爲之也難。」是以君子之出言也，必先度己之力之能否而不敢易[一]，即所以收其放心也。

馬氏曰：「内有其實，則言之不慙；積其實者，則爲之難。」[二]義迂曲未合。

20　陳成子弑簡公。

蔡氏曰：「崔子弑齊君，陳成子弑簡公，此皆記者之辭。如《春秋》法，則名之矣。」[三]觀下文可見。

孔子沐浴而朝，告於哀公曰：「陳恒弑其君，請討之。」

《史記·六國表序》：「田常弑簡公而相齊國，諸侯晏然弗討，海内爭於戰功

[一] 本朱子《論語集注》卷七。
[二] 何晏《論語集解》引馬融注。
[三] 蔡清《四書蒙引》卷七「陳成子弑簡公」條。

矣〔一〕。三國終之卒分晉，田和亦滅齊而有之，六國之盛自此始。」然則陳恒之事，春秋變爲戰國之大關鍵也。夫子懍於世變，故鄭重如此。

李氏曰：「或問：『夫子欲伐齊，但申大義於天下乎？抑必有以勝之也？』曰：兵以義動，有勝之理。況所謂以魯之全，攻齊之半者，正所謂『同力度德，同德度義』〔二〕，乃行師之要，亦未必非夫子之言也。」〔三〕

公曰：「告夫三子！」

夫，彼也。三子，三家也。時魯之兵權在三家，故使孔子告之〔四〕。

孔子曰：「以吾從大夫之後，不敢不告也。君曰『告夫三子』者。」

此夫子告人之言也。國有大事，必奉君命，故告三子，亦必稱君命也。

之三子告，不可。孔子曰：「以吾從大夫之後，不敢不告也。」

朱注：「三子魯之强臣，素有無君之心，實與陳氏聲勢相倚，故沮其謀。」

〔一〕黄式三《論語後案》徵引，「海内爭於戰功矣」句脱，唐先生沿之。謹據《史記》補入。
〔二〕《尚書·泰誓》文。
〔三〕李光地《榕村四書説·讀論語劄記》「陳成子弑簡公」章。
〔四〕本朱子《論語集注》卷七。

或曰：「魯之兵權雖在三子，而實在家臣。孔子使由、求墮費、郈，而三子靡然聽從……使哀公畀孔子以事權，孔子必能命家臣，發三家之甲以攻齊，則一舉而陳恒服其罪，三家亦消其勢。孔子之請討，非託諸空言，惜乎哀公之不聽也。故獲麟之書，即於是年絕筆云。」[一]

21　子路問事君。子曰：「勿欺也，而犯之。」

欺，非世俗之所謂欺也。此所謂欺者，强不知以爲知，强不能以爲能，而遽以告君也。子路勇果，不免有此失，故戒之。事君之義，有犯無隱[二]。曰「勿欺也，而犯之」，可見「犯」即出於「勿欺」之中，惟「勿欺」而後能「犯」也。雖然，特指君有過而言耳。《孝經》曰：「將順其美，匡救其惡，故上下能相親也。」

22　子曰：「君子上達，小人下達。」

[一] 顧棟高《春秋大事表》文，見引於劉寶楠《論語正義》卷一七，唐先生精約其文如此。
[二] 《禮記·檀弓上》文：「事君有犯而無隱。」

蔡氏曰：「天理本自高明也，君子循仁義禮智之天理，故日進於極仁、極義、極禮、極智、高明之地矣。人欲本自汙下也，小人徇乎聲色貨利之人欲，故日究於淫聲、惡色、私貨、邪利、汙下之地矣。達一也，皆有積漸至極之義。」〔一〕

愚按：《孟子》曰：「雞鳴而起，孳孳爲善者，舜之徒；孳孳爲利者，蹠之徒。欲知舜與蹠之分，無他，利與善之間也。」上達下達，惟在利與善之間，而其所以爲善爲利者，在立志與不立志之判耳。

或曰：「達，通曉之謂。」〔二〕君子通曉於形上之事，小人通曉於形下之事，即大受小知之意〔三〕。此與「下學上達」意不合，未可信。

23 **子曰：「古之學者爲己，今之學者爲人。」**

「成人」章注言：「學聖賢者，有義利、生死、誠僞之關。」進而言之，則更有人己一

〔一〕蔡清《四書蒙引》卷七「君子上達」條。按：《四庫全書》本取大意。
〔二〕黄式三《論語後案》。
〔三〕焦竑《焦氏筆乘》語，見引程樹德《論語集釋》卷二九。

關。《大學》言誠意，「必慎其獨」，即所爲爲己也。「小人揜其不善，而著其善」，即所謂爲人也。《中庸》言：「君子之道，闇然而日章。」上而推及於天命之性，即自爲己一念始。小人之道，「的然而日亡」，下及於文過飾非、無所忌憚，即自爲人一念始。若爲人一關不破，則永無入道之望，此《易傳》於《乾》之初爻、《大過》之大象，所以特標「遯世无悶」之旨也。

或曰：「爲己，專營一己；爲人，資助他人。」誤解聖經，幾於侮聖人之言矣。

24　蘧伯玉使人於孔子，孔子與之坐而問焉，曰：「夫子何爲？」對曰：「夫子欲寡其過而未能也。」使者出。子曰：「使乎！使乎！」

「與之坐」，坐於講堂也。古者師常使其弟子，如夫子之使子華是也。此使者爲伯玉之弟子，故孔子與之坐，而如其稱曰夫子，使者亦稱伯玉曰夫子。言「欲寡其過而未能」，而，如也，如未能也〔一〕。《淮南子》曰：「蘧伯玉行年五十，而知四十九年之

〔一〕　黃式三《論語後案》。

非。」〔一〕先儒謂：「人不克己，不知過之難改。能用力克己，方知自朝至莫，自頂至踵，無非過失，乃知改過之難。故必時時有欲寡其過之心，而後能處於寡過之地。」〔二〕夫子言：「五十學《易》，可以無大過。」亦即此意。使者能深知伯玉之心，故夫子再言「使乎」以贊美之，而伯玉之爲大賢，愈可見矣。

25 **子曰：「不在其位，不謀其政。」**〔三〕

重出。或曰：「與下章義聯屬。」然此章位字，與政字相對，指職位而言。不若下章位字，所言者細〔四〕。

26 **曾子曰：「君子思不出其位。」**

〔一〕《淮南子·原道訓》文，見引於黃式三《論語後案》。
〔二〕吕祖謙語，見引於黃式三《論語後案》。
〔三〕何晏至邢昺一系文本皆與下章相連。
〔四〕陸隴其《松陽講義》「君子思不出其位」章。

此《易·艮》卦之象傳辭也[一]，曾子引之以爲省身守約之要。位者，兼性分、職分而言。性分之位，喜怒、哀樂、視聽、言動是也；職分之位，君臣、父子五倫，以及富貴、貧賤、夷狄、患難之境是也。性分有涵養於未發者，有省察於臨時者；職分有豫定於事前者，有審處於臨時者。有當然之位，即有當然之思。「不出」二字，至難而至細。

陸氏曰：「有因適、莫而出位者，有因意、必、固、我而出位者，有溺於聲色、貨利而出位者，有拘於氣稟、習俗而出位者，有志動氣而出位者，有氣動志而出位者……見之不明，則不能不出；守之不固，則不能不出。是必有居敬之功，然後心專一而不出；有窮理之功，然後心精明而不出。惟於事理恰當，無絲毫過不及，方爲『思不出位』。」[二]

後儒有謂：「天下事皆吾分内事，皆當研究。」[三]非此章所謂思。又有謂：「心即

[一] 朱子《論語集注》卷七，朱子文無「傳」字。
[二] 陸隴其《松陽講義》「君子思不出其位」章。
[三] 陸隴其《松陽講義》「君子思不出其位」章。

位，以此心動而無動爲不出位。」〔一〕亦非此章所謂思也。

27 **子曰：「君子恥其言而過其行。」**

朱注：「恥者，不敢盡之意；過者，欲有餘之辭。」或曰：「恥言過其行，猶恥躬不逮之義。」〔二〕蓋謂言必顧行也，當以後説爲長。

28 **子曰：「君子道者三，我無能焉。仁者不憂，知者不惑，勇者不懼。」**

仁、知、勇，夫子得其全矣。而云「無能」者，蓋仁、知、勇無止境。不憂、不惑、不懼，愈進而愈深細，此聖人望道未見之意也〔三〕。曰「無能」者，猶欲發憤以進於能也。

陸氏曰：「道體無盡，聖人未嘗自見其有餘，故子臣弟友，則曰未能；學不厭，誨不倦，則曰何有於我；此章則曰我無能焉，皆實見其分量之無窮，而有歉然不自足之

〔一〕陸隴其《松陽講義》「君子思不出其位」章所批評明末陽明學者言。
〔二〕毛奇齡《論語稽求篇》卷六「君子恥其言而過其行條」。
〔三〕黄式三《論語後案》。

心。非自見其能，而故爲謙辭也。」〔一〕

子貢曰：「夫子自道也。」

朱注：「道，言也。自道，猶云謙辭。」蓋子貢於仁、知、勇亦常致力，見夫子之已得其全，故云爾，非虚言以之譽之也。

陸氏曰：「此猶公西華言『正唯弟子不能學』之意，蓋夫子之自責，即以勉人。當日聖門高弟，聞夫子之言，亦無不思自勉也。」〔二〕

29 **子貢方人。子曰：「賜也賢乎哉！夫我則不暇。」**

比方人物，而較其短長〔三〕。知人之學，亦聖門所重也。然知人必先自鏡，乃能確得其淺深高下，而無所差失。故夫子贊子貢優長於此，而復恐其「自治之疏」〔四〕，特自反以教之。俗解夫子有貶之之意。夫貶則可直言告之矣，故曲其言，恐非聖人語氣。

〔一〕陸隴其《松陽講義》「君子道者三」章。
〔二〕陸隴其《松陽講義》「君子道者三」章。
〔三〕朱子《論語集注》卷七。
〔四〕「自治之疏」一語，本朱子《論語集注》卷七。

30 **子曰：「不患人之不己知，患其不能也。」**

蓋患己之無能也〔一〕。聖人所以重言之者，益見己無所能，而求知於人之可耻耳。

鄒氏曰：「學以求能，乃『爲己』之實功。若謂求能以爲人知之地，則猶是患人不己知之心也。」〔二〕

31 **子曰：「不逆詐，不億不信。抑亦先覺者，是賢乎！」**

先覺有二義，一則出於天資，一則由於閱歷。「誠則明矣，明則誠矣」。〔三〕

謝氏曰：「賢者於事，能見之於微，謂之先覺。如履霜可以知堅冰也，此亦謂事有『朕兆』而覺之也。『幾者動之微』，知幾則先覺也。」〔四〕

李氏曰：「《易》之言：『恒易以知險，恒簡以知阻。』易者險之反，簡者阻之反。

〔一〕何晏《論語集解》引王肅注。

〔二〕鄒守益《東郭集》語，見引於陸隴其《四書講義困勉録》「不患人之不己知」章。按：並見程樹德《論語集釋》卷三〇。

〔三〕《禮記·中庸》文。按：朱子《論語集注》引楊氏謂：「君子一於誠而已，然未有誠而不明者。」唐先生逗出文本。

〔四〕謝良佐《論語解》語，見引於黄式三《論語後案》。

以險阻遇險阻，則必不能知險阻，而亦無以處險阻者。惟易、簡則知險阻，而有以處之矣。若無易、簡之德，而徒曰『無貳無虞』云者，使其果能息機忘物，猶未足爲賢也。」〔一〕二説均精。

32 微生畝謂孔子曰：「丘何爲是栖栖者與？無乃爲佞乎？」

黄氏曰：「畝簡默不談時務，以孔子爲侈於辭也。」〔二〕

孔子曰：「非敢爲佞也，疾固也。」

固，執一而不通也〔三〕。執一不通，足以惑人心，錮風氣，聖人所深惡，所以斷斷然不憚口舌之勞者，無非欲開當世之閉塞也。蓋天下多空言無實之士，固足僨事；而天下多不辨是非之士，亦足害道。此孔子所以斥微生畝，而孟子所以闢陳仲子也。

〔一〕李光地《榕村四書説・讀論語劄記》「不逆詐」章。
〔二〕黄式三《論語後案》。
〔三〕朱子《論語集注》卷七。

33　子曰："驥不稱其力，稱其德也。"

蓋慨世之不尚德而尚力也。《易傳》曰："牝馬地類，行地无疆，柔順利貞。"〔一〕以驥之任重致達，尚以柔順爲德。士君子處末世，豈可以尚才力乎？曰"稱其德"，見用人者當以德爲提倡也。

34　或曰："以德報怨，何如？"

德，謂恩惠〔二〕。老子《道德經》曰："大小多寡，報怨以德。"〔三〕或人之言，蓋即本此〔四〕。

子曰："何以報德？

《禮記·表記》篇曰："以德報怨，則寬身之仁也。以怨報德，則刑戮之民也。"〔五〕

〔一〕《易·坤》彖辭文。
〔二〕何晏《論語集解》。
〔三〕《老子》六十三章文作："大小多少，報怨以德。"
〔四〕朱子《論語集注》卷七謂："或人所稱，今見老子書。"
〔五〕《禮記·表記篇》載孔子語。

寬身之仁，太過而不免矯情。窮理之學，要在審輕重厚薄。人之有德於我者，將何以報之〔一〕？蓋難乎爲繼也。

以直報怨，以德報德。」

《表記》又曰：「以德報德，則民有所勸。以怨報怨，則民有所懲。」蓋以德報怨，不免匿怨，其弊也僞。以直報怨，則發於至誠而無所隱矣。若人之德於我者，報之輕重，適得其宜，斯心安而無所愧。

朱注謂：「此章之言，明白簡約，而其指意曲折反復，如造化之簡易易知，而微妙無窮，學者所宜詳玩也。」

愚謂：此即聖人中庸之德，天敘天秩，皆原於此。末世人情或失之過厚，或失之過薄，皆當以中道矯正之，庶人心定而序不亂。

35　子曰：「莫我知也夫！」

〔一〕朱子《論語集注》卷七。

黄氏曰：「此歎道之終不行也。下數章類駢叙。」〔一〕

子貢曰：「何爲其莫知子也？」子曰：「不怨天，不尤人。下學而上達。知我者，其天乎？」

黄氏曰：「下學，删訂贊修之事。上達，所學通於天也。聖人删訂贊修，惓惓斯道之心，上通於天，而天自知之。《漢書・儒林傳》言孔子以聖德遭季世，知言不用，於是序《書》、稱《韶》樂、論《詩》、綴《周禮》、成《春秋》，晚而讀《易》。下即引經『述而不作，信而好古』，及此經『下學而上達』以證之，是漢師相傳如此。」〔二〕

愚按：此章當與《古之學者爲己》及《不患人之不己知章》參看，亦與《中庸》末章自「闇然日章」推及於「上天之載」同義。蓋不怨不尤，下學上達，即不求人知之學，《易》之所以言潛也。曰：「知我者其天乎？」更見道德高深，不必求人知也。先儒解作有「天獨知之之妙」〔三〕，又以兩「天」字分氣數、義理之天〔四〕，似均未安。

〔一〕黄式三《論語後案》。
〔二〕黄式三《論語後案》。
〔三〕朱子《論語集注》卷七。按：句脱一「之」字，據朱注原文補。
〔四〕義見金履祥《論語集注考證》卷七。按：見論於黄式三《論語後案》，唯未具金履祥之名。

36 公伯寮訴子路於季孫。子服景伯以告，曰：「夫子固。有惑志於公伯寮，吾力猶能肆諸市朝。」

夫子，指季孫〔一〕。固字當絶句，謂窒塞也。惑志，言信讒也〔二〕。肆，陳尸也。言欲誅寮於市朝，以暴其罪〔三〕。

37 子曰：「道之將行也與？命也。道之將廢也與？命也。公伯寮其如命何！」

莫之致而致者，命也。蓋子路忠信明決，愬之非易。寮必爲膚受之愬，謂夫子得志於魯，將不利於季孫，以尼子路者尼夫子，而季孫惑之。則夫子亦不安於魯矣。朱子謂：「此事在墮三都、出藏甲之時。」〔四〕其説信然。故夫子道之，實由於命，而非寮之所能爲也。曰：『公伯寮其如命何？』其樂天知命之誠，溢於言外矣。

〔一〕朱子《論語集注》卷七。
〔二〕何晏《論語集解》引孔氏注。
〔三〕何晏《論語集解》引鄭玄注及朱子《論語集注》卷七。
〔四〕朱子《四書或問》卷一四，見引於金履祥《論語集注考證》卷七。

38 **子曰：「賢者辟世。**

朱注：「天下無道而隱，若伯夷、太公是也。」或以沮、溺辟世當之〔一〕。亦可。

其次辟地。

朱注：「去亂國，適治邦。」

其次辟色。

朱注：「禮貌衰而去。」

其次辟言。」

朱注：「有違言而後去也。」

愚按：《易・遯》卦五爻之象傳曰：「嘉遯貞吉，以正志也。」遯即辟也。然有所辟，即有所就。《易・節》卦初爻之象傳曰：「不出户庭，知通塞也。」二爻象傳曰：「不出門庭，凶，失時極也。」辟與就皆當合乎時。

故《孟子》言：「所就三，所去三。」而言孔子之仕，道亦有三。蓋道不行而不去，

〔一〕黄式三《論語後案》引朱子語：「沮、溺之偏，亦可當賢者辟世。」

固不可也。然士君子若以不仕爲宗旨，則天下事誰與任之乎？

39 子曰：「作者七人矣。」

朱注：「作，起也。言起而隱去者，今七人矣。」〔一〕七人，謂長沮、桀溺、丈人、晨門、荷蕢、儀封人、楚狂接輿〔二〕。或曰：「即逸民七人，實則皆無所考，不必數其人以實之。」〔三〕並有解作爲著作；以七人爲堯、舜、禹、湯、文、武、周公〔四〕。與上下章意不洽，尤非。

40 子路宿於石門。晨門曰：「奚自？」子路曰：「自孔氏。」曰：「是知其不可而爲之者與？」

〔一〕朱子《論語集注》卷七引李郁語。
〔二〕何晏《論語集解》引包咸説。
〔三〕朱子《論語集注》卷七引李郁語。
〔四〕劉敞之説，見引於黄式三《論語後案》。按：劉氏本張載與程子立説。張載説見於張栻《論語解》卷七，云：「横渠張子曰：謂伏羲、神農、黄帝、堯、舜、禹、湯，制法興王之道，非有述於人者矣。」説見張載《正蒙》。朱子皆不取。

人不能與天爭，聖人知其不可而爲之，救世之苦心也，故子路曰：「道之不行，已知之矣。」雖然，天將以夫子爲木鐸，道傳於萬世，即所謂「先天而天弗違也」〔一〕。輔氏曰：「賢者之視天下，有不可爲之時，才力有限也。聖人視天下，無不可爲之時，其道無所不可也。晨門自處於抱關，而能知聖人之用心，亦可謂賢者矣。」〔二〕

41　子擊磬於衛。有荷蕢而過孔氏之門者，曰：「有心哉！擊磬乎！」

有心哉，有心於當世也。《禮記·樂記》篇：「凡音者，生於人心者也。」音以傳心。聖人不忘天下之心，隨時流露，荷蕢聞磬聲而知之，亦可謂非常人矣。

既而曰：「鄙哉！硜硜乎！莫己知也，斯已而已矣。深則厲，淺則揭。」

硜硜，言磬中之聲也。斯已，當作已。言莫己知，則爲己而已〔三〕。或讀作已字

〔一〕《易·乾·文言》文。

〔二〕輔廣語，見引於胡廣《論語集注大全》卷一四。

〔三〕黃式三《論語後案》考説。

者，非。著衣涉水爲厲〔一〕，謂水深在帶以上也。攝衣涉水爲揭〔二〕，謂水淺大在膝以下也。言當因時之淺深而爲之〔三〕，不可徒自苦也。猶人皆濁，何必獨清之意。或曰：「深則濡水，淺則不濡水，言不必與世沾濡也。」

子曰：「果哉！末之難矣。」

果，如「行必果」之果，歎其果於忘世〔四〕。言人之出處，若似「深則厲，淺則揭」，從俗浮沈，則天下事無所難矣。蓋隱者之心，惟畏難而避難，故天下最多難事。聖人之所以道濟天下者，惟在不畏難耳。

或讀「末之」爲句，猶《陽貨》篇「末之也已」，言吾安適歸，天下事益復難矣。亦通。

42　子張曰：「《書》云：『高宗諒陰，三年不言。』何謂也？」

《書》見《無逸》篇。諒陰，天子諸侯居喪，爲凶廬蓋草，期年之後，翦草爲堊室，皆

〔一〕何晏《論語集解》引包咸説。
〔二〕朱子《論語集注》卷七。
〔三〕包咸謂：「言隨世以行己。」見引於何晏《論語集解》。
〔四〕黄式三《論語後案》。

取陰闇之義。三年，喪期也。不言者，不言政事也。

子曰：「何必高宗，古之人皆然。君薨，百官總己以聽於冢宰，三年。」

天子死曰崩，諸侯死曰薨。百官總己，言百官總己之職事。冢宰，太宰也。百官總己之職事〔一〕，聽命於太宰，故君得以三年不言。此制蓋於唐虞之時，舜避堯之子，禹避舜之子，皆俟三年之喪。是三年之内，行冢宰之職而攝政也。周公相成王，沿用此制。春秋時或聽政而短喪，或政歸權臣，身不能自振，故夫子特發明之。

43 子曰：「上好禮，則民易使也。」

禮生於天叙天秩。秩序明而上下之分定，是以易使。《易·履》卦之大傳曰：「君子以辨上下，定民志。」言履乎禮也。子游曰：「小人學道則易使。」道即禮也。故禮者所以爲國本也。後世廢禮而欲使民，難矣哉！

44 子路問君子。子曰「修己以敬。」曰：「如斯而已乎？」

〔一〕 朱子《論語集注》卷七謂：「總己，謂總攝己職。」

曰：「修己以安人。」曰：「如斯而已乎？」曰：「修己以安百姓。修己以安百姓，堯舜其猶病諸！」

君子，謂在位者[一]。修己以敬者，以敬身也[二]。修己以安人、安百姓者，以其修己之敬，推之而安人、安百姓也。修己安人、安百姓，各有功夫[三]，然必皆以敬爲主。敬者，千聖百王之心法，徹始徹終者也。《禮記・曲禮》篇曰：「毋不敬。儼若思，安定辭，安民哉。」即此章功夫。《堯典》自「克明俊德」，以至「黎民於變時雍」，亦此章意義。病者，内疚於心也。惟自以爲病，是以能安百姓。若稍有自足之心，則内有所不足矣，惟敬字功夫極難。

陸氏曰：「整齊嚴肅，是敬之初基也。主一無適，是敬之無間斷也。惺惺不昧，是敬之成功也。提撕警覺，是敬之繼續也。若不能敬，雖日講學問、日言事業，終無主焉耳。」[四]

[一] 本黄式三《論語後案》。
[二] 何晏《論語集解》引孔氏注。
[三] 黄式三《論語後案》：「安人安百姓者，禮教所達。」
[四] 陸隴其《松陽講義》「子路問君子」章。

45 **原壤夷俟。子曰：「幼而不孫弟，長而無述焉，老而不死，是爲賊！」以杖叩其脛。**

原壤，孔子之友，老氏之流也〔一〕。《禮記·檀弓》篇載其母死而歌，其天性之汩没可知。禮，尊客至，則趨以迎，降等之客立而待〔二〕。壤見孔子來，不迎不立，而蹲踞以待〔三〕，蓋示其放曠也。述，稱也，無德故無稱也。賊，害人之名〔四〕。放曠之流，以禮爲束縛，不知恭敬之義，虚生於世，徒爲風俗之害。後生佻達囂薄之習，皆啓於此。故夫子以杖擊其脛而切責之。《詩》曰：「人而無禮，不死何俟？」東晉以後，高談廢禮，人心死而世運隨之。學者讀聖人之言，當可憬然返矣。

46 **闕黨童子將命。或問之曰：「益者與？」**

朱注：「將命，謂傳賓主之言。或人疑此童子學有進益，故孔子使之傳命以寵

〔一〕本朱子《論語集注》卷七。
〔二〕黄式三《論語後案》。
〔三〕朱注：「夷，蹲踞也。」
〔四〕朱子《論語集注》卷七。

異之。」

姚氏曰：「闕黨之人，使童子將命於孔子，蓋其容有如成人者，故或疑爲益者。」[一]其説較長。

子曰：「吾見其居於位也，見其與先生並行也。非求益者也，欲速成者也。」

先生，謂先己而生，非謂師也。欲速成，欲速成人，即指居位並行言，非謂學問速成也[二]。蓋童子欲表異於衆，所以失禮耳。

張氏曰：「欲速成者，有躐等之意，無自卑之心，烏能以求益乎？物之生也，循序而生理達焉。若欲速成，反害其生矣。故聖門之學，先之以洒掃、應對、進退之事，所以長愛敬之端，防傲惰之萌，而使之循序以進也。」[三]

黄氏曰：「禮之於人大矣。老者無禮，則足以爲人害。少者無禮，則足以自害。夫子於原壤、童子，皆以是教之。述《論語》者，以類相從。所以人無老少，皆不可以

[一] 姚鼐《惜抱軒九經説》卷五「闕黨童子將命」文，見引於黄式三《論語後案》。

[二] 黄式三《論語後案》。

[三] 張栻《論語解》卷七，見引於胡廣《論語集注大全》卷一四。

無禮義也。」〔一〕

憲問篇大義

《論語》文法，至《憲問》而一變，其迹似錯雜，而其義實渾淪。謹就鄙見，詮大義如左。

自《憲問》以下三章，皆原思自記也。首章稱名，次章不言問，可證也。原思，狷者也，夫子因其質而教之，故此三章，皆激厲心學之辭也。

自「邦有道」以下四章，論言行與德與仁，而南宫适之問爲尤重。「君子哉若人，尚德哉若人」，嘉其不問天下之有道無道，而尚德之心不少懈也。「君子而不仁者有矣夫」？君子處無道之邦，則德行日退也。「未有小人而仁者」，亦指邦無道時而言也，風俗之陶冶可懼也。

自「愛之能勿勞乎」以下至「子路問事君」十六章，綜論事君之大義與春秋時之人

〔一〕 黄榦語見引於胡廣《論語集注大全》卷一四。

才。曷謂忠？惟其能誨也。春秋時有能誨君於正者乎？鄭子產「其事上也敬」，猶未能也，惠人而已。管仲以下，殆等之自鄶之無譏。「貧而無怨，難」，承伯氏之無怨而言。「孟公綽趙魏老」耳，未足道也。「臧武仲之知，公綽之不欲，卞莊子之勇，冉求之藝」，成材之難如此。委質事君者，「見利思義，見危授命」，斯可矣。公叔文子，鄉黨自好之士。武仲要君，雖智奚益？齊桓公「正而不譎」，賴有管仲以輔之，然而豎刁、易牙、開方之徒，不旋踵而起，仲其能始終誨君於正乎？猶病未能也。然則夫子曷爲正桓公、仁管仲？曰：「皆善善從長之義也。」其許公叔文子，與夫仲叔圉、祝鮀、王孫賈，亦此義也。大臣之義，進思盡忠，退思補過。誨君之道，在我必有真實之學問，與夫真實之治術，而後可見諸施行。若其言不怍，是謂之欺。欺者，人臣之大戒也。司馬遷曰：「田常殺簡公，而相齊國，諸侯晏然弗討，海内爭於戰攻矣。」故特大書之，以見君臣禍變之極，世風升降之原，而並記子路之問事君，以爲萬世忠君誨君者法。

自「君子上達」以下七章，皆進德修業之本。上達者，「爲己」而志嚮於上也；下達者，「爲人」而志趨於下也。修身寡過，伯玉可謂君子矣。位者，人之所當守也。守其位，而後能安其分。《大易》之訓，凡居非其位者，皆凶皆悔皆吝，而其「幾」皆自「思出其位」始。吾黨之士，慎之慎之，耻「其言過其行」。不憂不惑不懼，又皆聖門之心學也。處世之道，貴精明而渾厚。

自「子貢方人」以下六章，皆觀人處世之法也。曰：「夫我則不暇。」曰：「患其不能。」皆求諸己也。然而不知人，則易爲人所愚，故特補之曰：「抑亦先覺者是賢乎？」疾固者，朱子注：「固，執一不通也。」執一而不通，其敗事與詐不信者等，故其可惡，亦與詐不信者等。「不稱其力，稱其德」，論驥而實論人。至於「以直報怨」，則又處世之方也。傷哉！聖人之欲辟世而不忍終辟也。

自「莫我知」下六章，皆傷不見用也。知我者其天乎？公伯寮其如命何？聖人之言，何其抑鬱而無聊也！賜一日而九迴，何不改乎此度？聖人時時懷辟世之志，而卒不忍舍此世也。而尤恐作者之多，而助我之無人也，故特記晨門之言曰：「知其不可而爲之者與？」見其心未嘗一日忘天下也。又因荷蕢之諷而歎之曰：「果哉！末之難矣。」聖人之言，何其抑鬱而無聊也！傷哉！莫我知也夫！道其終不行矣夫！

聖人用世，禮教爲先。自「高宗諒陰」以下五章，皆言禮也。「何必高宗」，昔者成王幼，周公攝政行禮，亦如是也。説築傅巖，山野間尚有其人乎？「上好禮則民易使」，周禮之廢久矣，聖人之志莫遂也。「修己以敬」，敬禮之文也。「修己以安百姓」，聖人之志莫遂也。原壤夷俟，闕黨童子居於位，與先生並行，皆壞禮者也。壞禮者，禮教之罪人，一則將爲賊民，一則將爲無知之下士，皆聖人所閔焉，而思救之者也。

綜而論之，存於己者曰有耻，行於人者曰有禮。有耻與禮，而後能觀人以處世，如是而尚德以終身，雖不見知而不悔也。子曰：「知我者其天乎？」文治嘗思之，重思之，且詠歎之。古者禹奠九州，明德最遠，當其世而有天下。后稷教民稼穡，樹藝五穀，當其世不有天下，歷十餘世而生文王、武王、周公，蓋稷始創養民之道者也。養民者，天終知之而不負之也。契爲舜司徒，敬敷五教，教在人倫，當其世不有天下，歷五百年而生湯與伊尹，歷再五百年而生孔子，孔子其先宋人，宋殷之後也。蓋契始創教民之道者也。教民者，天終知之而不負之也。尼山木鐸，爲生民未有之奇。弦歌千秋，俎豆萬世，「尚德者若人乎」！「知我者其天乎」？天亦豈終負之乎？然則吾夫子欲辟世而終不忍辟，與夫「知其不可而爲之」之心，其亦可自慰矣乎？後世學者，其果能尚德乎？其何患無知我者乎？

卷十五

衛靈公篇第十五

1 衛靈公問陳於孔子。孔子對曰：「俎豆之事，則嘗聞之矣；軍旅之事，未之學也。」明日遂行。

陳，謂師行伍之列。俎豆，禮器〔一〕。萬二千五百人爲軍，五百人爲旅〔二〕。子曰：「臨事而懼，好謀而成。」又曰：「我戰則克。」軍旅亦聖人所學，但與不仁之君言，則禮學當先於兵事，否則更啓其殺機矣〔三〕。

〔一〕何晏《論語集解》引孔氏注。
〔二〕何晏《論語集解》引鄭玄注。
〔三〕本朱子《論語集注》引尹氏注。

2　在陳絶糧。從者病，莫能興。

絶糧，乏食。病，因飢而病。興，起也。孔子去衛，「厄於陳、蔡之間，因無上下之交也」[一]。

子路愠見曰：「君子亦有窮乎？」子曰：「君子固窮，小人窮斯濫矣。」

濫，溢也[二]。《易傳》曰：「困窮而通。」蓋君子樂天知命，所以能窮而通。小人不知天命，所以窮而濫，濫則愈窮矣。

黄氏曰：「小人濫，反言以見君子耳。仲子有不耻敝袍之節，至是年五十有餘[三]，愠見，祇是心有不平，何至於濫？」[四]説極是。

3　子曰：「賜也，女以予爲多學而識之者與？」

子曰：「君子博學於文。」又曰：「君子多識前言往行。」是多學而識，聖學入門之功也。

〔一〕《孟子·盡心下》載孟子語。

〔二〕何晏《論語集解》。

〔三〕「至是年五十有餘」句脱，據黄式三《論語後案》原文補入。

〔四〕黄式三《論語後案》。

對曰：「然，非與？」

方信而忽疑，蓋積學功至，亦將有所得〔一〕。蓋在聞「性與天道」之後也。

曰：「非也！予一以貫之。」

此一貫，指致知而言，與告曾子者不同。聖門之學，自博文入，由博反約，乃所謂一貫也。一貫者，以一理貫通之，即貫其所學而識者也。《孟子》曰：「博學而詳説之，將以反説約也。」後人雖多學而識，而空談一貫。乃以一貫爲一心，以致所學入於虚渺。謬矣！

4 子曰：「由，知德者鮮矣！」

德，謂天德。君子固窮，當求樂天知命之學。此章爲「愠見」而發，猶因「不忮不求」，而進以「何足以臧」，蓋聖門之進德無窮也。

饒氏曰：「知在行先曰知道，知在行後曰知德。」〔二〕亦備一義。

〔一〕黄式三《論語後案》。
〔二〕饒魯語，見引於黄式三《論語後案》。

5 子曰：「無爲而治者，其舜也與！夫何爲哉？恭己正南面而已矣。」

明盛之世，任官得其人，故舜無爲而治〔一〕。恭己，修己以敬也。正南面，正君位也。「夫何爲哉」二語，蓋後人求舜有爲之迹而不可見爾。實則舜之恭己正南面，正所以審萬事之幾也。故《書》曰：「惟幾惟康。」又曰：「惟時惟幾。」又曰：「兢兢業業，一日二日萬幾。」得其幾，則萬事理。《易傳》言「黄帝堯舜，垂衣裳而天下治」，承窮變通久言。《尚書》言「翼爲明聽」，承昭受申命言。其義可見，若如後世之尚清淨，則天下適以多事矣。

6 子張問行。

行，通行於世〔二〕。問行，猶問達之意。〔三〕

子曰：「言忠信，行篤敬，雖蠻貊之邦行矣；言不忠信，行不篤敬，雖州里行乎哉？

〔一〕何晏《論語集解》。
〔二〕本朱子《論語集注》「得行於外」之意。
〔三〕朱子《論語集注》卷八。

篤，厚也。蠻，南蠻。貊，北狄[一]。二千五百家爲州。五家爲鄰，五鄰爲里[二]。忠信篤敬，雖蠻貊亦敬之；不忠信，不篤敬，雖蠻亦賤之。言行，榮辱之樞機[三]。學者可不慎哉！

立，則見其參於前也；在輿，則見其倚於衡也，夫然後行！」

朱注：「其者，指忠信篤敬而言；參……言與我相參也；衡，軛也。言其於忠信篤敬，念念不忘，隨其所在，常若有見也[四]。」先儒説皆如此。

愚謂：本經言「參」言「倚」，或非因心見象。其字當即指行者而言。參前，見尊長之禮；倚衡，憑軾也。言其篤敬之至，傳所謂「一命而僂，再命而傴，三命而俯」之意。如此之人，然後所行無窒礙也。

子張書諸紳。

紳，大帶之垂者，長三尺。古聖人造書契，契用刀刊，書用筆録。《禮》言「史載

[一] 朱子《論語集注》卷八。
[二] 何晏《論語集解》引鄭玄注。
[三] 本《易·繫辭上》文「言行，君子之樞機。樞機之發，榮辱之主也」。
[四] 「常若有見也」句，朱注原句末無「也」字。

筆」，是古時已有筆。《説文序》「著於竹帛謂之書」，即書於帶上〔一〕。或曰：「紳有囊，書而貯之。」〔二〕蓋皆取其不忘也〔三〕。

7 子曰：「直哉史魚！邦有道如矢，邦無道如矢。

《韓詩外傳》：「史魚病且死，謂其子曰：『我數言蘧伯玉之賢，而不能進；彌子瑕不肖，而不能退。爲人臣，生不能進賢而退不肖，死不當治喪正堂，殯我於室足矣。』衛君問其故，子以父言對，君造然召蘧伯玉而貴之，而退彌子瑕。」〔四〕生以身諫，死以尸諫，可謂直矣。〔五〕

君子哉蘧伯玉！邦有道則仕，邦無道則可卷而懷之。」

伯玉出處，合於聖人用行舍藏之道，故曰君子〔六〕。兩「則」字與《易傳》「樂則行

〔一〕本黄式三《論語後案》説。

〔二〕趙佑《四書温故録》引或曰語，見引劉寶楠《論語正義》卷一八。

〔三〕朱子《論語集注》卷八。

〔四〕唐先生刪除末句「徙殯於正堂」。

〔五〕本何晏《論語集解》。

〔六〕朱子《論語集注》卷八。

之，憂則違之」同，時當進則進，時當止則止，其品詣尚矣。

8 子曰：「可與言而不與之言，失人；不可與言而與之言，失言。知者不失人，亦不失言。」

《易傳》曰：「同心之言，其臭如蘭。」遇同志而不言，是無知人之明也。言輕則道卑，道卑則身賤，是有失言之辱也。知者有窮理之學，而能先覺，所以不失人、不失言者，惟在辨其可不可爾。如何而辨之？字義，人言爲信。凡其人之有信者，必其可與言者也。其人之無信者，必其不可與言者也。

9 子曰：「志士仁人，無求生以害仁，有殺身以成仁。」

志士，忠節之士。仁人，仁德之人。曰求曰害，其本心失矣。曰無曰有，則其平時之觀理審，臨事之趨舍明矣。

志士之殺身成仁，如不忘在溝壑、不避刀鋸鼎鑊，夷、齊、龍、比是也。仁人之殺身成仁，如禦災捍患、鞠躬盡瘁，以死勤事而不惜，大禹、周公是也。志士之成仁，完千秋之名節。仁人之成仁，立百世之宏功。故此章不僅爲「舍生取義」言也。

10　子貢問爲仁。子曰：「工欲善其事，必先利其器。居是邦也，事其大夫之賢者，友其士之仁者。」

不曰問仁，而曰問爲仁，蓋非言仁之體，而求所以爲仁之方也〔一〕。賢以事功言，仁以德行言〔二〕。大夫尊，故曰事。士卑，故曰友。此不獨切磋琢磨，可以成德〔三〕。蓋居是邦而有大夫士爲之先導，則立人達人之願，自可次第而施。雖爲器重，爲道遠，不難其底於成矣。

11　顔淵問爲邦。

問爲邦者，問聖人得位，以何道治邦也〔四〕。《吕氏春秋·察今》篇：「治國無法則亂，守法而弗變則悖。悖亂不可以持國。世易時移，變法宜矣。」《吕覽》此言，正顔子問爲邦之意。門弟子問政者數矣，而夫子不與言三代損益，以非其任也。顔子則王

〔一〕本朱子《論語集注》卷八所引程子語。
〔二〕朱子《論語集注》卷八。
〔三〕别言仁之體與爲仁之方。見朱子《論語集注》卷八文。
〔四〕邢昺《論語義疏》謂：「問治國之禮法於孔子。」

者之佐〔一〕，其庶幾矣。

子曰：「行夏之時。

夏以建寅之月爲歲首〔二〕。蓋見萬物之生，以爲四時之始〔三〕。禹奠九州，以農立國，「夏時」最得春生、夏長、秋收、冬藏之宜。故《禮記》記載孔子曰：「吾得夏時焉。」〔四〕

乘殷之輅。

輅，大車之名〔五〕。周制天子有五輅，一曰玉輅，二曰金，三曰象，四曰革，五曰木。五輅並多文飾，用玉輅以郊祭。而殷惟有三輅，一曰木輅，二曰先輅，三曰次輅。木輅最質素無飾……《禮記·郊特牲》篇曰：「乘素車，貴其質也。」鄭注：「素車，殷輅

〔一〕朱子《論語集注》卷八謂：「顏子王佐之才。」
〔二〕朱子《論語集注》卷八。
〔三〕何晏《論語集解》。
〔四〕《禮記·禮運》文。朱子《論語集注》卷八徵引此句，並謂：「而說者以爲《夏小正》之屬。」按：《夏小正》見《大戴禮記》。
〔五〕何晏《論語集解》引馬融注。

也。」〔一〕然則夫子之取殷輅，蓋貴其樸素耳。

服周之冕。

朱注：「周冕有五，祭服之冠也。冠上有覆，前後有旒，黄帝以來，蓋已有之，而制度儀等，至周始備……蓋〔二〕雖華而不爲靡……文而得其中者也。」

黄氏謂：「朱子言五冕者，《周官·弁師》文也。《司服》言大裘之冕：衮冕，鷩冕，毳冕，希冕，元冕，凡六冕。《弁師》云：『掌王之五冕。』依鄭君注：『冕六而言五，蓋大裘之冕無旒，不聯數也。』……夫子言『乘殷之輅』，則知日用器物以質爲貴，後世金玉之器類失於奢。夫子言『服周之冕』，則知物之辨貴賤、昭文章者，不嫌華采，而後世紊亂無章之爲失也。」〔三〕

樂則《韶》舞。

〔一〕本皇侃《論語義疏》説。
〔二〕「蓋」字，朱子《論語集注》作「故」。
〔三〕黄式三《論語後案》文。

聖德如天〔一〕。而又得夔典樂，神人以和〔二〕。故爲盡善盡美〔三〕。舞，或作武〔四〕。不言時代，蓋兼採虞《韶》與周《武》之樂也〔五〕。

放鄭聲，遠佞人。鄭聲淫，佞人殆。」

放謂禁絶之〔六〕。《禮記・樂記》篇曰：「鄭音好濫淫志，故放之。」許氏《五經異義》：「今〔七〕《魯論》説：「鄭國之俗，有溱洧之水，男如聚會，謳歌相感，故曰：『鄭聲淫。』」〔八〕佞人進，則顛倒是非而國危。

以上數者，治天下之大經大法，盡於此矣〔九〕。

〔一〕《大戴禮記・五帝德》及《史記・五帝本紀》讚揚帝堯之語。
〔二〕《尚書・堯典》事語。
〔三〕本何晏《論語集解》與朱子《論語集注》。
〔四〕劉寶楠《論語正義》引俞樾《羣經平議》説。
〔五〕本劉寶楠《論語正義》，而黄式三《論語後案》説義同。
〔六〕朱子《論語集注》卷八。
〔七〕「今」字脱，據孔穎達《禮記正義》疏文原文補入。
〔八〕此孔穎達《禮記正義》疏文所引，見録於黄式三《論語後案》。
〔九〕朱子《論語集注》卷八引尹氏説：「此所謂百王不易之大法。」

12 子曰：「人無遠慮，必有近憂。」

聖人之慮，常在十百世之遠，千萬里之遥，故其施惠，及於後世。庸人之慮，在旦夕之間，跬步之頃，故其禍患發於須臾。《孟子》曰：「生於憂患，死於安樂。」無遠慮，則自處安樂，而憂患日近。

13 子曰：「已矣乎！吾未見好德如好色者也！」

黄氏曰：「已矣乎者，望見心切，未見而未絶望之辭也。」〔一〕

愚按：《子罕篇》專指衛靈公而言，此則泛論以發歎也。

14 子曰：「臧文仲其竊位者與？知柳下惠之賢，而不與立也。」

黄氏曰：「《易·泰》卦以三陰爲小人，而曰『小人道消』者〔二〕，謂三陰自知退避，

〔一〕黄式三《論語後案》。

〔二〕《易·泰》卦彖辭謂：「泰，小往大來，吉，亨。則是天地交而萬物通也，上下交而其志同也。内陽而外陰，内健而外順，内君子而外小人。君子道長，小人道消也。」

得陽升陰降之義，是小人之能用君子者也。若忌君子而不薦舉之，恐其立功而位必在己上，故曰竊位。」〔一〕

愚按：「竊位」即以蔽賢。《孟子》曰：「不祥之實，蔽賢者當之。」〔二〕

15 子曰：「躬自厚而薄責於人，則遠怨矣！」

君子以責人之心責己，然非不責人也，薄焉而已。此自修之德，非爲遠怨也〔三〕，而怨自遠。或曰：「遠怨，言心自寡怨憾也。」〔四〕亦通。

16 子曰：「不曰：『如之何，如之何』者，吾末如之何也已矣？」

朱注：「『如之何，如之何』者，熟思而審處之辭也。不如是而妄行，雖聖人亦無如之何矣！」

〔一〕黄式三《論語後案》。
〔二〕《孟子·離婁下》文。
〔三〕此批評何晏《論語集解》所引孔氏「責己厚，責人薄，所以遠怨咎」之説。
〔四〕嚴可均語，見引於黄式三《論語後案》。

或曰：「『如之何』，猶言奈是何[一]？夫子此言，蓋鞭策學者之意。」説較警切。

17 **子曰：「羣居終日，言不及義，好行小慧，難矣哉！」**

朱注：「小慧，私智也。言不及義，則放辟邪侈之心滋。好行小慧，則行險僥倖之機熟。」

愚按：夫子言「難矣哉」凡二。此章之外，又曰：「飽食終日，無所用心，難矣哉。」[二]顧氏曰：「『言不及義，好行小慧』，南方之學者也。『飽食終日，無所用心』，北方之學者也。風俗如此，良可憫歎，惟在講學者有以痛改之。」[三]

18 **子曰：「君子義以爲質，禮以行之，孫以出之，信以成之，君子哉！」**

陸氏曰：「此義字極細密，有萬事之義，有一事之義，有常事變事之義，所以謂之質幹。然義非可徑情直遂也，故必『禮以行之』，使有節文，而無太過不及之弊；義又

[一] 何晏《論語集解》所引孔氏注。
[二] 《論語·陽貨》文。
[三] 顧炎武《日知録》卷一三「南北學者之病」條。

不可稜角峭厲也，故必『孫以出之』，使去矜張，而有從容和順之美；又恐幾微之間，須臾之頃，誠意或不貫徹，故必『信以成之』，使一言一動，莫非實心實理之流行，然後可謂之成。『君子哉』三字，非贊辭，言必如此，然後爲君子也。」〔一〕

愚按：此章言處事之方，非論心術，故言義而不言仁。三「之」字均指義而言〔二〕。或作層遞解者〔三〕，非。

19　子曰：「君子病無能焉，不病人之不己知也。」

病，内疚也。君子但病無德無才，不病人之不知己。惟病無能，而後本心可以無病，若病人之不己知，則成心病，而品日壞矣。

20　子曰：「君子疾没世而名不稱焉。」

〔一〕陸隴其《松陽講義》卷一〇「君子義以爲質」章。

〔二〕本朱子《論語集注》所引程子「此四句只是一事，以義爲本」之意。

〔三〕吕祖謙語，見引於黄式三《論語後案》。按：黄氏認爲吕氏説「亦通」，唐先生不從。

《孝經》曰：「立身行道，揚名於後世。」令聞廣譽施於身[一]，貴有其實也。若「没世而名不稱」，則是未嘗有其身也。未嘗有其身，是未嘗有其親也，虛生於天地之間，故疾之。

黄氏曰：「富貴，榮名也；不義之富貴，污名也。聖賢，令名也；貌託乎聖賢，僞名也。然則令名可不修哉！」[二]

或解「不稱」爲名不稱實[三]，亦通。惟與《史記·孔子世家》及《伯夷列傳》所引，義有未合。

21　子曰：「君子求諸己，小人求諸人。」

此亦爲己、爲人之意。君子無所求於人也，惟求在我之學而已，小人反是。諺有之：「求人不如求己。」求己而德益修，求人而心益鄙也。

楊氏謂：「君子雖『不病人之不己知』，然亦『疾没世而名不稱』也。雖疾没世而

[一]《孟子·告子上》文。
[二] 黄式三《論語後案》。
[三] 王守仁語，見引於黄式三《論語後案》。

名不稱，所以求者，亦反諸己而已。三章義實相貫。」[一]

22 **子曰：「君子矜而不爭，羣而不黨。」**

黄氏曰：「矜者，持己方正也；爭者，與人競辨也；羣者，虚己取善也；黨者，助人匿非也。四者分，人品見矣。」[二]

愚按：爭與黨，皆足以致禍。惟窮理之精，故處之合乎中庸之道，所謂不戾乎世俗，不雜乎世俗，陽剛陰柔，皆得其善者也。

23 **子曰：「君子不以言舉人，不以人廢言。」**

《書》曰：「敷奏以言。」夫子曰：「不知言，無以知人也。」人與言本合而爲一。自世衰道微，表裏相違，而人與言遂分爲二。「不以言舉人，不以人廢言」者，閲歷之深，因公生明，惟明乃愈公也。

[一] 朱子《論語集注》卷八引楊氏語。此節引「義實相貫」，原引作「文不相蒙」。
[二] 黄式三《論語後案》。

24　子貢問曰：「有一言而可以終身行之者乎？」子曰：「其恕乎！己所不欲，勿施於人。」

《韓詩外傳》曰：「己惡飢寒，則知天下之欲衣食也；己惡勞苦，則知天下之欲安佚也；己惡衰乏，則知天下之欲富足也。」〔一〕此皆所謂恕也。本經專言「所不欲」者，蓋克己之功，以不欲者爲尤急。言「所不欲」，而所欲者可推也。猶《大學》絜矩之道，言所惡而所好者可推也。終身不能盡，行之無已時也〔二〕。

又按：此篇第二章，由多學而識，造於一貫，乃「致知」之事。此章由忠恕，亦造於一貫，乃「力行」之功。

25　子曰：「吾之於人也，誰毁誰譽？如有所譽者，其有所試矣。

陸氏曰：「毁譽正與直道相反。天下有毁譽，天下無直道矣。是曰是，非曰非，此直道也。過其實，損其真，此毁譽也。毁譽不必盡是私意，有疾惡太嚴而流爲矯激

〔一〕《韓詩外傳》文見引於黄式三《論語後案》。
〔二〕本朱子《論語集注》「求仁之方」立義。

者，即毀也；有崇獎情殷而謬爲許可者，即譽也。毀譽行則失其是非之本心，禍害有不可勝言者，夫子所以絶之。然又曰『如有所譽，其有所試』者，則善善長而惡惡短之意，蘇氏所謂：『仁可過而義不可過也。』」〔一〕

斯民也，三代之所以直道而行也。」

陸氏曰：「禹、湯、文、武，謨烈尚存，無一非蕩平正直之行，何也？此道本乎天，率乎性，人人之所共有。即昏愚邪妄之徒，拘於氣稟，蔽於物欲，而此道未嘗不在。感之即覺，故三代皆不敢易，今安得而易之哉？此夫子不敢以生知安行自處，而託於三代，亦述而不作之意也。」〔二〕

愚按：此章即夫子作《春秋》之志。《春秋》辨是非，善善惡惡，無非直筆，乃所謂直道之書，存三代之公義者也。而夫子屬望「斯民」之意，隱然溢於言外矣。

26 子曰：**「吾猶及史之闕文也。有馬者，借人乘之，今亡已夫！」**

〔一〕陸隴其《松陽講義》卷一〇「吾之於人也」章。
〔二〕陸隴其《松陽講義》卷一〇「吾之於人也」章。

及，及見也。古之良史，於文義有疑，則闕之，不敢臆造是非也[一]。「有馬借人乘」者，謂與朋友共敝之而無憾也。「今亡已夫」，歎是非之淆亂，而情誼之日衰也。

或曰：「《周禮》保氏教六藝，四曰五馭，五曰六書。御與書同在六藝。古制書必同文，『史闕文』者，言必遵修舊文，而不詭更正文也。凡有馬而借人乘習，使之調良，所以期於善御。乘者有一定之法，故車能同軌。夫子見六藝將廢，故歎之。」[二]

27　子曰：「巧言亂德，小不忍則亂大謀。」

亂德者，變是非[三]。亂謀者，昧小大。「小不忍」，非必盡出乎己也，亦有爲人所掣肘者。亂德、亂大謀，天下從此亂矣。惟君子德性堅定，乃能不爲外物所亂，而世道以治。

28　子曰：「衆惡之，必察焉；衆好之，必察焉。」

[一] 本何晏《論語集解》引馬融注。
[二] 本劉寶楠《論語正義》卷一八引宋翔鳳《過庭録》立義。
[三] 朱子《論語集注》卷八。

人之好惡，不可即以爲是非也。叔季之世，有好惡而無是非。衆好衆惡，或出於黨同之見〔一〕，故必察其是非之所在。《孟子》曰：「國人皆曰賢，然後察之……國人皆曰不可，然後察之。」〔二〕二者蓋知人之要領，政治之大綱也。

29　子曰：「人能弘道，非道弘人。」

弘，廓而大之也〔三〕。《中庸》曰：「大哉聖人之道……待其人而後行。故曰〔四〕苟不至德，至道不凝焉。」蓋道爲虛位〔五〕，惟聖賢乃能凝聚而擴充之。尊德性，致廣大，極高明，皆弘道之功也。若謂道可弘人之名，則大誤矣。張子《正蒙》謂：「心能盡性，人能弘道也。性不知檢其心，非道弘人也。」〔六〕此別一義。

〔一〕本何晏《論語集解》引王肅「或衆阿黨比周」說。
〔二〕《孟子·梁惠王下》文。黃式三《論語後案》引以見意。
〔三〕朱子《論語集注》卷八。
〔四〕「故曰」二字脱，據《禮記·中庸》文補入。
〔五〕韓愈《原道》：「道與德爲虛位。」
〔六〕朱子《論語集注》卷八引。

30 子曰：「過而不改，是謂過矣！」

「過而能改，則復於無過。惟不改，則其過遂成，將不及改矣。」〔一〕

黄氏曰：「《集注》勸、戒互説。改過者，天地所必容，聖賢所不絶。不改則終爲小人耳。」〔二〕

31 子曰：「吾嘗終日不食，終夜不寢，以思。無益，不如學也。」

思而不學則殆，思與學相輔而行，思即思其所學也。此章爲思而不學者言〔三〕。無益者，恐其入於明心見性之途，而墮於杳冥昏默之際也。後世學者，講求良知，專務不思而得，豈聖門之學哉！

32 子曰：「君子謀道不謀食。耕也，餒在其中矣；學也，禄在其中矣。君子憂道不

〔一〕朱子《論語集注》卷八。
〔二〕黄式三《論語後案》。
〔三〕朱子《論語集注》卷八。

憂貧。」

耕所以謀食，而凶荒時至，未必得食。學所以謀道，而名實相孚，樂在其中。然其學也，有不得乎道而已，非爲憂貧之故而欲爲仕以得禄也[一]，故再以憂道不憂貧申言之。此一折語意極重。

陸氏曰：「謀以事言，憂以心言。擇善固執，所以謀之也。擇焉而惟恐其執之不精，執焉而恐其執之不固，所以憂之也。此謀字中包格致、誠正之學，此憂字中有戒慎恐懼、常目在之之意。心在憂道，自無暇及於食。」[二]

或曰：「治生爲急，亦謀食之義。」[三]不知治生乃道中之事。此「謀食」蓋指干禄而言，其立心行事，迴不同也。

33 子曰：「知及之，仁不能守之，雖得之，必失之。

〔一〕本朱子《論語集注》注。
〔二〕陸隴其《松陽講義》卷一〇「謀道不謀食」章。
〔三〕元儒許衡之語。

黄氏曰：「此章言治民之道。以知得民，以不仁失民，殘刻之害爲大。《武王踐祚》記曰：『以仁得之，以仁守之，其量百世；以不仁得之，以仁守之，其量十世；以不仁得之，不以仁守之，必及其世。』語意略同，以後世之事言之，如秦政是也。」〔一〕

知及之，仁能守之，不莊以涖之，則民不敬。

有孝慈長厚之質，而不能「臨之以莊」，則民有輕佻之行，而慢易其上。以後世之事言之，如漢文帝之仁厚而好清靜無爲是也。

知及之，仁能守之，莊以涖之，動之不以禮，未善也。

動之，動民也，鼓舞之意〔二〕。爲治不徒尚法，必本於天敘天秩，乃爲至善。此《大學》之「作新民」，所以無所不用其極。以後世之事言之，如唐太宗之能知、能仁、能莊，而不能媲三代之隆者，不以禮也。

此章陸氏謂：「知及是格物致知事，仁守是誠意正心事，莊涖動禮，則修齊治平

〔一〕黄式三《論語後案》。按：黄氏所引《大戴禮記·武王踐祚》文，新出土上博楚簡《武王踐祚》文正同。
〔二〕朱子《論語集注》卷八。

事。《大學》功夫皆在其内。」〔一〕

李氏謂：「知及仁守，『道之以德』也；莊涖動禮，『齊之以禮』也。《中庸》既言知仁勇以修身，而知所以治天下國家；又曰：『齊明盛服，非禮不動。』而列於九經之首。内外相須，本末乃備。」〔二〕語皆精密。

惟章内十一「之」字，皆以民言〔三〕。先儒有以學政分説者〔四〕，非也。

34　子曰：「君子不可小知，而可大受也。小人不可大受，而可小知也。」

黄氏曰：「君子大受則修齊治平，外内合一，而王化行矣；小人小知，則吏事文章，各盡專長，而羣策舉矣。」〔五〕

〔一〕陸隴其《松陽講義》卷一〇「知及之」章。
〔二〕李光地《榕村四書説·讀論語劄記》「知及之」章。
〔三〕毛奇齡《四書稽求篇》卷六「知及之」章有説，參見程樹德《論語集釋》卷三二云：「此章十一之字皆指民言，毛氏之説是也。」又黄式三《論語後案》謂：「李安溪云此章專爲治民而發，趙鹿泉、戚鶴泉謂章内十一之字，皆以民言。」此皆唐先生説之本。
〔四〕黄式三《論語後案》謂：「朱子注以學政分説，未必是。」
〔五〕黄式三《論語後案》。

愚按：司馬氏曰：「德勝才謂之君子，才勝德謂之小人。」〔一〕可不可，必詳審德與才之大小，而後用得其當。若不善用之，則兩失其宜，而顛倒差謬矣。是故人與事相稱，然後天下之事平。

35　子曰：「民之於仁也，甚於水火。水火，吾見蹈而死者矣，未見蹈仁而死者也。」

民非水火不生活。水火與仁，皆民所仰而生者也〔二〕。但水火不過所以生之具，而仁乃所以生之理，故曰：「甚於水火。」《禮記·表記》篇曰「水親而不尊」「火尊而不親」，水足溺人，火足焚身，故曰：「水火吾見蹈而死。」若仁則乾元生生之德，正所以自生而生人，豈有蹈而死者乎？聖人哀人之心死，故言之迫切如此〔三〕。

36　子曰：「當仁不讓於師。」

曾子曰：「仁以爲己任，不亦重乎。」當者，任也。當仁，指爲善之大者而言。仁

〔一〕司馬光《資治通鑑》首卷按語。
〔二〕本朱子《論語集注》卷八。
〔三〕黄式三《論語後案》謂：「此聖人望死身者不死其心，求見之切而歎之也。」

與讓相因，而有時不讓，正所以爲仁。此章夫子爲門弟子而發〔一〕。蓋凡事宜承師命，若當仁，則宜聞斯行之矣。或曰：「師，衆也。」〔二〕不若解作師長之親切。

37 子曰：「君子貞而不諒。」

《易傳》曰：「貞，正也。」君子貞固足以幹事，務其大者遠者，不若「匹夫匹婦之爲諒」。然益者三友，以直諒並列，蓋大人之「言不必信，行不必果」，當自必信、必果始。有子曰：「信近於義，言可復也。」此蓋原本於窮理之學，然後處之得其宜。否則導人以不信矣。説見《孟子大義》「君子不亮」章〔三〕。

38 子曰：「事君敬其事，而後其食。」

後，與「後獲」之後同。食，禄也〔四〕。「事」與「食」相稱，而後於心無愧。然與其使

〔一〕劉寶楠《論語正義》卷一八指出爲「事師之禮」。
〔二〕見引於黄式三《論語後案》。
〔三〕詳參本編《孟子大義》。按：《孟子·告子下》載孟子語云：「君子不亮，惡乎執？」
〔四〕朱子《論語集注》卷八。

食浮於事也，寧使事浮於食。要知聖人所深戒者，不徒在慢君事而謀厚禄也。若以辨事之多寡大小，與得禄之厚薄，營營相較，已非君子之居心矣。

39　子曰：「有教無類。」

「種類」因地域而分〔一〕，「氣類」因風俗而異〔二〕。然人性皆善。聖人施教，既因乎地質之宜，復矯乎風俗之變，是以人性皆復於善，而無品類之殊矣。《易傳》曰：「君子以教思无窮。」〔三〕蓋兼君德師道而言也。

40　子曰：「道不同，不相爲謀。」

《孟子》論伯夷、伊尹、柳下惠，三子者不同道，其趨一也，與此異義。蓋君子之爲道雖不同，而卒歸於一。若小人之道，與君子如冰炭之不相入，決不能相爲謀也。黄

〔一〕何晏《論語集解》引馬融注謂：「言人所在見教，無有種類。」

〔二〕朱子《論語集注》謂：「人性皆善，而其類有善惡之殊者，氣習之染也。」唐先生稱之爲「氣類」。

〔三〕《易·臨》卦象辭文。

氏亦謂：「君子與君子，有時意見不同，行跡不同，而卒能相謀者，其道同也。此言道不同，指異端小人之賊道者而言。」〔一〕

41　子曰：「辭，達而已矣！」

辭以立誠爲基，以有序爲主。達者，如水之窮源竟委，此聖門修辭學也。《孟子》曰：「不以文害辭。」文與辭爲二事，不可强合。先儒謂辭不以富麗爲工〔二〕。渾文、辭爲一，恐未是。

42　師冕見。及階，子曰：「階也！」及席，子曰：「席也！」皆坐，子告之曰：「某在斯！某在斯！」

《禮記·少儀》篇曰：「其未有燭而後至者，則以在者告，道瞽亦然。」〔三〕是禮宜如

〔一〕黄式三《論語後案》。
〔二〕朱子《論語集注》卷八。
〔三〕見引於黄式三《論語後案》。

是也。樂師必有樂工隨之，而夫子告之者，疑樂工當止於階下也。

師冕出，子張問曰：「與師言之道與？」

朱注：「聖門學者，於夫子之一言一動，無不存心省察如此。」

子曰：「然，固相師之道也。」

本經曰：「危而不持，顛而不扶，則將焉用彼相矣？」《荀子·成相》篇曰：「人主無賢，如瞽無相何倀倀。」相師自有其道。張子《西銘》曰：「天下之疲癃殘疾，皆吾兄弟之顛連而無告者也。」身有廢疾者，固當相之。心有廢疾者，相之又當何如？則由「相師之道」推之，胞與之懷，治平之德，皆在是矣〔一〕。

衛靈公篇大義

登泰山而小天下，始知其峰之崔巍也；涉東海而觀其瀾，始知其源之浩渺也。

〔一〕唐先生引伸朱子《論語集注》所引范氏語：「聖人不侮鰥寡，不虐無告，可見於此。推之天下，無一物不得其所矣。」

立竿而見景，爰名之曰標；測水而望平，始定之曰準。夫聖人萬世之標準也。言有道，行有道，爲學有道，治心有道，處世有道，以及觀人接物，洪纖巨細，莫不有道。道者，標準也。讀《衛靈公》一篇，如遊森林，衆榦畢露；如泛巨舟於海，可用以作指南。吁！奇矣哉！

不對軍陳之問，「在陳絶糧」，君子立氣節之標準也。多識一貫，此一貫，指致知而言，由博求約之標準也。知德者鮮，承「君子固窮」而言。「無爲而治」，論治道得人之標準。「言忠信，行篤敬」，行州里、行蠻貊之標準。邦有道無道如矢，直者之標準。可仕可懷，君子之標準。不失人、不失言，與人出言之標準。「無求生以害仁，有殺身以成仁」，志士仁人之標準。事賢友仁，居邦之標準。「行夏之時」數事，爲邦之大標準，心術安危之幾也。

「人無遠慮，必有近憂」，「好德如好色」，居心之標準。臧文仲竊位，爲居高位者戒，在位者反觀之標準。古之君子，「其責己也重以周，其待人也輕以約」，甚矣當世責人之多，而怨氣爲之充盈也！「躬自厚而薄責於人」，平心之標準，進德之標準，尤爲處亂世之漂準。

「不曰如之何」「言不及義」，處事求學者反觀之標準。「義以爲質」數者，君子制行之標準。「老冉冉其將至，恐修名之不立」〔一〕，己則無能，而求諸人，至於「没世而名不稱」，悔何及也。君子所求者，非一時之名，乃千秋萬世之名，是爲君子立名之標準。「矜而不爭」，不以言舉人，君子處社會、在朝廷之標準。

「强恕而行」，求仁之標準。「直道而行」，史闕文，馬借人，論人論世之標準。巧言亂德，「小不忍」，言語心術之標準。好惡必察，觀人之標準。弘道改過，修己之標準。正學以實不以虚，爲學而墮於玄虚，則明心見性之説得以乘之，不可也。思不如學，爲學之標準，不入於歧途也。學問當時存不足之志，境遇當時存知足之心。求道而憂貧，則委瑣齷齪之見得以乘之，尤不可也。「謀道不謀食，憂道不憂貧」，處境之標準，無慕乎外誘也。

知及、仁守、莊涖，又必「動之以禮」，而後可成唐虞三代之治，是論治之大標準也。「君子不可小知而可大受，小人不可大受而可小知」，用人之大標準也。聖人在位，士無棄材也。「民之於仁，甚於水火」，教民之大標準也。堯舜之世，比户可封也。「當仁不讓」，體仁之標準。「貞而不諒」，幹事之標準。敬事後食，事上之標準。「有

〔一〕屈原《離騷》文。

教無類」，立教之標準。「道不同，不相爲謀」，衛道之標準。「達而已矣」，修辭之標準。及階言階，及席言席，及坐告某在斯，相師之標準。曰「固相師之道也」，而全篇之義始明。

明道者，標準也。全篇皆道，全篇皆標準也，萬事皆標準也。凡學者學聖人之道，必先立一標準，勉勉焉以望之，孳孳焉以赴之，而後可以幾於聖人。夫求標準者，讀《論語》而已矣！讀《衛靈公》篇而已矣！

先儒嘗謂：「人之初生，知有父母而已。及其少長，徵逐忘返，遂與父母漸疏。終身慕父母者，虞舜一人而已。人之初學，知有《論語》而已。及其既長，博習忘返，遂與《論語》日疏。終身讀《論語》者，朱子一人而已。」[一]反復此言，何其親切！誠摯若此也。然而學者苟浮慕焉，雖明明標準在前，無益也。

[一] 黄震《撫州辛未冬至講義》之「子曰弟子入則孝出則弟」條，見《黄氏日抄》卷八二。

卷十六

季氏篇第十六

1　**季氏將伐顓臾。**

「顓臾，伏之羲之後，風姓之國。本魯之附庸，當時臣屬魯。季氏貪其土地，欲伐而取之。」[一]

冉有、季路見於孔子曰：「季氏將有事於顓臾。」

有事，有兵革之事也。皇疏引蔡氏曰：「二子並以王佐之資，處彼家相之任[二]，豈有不諫季孫以成其惡？所以同其謀者，將有以也。量己揆勢，不能制其悖心於外，

[一] 何晏《論語集解》引孔氏注。

[二] 「處彼家相之任」句原脱，據皇侃《論語義疏》引文補入。

順其意以告夫子〔一〕，故欲得大聖之言以救之也。」〔二〕

孔子曰：「求，無乃爾是過與？

先儒謂：「季氏伐顓臾，夫子疑冉有教之。」〔三〕黄氏謂：「不必教之，已可責。」〔四〕

夫顓臾，昔者先王以爲東蒙主，且在邦域之中矣，是社稷之臣也，何以伐爲？」

朱注：「東蒙，山名，先王封顓臾於此山之下，使主其祭，在魯地七百里之中。社稷，猶云公家……孔子言顓臾乃先王封國，則不可伐。在邦域之中，則不必伐。是社稷之臣，則非季氏所當伐也。」

冉有曰：「夫子欲之，吾二臣者，皆不欲也。」

朱注：「夫子，指季孫。冉有實與謀，以夫子非之〔五〕，故歸咎於季氏。」

孔子曰：「求，周任有言曰：『陳力就列，不能者止。』危而不持，顛而不扶，則將焉用

〔一〕「於外，順其意以告夫子」原脱，據皇侃《論語義疏》引文補入。
〔二〕蔡謨語，見引於皇侃《論語義疏》卷八。末句皇氏原文作「實欲致大聖之言以救斯弊」。
〔三〕何晏《論語集解》引孔氏注。
〔四〕黄式三《論語後案》。
〔五〕「以夫子非之」句，朱注原文作「以孔子非之」。

彼相矣？

陳，布也。列，位也〔一〕。言當展布其才力，度己所任，以就其位，不能則當去也〔二〕。相，瞽者之相〔三〕。爲相者不能持危扶顛，安用相爲〔四〕？見爲人臣者，當量而後入，相瞽且有扶持之責，況相國乎？責二子之不能力諫也。

且爾言過矣。虎兕出於柙，龜玉毀於櫝中，是誰之過與？

或曰：「虎兕出於柙，喻兵擅用於外也；龜玉毀於櫝中，喻仁義廢於内也。」〔五〕黃氏謂：「虎兕喻季氏，龜玉喻顓臾。」〔六〕是誰過者，折其「皆不欲」之說也。

冉有曰：「今夫顓臾，固而近於費。今不取，後世必爲子孫憂。」

此恐係季氏之說，而冉有述之耳〔七〕。

〔一〕朱子《論語集注》卷八。
〔二〕何晏《論語集解》引馬融注。
〔三〕朱子《論語集注》卷八。
〔四〕何晏《論語集解》引包咸注。
〔五〕張憑語，見引於皇侃《論語義疏》卷八。
〔六〕黃式三《論語後案》。
〔七〕朱子《論語集注》謂：「此則冉有之飾辭，然亦可見其實與季氏之謀矣。」

孔子曰：「求，君子疾夫舍曰『欲之』，而必爲之辭。

欲之，謂欲其利[一]。言舍欲利之説，而更作巧辭[二]，天下貪者往往如此，所謂「借端以藉口」也，故君子疾之。

丘也聞有國有家者，不患寡而患不均，不患貧而患不安。蓋均無貧，和無寡，安無傾。

李氏曰：「『不患寡而患不均，不患貧而患不安』，語意蓋云與其不均寧寡，與其不安寧貧也。夫一物而衆分之，烏得不寡？然寡非所患，患其分之不均，雖欲守其寡而不可得耳。寡之又寡，必至於貧。然貧猶非所患，患其勢之不安，雖欲守其貧，而不可得耳。夫子又釋其意，以爲均雖不能無寡，然皆少有得焉，則已無貧矣。況均則必無不平之爭，其勢自和。和則有相通相濟之誼，並可無寡矣，如是則必安。安則無論不寡不貧也，雖或寡而至於貧，然釁孽消而根本固，必不至於傾矣。此有國家者之常理，即以一家兄弟驗之可見。」[三]

[一] 朱子《論語集注》卷八，「欲其利」作朱子文「貪其利」。

[二] 何晏《論語集解》引孔氏注。

[三] 李光地《榕村四書説・讀論語劄記》「季氏將伐顓臾」章。

愚按：聖人引古語以釋之〔一〕，所以止季氏之覆魯也。

夫如是，故遠人不服，則修文德以來之。既來之，則安之。

李氏曰：「遠人非指顓臾，正對在邦域之中而至近者言之。言雖有遠人不服，宜乎可以動干戈矣，然猶且來之以文德，況如顓臾之在邦內乎。」〔二〕

愚按：來，歸附也。安，教養之使得其所也。

今由與求也，相夫子，遠人不服而不能來也，邦分崩離析，而不能守也。

或謂《左傳》哀公元年、二年、三年、六年、七年，迭言伐邾，是遠人當指邾而言〔三〕。亦可備一義。

分崩離析，言破壞也，謂其時四分公室〔四〕，季氏取二，孟孫、叔孫各取其一。上下相猜，不能守其邦也。

而謀動干戈於邦內。吾恐季孫之憂，不在顓臾，而在蕭牆之內也！」

〔一〕黃式三《論語後案》謂：「自『有國有家』至『既來之，則安之』，皆古語也。」
〔二〕李光地《榕村四書説·讀論語劄記》「季氏將伐顓臾」章。
〔三〕劉寶楠《論語正義》卷一九。
〔四〕黃式三《論語後案》。

「蕭之爲言肅也。牆，謂屏也。君臣相見之禮，至屏而加肅敬，故謂之蕭牆。」[一]言不均不和，禍將起於君臣之間。其後哀公果欲以越伐魯，而去季氏[二]。

2　孔子曰：「天下有道，則禮樂征伐自天子出；天下無道，則禮樂征伐自諸侯出。自諸侯出，蓋十世希不失矣；自大夫出，五世希不失矣。陪臣執國命，三世希不失矣。

天子作禮樂，專征伐，此盛世之事也。春秋隱、桓以下，政在諸侯；僖、文以下，政在大夫；定、哀以下，政在陪臣。「執國命」，則國命不能出國門一步矣，故不言禮樂征伐自陪臣出也。

齊自僖公小霸，桓公合諸侯，歷孝、昭、懿、惠、頃、靈、莊、景凡十世，而陳氏專國。晉自獻公啓疆，歷惠、懷、文，而代齊霸，又歷襄、靈、成、景、厲、悼、平、昭、頃，而公族復爲彊臣所滅，凡十世[三]。

[一] 何晏《論語集解》引鄭玄注。
[二] 朱子《論語集注》卷八。
[三] 劉逢禄《論語述何》文，見引於劉寶楠《論語正義》卷一九。

魯公山不狃及身而出奔。南蒯爲南遺之子，二世而出奔。陽氏爲季氏家臣，至虎三世而出奔，其弟陽越死於亂〔一〕。蓋聖人所言世數，雖曰人事，亦天道之當然也。

天下有道，則政不在大夫。

政在大夫者，若季氏之不議政於公朝，而議於私室是也。能正朝廷以正百官，則大夫豈有擅權之弊？

天下有道，則庶人不議。」

《尚書》曰：「謀及庶人。」庶人議政，正天下有道之事。而夫子云然者，蓋庶人有凡民與在官之別。《洪範》所言庶人，在官者也；夫子所言庶人，凡民而非在官者也。凡民無政治之學識，倘概欲參議國政，則秩序淆而天下亂矣。

此章上溯成、康遺規，中慨私家專政，末稔横議朋興，春秋將變爲戰國，感慨深矣。

3 孔子曰：「禄之去公室，五世矣；政逮於大夫，四世矣。故夫三桓之子孫微矣。」

禄去公室，謂爵禄之柄不從君出也。魯自文公薨，宣公立，而君失其政。歷成、

〔一〕黄式三《論語後案》。

襄、昭、定凡五世。自季武子始專國政，歷悼、平、桓、子凡四世，而爲家臣陽虎所執[一]。三桓，桓公之子莊公之弟公子慶父，公子牙，公子友也。仲孫，慶父之後，又稱孟氏；叔孫，公子牙之後；季孫，公子友之後也。微，衰微。蓋竊政柄者，上陵其君，下奪其民，其子孫必至於式微也。連讀三「矣」字，聖人傷魯之心甚矣。

4　孔子曰：「益者三友，損者三友。友直，友諒，友多聞，益矣。友便辟，友善柔，友便佞，損矣。」

李氏曰：「三者各由淺而深。友直但足以聞吾過，友諒則有以進吾德，友多聞則有以廣吾學也。友便辟，但相習以文貌；友善柔，則相護其過非；友便佞，又相誘以機變也。似不必兩下對說。」[二]

[一] 朱子《論語集注》卷八。
[二] 李光地《榕村四書説·讀論語劄記》「孔子曰益者三友」章。

愚按：便辟者，習般旋退避之容，所謂足恭也〔一〕。善柔，謂面柔〔二〕，所謂令色也〔三〕。便，辯也〔四〕。佞而辯，所謂巧言也〔五〕。《禮記・冠義》成人之道「在於正容體，齊顏色，順辭令」，三者適與之相反。此章所謂損益，兼指品行學問而言。

5 **孔子曰：「益者三樂，損者三樂。樂節禮樂，樂道人之善，樂多賢友，益矣。樂驕樂，樂佚遊，樂宴樂，損矣。」**

李氏曰：「三者亦由淺而深。樂節禮樂，則有悅學之志；樂道人之善，則有公物之心；樂多賢友，則日有進德之效矣。效驕樂者，其志始荒；樂佚遊者，荒而蕩；樂宴樂者，蕩而溺且昏矣。亦似不必兩下對說。」〔六〕

愚按：此章損益，判於敬肆而已。「節禮樂」，出於敬；「道人之善，多賢友」，則

〔一〕黃式三《論語後案》，本朱子《論語集注》謂：「習於威儀而不直。」
〔二〕何晏《論語集解》引孔氏注。
〔三〕黃式三《論語後案》。
〔四〕何晏《論語集解》引鄭玄注。
〔五〕黃式三《論語後案》。
〔六〕李光地《榕村四書說・讀論語劄記》「孔子曰益者三樂」章。

敬而和。驕樂、佚遊、宴樂，三者皆出於一心之肆。《曲禮》言：「毋不敬。」而又言「敖不可長」四者，皆所以收其放心也。故此損益，當指心性而言。

6　孔子曰：「侍於君子有三愆。言未及之而言，謂之躁；言及之而不言，謂之隱；未見顔色而言，謂之瞽。」

胡氏曰：「言貴乎時中，躁者先時而過乎中，隱者後時而不及乎中，瞽者冥然不知所謂中者也。」〔一〕

愚按：躁者，陽剛之過；隱者，陰柔之過，謂隱匿而不盡情實，是更以不言餂之矣；瞽者，無知識者也。謹言語應對，亦《曲禮》之意。

7　孔子曰：「君子有三戒。少之時，血氣未定，戒之在色；及其壯也，血氣方剛，戒之在鬭；及其老也，血氣既衰，戒之在得。」

黄氏曰：「《樂記》云：『民有血氣心知之性。』性之善，心知之靜而正也。血氣之

〔一〕胡炳文《論語通》卷八。按：見引於胡廣《論語集注大全》卷一六。

粗駁者，君子不敢藉口於性而必戒之也。血氣中有嗜欲，好色、好鬭、好得，因之以生。然污者能言潔，爭者能言讓，貪者能言廉。凡人猶明於此，君子亦以學問擴充其心而已。」〔一〕

愚按：戒者，以理勝氣〔二〕，而其端在一念之微。君子之所以爲君子，不過能忍於須臾之間耳。此章語意似淺，然人生於色、鬭、得三者，終身不失足，亦可以爲成人矣。

8 **孔子曰：「君子有三畏：畏天命，畏大人，畏聖人之言。**

天命者，所以彰善癉惡。知其可畏，則有以奉若圭臬而順天休命矣。大人，國憲所出〔三〕。聖言，經典所傳。皆所以長民輔世者，故當致其敬畏之意，不敢慢肆而誣罔之。君子終日乾乾，無事不敬畏也，而三者爲尤大。

〔一〕 黄式三《論語後案》。
〔二〕 朱子《論語集注》謂：「隨時知戒，以理勝之，則不爲血氣所使也。」按：唐先生言「以理勝氣」所出。
〔三〕 黄式三《論語後案》謂：「畏大人，遵國憲，崇殊勳也。」

小人不知天命而不畏也，狎大人，侮聖人之言。」

不知天命，不知福善禍淫之理，而以爲不足憑，故至於無忌憚也。狎，近習奔走也。侮聖言者，輕侮陵侮，破析之而亂民改作也。如此之人，未有能免於禍者。

9　孔子曰：「生而知之者，上也；學而知之者，次也；困而學之，又其次也。困而不學，民斯爲下矣！」

「民斯爲下」，下愚是也。生知、學知、困知，及其知之一也〔一〕。惟下愚則不可教誨矣。

此章非泛論氣稟，蓋專爲困而不學者警爾。「不學」有二等，或不通而自以爲能通，所謂自暴是也；或知其不通而不求通，所謂自棄是也〔二〕。曰「民斯爲下」，可哀哉！

〔一〕 朱子《論語集注》引楊氏語。

〔二〕 黄式三《論語後案》。

10 孔子曰："君子有九思：視思明，聽思聰，色思温，貌思恭，言思忠，事思敬，疑思問，忿思難，見得思義。"

李氏曰："'九思'雜發於日用之間，聖人言之，蓋自有序。耳目之官，不思則蔽於物，雖欲用其存養省察之功，不可得也，故視、聽居首。外誘既防，則應物者不可不慎，故色、貌、言、事次之。此六者皆以閑邪存誠，涵養之事也。至於問辨而不蓄疑，懲忿窒欲而不迷於利害之機，則又窮理修身之要，爲學之至切者，故以是終焉。按：《洪範》以思列於五事之中，夫子則以思貫於九者之内，蓋視、聽、言、貌雖與心相對，而莫非心之所爲也，故《孟子》初以大體小體並舉，後乃以思爲主，而曰：'思則得之。'其深得《洪範》《論語》之意者與？"〔一〕

愚按："九思"功夫，由淺入深。即以視聽言之，其不聰不明者，固無足論。即能思矣，而其爲聰爲明者，亦萬有不齊也。故思以愈進而愈細。此章又與《玉藻》"九容"相表裏，兼動静，該内外。隨時而思之，至心一於誠，則通微而作聖矣。

〔一〕李光地《榕村四書説·讀論語劄記》"孔子曰君子有九思"章。

11　孔子曰："見善如不及，見不善如探湯。吾見其人矣，吾聞其語矣！

語，蓋古語也[一]。如不及，推諉如不能及也。探湯，喜其熱而漸近之也，無好善惡惡之誠，蓋指齊景公而言。

隱居以求其志，行義以達其道，吾聞其語矣，未見其人也！

此亦古語也。"不降其志，不辱其身"，古之所謂義士，信道篤而自知明者也。蓋指夷、齊而言。

齊景公有馬千駟，死之日，民無德而稱焉。伯夷、叔齊餓於首陽之下，民到于今稱之。

千駟，千乘之國，謂諸侯也。無稱，無善可稱。"民到于今稱之"，以其隱居尚志，窮不失義也。稱與無稱，正民心之所以不死。此與"見善如不及"本爲一章[二]，後人誤分爲二。

其斯之謂與？"

斯，指"見善"二語與"隱居"二語而言。孔子蓋引古語，而以景公、夷、齊事徵實

[一] 朱子《論語集注》卷八。
[二] 黄式三《論語後案》引蘇轍《柳下惠論》及蔡節《論語集説》説。

之也。庸人與草木同朽，仁人與日月爭光，學者當先辨其所志。

12 陳亢問於伯魚曰：「子亦有異聞乎？」

異聞，謂他人所不可得聞者。

對曰：「未也。嘗獨立，鯉趨而過庭。曰：『學詩乎？』對曰：『未也。』『不學詩，無以言。』鯉退而學詩。

獨立，謂孔子〔一〕。趨而過庭者，禮，子過父前，當徐趨以將敬也。學詩則事理通達，心氣和平〔二〕，故能言〔三〕。

他日，又獨立，鯉趨而過庭。曰：『學禮乎？』對曰：『未也。』『不學禮，無以立。』鯉退而學禮。

學禮則品節詳明，德性堅定，故能立〔四〕。

〔一〕何晏《論語集解》。
〔二〕此氣質之變化也。
〔三〕朱子《論語集注》卷八。
〔四〕朱子《論語集注》卷八。

聞斯二者。」

聖門家學，先詩、禮二者，餘無異聞也〔一〕。

陳亢退而喜曰：「問一得三，聞詩聞禮，又聞君子之遠其子也。」

「遠，非疏遠之謂，謂其進見有時，接遇有禮，不朝夕嘻嘻也。」〔二〕「古者命士以上，父子皆異宮。一趨庭須臾之頃，而學詩學禮，教以義方。《易》所言：『家人有嚴君者，父母之謂也。』〔三〕是之謂遠。」〔四〕

此章序述，本極分明，可見聖人家法之嚴，亦見陳亢能會悟之益。或疑亢意欲求不傳之祕〔五〕，失之矣。

13　邦君之妻，君稱之曰夫人，夫人自稱曰小童，邦人稱之曰君夫人，稱諸異邦曰寡

〔一〕本黄式三《論語後案》。
〔二〕司馬光《家範》文，見引於劉寶楠《論語正義》卷一九。
〔三〕《易・家人》卦彖辭文。
〔四〕劉寶楠《論語正義》卷一九文。
〔五〕黄式三《論語後案》謂：「此子禽欲於素所聞之外，求一捷獲之術也。」

小君，異邦人稱之亦曰君夫人。

天子之配曰后，諸侯之配曰夫人。《禮記·曲禮》篇：「夫人自稱於其君曰小童。」蓋謙言己智能寡少，如童蒙也。「邦人稱君夫人」者，尊之也。「稱諸異邦」，亦邦人稱之也。「稱寡小君」者，謙言寡德，小於君之義也。春秋時嫡妾不正，稱謂淆亂〔一〕。《禮記·大傳》篇曰：「名者，人治之大者也。」聖門記此，皆《春秋》正名分之旨也。李氏曰：「夫子作《春秋》，於夫婦之倫極重，故其名稱必謹。此章必夫子嘗言及之，故門人記焉。」〔二〕

季氏篇大義

或問曰：「子言《論語》每篇章次，皆有意義，如貫索然。今如《季氏》篇諸章多不倫，則又何說？」

〔一〕此兩句乃何晏《論語集解》引孔氏注文。
〔二〕李光地《榕村四書說·讀論語劄記》「邦君子之妻」章。

應之曰：司馬遷作《六國表》，言：「陪臣執政，大夫世禄，六卿擅晉權。及田常弑簡公而相齊國，諸侯晏然弗討，海内爭於戰攻。三國終之卒分晉，田和滅齊而有之。六國之盛自此始。」是故春秋之變爲戰國，陪臣執政者階之厲也。《季氏》一篇，痛魯之所以弱也。記者之意，蓋深遠矣！

孔子發明「有國有家者，不患寡而患不均，不患貧而患不安」，終之曰：「季孫之憂，不在顓臾，而在蕭牆之内。」痛乎其言之也！「陪臣執國命」，三桓之子孫微，明指魯言，然不僅爲魯言也。益者三友三樂，損者三友三樂，用意淺而垂戒深，爲魯之世家子弟發也。「侍於君子有三愆」，聖賢之士，豈爲此揣摩之術哉？蓋當時應對進退少儀廢矣，賤犯貴，幼陵長。夫子深明《曲禮》之制，亦有慨歎之意焉。

君子有三戒三畏，皆禮也。禮緣於「夙夜基命」，《左氏傳》曰：「動作禮義威儀之則，以定命也。」敬畏之至也。世禄之家，「困而不學」，聖人之所深痛，曰：「民斯爲下。」見高位之未可恃，而民之貴與下，乃判乎學與不學也。視聽色貌諸端，一無所思，動輒得咎，此猶曾子告孟敬子之意，終之曰：「見得思義。」高明之家，苟無以利害義，何至不保其宗廟祭祀乎？

「見善如不及」與「齊景公」二章，當據古本合而爲一。「如不及」者，謙遜惟恐不及；「如探湯」者，喜其温漸染而進；「吾見其人」，齊景公是也。「隱居以求其志，行義以達其道」，吾聞其語，「民到于今稱之者」，伯夷、叔齊是也。特引齊景公者，「齊一變至於魯」，下而況之，魯將變爲齊也。齊魯之間，其有忠臣、志士、隱居者乎？

然則「陳亢問伯魚」章何居？曰：「《論語》中孔子詔伯魚者凡二，一爲學詩學禮，一爲《周南》《召南》。然若以《周南》《召南》厠於此，則爲不類。蓋《周南》《召南》，專係人心風俗之旨；而詩禮之教，雖孔子之家訓，亦隱爲卿大夫家而發。蓋搢紳子弟，『不學詩，無以言』，而鄙陋空疏之習生矣；『不學禮，無以立』，而傲慢僿野之習生矣。是故詩與禮二者，萬世之搢紳士之家教也。」

然則「邦君之妻」章又何居？曰：「《易傳》有言：『女正位乎内，男正位乎外。』君夫人者，内政之主也。春秋之世，彝倫瀆亂，不獨晉驪姬、衛南子之屬，爲國之玷，即如魯之文姜、穆姜，實皆爲敗家弱國之基。曰夫人，曰君夫人，尊之之辭也；曰小童，曰寡小君，自謙之辭也。陽爲大而陰爲小，正其名，所以定其分也。夫婦爲人倫之始，内政廢而家國衰矣！悲夫！孔子贊《易》曰：『聖人之情見乎辭。』文治贊《論語》則曰：『聖人之意，常在乎辭之外也！』」

抑又考之，《論語》通例，凡對於君大夫之辭，皆稱孔子。而兹篇因對於魯事，故亦皆稱孔子。魯秉禮之國也，昭、定以還，倫常日益廢矣。伐顓臾三章，所以明君臣兄弟之義，三桓皆兄弟之禍也。「益者三友」章，所以明朋友之義。「陳亢」章所以明父子之義。「邦君之妻」章，所以明夫婦之義。夷、齊者，亂臣賊子之所懼；而齊景公者，則「君不君、臣不臣、父不父、子不子」之炯戒也。寥寥數章，而倫常大義炳焉。吴季子見《魯春秋》曰：「《周禮》盡在魯矣！」夫《春秋》者，禮義大宗也。然則《春秋》之微意，蓋寓於《季氏》一篇矣〔一〕。

《洪範》爲書，上下左右中及斜交，數皆十五。三友、三益、三愆、三戒、三畏，合十五之數。「九思」者，九疇之象。學者，所以學五倫，學九疇也。是此篇之義，又與《洪範》相通也。〔二〕

〔一〕自「抑又考之《論語》通例」至結筆一段，見載《論語新讀本》。在陸修祜所過臨唐先生第二稿之《評點劄記》之《論語大義》不存，或唐先生删移。

〔二〕唐先生文後按語。

卷十七

陽貨篇第十七

1 陽貨欲見孔子，孔子不見，歸孔子豚。孔子時其亡也，而往拜之，遇諸塗。

歸，鄭君本作饋，古字蓋通〔一〕。豚，小豕。蓋熟而饋之者。「時其亡」，伺其出也。或曰：「時常爲待。」〔二〕亦通。

謂孔子曰：「來！予與爾言。」曰：「懷其寶而迷其邦，可謂仁乎？」曰：「不可。」「好從事而亟失時，可謂知乎？」曰：「不可。」「日月逝矣！歲不我與！」孔子曰：「諾，吾將仕矣！」

〔一〕黄式三《論語後案》。
〔二〕韓愈、李翺《論語筆解》，見論於黄式三《論語後案》。

此節先儒多以《易・遯》卦象傳及《睽》卦初爻釋之。朱子曰：「『天體無窮，山高有限』，遯之象也。嚴者，君子自守之常，而小人自不能近。」〔一〕《睽》初九「見惡人，无咎」。程傳：「當睽之時，雖同德者相與，然小人乘異者衆，若棄絶之，不幾盡天下以仇君子乎？如此，則失含宏之義，致凶咎之道也，故必見惡人則无咎。」〔二〕

愚按：孔子之答陽貨，祇一二語，絶不露圭角，可謂善待小人者矣。

或曰：「兩曰不可，均係貨言，故下加『孔子曰』以別之。」〔三〕別備一義。

2　子曰：「性相近也，習相遠也。」

性者，心所具之理，謂之良知良能，因人之氣質而遂異。然溯其生初赤子之心，則皆純一無僞，故曰相近。習，氣習也。習於善則善，習於惡則惡，故曰相遠〔四〕。孔

〔一〕朱子《易本義》，見引於李光地《周易折中》之遯。
〔二〕程子語，見引於朱子、吕祖謙《近思録》卷六。
〔三〕郝敬《論語詳解》卷一七，見引於黄式三《論語後案》。
〔四〕朱子《論語集注》卷九。

子曰：「少成若天性，習慣成自然。」〔一〕言習之不可不慎也。

李氏曰：「夫子此言，惟《孟子》能暢其説。其曰性善，即相近之説也；其曰『或相倍蓰而無算』，『其所以陷溺其心者然也』，則習相遠之説也。先儒謂：孔子所言者，『氣質之性，非言性之本』〔二〕；《孟子》所言，『乃極本窮源之性』〔三〕。不知惟其相近，是以謂之善；惟其善，是以相近，似未可言孔孟之指殊也。」〔四〕

愚按：李説極精。孔孟論性，均兼理氣言。説詳《孟子大義》。

3 **子曰：「唯上知與下愚不移。」**

朱注：「此承上章而言，人之氣質相近之中，又有美惡一定，而非習之所能移

〔一〕類見於《孔子家語·七十二弟子解》。

〔二〕程子謂：「此言氣質之性，非言性之本也。若言其本，則性即是理，理無不善，孟子之言性善是也，何相近之有哉？」朱子《論語集注》當句下引。

〔三〕程子謂：「孟子言性當隨文看……若乃孟子之言善者，乃極本窮源之性。」見《二程遺書》卷三及《朱子語類》卷九五。

〔四〕李光地《榕村四書説·讀論語劄記》「子曰性相近也」章。

者。」〔一〕然愚謂人何以進上知？何以入於下愚？仍在乎自爲之耳。

程子曰：「人苟以善自治，則無不可移。雖昏愚之至，皆可漸磨而進也。惟自暴者拒之以不信，自棄者絶之以不爲。雖聖人與居，不能化而入也。」〔二〕然則上知可自恃爲上知，下愚可自安於下愚乎？

4 子之武城，聞弦歌之聲。

黄氏曰：「器而被之以音，音而叶之以器，氣不静則手不調，志不和則音不雅。此弦歌之聲，具有平日陶淑之功，即下文之所謂道也。」〔三〕

夫子莞爾而笑曰：「割雞焉用牛刀？」

莞爾，小笑貌〔四〕。牛刀，宰牛之刀。惜子游以王佐之材，而僅治小邑〔五〕，非謂其

〔一〕朱子《論語集注》卷九。
〔二〕程子語見引於朱子《論語集注》卷九。
〔三〕黄式三《論語後案》。黄氏原文作「即下章之所謂道也」。按：下章非言道，而本章下文「君子學道則愛人」，則是説「道」。所以唐先生改爲「即下文之所謂道也」。
〔四〕何晏《論語集解》及朱子《論語集注》。
〔五〕皇侃《論語義疏》引繆播説。

不必用禮樂也。

子游對曰：「昔者，偃也聞諸夫子曰：『君子學道則愛人，小人學道則易使也。』」

《孝經》云：「安上治民，莫善於禮；移風易俗，莫善於樂。」道即禮樂也[一]。禮樂之感人心，在於無形。子游未知夫子惜之之意，故以平時之師訓對。

子曰：「二三子！偃之言是也，前言戲之耳！」

嘉子游之篤信師説，又恐門人誤會前言[二]，以爲治小邑不必用大道，故爲此語以解釋之。蓋子游之未竟其用，夫子不欲明言，是以云「戲之」爾。

5 **公山弗擾以費叛，召，子欲往。**

公山弗擾，即公山不狃。畔者，畔季氏也。《史記》：「不狃不得意於季氏，欲廢三桓之適，更立其庶，乃因陽貨爲亂，遂執季桓子。桓子詐之，得脱，陽虎不勝，奔

〔一〕何晏《論語集解》引孔安國注謂：「道，謂禮樂也。」
〔二〕朱子《論語集注》卷九。

齊。」[一]不狃以費叛，是弗擾之畔，在陽虎奔齊之後[二]。子欲往者，因弗擾以張公室爲名，欲往觀其誠否也。

子路不説，曰：「末之也已，何必公山氏之之也？」

不説者，不解而心鬱也。言道既不行，無所往矣，何必公山氏之之乎？

子曰：「夫召我者，而豈徒哉？如有用我者，吾其爲東周乎！」

「豈徒哉」，言興公室或可見諸事實也。周武王都鎬京，是爲西周，其後周公始營洛邑，是爲東周。謂東周者，言欲興周道於東方[三]，此夫子夢寐周公之志。蓋當時陽虎作亂，三桓之子孫微。弗擾之召孔子，必以三桓歸政、己亦歸邑爲辭。夫子冀其有悔過之機而欲往，往而謀果行，則可去大都耦國之强，挽政逮大夫之失。綱紀已肅，盛治可次弟舉矣。故曰「吾其爲東周乎」，非虚飾之辭也。其後見弗擾之意不誠，故卒不往[四]。

[一]《史記》文見引於黄式三《論語後案》。
[二]黄式三《論語後案》據《左傳》考定在魯定公八年事，時孔子尚未仕。
[三]朱子《論語集注》卷九。
[四]本黄式三《論語後案》。

6　子張問仁於孔子。孔子曰：「能行五者於天下，爲仁矣。」「請問之？」曰：「恭、寬、信、敏、惠。恭則不侮，寬則得衆，信則人任焉，敏則有功，惠則足以使人。」

此章子張蓋問政治中之行仁，非欲於心體中求仁，是以夫子告之以行，言用而不言體也。然用必本於體，故子張請問其目，夫子即以恭、寬、信、敏、惠告之，出於心理中之敬與愛也。「敬人者，人恒敬之；愛人者，人恒愛之」，故推其效至不侮、得衆、人任、有功、使人，猶答仲弓之問仁，推其效至於「在邦無怨，在家無怨」也。

李氏曰：「此五者，大而言之，治天下不過如是；近而言之，雖州里不可棄。其實則皆心德之流行而已，故曰：能行五者於天下，爲仁矣。」〔一〕

7　佛肸召，子欲往。

《史記》：「佛肸爲中牟宰。趙簡子攻范中行，伐中牟。佛肸畔，使人召孔子。」據此，是佛肸爲范中行氏邑宰。其所畔者，畔趙氏，非叛晉也〔二〕。

〔一〕李光地《榕村四書説・讀論語劄記》「子張問仁於孔子」章。
〔二〕黄式三《論語後案》據翟灝《四書考異》説。

子路曰：「昔者由也聞諸夫子曰：『親於其身爲不善者，君子不入也。』佛肸以中牟畔，子之往也，如之何？」

子路兩止夫子，衛道之心甚切。

子曰：「然，有是言也。不曰堅乎？磨而不磷；不曰白乎？涅而不緇。

磷，薄也。涅，染皁物。言至堅者磨之而不薄，至白者染之於涅而不黑，喻人之不善，不能浼己〔一〕。蓋「古今君子皆欲轉移小人，而自磷自緇不少。不磷不緇，是不陷於其黨也，不陷於其黨，乃可入其黨而拯救之。」〔二〕

吾豈匏瓜也哉！焉能繫而不食！」

匏，瓠也〔三〕。《國語》晉叔向曰：「苦匏不材於人。」〔四〕苦不可食。此言不食，以其苦也。夫子之意，言吾豈類不可食之匏瓜，繫於一處，歸於無用耶？此亦不得已之心也。蓋佛肸畔趙氏與弗擾畔季氏，皆以「張公室」爲名。夫子之往，皆欲平其亂而

〔一〕何晏《論語集解》引孔氏注。
〔二〕黄式三《論語後案》。
〔三〕何晏《論語集解》及朱子《論語集注》。
〔四〕《國語·魯語》文。

安公室耳。

考《左傳》哀公五年，趙鞅伐衛，范氏之故也，遂圍中牟，是趙氏討中牟之助范氏也。當時范中行氏滅，則三分晉地之勢成。三分晉地之勢成，則大夫自爲諸侯之禍起。聖人神能知幾，故欲往以救之。其後卒不往者，知肸之非其人也〔一〕。

8　子曰：「由也，女聞六言六蔽矣乎？」對曰：「未也。」

蔽，謂蔽塞，不自知其弊也〔二〕。六言六蔽，蓋古有是説〔三〕，夫子述之以告子路也。

「居！吾語女。

一本上有「曰」字〔四〕。

好仁不好學，其蔽也愚；好知不好學，其蔽也蕩；好信不好學，其蔽也賊；好直不好學，其蔽也絞；好勇不好學，其蔽也亂；好剛不好學，其蔽也狂。」

〔一〕唐先生具考其本事。
〔二〕黄式三《論語後案》引王弼説。
〔三〕劉寶楠《論語正義》卷二〇謂：「六言六蔽是古成語。」
〔四〕皇侃《論語義疏》本有此「曰」字。按：定州本無「曰」字。

好學所以窮理，不明理而蔽生矣。「好仁不好學」，如墨子之徒，愛無差等，難乎爲繼，故其蔽爲愚。「好知不好學」，如莊、列之徒，空虚杳渺。蕩，謂恣肆而不經也。信近於義，言斯可復。若執小信而不衷於義，則内賊其道德，而外害於風俗矣。直而無禮則絞，急切持論，責人難堪。君子有勇而無義爲亂，任事太過，常爲天下先，倘值非義，則作亂矣。天爲剛德，猶不干時，若壹於剛以表示於衆，則華而不實，而爲狂妄矣。

六者或學識之誤，或操行之偏，皆爲人心風俗之害也。李氏曰：「仁、知，子路學所未至，故言其蔽以開之。信、直、勇、剛，子路資之所近，故又言其蔽以戒之。」〔一〕義尤切近。

9　子曰：「小子何莫學夫《詩》？

《禮記》孔子曰：「温柔敦厚，《詩》教也。」〔二〕周末文勝，反而爲激烈，失温柔敦厚

〔一〕李光地《榕村四書説·讀論語劄記》「子曰由也女聞六言六蔽矣乎」章。
〔二〕《禮記·經解》文。

之旨矣。欲正其本，在明《詩》教而已。云「何莫學」者，詞之切也。

《詩》，可以興。

朱注：「感發志意。」〔一〕

可以觀。

考見得失。

可以羣。

和而不流。

可以怨。

怨而不怒。

邇之事父，遠之事君。

人倫之道，《詩》無不備，二者舉重而言。

多識於鳥獸草木之名。」

愚按：此乃博物之學。子夏傳《詩》，所以依之而作《爾雅》也。

〔一〕朱子《論語集注》卷九，此至「事父事君」，皆用朱子注。

李氏曰：「此章雖教人學《詩》之法，然學之序存焉。學始於興起善心，故首興；次則考究事理，故次觀。内必從事於涵養，而得其性情之正；外必用力於躬行，而明於分誼之大。其餘則微物亦多識焉，無非所以博義理之趣，而爲畜德之助也。」〔一〕

10　子謂伯魚曰：「女爲《周南》《召南》矣乎？人而不爲《周南》《召南》，其猶正牆面而立也與？」

《周南》《召南》，人倫之始，王化之原。言其德行〔二〕，一曰儉勤，《葛覃》詩「爲絺爲綌，服之無斁」是也；二曰忠信，《采蘩》詩之「被之僮僮，夙夜在公」是也；三曰和敬，《何彼襛矣》詩「曷不肅雝，王姬之車」是也。

爲者，躬行之意。「正牆面而立」，不能修身以齊其家，譬諸一步不可行也〔三〕。或

〔一〕李光地《榕村四書説·讀論語劄記》「子曰小子何莫學夫詩」章。
〔二〕朱子《論語集注》謂：「所言皆修身齊家之事。」
〔三〕「一步不可行」，見朱子《論語集注》卷九。

曰：「此夫子爲伯魚行婚禮時而勉之也。」〔一〕

11　子曰：「禮云禮云，玉帛云乎哉？樂云樂云，鐘鼓云乎哉？」

禮之本在安上治民〔二〕，樂之本在移風易俗〔三〕，玉帛、鐘鼓其末也。時人忘禮樂之本，而沾沾於文物鏗鏘之細，豈禮樂之謂乎〔四〕？細玩六「云」字，知當時禮樂皆爲虛文矣。雖然，尚文而無實意，猶可言也。人心壞而禮樂廢，不可言也。

12　子曰：「色厲而内荏，譬諸小人，其猶穿窬之盜也與。」

色厲内荏，外威嚴而内柔弱也〔五〕。《禮記・表記》篇曰：「情疏而貌親，在小人則穿窬之盜也與！」彼言柔惡，此言剛惡，皆詐僞而無誠實也。穿窬之盜，所謂充其類

〔一〕劉寶楠《論語正義》卷二〇謂：「竊又意《二南》皆言夫婦之道……或伯魚授室，或夫子特舉《二南》以訓之與。」授室指娶妻。
〔二〕何晏《論語集解》引鄭玄注。
〔三〕何晏《論語集解》引馬融注。
〔四〕朱子《論語集注》謂：「遺其本而專事其末，則豈禮樂之謂哉？」
〔五〕本朱子《論語集注》卷九。

也。《孟子》曰：「人能充無穿窬之心，而義不可勝用矣。」蓋穿窬者，非必專爲盜物者也，苟充其類，則天下之穿窬者多矣，誅其心也。

13　子曰：「鄉原，德之賊也。」

原與愿同[一]。鄉愿，鄉人之名爲謹厚者。一説「所至之鄉，輒原其人情而揣摩之」。[二]蓋鄉原之心，專以苟同爲主[三]。「同乎流俗，合乎污世」，欲同乎小人也；「居似忠信，行似廉潔」，欲同乎君子也。不知君子之行，未有肯同於小人者。鄉人以其似君子，故於其同乎小人者，轉惑而化之。摩稜兩可，是非混淆，故夫子惡其亂德，又斥其爲德之賊，以其害於人心非細故也。

14　子曰：「道聽而塗説，德之棄也。」

[一] 朱子《論語集注》卷九。
[二] 何晏《論語集解》引周氏注。
[三] 呂祖謙謂：「鄉原之心，欲盡合天下人也。」見引黃式三《論語後案》。

塗，猶道也。君子之道，入乎耳，藴乎心。小人之道，入乎耳，出乎口〔一〕。雖聞善言，不爲己有，無所得於本心，自欺孰甚？

15 **子曰：「鄙夫可與事君也與哉？**

鄙夫，庸惡陋劣之夫〔二〕。與，相與也。君子與小人並立，未有不受其禍者。若信其小善小信，而薦之同升〔三〕，其爲害於天下更大矣。

其未得之也，患得之；既得之，患失之。

患得，謂患不能得位。既得位，又患其失位。鄙夫但求得位而已，無厭足之時，是以營營擾擾，終身在患之中。

苟患失之，無所不至矣！」

「無所不至」言諂佞邪媚，馴至於篡弑，無所不爲也。《易傳》曰：「臣弑其君，子

〔一〕本《荀子·勸學》文。
〔二〕朱子《論語集注》卷九，「之夫」，原作「之稱」。
〔三〕黄式三《論語後案》謂：「此言鄙夫當朝不可與同仕也。」

弑其父，非一朝一夕之故。」〔一〕用人者可不懼哉！

16　子曰：「古者民有三疾，今也或是之亡也。

朱注：「氣失其平則爲疾，故氣稟之偏者，亦謂之疾。」〔二〕

愚按：古所謂疾，今並無之者。古人僅氣稟之疾，而今人則有心性中之疾也。**古之狂也肆，今之狂也蕩；古之矜也廉，今之矜也忿戾；古之愚也直，今之愚也詐而已矣。」**

天下多蕩者，則人皆爲游氓；天下多忿戾，則人皆有爭心；天下多詐者，則人皆爲欺誑，蓋由疾而入於病矣。欲救人者，先救其心。欲救人心之失，先察人心之病。非聖人其孰能救之？

17　子曰：「巧言令色，鮮矣仁。」

〔一〕《易・坤・文言》文。
〔二〕朱子《論語集注》卷九。

重出。

18 **子曰：「惡紫之奪朱也，惡鄭聲之亂雅樂也，惡利口之覆邦家者。」**

曰奪，曰亂，曰覆，危之至也，是非之不明也。天下之亡，先亡於無是非[一]，以紫爲朱，以鄭聲爲雅樂，以利口爲有益於邦家，則是非亡矣。故夫子曰：「惡似而非者。」將有以嚴正之也。

19 **子曰：「予欲無言！」**

李氏曰：「此章與『無隱』章意義雖同，然彼是因以無言疑夫子者而發，此是因以有言求夫子者而發。言，固教者所必有，然有聽之，以爲義理已盡於此，不復思繹者；有聽之，以資知見，不切身心者；尚有聽之，而因繳繞於議論之間，反生他病者。故聖人曰：予欲無言。」[二]

[一] 朱子《論語集注》卷九引范氏謂：「利口之人以是爲非，以非爲是。」
[二] 李光地《榕村四書説·讀論語劄記》「子曰予欲無言」章。

子貢曰：「子如不言，則小子何述焉？」

述，傳述也。六藝皆語言所述，豈可視爲糟粕？故子貢疑而問之。蓋正在聞性與天道之時也〔一〕。

子曰：「天何言哉！四時行焉，百物生焉，天何言哉？」

此節有二説。一則謂：「天有四時，春夏秋冬，無非教也。風霆流形，庶物露生，無非教也。學者但觀現象，則鳶飛魚躍，莫非藴也。」〔二〕一則謂：「四氣默運，莫非天地一元之心，萬物受之，皆若默喻乎天地之心，而變化滋益，其機有不容已者，此非化工者諄諄然命之也。」〔三〕

愚按：後説尤切。蓋「四時行」指教者而言，統體一太極也。「百物生」指學者而言，萬物各具一太極也。教者學者，皆相喻於不言之表，而自然得性命之精微，故聖

〔一〕黄式三《論語後案》謂：「端木子卒聞性與天道，正由此始。」

〔二〕《禮記·孔子閒居》文。按：《禮記》此文見引於郝敬《論語詳解》卷一七，郝氏並謂：「正與此同。」則唐先生所指「一説」，正是指郝敬説。

〔三〕李光地《榕村四書説·讀論語劄記》「子曰予欲無言」章。

教同天也。若以高妙測之〔一〕，誤矣。

20 **孺悲欲見孔子，孔子辭以疾，將命者出户，取瑟而歌，使之聞之。**

取瑟而歌者，謂取瑟鼓之，而復倚聲以和也。

黄氏曰：「弟子有罪，禮可面斥，辭疾聞歌，非弟子也。」〔二〕

呂氏謂：「使之聞之，是孺悲猶在可教之列。孺悲歸自克責，後日進德，夫子以《士喪禮》傳之。《士喪禮》之傳，孺悲預有功，亦當時不屑教誨之力。」〔三〕

21 **宰我問：「三年之喪，期已久矣！**

期，周年也〔四〕。短喪之説，春秋時已有創之者，故宰我舉以問之。

君子三年不爲禮，禮必壞；三年不爲樂，樂必崩。

〔一〕朱子《論語集注》卷九謂：「聖人一動一静，莫非妙道。」

〔二〕黄式三《論語後案》。

〔三〕呂祖謙語，見引於黄式三《論語後案》。

〔四〕朱子《論語集注》卷九。

禮，衣服起居之制。樂，琴瑟鐘鼓之屬。恐居喪不習而崩壞也[一]。

舊穀既没，新穀既升，鑽燧改火，期可已矣。」

朱注：「燧，取火之木也。改火，春取榆柳之火，夏取棗杏之火，夏季取桑柘之火，秋取柞楢之火，冬取槐檀之火，一年而周也。已，止也……言喪至此可止也。」[二]蓋古者喪服取象於天時，故有此説。

子曰：「食夫稻，衣夫錦，於女安乎？」曰：「安！」

稻，精之米，北方尤以爲貴。錦，衣之美者。禮，居父母之喪，無食稻衣錦之理[三]。夫子之問，宰我之答，蓋指期年以後而言。然仁人孝子之用心，無所窮極。《禮記·三年問》篇曰：「創巨者其日久，痛甚者其愈遲。」哀痛未盡，思慕未忘，故雖在期年以後，本心亦決不安也。宰我欲聞夫子之訓，姑任之曰安。

「女安則爲之。夫君子之居喪，食旨不甘，聞樂不樂，居處不安，故不爲也。今女安則爲之。」

[一] 朱子《論語集注》卷九。
[二] 朱子《論語集注》卷九。
[三] 本朱子《論語集注》卷九。

此夫子之言也。《禮記·問喪》篇曰：「夫悲哀在中，故形變於外也；痛疾在心，故口不甘味，身不安美也。」《孝經》曰：「服美不安，聞樂不樂，食旨不甘，此哀戚之情也。」〔一〕夫子初言「女安則爲之」，絶之之辭；又申言君子居喪之禮，以警其不察，而再言「女安則爲之」，以深責之〔二〕。

宰我出。子曰：「予之不仁也！子生三年，然後免於父母之懷。夫三年之喪，天下之通喪也；，予也，有三年之愛於其父母乎？」

不仁者，不孝也。懷，抱也〔三〕。「顧我復我，出入腹我」，《蓼莪》之詩可誦也。「天下之通喪」者，自天子達於庶人，皆居喪三年也。「有三年之愛於其父母」者，言「欲報之德，昊天罔極」。予也猶有三年之愛乎〔四〕？責其愛情之薄，意深而辭痛也。

按：《禮記·三年問》篇曰：「至親以期斷，是何也？曰：『天地則已易矣，四時則已變矣，其在天地之中者，莫不更始焉，以是象之也。』『然則何以三年也？』曰：

〔一〕《孝經·喪親章》文。
〔二〕本朱子《論語集注》卷九。
〔三〕朱子《論語集注》卷九。
〔四〕本何晏《論語集解》引孔安國注文。

『加隆焉爾也，焉使倍之，故再期也。』」據禮説，則三年之喪，以期年進之而加隆也。《墨子》有三月之喪制，《莊子》有齊死生及死不必哀之論〔一〕。後世傳之，天性漓而流弊日甚，非孝之説，將因之而起。先儒謂：「宰我假時人之言，屈己以明道。」〔二〕此説爲近。

22 **子曰：「飽食終日，無所用心，難矣哉！不有博弈者乎？爲之猶賢乎已！」**

博，《説文》作簙，局戲。六著十二棊也。奕，圍棊。已，止也〔三〕。博奕尚專心於一事，若無所用心，必流於放蕩矣〔四〕。張氏曰：「《論語》兩言『難矣哉』，《孟子》兩言『哀哉』，學者當隨時以之自惕。」

23 **子路曰：「君子尚勇乎？」子曰：「君子義以爲上。君子有勇而無義爲亂，小人**

〔一〕此節文獻皆見引於黄式三《論語後案》。
〔二〕皇侃《論語義疏》引繆播及李充説，並見引於黄式三《論語後案》。
〔三〕本朱子《論語集注》卷九及黄式三《論語後案》。
〔四〕本朱子《論語集注》引李氏説。

有勇而無義爲盜。」

尚勇，以勇爲貴也。君子，謂在上者。小人，謂細民。「義以爲上」，則是義理之勇，所謂大勇者也。逞血氣之勇，而爲亂爲盜，小則害及一鄉，大則害及天下矣。

24 子貢曰：「君子亦有惡乎？」子曰：「有惡。惡稱人之惡者，惡居下流而訕上者，惡勇而無禮者，惡果敢而窒者。」

朱注：「訕，謗毀也；窒，不通也。稱人惡，則無仁厚之意；下訕上，則無忠敬之心；勇無禮，則爲亂；果而窒，則妄作，故夫子惡之。」[一]

曰：「賜也亦有惡乎？」「惡徼以爲知者，惡不孫以爲勇者，惡訐以爲直者。」

朱注：「『惡徼』以下，子貢之言也。徼，伺察也；訐，謂攻發人之陰私。」[二]

愚按：此章備言末世人心之失，皆氣習爲之。囂張狂妄，出於不自覺。救之者宜先治其心，而範圍之以禮義。

[一] 朱子《論語集注》卷九。

[二] 朱子《論語集注》卷九。按：「訐」義出自何晏《論語集解》所引包咸注。

25　子曰：「唯女子與小人爲難養也！近之則不孫，遠之則怨。」

朱注：「莊以涖之，慈以畜之，則無二者之患。」[一]

愚按：《易·遯》卦二爻曰：「畜臣妾吉。」《家人》卦象傳曰：「威如之吉。」反身之謂也。《大學》曰：「之其所親愛而辟焉，之其所賤惡而辟焉。」修身齊家之道，惟在寬嚴相濟而已。非然者，安危出其喜怒，禍患伏於閨闥，可不懼哉？

26　子曰：「年四十而見惡焉，其終也已。」

《詩》云：「在彼無惡，在此無射。庶幾夙夜，以永終譽。」[二]射，厭也。蓋厭者，見惡之原，而無惡者，立名之始。此章非謂四十以前，自治可寬；亦非謂四十以後，無自新之機也。特言四十成德之時，而猶見惡於人，則將終於此而已，所以教人急進德而修名也。[三]

[一] 朱子《論語集注》卷九。

[二] 此《詩》文見引於《禮記·中庸》。

[三]「特言」以下用朱子《論語集注》文意。

陽貨篇大義

《陽貨》一篇，痛人心風俗之遷流也。世路艱難，人心日險，君子欲無忤於小人，而又不失爲君子，惟有以渾然漠然不知不識者處之，而後能免於禍。孔子之待陽貨，可爲萬世法者也。

性相近，習相遠，上智下愚不移，此爲治人心風俗者，善審其幾之根本。絃歌之聲，何爲乎來？來自武城。子游文學，教化彬彬，夫子莞爾，喜其移風易俗者深也。公山弗擾、佛肸，何如人乎？召而欲往，悲乎哉！夫子之遇也。「吾其爲東周」，「吾豈匏瓜」？聖人之情見乎辭矣！中雜子張之問，何也？曰：恭、寬、信、敏、惠，聖門政治學之綱領也，即爲東周之實政也。

六言六蔽，性情之患，風俗之憂也；興觀羣怨，所以養性情也；《周南》《召南》，所以醇風俗也。人心衰而禮樂廢，玉帛鐘鼓，皆爲虛設，惜哉惜哉！鳳鳥不至，鴟鴞乃來；嘉禾不生，荆棘滿地。孰者爲穿窬？孰者爲鄉原？孰者爲德之棄？孰者爲事君之鄙夫？欺詐萌生，盈天下皆穿窬害人之事，士君子無駐足之地矣！苟患失之，無所不至，孰尸其禍？痛哉言乎！

民有三疾，或是之亡，風俗不知幾變矣。孔子曰：「惡似而非者。」紫奪朱，鄭亂雅，利口覆邦家，皆似是而非者，尤可畏也。予欲無言，性天道之教，爲不知者言，徒取侮慢而已。聖道猶天，居覆幬之下者，孰能察之？《易傳》曰：「君子遠小人，不惡而嚴。」此孔子待陽貨之法也。孟子曰：「不屑之教誨，是亦教誨之。」此孔子待孺悲之法也，不相謀而相感者也。

三年之喪，或以爲久，宰我述之以問，此爲人心風俗之尤澆薄者。子曰：「於女安乎？」又曰：「有三年之愛於其父母乎？」將以發其本心之良，即以發天下人心之良也。《禮記·三年問》篇曰：「邪淫之人，其親朝死而夕忘之，則是曾鳥獸之不若也。」悲哉言乎！後世有創非孝之説者，獨不憶三年在父母之懷乎？

學者之患，莫患乎游蕩。游蕩則生事，生事而天下亂矣。無所用心也，亂也盜也，皆君子所深惡而痛絶者也。女子小人之性情，近之不可，遠之不可。有人心風俗之責者，知人固未易也。世衰道微，人皆失學，至於年四十而見惡焉，其終也已。舉國之民皆如此，國可知矣。

有天地以來，廣谷大川異制，民生其間者異俗。然綜性相近之義，不外剛柔兩端。「修其教不易其俗，齊其政不易其宜」，惟在善持於人心剛柔之際。剛者則以柔化之，柔者則以剛矯之。柔惡者則以剛善克之，剛惡者則以柔善平之。篇中如六蔽三疾，有偏於剛過者，有偏於柔過者。然周末文勝，末流之禍，尤在乎柔惡。柔惡則反激而成剛，於是天下遂多勇而無義者，多稱人之惡、居下流而訕上者，多勇而無禮、果敢而窒者，多徼以爲知、不孫以爲勇、訐以爲直者。迨當事者有鑑於剛惡之過，更欲矯之以柔，而不知軌之於正，於是色厲内荏。而女子小人又接踵而至，縱横雜糅，浸以釀成戰國之禍。記者編《陽貨》一篇，知人心風俗之必至於此矣。

卷十八

微子篇第十八

1　微子去之，箕子爲之奴，比干諫而死。

微子，紂庶兄〔一〕。父帝乙欲立之，太史執嫡庶之分爭之，乃立紂。箕子、比干，紂諸父。微子見紂無道，諫而不聽〔二〕，乃商或死或去於箕子、比干，箕子勸之行遯，乃抱祭器而去之。或曰適周〔三〕，非也。箕子、比干皆諫，紂殺比干，囚箕子以爲奴。箕子因佯狂而受辱，其心其遇，皆至苦矣。

〔一〕何晏《論語集解》引馬融注。
〔二〕本何晏《論語集解》引馬融注。
〔三〕皇侃《論語義疏》説。按：黄式三《論語後案》亦不取此説。

孔子曰：「殷有三仁焉！」

仁者，不忍之心也。微、箕、比干，或去或奴或死，蓋痛宗邦之顛覆，皆發於不忍之極思，故稱之曰仁人，不僅可目之爲義士也。或曰：「仁，人也。殷之末世有三人焉，其名至千萬世而不朽。」〔一〕

編者謹按：唐先生於一九三七年所撰《袁評經史百家雜鈔後序》云：「文治讀《論語·微子》篇『殷有三仁』，竊疑聖人不稱忠臣義士，而特褒以仁，何哉？蓋賢人君子遭渾濁之世，目擊姦宄，痛憤填膺，發於不忍之極，思不屑以身苟活其間，於是或去或奴而或死，故曰仁也。」〔二〕

2

柳下惠爲士師，三黜。人曰：「子未可以去乎？」曰：「直道而事人，焉往而不三黜！枉道而事人，何必去父母之邦！」

朱注：「柳下惠三黜不去，而其辭氣雍容如此，可謂和矣。」

愚按：孟子曰：「柳下惠，聖之和者也。」又曰：「柳下惠不以三公易其介。」蓋和

〔一〕張存紳《雅俗稽旨》，見引語程樹德《論語集釋》卷三六。

〔二〕載《茹經堂文集》四編卷六，已録入《唐文治文集》「序跋類」。袁昶（一八四六～一九〇〇），字爽秋，浙江桐廬人；光緒二十六年（一九〇〇）反對用義和團排外而遭處死，後獲昭雪，謚忠節。

而不失其介，斯謂之聖。非媚世無氣節，而可謂之和也。殷周之季，賢人皆廢不用。上章記微子之去，此章諷柳下惠之去，蓋爲下文隱遯之士發其端也。

3 **齊景公待孔子曰：「若季氏則吾不能，以季、孟之間待之。」曰：「吾老矣。不能用也。」孔子行。**

《史記》：「齊景公欲用孔子，爲晏嬰所沮。於是景公曰：『若奉子以季氏，則吾不能，以季、孟之間待之。』」[一]蓋魯三卿季氏爲上卿，最貴；孟氏爲下卿，不用事；待以季孟之間[二]，敬禮漸疏，不畀以政事也。又曰：「吾老不能用。」則昏耄甚矣，孔子於是遂行。蓋非以其禄位之卑，而以其慢言之甚。《易傳》所謂「見幾而作」也。

4 **齊人歸女樂，季桓子受之，三日不朝，孔子行。**

《史記》：「定公十四年，孔子爲魯司寇，攝行相事。三月，魯國大治，塗不拾遺。

[一] 唐先生約《史記·孔子世家》文。

[二] 何晏《論語集解》引孔安國注。

齊人懼，歸女樂以沮之。季桓子受女樂，三日不聽政，郊祭又不致膰肉於大夫，孔子乃行。」《孟子》曰：「孔子之去魯，曰遲遲吾行也。」蓋不得已而去父母之國也。

黄氏引《韓非子》謂：「女樂之歸，夫子必有諫止之辭……惟史傳不詳，後人遂疑行之甚遽。失之也……後桓子雖悔之，晚矣。」〔一〕

5　楚狂接輿歌而過孔子曰：「鳳兮！鳳兮！何德之衰？往者不可諫，來者猶可追。已而！已而！今之從政者殆而！」

接輿，楚人。《高士傳》：「陸通，字接輿。」〔二〕竊意記者因其接孔子之車，故名之曰接輿，非必謂字也。〔三〕從政者，謂楚子西。時楚昭王欲以書社封孔子，而子西尼之，故接輿以危機告孔子也。先儒謂：「接輿非常人，能尊敬聖人，復爲聖人防患，歎

〔一〕黄式三《論語後案》。
〔二〕皇侃《論語義疏》。
〔三〕曹之升《四書摭餘説》謂：「《論語》所記隱士皆以其事名之……接孔子之輿者，則謂之接輿，非名亦非字也。」見引於程樹德《論語集釋》卷三六。

息時事，情辭悲切。」〔一〕蓋楚《騷》之祖也。

或據《莊子・人間世》篇謂：「接輿游孔子之門。」〔二〕參以下文，殊未合。

孔子下，欲與之言。趨而辟之，不得與之言。

黄氏曰：「夫子不忍廢君臣之義，而又有堅不磷白不緇之德，進退存亡，不失其正，所欲言者如此。或疑：『狷介之士，與言何益？』曰：天下大事，惟恬淡者能任之，人有不爲也，而後可以有爲，此夫子所不忍絶之也。《韓詩外傳》（五）曰：『朝廷之士爲禄，故入而不出；山林之士爲名，故往而不返。』爲名者避污名，勵清操也，其品足嘉矣。」〔三〕

6 **長沮、桀溺耦而耕。孔子過之，使子路問津焉。**

沮，沮夫子之行道也。桀，傑士。溺，溺而不返也。二人之名不詳。記者特以

〔一〕黄式三《論語後案》説。
〔二〕曹之升《四書摭餘説》説，見引於程樹德《論語集釋》卷三六。
〔三〕黄式三《論語後案》。

沮、溺名之，亦接輿之義。《水經注》：「方城〔一〕西有黄城山，是長沮、桀溺耦耕之所。有東流水，乃子路問津處。」〔二〕

長沮曰：「夫執輿者爲誰？」子路曰：「爲孔丘。」曰：「是魯孔丘與？」曰：「是也。」曰：「是知津矣！」

夫，彼也。知津，言孔子周流列國，自知津處，蓋隱諷之也。

問於桀溺，桀溺曰：「子爲誰？」曰：「爲仲由。」曰：「是魯孔丘之徒與？」對曰：「然。」曰：「滔滔者，天下皆是也，而誰以易之？且而與其從辟人之士也，豈若從辟世之士哉？」耰而不輟。

滔滔，流而不反之意〔三〕。言天下皆亂，舍此則適彼，誰以易之〔四〕？而、汝，雙聲字〔五〕。「何氏曰：『士有避人之法，有避世之法。沮、溺謂孔子爲士，從避人之法；己

〔一〕山名，今在河南葉縣南。
〔二〕酈道元《水經·潕水注》文，見引於黄式三《論語後案》及劉寶楠《論語正義》卷二一。
〔三〕朱子《論語集注》卷九。
〔四〕本何晏《論語正義》引孔安國注。
〔五〕黄式三《論語後案》。按：謂聲同義近。

之爲士，則從避世之法。』鄭君注：『耰，覆種也。輟，止也。覆種不止，不以津告。』」〔一〕

子路行以告，夫子憮然曰：「鳥獸不可與同羣，吾非斯人之徒與而誰與？天下有道，丘不與易也。」

憮然，猶悵然〔二〕，失意貌〔三〕。「鳥獸同羣」，深爲隱者惜也。言吾若非沮、溺之徒，將誰與之共濟時艱？天下若已有道，則吾無用變易之。正爲天下無道，故欲以道易之也〔四〕。

或曰：「『鳥獸』句，言不可避世；『吾非斯人』句，言吾非避人；『天下有道』二句，對『滔滔者』二句而言。」分析亦精。蓋接輿、沮、溺皆有招隱之情，而夫子則有招隱者與共出之志，皆語重心長，千載下如聞歎息之聲矣。

〔一〕何晏《論語正義》文。
〔二〕朱子《論語集注》卷九。
〔三〕劉寶楠《論語正義》卷二一引《三蒼》。
〔四〕本朱子《論語集注》卷九。

7　子路從而後，遇丈人，以杖荷蓧。子路問曰：「子見夫子乎？」丈人曰：「四體不勤，五穀不分，孰爲夫子？」植其杖而芸。

從而後，從夫子行在後也。蓧，《説文》引作莜。芸，田器也〔一〕。丈人自言四體不能勤，五穀不能辨，田間野老，不能舍己之業，而留心道塗往來之人也〔二〕。朱注：「責其不事農業，而從師遠遊。」恐失之。植，立也〔三〕。或云倚也〔四〕。芸，去草〔五〕。

子路拱而立。

拱手而立，敬之也〔六〕。

止子路宿，殺雞爲黍而食之，見其二子焉。

止，留也。爲黍，治黍爲飯也。黍，禾屬而黏者，用以作飯，所以敬禮客也。此時

〔一〕黄式三《論語後案》。
〔二〕「丈人自謂」説源自宋儒吕本中。詳程樹德《論語集釋》卷三七。
〔三〕朱子《論語集注》卷九。
〔四〕何晏《論語正義》引孔安國注。
〔五〕朱子《論語集注》卷九。
〔六〕黄式三《論語後案》。

必有問答之辭，故丈人知子路之賢，明日即避而去之也。

一説「見其二子焉」五字，當在「至則行矣」下，錯簡在此〔一〕。殊未合〔二〕。

明日，子路行以告。子曰：「隱者也。」使子路反見之。至，則行矣。

黄氏曰：「夫子稱丈人爲隱者，必因子路之告知，其有利濟天下之具，而隱藏不出也。蓋其人高出於匿拙之流矣……焦氏又云：『「至，則行矣」，丈人亦偶出不在耳。』……引陳天祥《四書釋疑》云〔三〕：『丈人既欲自滅其迹，則不當止子路宿於其家，而又見其二子，況子路乃路行過客，既已辭去，安能知其必復來乎？』」〔四〕此蓋未審止宿時別有言辭也。

子路曰：「不仕無義，長幼之節，不可廢也。君臣之義，如之何其廢之？欲潔其身，而亂大倫。君子之仕也，行其義也，道之不行，已知之矣！」

〔一〕此説見引於黄式三《論語後案》。

〔二〕「殊未合」三字，乃唐先生最後判語，見《唐蔚芝先生演講録》第二集上卷「經學心學類」所録第四講《孔子救世不遇史》之解説。

〔三〕「陳天祥《四書釋疑》云」，唐先生省「陳氏謂」，爲清晰文理，據黄式三《論語後案》爲正。

〔四〕黄式三《論語後案》。

一本子路下有「反之」二字[一]。黄氏曰：「義者，事之宜也。古人度事之宜，而立爲君臣。世無君臣，豈復得事之宜？『欲潔其身而亂大倫』，言丈人之廢義而亂倫也。道，謂先王禮樂政教，設爲萬世常行之道者也。已知其不行者，世不見用，運已窮也。知道不行而行其義者，君臣之義，本天性中之所自具。盡其性以事天，不敢遽諉爲天運之窮也。」[二]

愚按：明大倫，義也；救世濟人，道也。道雖不行，而義則不可不行，所謂窮不失義，達不離道也。春秋時天下將亂，賢者皆以不仕爲宗旨，君無與正，民無與救，此聖人所痛惜而深憂者也。

編者謹按：唐先生於一九三九年講義云：「以文法論，接輿以下三章當并讀，寫足隱者氣象，至本章總結云『隱者也』，是畫龍點睛法。（李遐叔《弔古戰場文》、歐陽永叔《秋聲賦》，點題皆用此法。）至本節『不仕』一句爲提綱，『長幼』二句一轉，『君臣』二句又一轉，『欲潔其身』句一頓，『君子』二句又一轉，『道之不行』二句又一轉，僅十句有五轉折，精妙無匹。」[三]

[一] 黄式三《論語後案》謂：「或係後人妄增之矣。」

[二] 黄式三《論語後案》。

[三] 《演講録》第二集上卷「經學心學類」所録第四講《孔子救世不遇史》本條下。

8 逸民，伯夷、叔齊，虞仲，夷逸，朱張，柳下惠、少連。

曰逸民，曰夷逸，曰朱張，三者品其目也；曰夷、齊、仲、惠、連五者，舉其人也。夷、齊讓國隱逸，謂之「逸民」。虞仲即仲雍[一]，竄逸蠻夷，故謂「夷逸」。「朱張」當作侜張，謂陽狂也[二]。少連，東夷人[三]。蓋逸民二人，伯夷、叔齊也。夷逸一人，虞仲也。侜張陽狂者二人，柳下惠，少連也[四]。

子曰：「不降其志，不辱其身，伯夷、叔齊與？」

夷、齊讓國，采薇而餓，不食周粟。於父子君臣之間，毫無所愧，故爲不降志、不辱身。

謂柳下惠、少連：「降志辱身矣，言中倫，行中慮，其斯而已矣！」

此言其遇之窮。雖不得遂其志與身，而言行則卓然也。

〔一〕朱子《論語集注》卷九。
〔二〕黄式三《論語後案》説。按：「陽狂」同佯狂。
〔三〕朱子《論語集注》卷九。
〔四〕唐先生讀出逸民、夷逸、佯狂等三類避世人物。

倫，義理之次第也。慮，思慮也〔一〕。上章柳下惠言「直道事人」數語，是其言之中倫也。《禮記・雜記》篇：「少連居喪，三日不怠，三月不懈，期悲哀，三年憂。」是其行之中慮也〔二〕。《韓詩外傳》「行中慮」作「行中理」〔三〕，於義亦當。

謂虞仲夷逸：「隱居放言，身中清，廢中權。」

此言其言行之畸也。放言，謂高論〔四〕。身中清，《史記・世家》作「行中清」〔五〕。或謂：「行則潔清，廢則通變，行與廢相對。」〔六〕鄭君本「廢」作「發」，謂「發動中權」〔七〕，於義亦當。

「我則異於是，無可無不可。」

〔一〕朱子《論語集注》卷九。
〔二〕本朱子《論語集注》卷九。按：黃式三《論語後案》指出朱注用《禮記・雜記》文，唐先生徵引明著篇名。
〔三〕《韓詩外傳》本見引於黃式三《論語後案》。
〔四〕黃式三《論語後案》解釋「放」爲放縱。此唐先生「高論」所出。
〔五〕黃式三《論語後案》有説。
〔六〕黃式三《論語後案》引朱彬語。
〔七〕本皇侃《論語義疏》及劉寶楠《論語正義》卷二一。

「孔子可仕則仕，可止則止，可久則久，可速則速。」〔一〕所謂無可無不可〔二〕。蓋皆權之於道義〔三〕，而合乎時中也。《周易》六十四卦最重「時」義，而於《乾》卦傳特發明之，曰「與時偕行」，曰「與時偕極」，曰「時舍也」，曰「因其時而惕」。蓋惟知進退存亡而不失其正，是以得其時而各當其可，故曰：「知幾其神乎？」世人以從俗浮沈、與時俯仰謂之「無可無不可」，則謬之又謬矣。

9　大師摯適齊。

大師，魯樂官之長，兼掌堂上堂下之樂〔四〕。摯，其名也〔五〕。或據《史記》以此爲殷人〔六〕。考《述而》篇云：「師摯之始。」實爲魯之樂師，與殷時師摯非一人也。

亞飯干適楚，三飯繚適蔡，四飯缺適秦。

〔一〕《孟子·公孫丑下》文，朱子《論語集注》引。
〔二〕朱子《論語集注》卷九。
〔三〕何晏《論語集解》引馬榮注謂：「惟義所在。」
〔四〕李光地《榕村四書説·讀論語劄記》「大師摯適齊」章。
〔五〕何晏《論語集解》及朱子《論語集注》。
〔六〕黄式三《論語後案》考論顔師古《漢書注》之説。

「亞飯、三飯、四飯」，以樂侑食之官，奏於堂上〔一〕。「干、繚、缺」，皆名也〔二〕。《白虎通·禮樂》篇云：「王者所以日四食者何？明有四方之物，食四時之功也。平旦食，少陽之始也；晝食，太陽之始也；餔食，少陰之始也；暮食，太陰之始也。《論語》：『亞飯干適楚，三飯繚適蔡，四飯缺適秦。』諸侯三飯，卿大夫再飯，尊卑之義也。」〔三〕此説實爲《論語》古義。

鼓方叔，入于河。

鼓，擊鼓者。方叔，名〔四〕。入于河，避居河之濱也。

播鼗武，入于漢。

播，摇也。鼗，小鼓。蓋鼓鼗皆以倡笙管，奏於堂下者〔五〕。武，名也〔六〕。入于漢，避居漢水之濱也。

〔一〕李光地《榕村四書説·讀論語劄記》「大師摯適齊」章。
〔二〕朱子《論語集注》卷九。
〔三〕黄式三《論語後案》提出此條，唐先生則具引。
〔四〕何晏《論語集解》引包咸注。
〔五〕李光地《榕村四書説·讀論語劄記》「大師摯適齊」章。
〔六〕朱子《論語集注》卷九。

少師陽，擊磬襄，入於海。

少師，樂官之佐[一]。磬在階間，與堂上堂下之樂相應[二]。陽、襄，二人名。襄，孔子所從學琴者[三]，或曰魯人，或曰衛人[四]。入于海，避居海島也[五]。魯哀公時，禮壞樂崩，樂官皆散去[六]，孔子欲興禮樂而不可得，記此者，所以傷之也[七]。

黄氏引《史記·禮書》「仲尼没後，受業之徒，沈湮而不舉，或適齊楚，或入河海」。因謂：「是數子有受業於夫子者。」[八]亦備一義。

10 周公謂魯公曰：「君子不施其親，不使大臣怨乎不以。故舊無大故，則不棄也。

[一] 朱子《論語集注》卷九。

[二] 李光地《榕村四書説·讀論語劄記》「大師摯適齊」章。

[三] 朱子《論語集注》卷九。

[四] 黄式三《論語後案》引《史記》。

[五] 朱子《論語集注》謂：「海，海島也。」

[六] 何晏《論語集解》引孔安國注。

[七] 朱子謂：「未必夫子之言。」

[八] 黄式三《論語後案》語。

無求備於一人。」

《周書》無魯公之命，其軼乃見於他説。自今讀之，無非忠厚之意〔一〕，於以知魯之後亡也。或曰：「此篇備載賢人隱遁，皆由執政者用人之失。」此章記周公之言，示萬世用人之標準。

11　周有八士：伯達、伯适、仲突、仲忽、叔夜、叔夏、季隨、季騧。

「八士」，或曰在成王時，或曰在宣王時。蓋一母每産二子，而得八人〔二〕，故達、适、突、忽、夜、夏、隨、騧，皆依韻命名〔三〕。《論語》記此，見周時善人之多〔四〕，猶《周南》之詩終《麟趾》之意也。由晚近而溯全盛之時，豈僅人才寥落之感哉〔五〕？

〔一〕朱子《論語集注》卷九引李氏謂：「四者皆君子之事，忠厚之至也。」

〔二〕朱子《論語集注》卷九。按：「蓋一母每産二子，而得八人」句，何晏《論語集解》引包咸注與朱子《論語集注》作「一母四乳而生八子」。

〔三〕劉寶楠《論語正義》卷二一。

〔四〕朱子《論語集注》卷九引張載語。

〔五〕本朱子《論語集注》卷九。

微子篇大義

嗚呼！士大夫生當世，何爲降其志而辱其身乎？「言中倫，行中慮」，養我氣以全我節，猶之可也。若夫言不中倫，行不中慮，斯已而已矣，豈不悲哉！孔子生周季，皇皇栖栖，轍環天下，卒老於行。後人考《史記》，讀其世家而悲之。吾謂《論語·微子》一篇，即吾夫子生平不遇之列傳也。司馬子長之贊，更不若吾夫子之自贊也。

《微子》篇曷爲首三仁與柳下季？天下之亡，先亡於無人心。人心之亡，先亡於無是非。是非喪矣，直道不行矣。不爲三仁之忠，即爲柳下之和。是兩端者，孰吉孰凶？何去何從？不有孔子，孰折厥中？孔子厄於齊，見誚於楚狂，舍沮、溺其誰與？訪丈人而無從，「鳳兮鳳兮！何德之衰！」孔子其鳳乎？其猶龍乎？其逸民乎？其夷、齊之同心乎？其柳下惠、少連、虞仲之等朋乎？

《易》曰：「不事王侯，高尚其事。」古之逸民，蓋有之矣，而孔子獨曰：「我則異於是，無可無不可。」其自命何其高也！其自贊何其深且遠也！天風浪浪，海山蒼蒼，獨不得與太師、少師、擊磬諸人，鼓琴於高山流水、别有天地之間，其知音益復寡矣！回憶周家初造，忠厚開基，人才鱗萃，菁莪造士，四方爲綱，嗚乎！何其盛也！

昔者孔子與於蜡賓，出游於觀之上，喟然歎曰：「大道之行也，與三代之英，丘未之逮也，而有志焉。」「孔子之歎，蓋歎魯也。」乃歎魯而不能興魯，思周公而不能興周公之禮樂。神遊於唐、虞之朝，夢見乎大同之治，獨抱「無可無不可」之志以終。後之人讀其書，悲其世。「及行迷之未遠」，「獨窮困乎此時」〔一〕，以爲天下皆濁，何必與之清？衆人皆醉，何必與之醒？

吾學孔子而不可得，乃所願如古之柳下惠，殆可取則焉。君子曰〔二〕：「惜哉！降其志辱其身矣！言中倫，行中慮。」其斯而已矣！

附録：孔子救世不遇史

【釋】此講解讀《論語·微子》三章，據《論語大義定本》删定而成。原載《交通大學演講録》第二集上卷「經學心學類」第四期。

〔一〕屈原《離騷》文。

〔二〕化《春秋左氏傳》君子曰之《春秋》大義。

我至聖先師，當春秋末，造一車兩馬，栖栖皇皇，其救世之苦心，備詳於《史記世家》，後世有志之士，靡不讀而慨之。然吾謂《論語·微子》篇齊景公待孔子數章，即至聖不遇之歷史，而文字精純，兼有雲水蒼茫之概。「道之不行，已知之矣！」即所謂「知其不可而爲之」，蓋人不能與天爭者，氣運之無可如何也。然而不能不與天爭者，聖賢淑世救民之大願也。謹加詮釋，俾學者知人生天地間，皆負救世之責任。「高山仰止，景行行止」，寤寐周孔，此志不容稍懈也。

《論語·微子》篇

齊景公待孔子曰：「若季氏，則吾不能以季孟之間待之。」曰：「吾老矣，不能用也。」孔子行。

「若季氏則吾不能」數句，昏庸之狀態如見。孔子接淅而行，非以禄位之卑，而因其慢言之甚，《易傳》所謂：「見幾而作也。」

齊人歸女樂，季桓子受之，三日不朝，孔子行。

《孟子·盡心》篇曰：「孔子之去魯曰：『遲遲吾行也。』」蓋不得已而去父母之國也。龜山作操，手無斧柯，可慨極矣。

黄氏引《韓非子》謂：「女樂之歸，夫子必有諫止之辭。」「惟史傳不詳，後人遂疑行之甚遽。失之也。」「後桓子雖悔之，晚矣。」[一]

[一] 黄式三《論語後案》文。

楚狂接輿歌而過孔子曰：「鳳兮鳳兮！何德之衰？往者不可諫，來者猶可追。已而已而，今之從政者殆而。」

「接輿非常人，能尊敬聖人。復爲聖人防患，歎息時事，情辭悲切。」〔一〕蓋楚《騷》之祖也。從政者，指子西而言。

孔子下，欲與之言。趨而辟之，不得與之言。

下者，下車也。或據《莊子·人間世》篇謂：「接輿游孔子之門。」〔二〕後儒因以孔子下爲下堂。詳繹本經，語意殊未合。

長沮、桀溺耦而耕。孔子過之，使子路問津焉。

沮、溺乃記者摹擬之名，取消沮沉溺之意。《水經注》：「方城西有黄城山，是長沮、桀溺耦耕之所。有東流水，乃子路問津處。」〔三〕

長沮曰：「夫執輿者爲誰？」子路曰：「爲孔丘。」曰：「是魯孔丘與？」曰：「是也。」曰：「是知津矣！」

「知津」句隱諷孔子，特冷峭。

〔一〕黄式三《論語後案》説。

〔二〕曹之升《四書摭餘説》説，見引於程樹德《論語集釋》卷三六。

〔三〕酈道元《水經·潕水注》文，見引於黄式三《論語後案》及劉寶楠《論語正義》卷二一。

問於桀溺，桀溺曰：「子爲誰？」曰：「爲仲由。」曰：「是魯孔丘之徒與？」對曰：「然。」曰：「滔滔者，天下皆是也，而誰以易之？且而與其從辟人之士也，豈若從辟世之士哉？」耰而不輟。

而，汝也〔一〕。耰，覆種。何氏晏曰：「士有避人之法，有避世之法。沮溺謂孔子爲士，從避人之法；己之爲士，則從避世之法。」〔二〕

子路行以告，夫子憮然曰：「鳥獸不可與同羣，吾非斯人之徒與而誰與？天下有道，丘不與易也。」

「鳥獸」句，言不可避世；「吾非斯人」句，言吾非避人；「天下有道」二句，對「滔滔者」二句而言〔三〕。蓋接輿、沮、溺皆有招隱之情，而夫子則有招隱者與共出之志，皆語重心長，千載下如聞歎息之聲矣。

子路從而後，遇丈人，以杖荷蓧。子路問曰：「子見夫子乎？」丈人曰：「四體不勤，五穀不分，孰爲夫子？」植其杖而芸。

「蓧」，《說文》引作莜。芸，田器也〔四〕。

〔一〕黄式三《論語後案》云：「而、汝，雙聲字。」
〔二〕何晏《論語正義》文。
〔三〕本朱熹《論語集注》卷九。
〔四〕黄式三《論語後案》。

丈人自言四體不能勤，五穀不能辨，田間野老，不能舍己之業而留心道塗往來之人也〔一〕。朱注：「責其不事農業，而從師遠遊。」〔二〕恐失之。

子路拱而立。

知其隱者，特敬禮之。

止子路宿，殺雞爲黍而食之，見其二子焉。

「黍」，禾屬而黏者，用以作飯，所以敬禮客也。

或云「見其二子焉」五字，當在「至則行矣」下，錯簡在此〔三〕。殊未合。

明日，子路行以告。子曰：「隱者也。」使子路反見之。至，則行矣。

朱注：「丈人意子路必將復來，故先去之，以滅其跡。」後人駁之云：「子路乃路行過客，既已辭去，安能知其必復來乎？」〔四〕此蓋未審止宿時必有夜談也。

子路曰：「不士無義，長幼之節，不可廢也。君臣之義，如之何其廢之？欲潔其身，而亂大倫。君子之仕也，行其義也，道之不行，已知之矣！」

〔一〕「丈人自謂」説，源自宋儒吕本中。詳程樹德《論語集釋》卷三七。
〔二〕朱熹《論語集注》卷九。
〔三〕此説見引於黃式三《論語後案》。
〔四〕黃式三《論語後案》引陳天祥説。

或云：「子路下有『反之』二字。」[一]

按：明大倫，義也；救世濟人，道也。道雖不行，而義則不可不行，所謂窮不失義，達不離道也。春秋時，賢者皆以不仕爲高，君無與正，民無與救，此聖人所痛惜而深憂者也。以文法論，接輿以下三章當并讀，寫足隱者氣象，至本章總結云「隱者也」，是畫龍點睛法。（李遐叔《弔古戰場文》、歐陽永叔《秋聲賦》，點題皆用此法。）至本節「不仕」一句爲提綱，「長幼」二句一轉，「君臣」二句又一轉，「欲潔其身」句一頓，「君子」二句又一轉，「道之不行」二句又一轉，僅十句有五轉折，精妙無匹。

又按：孟子救世不遇歷史，如《公孫丑篇》「致爲臣而歸」五章、《盡心篇》「齊饑章」皆是，而「尹士」一章，曲折丰神，爲歐文之祖，學者當與本經並讀。

[一] 黄式三《論語後案》謂：「或係後人妄增之矣。」

卷十九

子張篇第十九

1 **子張曰：「士見危致命，見得思義，祭思敬，喪思哀，其可已矣。」**

忠與義，節行之大者；敬與哀，禮之大者，而孝思寓焉。有是四者，庶乎可以爲士。可者，僅可而有所未盡之辭〔一〕。當進之以學問，非如是而止也。

2 **子張曰：「執德不弘，信道不篤，焉能爲有？焉能爲亡？」**

執德弘，百家入我範圍也；信道篤，師法不容踰越也。二者相因，博、約乃各得其益。不弘則隘而陋，不篤則雜而浮。焉能爲有亡，言在何有何無之數，不足輕重。

〔一〕黄式三《論語後案》引吕祖謙謂：「可者，僅足之辭。」

蓋以當時學者，或安於小就，或惑於異端，故戒之。

3 **子夏之門人，問交於子張。子張曰：「子夏云何？」對曰：「子夏曰：『可者與之，其不可者拒之。』」子張曰：「異乎吾所聞：『君子尊賢而容衆，嘉善而矜不能。』我之大賢與，於人何所不容？我之不賢與，人將拒我，如之何拒人也？」**

拒，棄絶之意。矜，憐也。士人交友進德，當有次第。初學之士，當毋友不如己者，所謂其不可者拒之也〔一〕。待德日進而識益定，在外者不足以移之，則當容衆而矜不能〔二〕。故學者當如子夏之慎，必遽學子張之高。

子夏曰：「雖小道，必有可觀者焉，致遠恐泥，是以君子不爲也。」

小道，諸子百家之書〔三〕。泥，不通也〔四〕。或曰：「小道，指異端……聖人一貫，

〔一〕黄式三《論語後案》謂：「子夏教門人是初學之法。」此唐先生之言「慎」。

〔二〕黄式三《論語後案》謂：「子張言君子大賢之道。」此唐先生之言「高」。

〔三〕鄭玄注謂：「小道，猶諸子書也。」

〔四〕朱子《論語集注》卷一〇，本鄭玄注。

故其道大。異端執一，故其道小。」〔一〕惟其小，故致遠即有不通之弊，是以君子不爲者，尊信《六經》，將以開物而成務也。

4　子夏曰：「日知其所亡，月無忘其所能，可謂好學也已矣！」

亡，所未知也。能，所已知也〔二〕。君子之於學也，日進而無疆，月久而終不亡，所謂「學如不及，猶恐失之」，蓋古之好學者，心常兢兢乎此。所謂「日計不足，月計有餘」，惟在隨時檢察省記，而後能有諸心。知者，心知之；無忘者，心識之；好學者，心好之也。《詩》曰：「日就月將，學有緝熙于光明。」言心之繼續而不息也。

5　子夏曰：「博學而篤志，切問而近思，仁在其中矣。」

仁，人心也。「博學而篤志」，則所學反於約，而能課諸心矣。「切問而近思」，則所問求之近，而不舍其心矣。誠能如此，則心不外馳，而所存者漸熟，是求於心之基

〔一〕焦循《論語通釋》釋「一貫忠恕」文。
〔二〕黄式三《論語後案》。

也，故曰「仁在其中」，進乎此，則心不違仁矣〔一〕。先儒以博學四者平列〔二〕，恐非。

此章當與樊遲問仁、子貢問爲仁章參看，見事物中無在非仁，學問中亦無在非仁也。

6　子夏曰：「百工居肆，以成其事，君子學以致其道。」

《説文》：「肆，極陳也。」肆即市，言極百物陳於市也〔三〕。工居於市，則物之良苦，民之好惡，無不知之，故能成其事。學以地言，即學校之學，對肆而言，省一居字，《禮·學記》所謂「大學之教，退息必有居學」是也〔四〕。士居於學，則少而習焉，其心安焉，切磋琢磨，故能致其道〔五〕。致者，言造其極〔六〕，底於大成也。

〔一〕四者遞進於仁，本黄式三《論語後案》説。
〔二〕朱子《論語集注》卷一〇謂：「四者皆學問思辨之事耳。」
〔三〕劉寶楠《論語正義》卷二二。
〔四〕趙佑《四書温故録》文，見引於劉寶楠《論語正義》卷二二。
〔五〕本劉寶楠《論語正義》卷二二。
〔六〕黄式三《論語後案》。

7　子夏曰：「小人之過也必文。」

君子小人之辨，誠與僞而已。文其過者，揜其不善而著其善。人之視己，如見其肺肝然，皆由於飾僞也。夫如是，則永爲小人矣。雖然，有過而文之，是猶有良知也。若有過而以爲當然，則怙過不悛，而爲惡人矣。是故誠僞之界，人心生死之機也。

8　子夏曰：「君子有三變：望之儼然，即之也温，聽其言也厲。」

君子具中和之德，無所謂變也，由望之、即之、聽之者，覺其變耳。蓋「凡人遥望君子之道貌，未即之也，正衣冠，尊瞻視，儼然人望而畏之，但覺其莊嚴也。及就與之交，則心氣粹醇，情意親厚，但覺其和煦也。然與之講論道義，則有持之必正，守之甚嚴者。交情以和厚爲主，而道義則不可寬假，故曰三變。」〔一〕

或曰：「儼若思〔二〕者，敬之至，元德也；温，亨德也；厲，則利於正矣。」此君子，謂孔子，指乾德也。

〔一〕黄式三《論語後案》。

〔二〕《禮記·曲禮》云：「禮，毋不敬，儼若思，安定辭，安民哉。」

9　子夏曰：「君子信而後勞其民，未信則以爲厲己也。信而後諫，未信則以爲謗己也。」

君子，謂在位者。信，謂信用也。信用既著，而後能交孚於上下[一]。故君子以積誠爲本，厲己謗己，則莫之與而傷之者至矣[二]。《易》曰：「莫益之，或擊之，立心勿恒，凶。」[三]勿恒者，無信也。

10　子夏曰：「大德不踰閑，小德出入可也。」

朱注：「大德小德，猶言大節小節；閑，闌也，所以止物之出入。」先儒云：「細行必謹，則小德亦何可忽。蓋惟大德能不踰閑，而後小德可出入耳。然學者求道之初，小德亦不容不慎，蓋即小亦可以成大也。」

黄氏曰：「『可也』句，統貫上兩句，言大節能不踰閑，小節有出旋入，其人固足嘉

[一] 朱子《論語集注》謂：「事上使下，必誠意交孚，而後可以有爲。」
[二] 黄式三《論語後案》謂：「君子必積其誠，兼觀其時。」
[三] 《易·繫辭下》文。

也。」〔一〕别備一義。

11　子游曰：「子夏之門人小子，當洒埽，應對，進退，則可矣。抑末也，本之則無，如之何？」

洒埽，慎行也。應對，慎言也。進退，慎威儀也。《禮記・學記》篇曰：「不學雜服，不能安禮。」雜服，即洒埽應對進退之事〔二〕，此子夏之教法也。《易傳》：「蒙以養正，聖功也。」合本末爲一貫，此子游之教法也。

子夏聞之曰：「噫！言游過矣！君子之道，孰先傳焉？孰後倦焉？譬諸草木，區以别矣。君子之道，焉可誣也？有始有卒者，其惟聖人乎！」

朱注：「倦，如誨人不倦之倦……言非以其末爲先而傳之〔三〕，非以其本爲後而倦教。」説似迂曲。按：倦與傳音相近，倦當讀爲傳〔四〕。言君子之道，孰者先傳？孰者

〔一〕黄式三《論語後案》。
〔二〕黄式三《論語後案》。
〔三〕「言非以其末僞先而傳之」句，朱注原文作「言君子之道，非以其末僞先而傳之」。
〔四〕黄式三《論語後案》釋「倦」意爲「不傳」。按：唐先生則以同音互訓而釋爲「傳」。

後傳？視學者程度之淺深，如培植草木之法，各以其類區別也。若不問其淺深，而概以高且遠者教之，則是誣之而已，君子之道，豈可如此？《大學》曰：「事有終始。」若始教之時，而即貫徹乎卒業之事，由洒埽應對進退以上達乎天德，此惟聖人之教法爲然。大賢以下，未敢輕言也。

此章説者皆謂子游注重「大學功夫」，子夏注重「小學功夫」，非也。子游蓋言小學、大學「一貫之道」，子夏蓋言小學、大學「漸進之功」，故教高明之士，當師子游之意；教沈潛之士，當遵子夏之法。

12　子夏曰：「仕而優則學，學而優則仕。」

優，有餘力也〔一〕。古人以仕與學爲一理〔二〕，後人以仕與學爲分途。仕優則學者，政治之學日新，五方之俗各異，不可不隨時研究也。學優則仕者，學必大成而後可以出仕，學問未充，輕試恐致僨事。《左氏傳》所謂「學而後入，政也。」《禮記·學記》篇

〔一〕朱子《論語集注》卷一〇。

〔二〕朱子《論語集注》謂：「仕與學理同而事異。」

曰：「凡學官先事，士先志。」是古者學校規程，官與士本各有教法，子夏特申古義，以見體用之不可相離，非其説之相背也。

13 **子游曰：「喪致乎哀而止。」**

致，盡其極也[一]。賢者盡乎哀而止，毀不滅性也；不肖者盡乎哀而止，勉焉企及也。此先王之制喪禮，所以爲得其中也。

黄氏曰：「《孝經》：『喪則致其哀。』《禮·檀弓》：『致喪三年。』義正同。」[二]

14 **子游曰：「吾友張也，爲難能也，然而未仁。」**

此言子張教人之法也。難能者，才高志廣，難可幾及。未仁者，開導切磋之法，有所未至也。此與下章義當參看。

[一] 蔡節《論語集説》卷一〇引張栻謂：「致者所以自盡也。」

[二] 黄式三《論語後案》。

15 曾子曰：「堂堂乎張也，難與并爲仁矣。」

堂堂，威儀容貌之盛。崖岸自高也，故不能有以輔人之仁[一]。上章所言，惟其難能，所以未仁。此章所言，惟其堂堂，所以難與爲仁。蓋仁道至大，而實至細。子張過之，故曰師也過。惟其過，則精密未周，難以成人之德。後人解此兩章，以爲譏子張之不仁，恐非子游、曾子之意。

16 曾子曰：「吾聞諸夫子：『人未有自致者也，必也親喪乎！』」

致，盡其極也[二]。蓋人子之身體髮膚，皆父母所賜。身從何來？親喪則己亦似斬矣，可不自致乎？況親喪之時，不可復再；親喪之事，不可復改。致之而猶不免抱恨終天矣。《孟子》曰：「親喪固所自盡也。」《禮記・雜記》篇曰：「三日不怠，三月不懈，期悲哀，三年憂。」皆所謂自致。

編者謹按：唐先生《孝經講義（八）：孝經翼（《論語》論孝）》補述曰：「且愚嘗謂人子當親

[一] 朱子《論語集注》卷一〇。
[二] 朱子《論語集注》卷一〇。

之始喪，已非疾病祈禱之時矣；洎乎殯斂，非復始喪之時矣；洎乎送葬，非復殯斂之時矣。往如慕，反如疑，吾親之音容，永無復見之期矣，其不可自致乎？此章當與《禮記·檀弓》篇「喪禮哀戚之至」一章並讀。讀之而彷徨浠泣也，曷若于吾親未喪之前，汲汲焉服勞奉養，而自致其力乎？」〔一〕

17 **曾子曰：「吾聞諸夫子：『孟莊子之孝也，其他可能也，其不改父之臣與父之政，是難能也。』」**

莊子之父獻子，爲魯之賢大夫，其所用之臣必良臣，所行之政必善政，如《大學》所引「不畜聚斂之臣」，《孟子》所稱「有友五人」〔二〕，大概可知矣。春秋之季，少年浮薄之士，厭棄老成，而莊子不以其父爲迂舊，獨不改其臣與政，此世俗之所難〔三〕。故夫子稱道之，特爲鄭重，蓋爲厭薄老成者立之範也。此章當與「父在觀其志」章參看。

〔一〕文載上海《大衆》雜誌第二十九期，一九四五年，頁七五。
〔二〕《孟子·萬章下》載孟子謂：「孟獻子，百乘之家也，有友五人焉：樂正裘、牧仲，其三人，則予忘之矣。」唐先生取此證說經文。
〔三〕朱子《論語集注》謂：「獻子有賢德，而莊子能用其臣，守其政……而皆不若此事之爲難。」

後世縉紳之家，必宜以莊子爲法。

18 孟氏使陽膚爲士師，問於曾子。曾子曰：「上失其道，民散久矣！如得其情，則哀矜而勿喜。」

失道，謂失教化。民散，謂情義乖離，不相維繫〔一〕。情，實也。上失教化而民散，非民自散也，上使之散也。至使爭民施奪，財聚而民散，則更不可言矣。苟得其情實，方哀矜之不暇，而又何喜乎？先儒云：「死者不可復生，斷者不可復續。」〔二〕又《鹽鐵論·後刑篇》引此文，説之曰：「夫不傷民之不治，而伐己之能得奸，猶弋者覩鳥獸挂網羅〔三〕而喜也。」語皆痛切。後世武健嚴酷之吏，鉤距以爲能者，當瞿然自反矣。

編者謹按：唐先生一九三八年成《顏、曾、思、孟四賢宗要》之「宗曾子法」下「曾子政治學原於忠恕」云：「失道者，爭民施奪也。財聚則民散。民何以散？在上者斂財，則民窮無所之，而室家離散矣。然悖而入者悖而出，多藏則厚亡，可痛哉！《鹽鐵論·後刑篇》引此文，説之

〔一〕朱子《論語集注》卷一〇。
〔二〕本《史記·太史公自序》。
〔三〕「網羅」，《鹽鐵論》原文作「罻羅」。

曰：『夫不傷民之不治，而伐己之能得奸，猶弋者覩鳥獸挂網羅而喜也。』語尤痛切。長民者讀之，盍動其惻隱之心乎？」〔一〕

19 **子貢曰：「紂之不善，不如是之甚也。是以君子惡居下流，天下之惡皆歸焉。」**

朱注：「子貢言此，欲人常自警省，不可一置其身於不善之地；非謂紂本無罪，而虛被惡名也。」説極精細。《史》稱：「殷紂智足以拒諫，言足以飾非。」〔二〕則紂之才力過人可知。惟其有才而自居於下流，故其惡爲尤甚。聖人言：「一日克己復禮，天下歸仁焉。」反言之則「一日居下流，天下歸惡焉」。歸仁歸惡，在一轉念之頃耳。夫至天下之惡歸之，則天下之人誅之矣。

20 **子貢曰：「君子之過也，如日月之食焉。過也，人皆見之；更也，人皆仰之。」**

更，改也。仰之，仰望也。日月爲明。君子之過，其本心之光明，偶有蔽耳。人皆見

〔一〕載《茹經堂文集》四編卷四，已録入《唐文治文集》「經説類」。
〔二〕《史記·殷本紀》文。

之而仰之者，君子至誠，事無不可對人言也。若稍有文飾，則爲小人之過，而不能改矣。《孟子》言周公之過，引此語而釋之。蓋周公惟不揜其過，故曰：「公德明光于上下。」[一]

21　衛公孫朝問於子貢曰：「仲尼焉學？」

仲尼，孔子字。或曰：「孔子謚尼父。」據此，可徵以下四章，皆在孔子既没之後。」[二]

子貢曰：「文、武之道，未墜於地，在人。賢者識其大者，不賢者識其小者，莫不有文、武之道焉。夫子焉不學，而亦何常師之有！」

黄氏曰：「大者小之綱，小者大所積，參合大小，學之所以一貫，聖之所以集成也。」[三]

愚按：子貢言道未墜於地，又言在人，可見傳道惟賴得人以擔任之。先王之政

[一]《書·洛誥》文。
[二]黄式三《論語後案》引翟灝《四書考異》說。
[三]黄式三《論語後案》。

治，無非本敬畏天命而出，政即道也。夫子對哀公，「文、武之政」，推及於「九經」，歸本於「至誠」〔一〕，其義可見。後儒分道與政爲二，因朱注指謨訓功烈、禮樂文章而言〔二〕，遂以爲道之粗迹。恐失之。

22　叔孫武叔語大夫於朝曰：「子貢賢於仲尼。」

葉氏曰：「子貢晚見用於魯，懼吴之强大，曉宰嚭而舍衛侯，伐齊之謀，詰陳成子而反其侵地，魯人賢之，此武叔所謂賢於仲尼也。」〔三〕

子服景伯以告子貢。子貢曰：「譬之宫牆。賜之牆也及肩，窺見屋家之好。

及肩，謂宫牆卑與肩齊也。牆卑故室淺，得窺見之。黄氏曰：「宫牆，猶言圍牆。《爾雅》『大山宫小山〔四〕』，宫即圍繞之義〔五〕。」

〔一〕據《禮記·中庸》：「哀公問政。子曰：『文、武之政，布在方策。其人存，則其政舉；其人亡，則其政息。』」立義。
〔二〕朱注原文云：「文、武之道，謂文王、武王之謨訓功烈，與凡周之禮樂文章皆是也。」朱子《論語集注》卷一〇。
〔三〕葉夢得語，見引胡廣《論語集注大全》卷一九。
〔四〕「小山」脱，據黄式三《論語後案》補入。
〔五〕「宫即圍繞之義」句，黄式三《論語後案》原文作「霍注云：宫謂圍繞之」，唐先生精簡其文。

夫子之牆數仞，不得其門而入，不見宗廟之美，百官之富。

七尺曰「仞」。〔一〕

「宗廟百官」，蓋兼廟朝而言。「富」，備也。

聖道難窺，學聖者以得門爲主。若炫異矜奇，則旁門曲學而已。

得其門者或寡矣！夫子之云，不亦宜乎！

「夫子」，指武叔。

陳氏曰：「賢人之道，卑淺易見。聖人之道，高深難知。此子貢以牆室取譬之意也。要之觀乎賢人，則見聖人。使叔孫果知子貢之所以爲子貢，則亦必略知孔子之所以爲孔子，豈至爲此言哉？叔孫非特不知孔子，亦不知子貢也！」〔二〕

23　叔孫武叔毀仲尼。子貢曰：「無以爲也！仲尼不可毀也。他人之賢者，丘陵也，猶可踰也。仲尼，日月也，無得而踰焉。人雖欲自絶，其何傷於日月乎？多見其

〔一〕何晏《論語集解》引包咸注。
〔二〕陳櫟《四書發明》語，見引於胡廣《論語集注大全》卷一九。

不知自量也！」

朱注：「無以爲，猶言無用爲此。土高曰丘，大阜曰陵。日月，喻其至高。自絶，謂以謗毁自絶於孔子。多，與祇同，適也。不知量，謂不自知其分量。」

愚按：聖道與日月爭光，子貢可謂善贊聖人矣。

24　陳子禽謂子貢曰：「子爲恭也，仲尼豈賢於子乎？」

朱注：「爲恭，謂爲恭敬推遜其師也。」

子貢曰：「君子一言以爲知，一言以爲不知，言不可不慎也！

雖出一言，而有知不知之分。子貢之慎言如此，所以列言語之科。

夫子之不可及也，猶天之不可階而升也。

《孟子》曰：「大而化之之謂聖，聖而不可知之之謂神。」聖道猶天，豈常人所能及？此蓋以聖功配天德也〔一〕。

夫子之得邦家者，所謂立之斯立，道之斯行，綏之斯來，動之斯和。其生也榮，其死也

〔一〕黄式三《論語後案》謂：「是據天德之發著者以徵之也。」

哀，如之何其可及也？」

得邦家，謂夫子得位乘時也。朱注：「立之，謂植其生也。道，引也，謂教之也。行，從也。綏，安也。來，歸附也。動，謂鼓舞之也。和，所謂於變時雍；言其感應之妙，神通如此[一]。榮，謂莫不尊親。哀，則如喪考妣。」

愚按：《易傳》言：「乾道變化，各正性命，保合大和，乃利貞。」[二]《孟子》言：「所過者化，所存者神。」[三] 蓋至誠盡性之學如此，此以聖功推王道也[四]。

子張篇大義

【釋】文並載入《國文經緯貫通大義》卷七之「層波疊浪法」，置於《莊子・天下篇》《太史公自序》後，以學術道統承傳自任。

[一]「言其感應之妙，神通如此」句原脱，據朱子《論語集注》補入。
[二]《易・乾》卦彖辭文。按：唐先生取乾元的天德立義。
[三]《孟子・盡心上》謂：「夫君子所過者化，所存者神，上下與天地同流。」
[四] 唐先生本「天德」而推「聖功」，因「聖功」而實現「王道」。

文治讀《論語》至「聖賢相與授受」之際，蓋未嘗不太息也。嗟乎！古之親師、尊師、敬師、崇師法也亦已至矣。孔子之道，大而能博，門弟子不能徧觀而盡識也，故學焉而皆得其性之所近。孔子既殁，諸弟子相與進德修業，傳道不倦。門人裒録其語，得五人焉，曰子張，曰子夏，曰子游，曰曾子，曰子貢，此即後世學案之屬也。至於述之者或離其宗，或且詆毀其道，謬矣。

寬而博，弘而篤，容衆以爲天下谷，谷，能容受也。斯子張氏之學派也。後世聞其風而學之，其得之者，懷含宏之雅度，致明遠之極功；而其弊也，或流於騖外。

「博學而篤志，切問而近思」，譬草木之區别，咸有卒而有始，斯子夏氏之學派也。後世聞其風而學之，其得之者，篤信謹守，喻傳經之家法；《易》《詩》諸經，皆子夏所傳。而其弊也，或失之拘墟。

子游氏，文學家也。而是篇所記三章，皆切實務本之語。後世沈溺華藻之士，其亦廢然返乎？

體天地之性，戰戰兢兢，孝以立身，忠恕以及人，斯曾子之學派也。是篇所記四章，「以友輔仁」，自致惟親，論孝難能。又推而及於哀矜下民。蓋仁人之於孝，猶手足之有腹心。「孝弟之至，光於四海，通於神明」〔一〕，曾子而見用也，吾民之流離蕩析、奔走無門者鮮矣。

辨而通，億而屢中，等百世之王，而獨折厥衷，衷，中通。斯子貢氏之學派也。是篇所記六章，一二章與人爲善改過，四章則皆贊孔子之辭。蓋諸賢皆奉孔子爲依歸者也。而子貢之智，尤足以知聖者也。門牆之高峻，日月之昭明，無可疑而無可訾也。是故七十子之服孔子，若江漢之朝宗也。

孔子往矣，而諸賢追思孔子之深情，又昭然其若揭也。而子貢善爲論贊之辭，則尤千古所獨絶也。嗚呼！「立斯立，道斯行，綏斯來，動斯和」，生榮死哀，吾夫子之功績，既不獲稍見於世，則用行之志，不能無望於門弟子也。然而諸賢者，亦相與沈淪下位，負才以終，何哉？

或曰：「伊尹負鼎而勉湯以王，百里奚飯牛車下，而繆公用霸。二語引《史記・孟子列傳》，皆好事者爲之，不足憑信。諸賢當時盍亦稍貶其節乎？」

孟子曰：「未聞以道殉乎人者也。」孔子惟不自貶其道，是以卒老於洙泗；諸賢

〔一〕《孝經・感應章》文。

不忍違背師法，亦不肯以師道殉人，故寧雲散風流，没世牖下而不自悔。嗚呼悲矣！不百年後，如儀、秦，如悝、武，如鞅、斯，皆用揣摩苟合，取將相之尊，而以其學亂天下。而如諸賢者，方且於闃寂無聞之中，出其學派，傳嬗四方，淑世淑人，功德不可以勝紀。然則聖賢之徒，亦何負於世哉？有用人之權者，可以鑑矣。

然而後之讀是篇者，感師生之沉濩，慨大道之終湮，則往往欷歔不置云。

卷二十

堯曰篇第二十

1 **堯曰：「咨！爾舜，天之歷數在爾躬，允執其中。四海困窮，天禄永終。」**

歷數在躬，指禪授而言，謂天命由堯及舜也。允，猶用也。執其中，謂「執其兩端，用其中於民」[一]。所謂於善之中，又執其兩端，而量度以取中，其功本於格致。蓋「用中之學」，自堯發明之也。又言四海之人困窮，則君禄亦永絶，戒勉之也。

或曰：「困，極也。言爲政者信執其中，則能窮極四海，永享天禄。」解永終爲緜延[二]，殊失儆戒之義，不足據。

[一]《禮記·中庸》言舜之所爲。
[二] 黄式三《論語後案》主此説。

舜亦以命禹。

朱注：「舜後遜位於禹，亦以此辭命之。」

黄氏曰：「今《大禹謨》，僞《書》也。危微精一數語，本《荀子·解蔽》篇引《道經》語。作僞者采入之，後儒信此，乃據之以闡執中之義耳。」〔一〕

曰：「予小子履，敢用玄牡，敢昭告于皇皇后帝，有罪不敢赦，帝臣不蔽，簡在帝心。朕躬有罪，無以萬方；萬方有罪，罪在朕躬。」

此商湯伐桀告天之辭〔二〕。用玄牡，用黑牛以祭。夏尚黑，未變其禮也〔三〕。昭告，明告也。皇皇，大也。后帝，天帝也。有罪，謂夏桀也。簡，閲也。言桀有罪，己不敢赦。而天下賢人，皆上帝之臣，己不敢蔽〔四〕。「簡在帝心」，上帝簡閲其善惡也。以萬方之罪爲在朕躬者，己不敢辭其責。此君師之實心，王者之度量〔五〕，猶所謂「四方有

〔一〕黄式三《論語後案》。
〔二〕何晏《論語集解》引孔安國注。
〔三〕何晏《論語集解》引孔安國注，朱子《論語集注》同。
〔四〕朱子《論語集注》卷一〇。
〔五〕黄式三《論語後案》。

罪無罪惟我在」也〔一〕,《左氏傳》曰:「禹、湯罪己,其興也勃焉。」〔二〕

「周有大賚,善人是富。」

賚,予也。大賚,武王大封功臣於廟,所謂錫予善人也〔三〕。富,富有土地。或曰:武王克商,散財發粟,大賚於四海,而所富者皆善人,傳所謂「善人富謂之賞」是也〔四〕。

「雖有周親,不如仁人;百姓有過,在予一人。」

周,至也〔五〕。仁人,謂微、箕之屬〔六〕。《孟子》所謂又有微子、微仲諸賢,相與輔相。故武王謙言雖有至親,不如殷之有仁人也。朱子據僞《孔傳》説,承亂臣十人、同心同德而言,似未可從。一人,武王自謂,猶稱寡人也。《白虎通·號謚》篇曰:「《尚

〔一〕《孟子·梁惠王下》引《書》之文。
〔二〕《左傳·莊公十一年》文。
〔三〕朱子《論語集注》卷一〇。
〔四〕朱子《論語集注》説,饒魯發揮之,見胡廣《論語集注大全》卷二〇。
〔五〕朱子《論語集注》引《書·泰誓》孔安國注。
〔六〕何晏《論語集解》引孔安國注。謂微子與箕子之倫。

書》或稱一人。王者自謂一人者，謙也，言己才能當一人耳。」〔一〕然則，此文所言，蓋即「罪在朕躬」之意。

謹權量，審法度，修廢官，四方之政行焉。

權，稱錘。量，斗斛。法度，禮樂制度〔二〕。謹之審之，示民遵循也。

修廢官者，商時已廢之官職，至周而更置之。蓋行政之始，要在整齊畫一。其綱正，則事無不舉矣。

興滅國，繼絶世，舉逸民，天下之民歸心焉。

周公相武王，滅國五十。此言興滅國者，蓋有罪之國，則當滅之；無罪之國而既滅者，則當興之也〔三〕。興滅，指諸侯而言。繼絶，指卿大夫有采地者而言，亦以其先世之有功而無過也〔四〕。舉逸民，謂釋箕子之囚，復商容之位〔五〕。蓋滅國、絶世、逸民

〔一〕黄式三《論語後案》。
〔二〕朱子《論語集注》卷一〇。
〔三〕劉寶楠《論語正義》卷二三。
〔四〕劉寶楠《論語正義》卷二三。
〔五〕朱子《論語集注》卷一〇。

三者，人心遺憾之所在，興之、繼之、舉之，民之所好好之也〔一〕，「得其民者，得其心也」〔二〕。

所重民，食喪祭。

民以食爲天，故周制首重民食。《洪範》八政，其一曰食，皆重農之至意也。喪禮所以篤親愛，祭禮所以動孝思，慎終追遠，皆王者所重。

或分民食喪祭爲四事〔三〕。實則食喪祭皆該於「民政」之内〔四〕，未可分也。

寬則得衆，信則民任焉。敏則有功，公則説。」

政教公平，則民悦服〔五〕。此節與「答子張問仁」章語意大同小異〔六〕。或夫子所常

〔一〕《禮記・大學》文。

〔二〕《孟子・離婁上》載語：「桀、紂之失天下也，失其民也；失其民者，失其心也。得天下有道，得其民斯得天下矣。得其民有道，得其心斯得民矣。」唐先生約其重旨，以釋「天下之民歸心」。

〔三〕何晏《論語集釋》所引孔安國注以四事平列。

〔四〕朱子《論語集注》謂：「《武成》曰：重民五教，惟食、喪、祭。」按：黄式三《論語後案》亦謂朱注「於文自順」。

〔五〕何晏《論語集釋》引孔安國注。

〔六〕《論語・陽貨》載：「子張問仁於孔子。孔子曰：『能行五者於天下，爲仁矣。』請問之。曰：『恭、寬、信、敏、惠。恭則不侮，寬則得衆，信則人任焉，敏則有功，惠則足以使人。』」

稱道〔一〕，或係周初政治之精言，而夫子述之。要之爲仁心仁德之所敷布，帝王治法，實不外此。

或曰：「『謹權量』以下三節，皆孔子之言，陳後王之法。」〔二〕未合經義。

2 **子張問於孔子曰：「何如斯可以從政矣？」子曰：「尊五美，屏四惡，斯可以從政矣。」子張曰：「何謂五美？」子曰：「君子惠而不費，勞而不怨，欲而不貪，泰而不驕，威而不猛。」**

屏，除也〔三〕。欲，非專欲之欲，乃欲立欲達之義。貪亦非貪利之貪，蓋望報以干譽耳，《禮記》所謂「用人之仁去其貪」〔四〕是也。

上章言帝王之治法，此章言春秋時應行之政治，與後世當亟去之弊。

〔一〕黄式三《論語後案》引柳宗元謂「此經所記，乃孔子常常諷道之辭」。又張栻《論語解》卷一〇謂：「此所載帝王之事，孔子之所常言。」

〔二〕黄式三《論語後案》引班固《漢書·藝文志》説。

〔三〕何晏《論語集釋》引孔安國注。

〔四〕《禮記·禮運》文。

子張曰：「何謂惠而不費？」子曰：「因民之所利而利之，斯不亦惠而不費乎？擇可勞而勞之，又誰怨？欲仁而得仁，又焉貪？君子無衆寡、無小大、無敢慢，斯不亦泰而不驕乎？君子正其衣冠，尊其瞻視，儼然人望而畏之，斯不亦威而不猛乎？」

「因民所利而利」者，如治田、薄税、通商、惠工，導民固有之利也。「擇可勞而勞」者，如使民以時、老幼不服役是也。故「擇」字當兼擇人、擇時、擇事而言。衆寡、小大，指臣庶人民而言。蓋「惠而不費」三者，指愛人而言；「泰而不驕」二者，指敬人而言。自古聖人爲政，無非本愛敬之意，達之天下也。

李氏曰：「惠而不費、勞而不怨，就政事言之。欲而不貪、泰而不驕、威而不猛，則直推至於爲政者身心本原之處，乃上二句所以美惡之根也。《易》曰：『弗損益之。』惠而何費焉？又曰：『有乎惠心。勿問之矣。』欲而何貪焉？又曰：『説以先民，民忘其勞。』勞而何怨焉？《孝經》曰：『其政不嚴而治，其教不肅而成。』泰而何[一]驕、威而何猛焉……《孟子》所謂：『利之不庸，勞之不怨，民日遷善而不知爲之者。』

[一] 唐先生徵引誤「何」作「不」，據李光地文更正。

是王道也。」〔一〕

子張曰：「何謂四惡？」子曰：「不教而殺謂之虐，不戒視成謂之暴，慢令致期謂之賊，猶之與人也，出納之吝，謂之有司。」

不教，謂不以禮義導民。虐，謂殘酷不仁〔二〕。不戒，不告戒。視成，考成也。暴，謂猝遽無序〔三〕。慢令，妄出號令。致期，刻期也〔四〕。或曰：「致爲遷延之義，因遲慢無信，以致虚刻期也。」〔五〕亦備一義。賊者，切害之意〔六〕。猶之，猶言均之〔七〕。出者，出之於己。納者，納之於人。均之以物與人，而於出納之際，吝而不直，是有司之小見，而非爲政之大體〔八〕。政之以忠恕爲得其平，四者皆不忠不恕之事，爲政者之大

〔一〕李光地《榕村四書説·讀論語劄記》「子張問於孔子曰」章。
〔二〕朱子《論語集注》卷一〇。
〔三〕本何晏《論語集解》引馬融注及朱子《論語集注》。
〔四〕朱子《論語集注》卷一〇。
〔五〕何晏《論語集解》引孔安國注，黄式三《論語後案》釋讀其義。
〔六〕朱子《論語集注》卷一〇。
〔七〕朱子《論語集注》卷一〇。
〔八〕本何晏《論語集解》引孔安國注及朱子《論語集注》。

戒也。

李氏曰：「虐、暴、賊，正與驕、猛字相應，欲其無怨，不可得已……吝字、有司字，正與貪字相應，欲其無費，不可得已。此皆起於霸者尚力任法、小補驩虞之所爲，而其流〔一〕弊乃至不可勝言也。」〔二〕

3 **子曰：「不知命，無以爲君子也。**

知命之學，由淺而及深者也。始焉安分素位而已。進而上之，則「窮理盡性，以至於命」〔三〕，如顔子之「不改其樂」。孔子之知天命，疏水曲肱，樂其其中是已。「樂則行之，憂則違之」〔四〕，此《易》潛龍之德。君子所性，分定故也。

不知禮，無以立也。

〔一〕「流」字原脱，據李光地文補入。

〔二〕李光地《榕村四書説・讀論語劄記》「子張問於孔子曰」章。

〔三〕《易・説卦傳》文。

〔四〕《易・乾・文言傳》文：「初九，潛龍勿用。何謂也？子曰：『龍，德而隱者也。不易乎世，不成乎名，遯世無悶，不見是而無悶。樂則行之，憂則違之，確乎其不可拔。』」

知禮之學，亦由淺而及深者也。始焉品節詳明，不越秩序而已。進而上之，則非禮勿視聽言動，而「動作威儀之則」，皆爲定命之符矣。此「尊德性而道問學」〔一〕，由知天事天而能立命者也。

不知言，無以知人也。」

知言之學，亦由淺而及深者也。始焉辨善惡邪正而已。進而上之，則不特知今人之言，且有以知古人之言；不特知諸子百家之言，且有以知聖經賢傳之言矣。以辭危而使知平，以辭易而使知傾，以慙枝多游而知叛、疑、躁、誣，孔子之知言也。以詖、淫、邪、遁而知其蔽、陷、離、窮，知其生心害政，發政害事，孟子之知言也。窮理之學，莫精於此。

此章三「不」字，三「無以」字，本爲淺者而言。然深味之，則精微廣大，天德、王道、聖功，無所不該。然後知聖人之言，義藴閎深，挹之不盡，《論語》所以此章作結也。

〔一〕《禮記·中庸》文。

堯曰篇大義

唐柳宗元謂：「《論語》之大，莫大乎《堯曰》一篇，是乃孔子常常諷道之辭。孔子者，覆生人之器也。上焉堯舜之不遭，而禪不及己；下之無湯、武之勢，而己不得爲天吏。生人無以澤其德，日視聞其勞死怨呼，而己之德涸焉無所依而施，故於常常諷道云爾而止也。此聖人之大志也。弟子或知之，或疑之不能明，相與傳之，故於其爲書也，卒篇之首，嚴而立之。」[一]文治謹按：柳氏之説是也。蓋治統者，原於道統，堯以是傳之舜，舜以是傳之禹，禹以是傳之湯，湯以是傳之文、武、周公，文、武、周公傳之孔子。《堯曰》一篇，以孔子之道統，繼堯、舜、禹、湯、文、武、周公之治統也[二]。

文治恒即其文而尋繹之，曰：「允執厥中。四海困窮，天禄永終。」蓋所謂「執其

[一] 柳宗元《論語辯》（下篇）文。
[二] 言孔子集大成之義。

可歎也。

兩端，用其中於民」也〔一〕。乃後儒高談「允執厥中」之理，而置「四海困窮」於不問，洛

「朕躬有罪，無以萬方；萬方有罪，罪在朕躬」，湯之言何其仁也！「周有大賚」至「所重民，食喪祭」，皆周公經綸天下之大經也。「謹權量，審法度，修廢官」，今有能行之者乎？「興滅國，繼絶世，舉逸民」，今有能行之者乎？「寬則得衆，信則民任焉，敏則有功，公則説」，此即以孔子之道統，繼堯、舜、禹、湯、文、武、周公之治統也。乃《春秋》筆削，徒以素王終。洛可歎也！

「尊五美，屏四惡」，所以輔寬、信、敏、公之不足。「因民之所利而利之」，千古理財之要旨也。後世人士不知理財，而但求生財。更不知生財之道，而惟務斂財。浸至剥膚椎髓，掃地赤立，百姓愁怨，四海困窮，而上不得聞。洛可歎也！

「出納之吝，謂之有司」，有司者，後世吏胥是也。其流毒至數千年，根株深固，緜緜延延而不可拔。無非吮生民膏血以自肥，閭閻之痛苦乃益甚。洛可歎也！

〔一〕《禮記・中庸》文：「子曰：『舜其大知也與！舜好問而好察邇言；隱惡而揚善，執其兩端，用其中於民，其斯以爲舜乎！』」

至知命、知禮、知言三者，乃又示萬世學者繼續道統之全功。然而不知命，無以知禪讓與繼世之正也。不知禮，無以立國也。不知言，無以興賢才而遠邪慝也。是道統也，亦治統也。綜全篇數百言中，天下萬世之學術、治術，包括而無不盡。嗚呼！神乎微乎！聖人之志其隱而可見乎！聖人之統，其絶而復續乎！然則二千數百年之後，有王者起，其必來取法乎！

論語大義定本跋

十數年前友人來告謂：「近今學校，罷去讀經，如嚮者户誦之《論語》，亦無人復讀，而朱注尤苦其精深。盍加節録，以便初學乎？」文治漫應之。繼思兹事，雖屬弇陋，究勝於廢而不讀。迺謹取朱注節之，并附拙著《大義》二十篇於後。門人沈君炳壽爲排印於長沙，此第一本也。庚申（一九二〇）冬，錢塘施君肇曾創設國學專修館於無錫，延文治主講，即以是本課甲乙班諸生。深病其略，爰復下己意加以潤色，是爲第二本。

癸亥（一九二三）冬，將課丙班諸生，重繹舊稿，覺朱注與諸家説參雜，猶有未安。迺復取汪武曹《四書大全》〔一〕、陸清獻《松陽講義》、李文貞《論語劄記》、黄薇香先生《論語後案》、劉楚楨先生《論語正義》諸書，精以採之，簡以達之。鄙意所及，加「愚

〔一〕汪份（一六五五～一七二一），字武曹，江蘇長洲人，康熙四十三年（一七〇四）進士，曾删纂胡廣等編纂的《四書大全》，參取閻若璩、顧炎武之説，成《增訂四書集注大全》（又名《四書大全》）三十六卷。

按」以申明之。至是乃覺稍稍完備，名曰《定本》。然猶未足爲定也。此本與拙著《論語提綱》所述，略有未符，因《提綱》成書在先也。會施君刻《十三經》於滬上，因附刻此書於後，記其梗概如此。

夫注釋《論語》者，其大旨約有數端：明義理，一也；通訓詁，二也；闡聖門之家法，別授受之源流，三也；窮天德聖功之奥，修己治人之原，四也。是四者，文治竊嘗有志焉，而未敢謂有所得也。

昔朱子殫畢生之精力以爲《集注》，且復涵養德性，閲歷人情，體之於身，驗之於心，夫然後發之於言。故其爲書也，如日月之經天，江河之行地。後世學者，其奚容復綴一辭？雖然，朱子距今七百餘年，元明以來，治《論語》者，純儒碩學，項背相望，豈無人焉，能補朱子所未備，而擴朱子所未發哉？

矧邇者風俗人心，益不可問。先進禮樂，渺焉無存。而邪説之横恣，四海之困窮，且未知所終極。俛仰世變，非讀《論語》，曷能救諸？則夫綴而述之，或亦先聖先賢之所許乎？

甲子（一九二四）夏六月唐文治謹跋

論語大義外編

《漢書·藝文志·論語》考

【釋】此外編第一篇及第四篇提供《論語》目録學之原始材料，先生未置一詞，蓋皆史料，乃實事求是之學。此篇直接録自《漢書·藝文志》。《藝文志》將古來文獻匯歸六類，分别爲六藝、諸子、詩賦、兵書、術數、方技。六藝類中列九專類，而《論語》列在第七，即《六經》之後，其後是《孝經》與小學。

《論語》

《古》二十一篇。出孔子壁中，兩《子張》。

《齊》二十二篇。多《問王》《知道》。

《魯》二十篇，傳十九篇。

《齊説》二十九篇。

《魯夏侯説》二十一篇。

《魯安昌侯説》二十一篇。

《魯王駿説》二十篇。

《燕傳説》三卷。

《議奏》十八篇。石渠論。

《孔子家語》二十七卷。

《孔子三朝》七篇。

《孔子徒人圖法》二卷。

凡《論語》十二家，二百二十九篇。

《論語》者，孔子應答弟子時人，及弟子相與言，而接聞於夫子之語也。當時弟子各有所記，夫子既卒，門人相與輯而論纂，故謂之《論語》。漢興，有齊、魯之説。傳《齊論》者，昌邑中尉王吉、少府宋畸、御史大夫貢禹、尚書令五鹿充宗、膠東庸生，唯王陽名家。傳《魯論語》者，常山都尉龔奮、長信少府夏侯勝、丞相韋賢、魯扶卿、前將軍蕭望之、安昌侯張禹，皆名家。張氏最後而行於世。

《隋書·經籍志·論語》考

【釋】《隋書·經籍志》分經、史、子、集四部，經部列十類，《論語》類在《六經》《孝經》之後爲第八，其後是緯書與小學。此目録並叙言乃後世掌握隋之前《論語》流傳整體狀況之基本文獻。此先生摯友曹元弼《經學文鈔》所未録，故唐先生此録可互爲補足。

《論語》十卷。鄭玄注。梁有《古文論語》十卷，鄭玄注。又王肅、虞翻、譙周等注《論語》各十卷。亡。

《論語》九卷。鄭玄注，晉散騎常侍虞喜讚。

《集解論語》十卷。何晏集。

《集注論語》六卷。晉八卷，晉太保衛瓘注。梁有《論語補闕》二卷，宋明帝補衛瓘闕。亡。

《論語集義》八卷。晉尚書左中兵郎崔豹集。梁十卷。

《論語》十卷。晉著作郎李充注。

《集解論語》十卷。晉廷尉孫綽解。梁有盈氏及孟釐注《論語》各十卷。亡。

《集解論語》十卷。晉兗州别駕江熙解。

《論語》七卷。盧氏注。梁有晉國子博士梁覬、益州刺史袁喬、尹毅、司徒左長史張憑及陽惠明、宋新安太守孔澄之、齊員外郎虞遐及許容、曹思文注。釋僧智《略解》，梁太史叔明《集解》，陶弘景集注《論語》各十卷。又《論語音》二卷，徐邈等撰。亡。

《論語難鄭》一卷。梁有《古論語義注譜》一卷，徐氏撰。《論語隱義注》三卷、《論語義注》三卷。亡。

《論語難鄭》一卷。《論語標指》一卷，司馬氏撰。《論語雜問》一卷。

《論語孔子弟子目録》一卷。鄭玄撰。

《論語體略》二卷。晉太傅主簿郭象撰。

《論語旨序》三卷。晉衛尉繆播撰。

《論語釋疑》三卷。王弼撰。

《論語釋》一卷。張憑撰。

《論語釋疑》十卷。晉尚書郎欒肇撰。梁有《論語釋駁》三卷，王肅撰。《論語駁序》二卷，欒肇撰。《論語隱》一卷，郭象撰。《論語藏集解》一卷，應琛撰。《論語釋》一卷，曹毗撰。《論語君子無所爭》一卷，庾亮撰。《論語釋》一卷，李充撰。《論語釋》一卷，庾翼撰。《論語義》一卷，王濛撰。又蔡系《論語釋》一卷、張隱《論語釋》一卷、郄原《通鄭》一卷、王氏《修鄭錯》一卷、姜處道《論釋》一卷。亡。

《論語别義》十卷。范廙撰。梁有《論語疏》八卷，宋司空法曹張略等撰。《新書對張論》十卷，虞喜撰。

《論語義疏》十卷。褚仲都撰。

《論語義疏》十卷。皇侃撰。

《論語述義》十卷。劉炫撰。

《論語義疏》八卷。

《論語講疏文句義》五卷。徐孝克撰。殘缺。

《論語義疏》二卷。張冲撰。梁有《論語義注圖》十二卷。亡。

《孔叢》七卷。陳勝博士孔鮒撰。梁有《孔志》十卷，梁太尉參軍劉被撰。亡。

《孔子家語》二十一卷。王肅解。梁有《當家語》二卷，魏博士張融撰。亡。

《孔子正言》二十卷，梁武帝撰。

《論語》者孔子弟子所録，孔子既叙《六經》，講於洙泗之上，門徒三千，達者七十，其與夫子應答，及私相講肄，言合於道，或書之於紳，或事之無厭。仲尼既没，遂緝而論之，謂之《論語》。

漢初有齊、魯之説。其齊人傳者二十二篇，魯人傳者二十篇。齊則昌邑中尉王吉、少府宗畸、御史大夫貢禹、尚書令五鹿充宗、膠東庸生。魯則常山都尉龔奮、長信少府夏侯勝、韋丞相節侯父子、魯扶卿、前將軍蕭望之、安昌侯張禹，並名其學。張禹本授《魯論》，晚講《齊論》，後遂合而考之，删其煩惑，除去《齊論・問王》《知道》二篇，從《魯論》二十篇爲定，號《張侯論》，當世重之。周氏、包氏爲之章句，馬融又爲之訓。

又有《古論語》與《古文尚書》同出，章句煩省，與《魯論》不異，唯分《子張》爲二篇，故有二十一篇。孔安國爲之傳。漢末，鄭玄以《張侯論》爲本，參考《齊論》《古論》而爲之注。魏司空陳羣、太常王肅、博士周生烈，皆爲義説。吏部尚書何晏，又爲《集解》。是後諸儒多爲之注，《齊論》遂亡。《古論》先無師説。梁陳之時，唯鄭玄、何晏立於國學，而鄭氏甚微。周齊，鄭學獨立。至隋，何鄭並行，鄭氏盛於人間。其《孔叢》《家語》，並孔氏所傳仲尼之旨。《爾雅》諸書，解古今之意，并《五經》總義，附于此篇。

何晏《論語集解序》

【釋】魏何晏行宜，載《三國志·魏書·諸夏侯曹傳》曹真傳附録曹爽之下，及裴松之注引《魏略》，均失載其輯録《論語集解》事。陸德明《經典釋文·序録·注解傳述人》云：「集孔安國、包咸、周氏、馬融、鄭玄、陳羣、王肅、周生烈之説，並下己意，爲《集解》。正始中上之，盛行於世，今以爲主。」唐宋以後《論語》傳本，均出《集解》，是書乃研治《論語》所不得忽者也。下篇梁皇侃《論語集解義疏》乃何氏《集解》之疏本也。此序交代東漢至魏《論語》之流傳。

叙曰：漢中壘校尉劉向言《魯論語》二十篇，皆孔子弟子記諸善言也。太子太傅夏侯勝、前將軍蕭望之、丞相韋賢及子玄成等傳之。《齊論語》二十二篇，其二十篇中章句頗多於《魯論》，琅琊王卿及膠東庸生、昌邑中尉王吉皆以教授，故有《魯論》，有《齊論》。魯共王時，嘗欲以孔子宅爲宫，壞得古文《論語》。《齊論》有《問王》《知道》，多於《魯論》二篇，《古論》亦無此二篇，分《堯曰》下章「子張問」以爲一篇，有兩《子張》，凡二十一篇，篇次不與《齊》《魯論》同。

安昌侯張禹本受《魯論》，兼講齊説，善者從之，號曰《張侯論》，爲世所貴。包氏、周氏章句出焉。《古論》唯博士孔安國爲之訓解，而世不傳。至順帝時，南郡太守馬融亦爲之訓説。漢末大司農鄭玄就《魯論篇》章，考之《齊》《古》，以爲之注。近故司空陳羣、太常王肅、博士周生烈，皆爲義説。前世傳授師説，雖有異同，不爲訓解，中間爲之訓解，至於今多矣。所見不同，互有得失。今集諸家之善説〔一〕，記其姓名。有不安者，頗爲改易，名曰《論語集解》。

光禄大夫關内侯臣孫邕、光禄大夫臣鄭沖、散騎常侍中領軍安鄉亭侯臣曹羲、侍

〔一〕「説」字原闕，據何氏原序補入。

中臣荀顗、尚書駙馬都尉關内侯臣何晏等上。

皇侃《論語義疏敘》

【釋】皇侃行宜見《梁書·儒林傳》，吴郡人，師事賀瑒，精通《三禮》《孝經》《論語》，卒年五十八。其書今存僅《論語集解義疏》，通稱《論語義疏》，南宋後佚亡於中土，迨清乾隆年間自日本回傳。

《論語通》曰：「《論語》者，是孔子没後，七十弟子之門徒共所撰録也。」夫聖人應世，事跡多端，隨感而起，故爲教不一。或負扆御衆，服龍袞於廟堂之上〔一〕。或南面聚徒，衣縫掖於黌校之中〔二〕。但聖師孔子，符應頹周，生魯長宋，遊歷諸國，以魯哀公十一年冬從衛反魯，删《詩》定《禮》於洙泗之間，門徒三千人，達者七十有二。

〔一〕謂作之君。
〔二〕謂作之師。

但聖人雖異人者神明，而同人者五情。五情既同，則朽没之期亦等，故歎發吾衰，悲因逝水；託夢兩楹，寄歌頹壞。至哀公十六年，哲人其萎。徂背之後，過隙叵駐〔一〕。門人痛大山長毁，哀梁木永摧；隱几非昔，離索行淚；微言一絶，景行莫書。於是弟子僉陳往訓，各記舊聞〔二〕，撰爲此書，成而實録〔三〕，上以尊仰聖師，下則垂軌萬代。

既方爲世典，不可無名。然名書之法，必據體以立稱。猶如以孝爲體者則謂之《孝經》，以莊敬爲體者則謂之爲《禮記》。然此書之體，適會多途，皆夫子平生應機作教，事無常準；或與時君抗厲，或共弟子抑揚，或自顯示物，或混迹齊凡；問同答異，言近意深；《詩》《書》互錯綜，典誥相紛紜；義既不定於一方，名故難求乎諸類，因題「論語」兩字，以爲此書之名也〔四〕。

但先儒後學，解釋不同。凡通此「論」字，大判有三途：第一捨字制音，呼之爲

〔一〕叵駐，謂不復停留。
〔二〕「聞」字原脱。
〔三〕明《論語》非虚構。
〔四〕此明《論語》題名，在其非偏一隅，内容廣泛，爲可以專稱，則泛言以統之。

倫。一捨音依字，而號曰論。一云倫論二稱，義無異也。

第一，捨字從音爲倫説者，乃衆的可見者，不出四家。一云倫者次也，言此書事義相生，首末相次也。二云倫者理也，言此書之中，藴含萬理也。三云倫者綸也，言此書經綸今古也。四云倫者論也，言此書義旨周備，圓轉無窮，如車之輪也。

第二，捨音依字爲論者，言此書出自門徒，必先詳論，人人僉允，然後乃記。記必已論，故曰論也。

第三，云倫、論無異者，蓋是楚、夏音殊，南北語異耳。南人呼倫事爲論事，北士呼論事爲倫事。音字雖不同，而義趣猶一也。

侃按：三途之説皆有道理，但南北語異如何似未詳，師説不取，今亦捨之；而從音依字二途，并録以會成一義。何者？今字作論者，明此書之出，不專一人，妙通深遠，非論不暢。而音作倫者，明此書義含妙理，經綸今古，自首臻末，輪環不窮。依字則證事立文，取音則據理爲義。義文兩立，理事雙該。圓通之教，如或應示。故蔡公爲此書爲圓通之喻云：「物有大而不普、小而兼通者，譬如巨鏡百尋，所照必偏；明珠一寸，鑑包六合。」以蔡公斯喻，故言《論語》小而圓通，有如明珠。諸典大而偏用，譬若巨鏡，誠哉是言也[一]！

語者，論難答述之謂也。《毛詩傳》云：「直言曰言，論難曰語。」鄭注《周禮》云：「發端曰言，答述爲語。」[二]

今按：此書既是論難答述之事，宜以論爲其名，故名爲《論語》也。然此語是孔子在時所説，而論是孔子没後方論。論在語後，應曰語論。而今不曰「語論」而云「論語」者，其義有二：一則恐後有穿鑿之嫌，故以語在論下，急標論在上，示非率爾故也。二則欲現此語非徒然之説，萬代之繩準，所以先論已，以備有圓周之理。理在於事前，故以論居語先也[三]。

又此書遭焚爐，至漢時，合壁所得及口以傳授，遂有三本：一曰《古論》，二曰《齊論》，三曰《魯論》。既有三本，而篇章亦異。古論分《堯曰》下章「子張問」更爲一篇，合二十一篇。篇次以《鄉黨》爲第二篇，《雍也》爲第三篇，内倒錯不可具説。《齊論》

[一] 此明「論」字應依音取義，重在書中義理圓通互應，非泛泛碎談。

[二] 此明「語」爲論難答述之謂。

[三] 此明「論語」二字次序，乃編者避免後人誤會閑言閑語之彙編，乃以「論」字先行，以示其經孔門商定，乃儒門之集體意志，非隨便之編。

題目與《魯論》大體不殊，而長有《問王》《知道》二篇，合二十二篇，篇内亦微有異。《魯論》有二十篇，即今日所講者是也〔一〕。

尋當昔撰録之時，豈有三本之别？將是編簡缺落，口傳不同耳。故劉向《别録》云：「魯人所學謂之《魯論》，齊人所學謂之《齊論》，合壁所得謂之《古論》。」而《古論》爲孔安國所注，無傳其學者。《齊論》爲瑯琊王卿等所學。《魯論》爲太子太傅夏侯勝及前將軍蕭望之、少傅夏侯建等所學，以此教授於侯王也。晚有安昌侯張禹就建學《魯論》，兼講《齊》説，擇善而從之，號曰《張侯論》，爲世所貴〔二〕。

至漢順帝時，有南郡太守扶風馬融字季長，建安中大司農北海鄭玄字康成，又就《魯論》篇章，考《齊》驗《古》，爲之注解。漢鴻臚卿吴郡苞〔三〕咸字子良，又有周氏，不

〔一〕此明漢晉《論語》之流傳，標明所承者乃《魯論》，家法未嘗淆亂也。

〔二〕此明西漢三家非刻意分途也，因焚書之禍，保存灰燼之餘，就傳人之地望以標識矣，非内容差異也。而三家亦自存相融之跡，《張侯論》本魯兼齊，是其徵也。

〔三〕字又作包。包咸（前七～六五）乃東漢初儒學重臣，字子良，會稽人，習《魯詩》《論語》，王莽末歸里，爲赤眉軍所執，然晨夜誦經自若，感而釋之；光武帝即位，舉孝廉，徵召入朝，以《論語》授太子，爲明帝師。事跡見《後漢書》本傳。

悉其名〔一〕。

至魏司空潁川陳羣字長文、太常東海王肅字子雍、博士燉煌周生烈，皆爲義説。魏末，吏部尚書南陽何晏字平叔，因《魯論》集季長等七家，又採《古論》孔注，又自下己意，即世所重者。今日所講，即是《魯論》，爲張侯所學、何晏所集者也〔二〕。

晉太保河東衛瓘。字伯玉。

晉中書令蘭陵繆播。字宣則。

晉廣陵太守高平欒肇。字永初。

晉黄門郎潁川郭象。字子玄。

晉司徒濟陽蔡謨。字道明。

晉江夏太守陳國袁宏。字叔度。

晉著作郎濟陽江淳。字思俊。

晉撫軍長史蔡系。字子叔。

〔一〕此明東漢馬融、鄭玄本《魯》以攝《齊》《古》，至是歸一。
〔二〕此明何晏《論語集解》本《魯》而集漢魏之大成也。

晉中書郎江夏李充。字宏度。

晉廷尉大原孫綽。字興公。

晉散騎常侍陳留周壞。字道夷。

晉中書令潁陽范甯。字武子。

晉中書令瑯琊王珉。字季瑛。

右十三家，爲江熙字大和。所集。

侃今之講，先通何集，若江集中諸人有可採者，亦附而申之。其又別有通儒解釋，於何集無好者，亦引取爲説，以示廣聞也。然《論語》之書，包於五代，二帝三王，自堯至周，凡一百四十人，而孔子弟子不在其數。孔子弟子有二十七人見於《論語》也，而《古史考》則云三十人，謂林放、澹臺滅明、陽虎，亦是弟子數也。

朱子《語孟集義序》附：《論語》宋學淵源録

【釋】朱子此書初題《語孟精義》，後改今名。其書成於南宋孝宗乾道壬辰（一一七二），時朱子四十三歲，輯成《二程遺書》已三載。朱子此序闡明《論語》主意在涵養，《孟子》在擴充，表揚歷來儒者，唯獨二程深契聖人精神，獨得千載之真傳，遥繼孔孟精神，重振斯道。宋學者，意斯在此，然朱子同時表明尊重漢魏儒者治學之成績，學者入門，必循其流，未可躐等也，訓故義理，本非河漢，亦先河後海，大本在求聖賢之意。唐先生極重視本篇，篇末按語詳述朱子治《論語》《孟子》之精勤，與乎後人强别漢宋、自囿門户之弊。唐先生指示《論語集注》之精要，因其文法循序而進，既明訓故，繼而義理，復貫通諸經大義，此三層相叩而進，而非範限漢宋以自畫。進而概括《論語》内外之爲用，其内爲仁，其外施之政，仁與政二義，統攝《論語》之要義。此可互參先生《紫陽學術發微》卷五所録本序之按語。按語後半部梳理程、朱一脈之《論語》學源流，較《論語提綱》精詳。

《論》《孟》之書，學者所以求道之至要。古今爲之説者，蓋已百有餘家。然自秦漢以來，儒者類皆不足以與聞斯道之傳，其溺於卑近者，既得其言而不得其意；其騖於高遠者，則又支離踳駁，或乃并其言而失之，學者益以病焉。

宋興百年，河洛之間，有二程先生者出，然後斯道之傳有繼。其於孔子、孟氏之心，蓋異世而同符也。故其所以發明二書之説，言雖近而索之無窮，指雖遠而操之有要，使夫讀者非徒可以得其言，而又可以得其意；非徒可以得其意，而又可以并其所以進於此者而得之。其所以興起斯文，開悟後學，可謂至矣。間嘗蒐輯條流，以附本章之次，既又取夫學之有同於先生者，若横渠張公、范氏、二吕氏、謝氏、游氏、楊氏、侯氏、尹氏，凡九家之説以附益之，名曰《論孟精義》，以備觀省，而同志之士，有欲從事於此者，亦不隱焉。

抑嘗論之，《論語》之言，無所不包，而其所以示人者，莫非操存涵養之要。七篇〔一〕之指，無所不究，而其所以示人者，類多體驗充擴之端。夫聖賢之分，其不同固如此，而體用一源也，顯微無間也〔二〕，是則非夫先生〔三〕之學之至，其孰能知之？嗚呼！兹其所以奮乎百世絶學之後，而獨得夫千載不傳之傳也與！

若張公〔四〕之於先生，論其所至，竊意其猶伯夷、伊尹之於孔子。而一時及門之士，考其言行，則又未知其孰可以爲孔氏之顔、曾也？今録其言，非敢以爲無少異於

〔一〕指《孟子》。
〔二〕程頤《易傳序》云：「至微者理也，至著者象也。體用一源，顯微無間。觀會通以行其典禮，則辭無所不備。」見《唐文治性理學論著集》所録唐先生《性理學大義·二程子大義》。
〔三〕指程頤。
〔四〕指張載。

先生，而悉合乎聖賢之意，亦曰大者既同，則其淺深、疎密、毫釐之間，正學者所宜盡心耳。至於近歲以來，學於先生之門人者，又或出其書焉，則意其源遠未分，醇醨異味，而不敢載矣〔一〕。

或曰：「然則凡説之行於世而不列於此者，皆無取已乎？」

曰：不然也。漢魏諸儒，正音讀，通訓詁，考制度，辨名物，其功博矣，學者苟不先涉其流，則亦何以用力於此？而近世二三名家，與夫所謂學於先生之門人者，其考證推説，亦或時有補於文義之間，學者有得於此，而後觀焉，則亦何適而無得哉？特所以求夫聖賢之意者，則在此而不在彼耳。若夫外自託於程氏，而竊其近似之言，以文異端之説者，則誠不可以入於學者之心。然以其荒幻浮夸，足以欺世也，而流俗頗已鄉之矣，其爲害豈淺淺哉？顧其語言氣象之間，則實有不難辨者。學者誠用力於此書而有得焉〔二〕，則於其言，雖欲讀之，亦且有所不暇矣。

然則是書之作，其率爾之誚，雖不敢辭，至於明聖傳之統，成衆説之長，折流俗之

〔一〕朱子維護二程之純粹。
〔二〕無得、有得之得，謂得聖賢之意、至道之要。

謬，則竊亦妄意其庶幾焉[一]。

附：《論語》宋學淵源録[二]

文治按：朱子之於《論》《孟》，先作《要義》，次作《訓蒙口義》，又其次作《精義》，後改名《集義》，最後乃改名《集注》，又别爲《或問》，相輔而行。蓋朱子自幼學後，讀《論》《孟》以至於老，幾於終身不離，信乎萬世之師法也。篇中「漢魏諸儒」數句，朱子尊漢儒如此，後學者安得有漢宋門户之分哉？

余嘗謂《四書集注》不獨兼備訓詁義理，實吾中國文法最要之書也。以《論語·學而》篇言之，「有子孝弟」章注「善事父母爲孝」數句，明訓詁也；下文「此言人能孝弟，則其心和順」云云，明義理也；而「和順」二字，即本于《孝經·開宗明義章》首節之旨，可知其通于《孝經》學矣。「巧言令色」章注「巧好令善」，明訓詁也；下文「好其言，善其色，致飾于外，務以悦人，則人欲肆而本心之德亡矣」云云，明義理也；而「本

[一] 唐先生《朱子大義》所徵者存「乾道壬辰正月元日新安朱熹謹書」句於文末。
[二] 本題「《論語》宋學淵源録」，據原書扉頁目録補入。

心」二字，實出于《孟子》，可知其通于《孟子》學矣。學者沈潛反復乎此，文法自然貫通，而積理日富。

從前老師宿儒以《集注》授童蒙，仍不免失之過深，然亦有深意存焉，後世教師善用之，斯可矣。至篇内所云：「《論語》之言，莫非操存涵養之要。七篇之指，類多體驗充擴之端。」文治嘗深思之，《論語》亦未嘗不言擴充，《孟子》亦未嘗不言涵養。然譬如以《論語》論仁諸章，由淺及深，自「仁遠乎哉」「苟志于仁諸」章起，至「克己復禮」「三月不違仁」章止，則所以涵養者備矣。又以《孟子》論心性諸章，由淺及深，自「物皆然，心爲甚」起，至「良知良能達之天下」章止，則所以擴充者備矣。楊龜山先生《論讀書法》曰：「以身體之，以心驗之。」〔一〕如此而已。竊嘗謂聖賢救世之旨，存于内者爲仁，施于外者爲政；而《論語》以仁、政二字分言，《孟子》則以仁、政二字合言。嘗

〔一〕此出宋儒楊時《龜山集》卷二七《勸學》，文云：「志學之士，當知天下無不可爲之理，無不可見之道，思之宜深，無使心支而易昏；守之宜篤，無使力淺而易奪。要當以身體之，以心驗之，則天地之心，日陳露於目前，而古人之大體，已在我矣。不然，是未免荀卿所謂口耳之學，非所望於吾友也。」此《性理大全》卷五三引述稱：「龜山楊氏語羅仲素曰：某嘗有數句教學者，讀書之法云：以身體之，以心驗之。」此唐先生徵引出自《性理大全》，故沿「論讀書之法」爲題。

欲仿阮文達《論語論仁論》之例，集《論》《孟》中言仁與政兩大端，先後排比而疏釋之，以爲救世道、正人心之用，庶不負孔孟之志乎！

又案《日知録》：「自朱子作《大學中庸章句》《或問》《論語孟子集注》之後，黄氏幹，字直卿，號勉齋先生。有《論語通釋》；而采語録附于朱子章句之下，則始自真氏德秀，字希元，號西山先生。名曰《集義》，止《大學》一書。祝氏洙字宗道。乃倣而足之，爲附録。後蔡氏模，字仲覺，號覺軒先生。《四書集疏》、趙氏順孫，號格庵先生。《四書纂疏》、吴氏（真子，號克齋先生）《四書集成》，昔之論者病其泛濫，于是陳氏櫟，字壽翁，號定宇先生。作《四書發明》、胡氏炳文字仲虎，號雲峯先生。作《四書通》，而定宇之門人倪氏（士毅字仲宏，號道川先生）合二書爲一，頗有刪正，名曰《四書輯釋〔一〕》。有汪克寬序，至正丙戌。自永樂中，命儒臣纂修《四書大全》，頒之學官，而諸書皆廢。倪氏《輯釋》，今見于劉用章剡所刻《四書通義》中。永樂中所纂《四書大全》，特小有增刪，其詳其簡，或多不如倪氏」〔二〕云云，據此則永樂中《四書大全》出，宋元明諸儒之説，多有刪佚者矣。

〔一〕「釋」字原脱，據顧氏文補入。
〔二〕顧炎武《日知録》卷一八《四書五經大全》。謹按：文中小注乃唐先生所補，以便讀者理解。

又按：康熙、雍正之間，《四書大全》又有三種，一曰《陸氏大全》，名隴其，謚清獻所輯。一曰《汪氏大全》，名份，號武曹先生所輯。一曰《王氏大全》，名步青先生所輯。三者以汪本爲最佳。陸《大全》爲陸氏門人所成，非清獻親筆。王《大全》又名《本義》，匯參頗爲淺陋，又有《四書蒙引》《存疑》《淺説》等，焦氏禮堂皆深詆之。然亦自有别，《存疑》《淺説》不免空疏，《蒙引》則見理深切。

此外尤著名者，若孫夏峯先生《四書近指》、鹿忠節《四書説約》、劉念臺先生《論語學案》、李二曲先生《四書反身録》、陸清獻《松陽講義》、吕晚村先生《四書語録》、李文正《論語劄記》，其中以《松陽講義》最爲精善。李、劉二家書鞭辟入裏，其餘亦皆得程朱之正傳者也。乾嘉以後，《論語》學尤盛，惟皆崇尚考據，無關宋學淵源，故不具論。

崔述《論語源流考》

【釋】先生商略崔氏辨僞，故先列載其文，下文辨覆之。按：崔述（一七四〇～一八一六），字武承，號東壁，河北大名人，乾隆二十七年（一七六二）舉人，浮沉宦僚，生平著書三十四種凡八十八卷，遺稿《崔東壁遺書》由其門人陳履和在道光四年（一八二四）刊成。民初疑古辨僞之學所推尊者。此篇原題爲《論語源流附考》，收録在《崔東壁遺書・洙泗考信餘録》卷之三。自二十世紀初開始，此書成爲中日否定道統論之淵藪。唐先生生處其時，不得不辯。蓋避免意氣用事之譏，故先收録崔氏原文，然後據理回應。

「《論語》，《古》二十一篇，出孔子壁中，兩《子張》。如淳曰「分《堯曰篇》後『子張問：何如可以從政』已下爲篇，名曰《從政》。」《齊》二十二篇，多《問王》《知道》。如淳曰：「多《問王》《知道》，皆篇名也。」《魯》二十篇，傳十九篇，師古曰：「解釋《論語》意者。」《孔子家語》二十七卷。師古曰：「非今所有《家語》。」」「傳《齊論》者，昌邑中尉王吉、少府宋畸、御史大夫貢禹、尚書令五鹿充宗、膠東庸生，唯王陽名家。師古曰：「王吉字子陽，故謂之王陽。」傳《魯論語》者，常山都尉龔奮、長信少府夏侯勝、丞相韋賢、魯扶卿、前將軍蕭望之、安昌侯張禹，皆名家。張氏最後而行於世。」以上並《漢書・藝文志》。

「漢中壘校尉劉向言《魯論語》二十篇，皆孔子弟子記諸善言也，太子太傅夏侯勝、前將軍蕭望之、丞相韋賢及子元成等傳之。《齊論語》二十二篇，其二十篇中章句頗多於《魯論》，瑯邪王卿及膠東庸生、昌邑中尉王吉，皆以教授，故有《魯論》，有《齊論》。魯共王時，嘗欲以孔子宅爲宮，壞得《古文論語》。《齊論》有《問王》《知道》，多於《魯論》二篇，《古論》亦無此二篇，分《堯曰》下章子張問以爲一篇，有兩《子張》，凡二十一篇，篇次不與齊、魯《論》同。《新論》云〔一〕：文異者四百餘字。」《論語集解序》。

按：同一《論語》也，而有齊魯之異，有多寡之殊，則《論語》一書，固有後人之所續入，非盡聖門之原本也。《齊論》既多《問王》《知道》二篇，而二十篇中章句復多於《魯論》，則《齊論》之中，後人所附會者尤多，又非《魯論》之可比矣〔二〕。

「初禹爲師，以上難數對己問經，爲《論語章句》獻之。始魯扶卿及夏侯勝、王陽、蕭望之、韋元成，皆説《論語》，篇第或異。禹先事王陽，後從庸生，采獲所安，最後出而尊貴，諸儒爲之語曰：『欲爲《論》，念張文。』由是學者多從張氏，餘家寖微。」《漢書·張禹傳》。

「安昌侯張禹本受《魯論》，兼講齊説，善者從之，號曰《張侯論》，爲世所貴。包

〔一〕「云」字原作「者」，據崔氏文爲正。
〔二〕此崔氏第一項質疑。

氏、周氏《章句》出焉。《古論》唯博士孔安國爲之訓解，而世不傳。」《論語集解序》。

「張禹本授《魯論》，晚講《齊論》，後遂合而考之，删其煩惑，除去《齊論·問王》《知道》二篇，從《魯論》二十篇爲定，號《張侯論》，當世重之。周氏、包氏爲之《章句》。」《隋書·經籍志》。

按：《漢書》稱篇第或異，又稱張禹采獲所安，則禹固嘗更定《論語》篇章，其篇目雖定從《魯論》，其文實兼采於《齊論》，非漢初龔奮所傳《魯論》之舊本也，言「學者多從張氏，餘家寖微」。《集解》《隋書》亦謂《張侯論》包、周爲之章句，則是東漢之所行者，乃禹所更定之《論語》，非古之《論語》矣。

按：禹學識淺陋，豈足以知聖人，但當謹守師得，不敢增減，或不至大謬耳。乃擅更定《論語》，必有不當存而存、不當采而采者；況禹附會王氏以保富貴，卒成王莽篡弒之禍，「公山」「佛肸」兩章，安知其非有意采之，以入《魯論》，爲已解嘲地乎？

「漢末，大司農鄭玄就《魯論》篇章，考之《齊》《古》，爲之注。近故司空陳羣、太常王肅、博士周生烈皆爲《義説》。前世傳授師説，雖有異同，不爲訓解。中間爲之訓解，至於今多矣，所見不同，互有得失。今集諸家之善，記其姓名；有不安者，頗爲改易，名曰《論語集解》。」《論語集解序》。

「漢末鄭玄以《張侯論》爲本，參考《齊論》《古論》而爲之注。魏司空陳羣、太常王肅、博士周生烈，皆爲《義説》，吏部尚書何晏又爲《集解》。是後諸儒多爲之注，《齊論》遂亡。《古論》先無師説，梁陳之時，唯鄭玄、何晏立於國學，而鄭氏甚微。周齊，鄭學獨立。至隋，何鄭並行，鄭氏盛於人間。」《隋書·經籍志》。

按此文，則康成所注之《魯論》，即張禹所定之《魯論》，其中固雜有《齊論》，非漢初之《魯論》矣。故今《論語》稱爲《魯論》，而或以《季氏》一篇爲《齊論》。然則《論語》一書中，未必無一二篇之可疑；一篇中，未必無一二章之可疑者也。學者當統全書而熟玩之，以求聖人之意。其有一二章之不類者，不得以此疑聖人，或曲爲聖人解也。

按：當東漢之世，去古未遠，《齊》《古》尚存，猶可考證。王充既知公山、佛肸之往之爲非義，即當別其同異，考其年世，辨其真僞而去取之，若趙岐之删《孟子外篇》者然，豈非聖門功臣？乃反據此以議聖人之失，何其謬也！至於康成負一代之重望，乃於《論語》但參考《齊》《古》爲之注，而於篇章無所區別，致使後人無可考證，亦何其疎闊也！

按：聖人之言，天下後世所當共遵也。然必真爲聖人之言則可，非託爲聖人之言而亦當遵也。述少年時嘗在府應歲試，忽有人持先君書至，寄物二事，且命述與其人換卷。述〔一〕念先君平日一言一動，無不合於義者，不應忽有此舉，意甚疑之，遂不從命。試畢，歸而請之，果他人所僞爲也。故能言於平日，則不至見欺於一時。竊謂學者之於聖人，亦當如是。故今備考《論語》源流載之，使人知世所傳之《魯論》，在漢時不無異同更改。是以聖謨洋洋之中，間有一二章之可疑者，學者不可不別而觀之也。

余五六歲時，始授《論語》，知誦之耳，不求其義也。近二十，始究心書理，於《公山》《佛肸》兩章，頗疑其事不經，然未敢自信也。踰四十後，考孔子事蹟先後，始知其年世不符，必後人所僞撰。然猶未識其所以入《論語》之由也。六十餘歲，因酌定《洙泗餘録》，始取《論語》源流而細考之，乃知在秦漢時傳《齊》《魯論》者不無有所增入，而爲張禹采而合之，始決然有以自信而無疑，故録其詳，附載於此。然世之學者惟知玩講章，作舉業，未嘗有人究其義理，考其首尾，辨其源流者，無怪乎其見而大駭，終不以余言爲然也。

〔一〕崔述自謂。

唐文治《論語辨疑》

【釋】唐先生此文回應崔述之質疑，强調實事求是之義，是唐先生《論語》學之重要手筆，特明其事於《自訂年譜》之中，己巳（一九二九年）六十五歲譜載：「輯《論語大義外篇》成。嘉慶時，有安人崔氏述作《論語源流考》，多引不經之譚，謂《論語》後半部皆後人羼入。余特作《論語辨疑》，編入外篇中，力斥其謬。」先生門人馮振按語云：「先生此書，詳載授受源流，極爲精深。尤要者《辨疑》一篇，匡謬闡幽，足破學者之惑。」

古來造作僞書者夥矣，故「辨古書之真僞」，唐韓子以爲文人之能事。然天下未有壹意疑經，而可以通經者也。孔子曰「信而好古」，又曰「篤信好學」，可見惟篤信乃能好學。子張曰：「執德不弘，信道不篤，焉能爲有？焉能爲亡？」古聖賢之篤信，如此其誠摯也。蓋信之篤然後守之堅，守之堅然後行之力。夫讀經而先疑經，是已有菲薄經典之心，遑論躬行心得耶！自康有爲《新學僞經考》出，世儒遂專以疑經爲事。不知古經中之有僞，不獨韓子剗之，宋朱子辨之，元吴草廬先生亦辨之，清方望溪及乾嘉時諸先生均辨之，實已摘抉無遺，無煩後學揚其已燼之灰。以今日之世道，遵聞行知，猶恐不及，若專以作僞之心度經，非特于經書精藴一無所得，且其心術偏辟，所謂「生于其心，害于其政」，流弊將無所極。

《論語》一書，于修己治人、物理世變，以及經國平天下之道，三代文質、禮樂、征伐、大學、明堂、養老、慈幼之典，《易》象、《詩》《書》、執禮、《春秋》之藴，與夫堯、舜、禹、湯、文、武、周公相傳之統緒，炳若日星。後漢鄭君爲注，采《魯》《齊》《古》而成善本，微言賴以不墜。魏何晏《集解》出，雖鄭學稍微，然頗存古義。宋程子、朱子表章《論語》尤至。朱子《集注》，擇精語詳，羽翼聖經，爲日月不刊之作。下逮劉氏念臺、李氏榕村、陸氏稼書、汪氏武曹，均能發揮義理，與鄭、何二家學，可並行不悖。乾嘉而後，若焦氏禮堂、宋氏于庭、潘氏朗如、劉氏楚楨，及先太師黄氏薇香輩，雖所見不同，然皆遥承鄭學，扶經心而執聖權，即立異如毛西河，亦未敢輕議本經。獨乾隆時有崔氏述著《論語源流考》，致疑本經頗甚，以致後學眩惑，違離道本，蔑棄師傳，似是之非，吾不可以不辨。

崔氏述曰：「西漢末有張禹，本授《魯論》，晚講《齊論》，遂合而更定，除去《齊論·問王》《知道》二篇，從《魯論》之二十篇，號《張侯論》。由是學者多從張氏，餘家寖微。後世所行之《論語》，殆即張禹更定之本，非古之《論語》矣。故同一《論語》也，而有《齊》《魯》之異，有多寡之殊，則《論語》一書，固有後人之所續入，非盡孔門之原本也。」論者因謂張禹佞臣[一]，學識淺陋，其更定《論語》，篇目雖從《魯論》，而文句則兼采于《齊論》。此《論語》非孔門真本，而經後人竄亂之證也。

愚謂此不必疑。按：馬氏端臨曰「《齊論》多于《魯論》二篇，曰《問王》《知道》，史稱張禹所删，以此遂無傳。且夫子之言，禹何人而敢删之。然《古論語》與《古文尚書》同自孔壁中出者，章句與《魯論》不異，惟分《堯曰》『子張問』以下爲一篇共二十一篇，則《問王》《知道》二篇，亦孔壁中所無。度必後儒依倣而作，非聖經之本真，此所以不傳，非禹所能删也」[二]云云，此説極爲有見。

蓋蕭望之、張禹之徒，當時雖釐定諸經章句，然漢代説經，家法謹嚴，若謂其改竄聖經，禹輩決無此膽識。若以佞臣而論，宋趙普且謂「以半部《論語》佐太祖定天下，

[一] 崔述《論語源流附考》但云「禹學識淺陋」。
[二] 馬端臨《文獻通考·經籍考》卷一，又載朱彝尊《經義考》二百一十《論語》一。

以半部《論語》佐太宗致太平」矣，豈可以其言之誣妄，而遂疑《論語》不足信耶？

且考潘氏朗如謂漢儒注《論語》，惟鄭君康成爲兼通古今文、集諸儒之大成；其間若馬融、王肅，古文也；張禹、包咸，今文也；至何晏作《集解》，亦雜采古文、今文家説。是張禹不過用今文，鄭君兼採古今文，何氏訓解雖異鄭君而用本略同，何得因西漢儒念張文而疑之？

論者又謂《論語》二十篇，相傳分上下，猶後世所謂正、續、三集之類，此據日本人《論語古義叙由》〔一〕説。因謂前十篇體例純粹，後十篇體例岐雜；前十篇對于卿大夫稱子曰〔二〕，後十篇則多稱孔子；前十篇文皆簡，後十篇則文皆長；前十篇標題，如《八佾》《公冶長》《鄉黨》篇不用首二字，後十篇則專用首二字。且謂「《季氏》篇文多排偶，與

〔一〕伊藤維楨（一六二七～一七〇五）《論語古義》，其叙由按云：「《論語》二十篇，相傳分上下，猶後世所謂正續篇之類乎？蓋編《論語》者，先録前十篇，自相傳習，而又次後十篇，以補前所遺，故今合爲二十篇云。何以言之？蓋觀《鄉黨》一篇，要當在第二十篇，而今嵌在中間，則知前十篇既自爲成書。且詳其書，若曾點言志、子路問正名、季氏伐顓臾諸章，一段甚長。及六言六蔽、君子有九思三戒、益者三友、損者三友等語，皆前十篇所無者，其議論體制，亦不與前相似。故知後十篇，乃補前所遺者也。」載關儀一郎編《日本名家四書注釋全書》。

〔二〕崔氏《洙泗考信録》卷四《遺型》原文作「孔子者，君大夫之稱，自言與門人言則但稱子」。

他篇不倫……《陽貨》篇〔一〕，文亦錯出不均，而問仁、六言、三疾等章，文體略與《季氏》篇同」云云。

愚謂此不必疑。《論語》一書，係子夏等六十四人所合編本，非一人手筆，體例自難一致。如以前十篇稱子曰，後十篇有稱孔子者，即以爲疑，譬如《先進篇》「季路問事鬼神」稱季路，而「冉有、子路行行如」則稱子路，兩章連屬，豈得疑上章爲僞乎？而説者曰此下《論》〔二〕書法之龐雜也。然上《論》《公冶長》一篇，「顏淵、季路侍」稱季路，而次節即稱子路，豈首節爲僞而次節爲真乎？

且如《孝經》爲曾子作，《中庸》爲子思作，皆首稱仲尼，以後概稱子；《禮運》爲子游作，亦首稱仲尼，以後概稱孔子，豈得疑《禮運》爲僞乎？《史記·屈原傳》忽稱屈平，忽稱屈原，不若後人文法必歸一律也。朱竹垞《經義考》謂加孔子者，皆係《齊論》，亦無確證。且即以《齊論》言之，亦同是聖門所記，未可斥爲作僞。

至于章法長短，更無可疑。前十篇如「令尹子文子華使齊」等章，未嘗不長；後十篇

〔一〕崔氏《洙泗考信録》卷四《遺型》原文此句下有「純駁互見」四字。

〔二〕《論語》前十篇稱「上《論》」，後十篇稱「下《論》」。

如《衛靈公》篇，章法特簡。譬〔一〕如七篇之書，爲孟子所自定，而《梁惠王》等前五篇章法皆長，至《盡心篇》章法極簡，豈得疑前五篇爲僞乎？且皇侃《義疏叙》嘗云：「此書之體，適會多途，皆夫子平生應機作教，事無常準。」夫體例尚未可拘泥，況章法乎？

至《季氏篇》爲倫紀大防，「天下有道」一章，《春秋》二百四十餘年要旨，彰往察來，顯微志晦。《陽貨》篇論人心風俗之遷流，寓意深遠，訓戒嚴切。後學者當平心讀之，以求聖言精蘊，不可輕開疑竇也。若因標題偶異，欲以《莊子·内外篇》命名例《論語》，更擬于不〔二〕倫矣。

論者又謂「《季氏》篇『齊景公有馬千駟』章『邦君之妻』章，均非孔子之言；《微子》篇雜記古今軼事，有與孔門絶無涉者；《堯曰》篇，《古論語》本爲兩篇，或一章或二章，其文尤不類。蓋皆斷簡無所屬，附之于書末者」云云。

愚謂此更不必疑。「齊景公有馬千駟」與「見善如不及」本爲一章，讀《論語後案》，義自瞭然。「邦君之妻」章，痛諸侯内政之不修，稱謂之淆亂；魯文姜穆事，尤爲

〔一〕「譬」字，原誤作「警」。
〔二〕「于不」二字，原誤倒「不于」。

可痛，故孔子正名定分，常常言之，以重妃匹而維名教，固不必加「孔子曰」，後之善學者自可得其大義。

《微子》篇多係因哀思盛，意義似桃源繚曲，文境似雲水蒼茫，蓋皆聖人微意所在，所謂「其言曲而中，其事肆而隱」；而「周公謂魯公曰：君子不施其親」數語，與首章微、箕、比干相應，『有八士』章與『逸民』章相應，孔子亦如是述之。想見周初作人之盛，記者因而誌之，此非深于文者不能知也。

《堯曰》篇爲道統治法宏綱，《孟子》末章、韓子《原道》，皆本于此。而知命、知禮、知言三者，爲二十篇之總結，學術政治，一以貫之。《魯論》相傳，具有師法。疑爲斷簡，恐非善于讀經者。柳子厚讀《堯曰》篇一段，識解度越前人，亦未可輕加訾議也。

夫歷史記載失實，諸子隱怪寓言，固皆有可疑者。然若挾此意以讀經，失之誣矣。《孟子》曰：「盡信《書》則不如無《書》，吾于《武成》，取二三策。」此孟子論世知人，晚年之定論。若學識遠不逮孟子，而概以爲不足盡信，失之妄矣。記曰：「言豈一端而已？夫各有所當也。」聖賢之言，豈易窺測？學者讀經，遇有岐異之詞，當知其有爲而發。且有相反適以相成者，若動以輕心傲氣出之，曰「僞也僞也」，更失之謬矣。甚者因經之不便于己，懷私攻訐，亂名改作，開廢經之漸，則其獲罪于聖門，豈淺鮮耶？是近人惡禮法之害己，而欲去其籍，遂謂古無禮書，孔、孟不言讀《禮》，《周禮》《儀禮》俱不可信。不知「射不主皮」明見于《論語》，「諸侯耕耤」明見于《孟子》，乃謂古無《禮經》，謬之甚矣！崔氏流弊尚不至此，然説經者，言不可不慎也。

夫漢儒通經家法，曰「實事求是」；宋儒治經宗旨，曰「躬行實踐」，是故通經可以致用。今不求諸實事，不措諸實踐，惟以索〔一〕瑕求隙爲務，其弊也，舍大義不省，勞精疲神，率天下學者而歸于無用，此尤可痛心者也。余故特辨之，以爲欲通經者必先尊經。世之君子，幸省諒焉。

宋翔鳳《論語師法表》〔二〕

【釋】唐先生迻録宋翔鳳此《師法表》，顯示實事求是精神。此表原附録在宋翔鳳所輯《論語鄭氏學》卷末，非淺學所知；而南菁書院在王先謙主持下輯印《皇清經解續編》，未收録宋氏此書，時唐先生正在南菁書院就讀，協助校勘，熟識情況，深知門户之見對選録有所左右。蓋

〔一〕「索」原作「索」。
〔二〕宋翔鳳《論語師法表》附録於宋氏著《論語鄭氏注》後。

王氏於此經義之學未甚把握，故於宋氏之學亦認識有限。宋氏《論語》學專書收入《皇清經解續編》者，僅《論語説義》，其集大成之《論語纂言》二十卷未爲採録，而其蒐集鄭玄《論語》注之《論語鄭注》十卷，乃屬於漢學考證類，亦爲擯棄不收。對理解清儒經學整體成績，實嫌有偏。唐先生在本書《論語參考書目研究表》（又稱《論語漢宋學研究表》），表明集大成之學術態度，而在第一類「漢學類」著述中，首列者，乃宋翔鳳輯《論語鄭注輯本》。此《論語師法表》，乃附録其末者也。唐先生肯定宋氏此書及此表，亦在表末按論指出其論述《齊論語》難免附會，未盡可從，學者仍須判別，凡此皆實事求是之精神也。

古論語	**齊論語**	**魯論語**
《漢書·藝文志》云：「《論語》古二十一篇，出孔子壁中，兩《子張》。」如淳曰：「分《堯曰篇》後『子張問何如以從政』以下爲篇名，曰《從政》。」《釋文·叙録》引《新論》云：「文異者四百餘字。」	《漢志》：「《齊》二十二篇，多《問王》《知道》。」如淳曰：「《問王》《知道》皆篇名也。」按：《問王》謂《春秋》素王之事，備其問答。《知道》知率性之道，故能知人知天。《論語·堯曰篇》記唐、虞、夏、商、周，至「子張問從政」，爲孔子素王之事；其記知命、知禮、知言，皆以「知道」貫之。傳《齊論》者於二十篇之後，又作此二篇以發揮其蘊，蓋出於	《漢志》云：「魯二十篇，傳十九篇。」注：「師古曰：解釋《論語》〔一〕意者。」

〔一〕「語」字原脱。

續　表

	内學。漢時齊地最盛，故《齊詩》明五際六情。《公羊春秋》亦出於齊人，胡毋生有孔子受命之事。《齊論》此二篇亦是「祕書」之流，故《古論》《魯論》俱不傳。此義亦非淺學所窺，故張侯不以教授。王應麟疑「問王」爲「問玉」，而以《説文》《初學記》《文選注》《御覽》等書引《論語》説玉事者當之。 按：《説文》所引爲《古論語》，《初學》諸書俱在唐以後，時《齊論》久亡，所引必非《齊論》也。	
孔安國 按：《漢志》云：「武帝末，魯共王壞孔子宅，欲以廣其宮，而得《古文尚書》及《禮記》《論語》《孝經》凡數十篇，皆古字也。」「孔安國者，孔子後也，悉得其《書》，以考二十九篇，得多十六篇，安國獻之。遭巫蠱事，未列于學官。」詳其文義，則《論語》與《尚書》	**王卿** 琅琊人，見《集解序》。	**龔奮** 見《漢志》。

續表

等，同爲安國所獻。《論語集解序》云：「安國爲訓解。」《釋文·叙録》《隋志》並云：「安國爲傳。」其書久佚，獨見《集解》中，孔穎達《尚書正義》引「束脩」孔注，不見《集解》，此蓋襲舊疏所引，非原書也。		
馬融 《集解序》云：「《古論》唯博士孔安國爲之訓解，而世不傳。至順帝時，南郡大守馬融亦爲之訓釋。」《釋文·序録》云：「《古論語》孔安國爲傳，後漢馬融亦注之。」按：此知馬所注爲《古論》。皇侃《義疏》云：「馬氏亦注張禹《魯論》。」 按：《義疏》家法疏略，復誤讀序意，其言不足據，《隋志》亦同斯誤。	**王吉** 見《漢志》，又云：「唯王陽名家。」其載《齊説》二十九篇，蓋出於吉。	**夏侯勝** 同上。《漢書》勝本傳曰：「受詔撰《尚書》《論語説》。」故志載《魯夏侯説》二十一篇，蓋勝説也。
	宋畸 同上。	**韋賢** 同上。
	貢禹 同上。	**韋元成** 見《釋文·叙録》。按：《漢志》及本傳並不言元成傳《論語》，陸氏所序，疑出鄭氏《論語序》。

續表

五鹿充宗

同上。

魯扶卿

見《漢志》。按：《叙録》云：「鄭云扶先。」所引當出鄭氏《論語序》，陸氏叙家法最明晰，或本於鄭氏也。

庸生

同上。

以上五家，皆各自名家。《論語》不立博士，故諸家授受之次，不能詳焉。

夏侯建

見《叙録》。按：建，勝〔一〕之族子，本傳亦不言建傳《論語》，亦鄭説也。

蕭望之

見《漢志》。以上各自名家。

張禹

按：《漢志》云：「《魯安昌侯説》二十一篇。」注：「張禹也。」又云：「張氏最後而行於世。」又《禹傳》云：「初禹爲師，以上難數對己問經，爲《論語章句》獻之。始〔二〕魯扶卿及夏侯勝、王陽、蕭望之、韋元成皆説《論語》，

〔一〕指夏侯勝。

〔二〕「始」字原脱，據《漢書》補入。

篇第或異。禹先事王陽，後從庸生，采獲所安，最後出而尊貴。諸儒爲之語曰：『欲爲《論》，念張文。』由是學者多從張氏，餘家寖微。」

《釋文·叙録》云：「安昌侯張禹受《魯論》於夏侯，建又從庸生、王吉受《齊論》，擇善而從，號曰〔一〕《張侯論》，最後而行於漢世。禹以《論》授成帝，後漢包咸、周氏並爲章句，列〔二〕於學官。鄭玄就《魯論》張、包、周之篇章，考之《齊》《古》，爲之注焉。」

按：此則《張論》合齊、魯兩家之學，特其篇章與《魯論》同，故多以《張論》爲《魯論》。後漢《熹平石經》即用《張論》，洪氏《隸釋》載殘字《堯曰篇》末云：「而在於蕭牆之内。盍、毛、包、周無。」於此以諸家校《張論》之異同，故陸氏言立於學官，謂立石大學，非《張論》曾立博士也。

包咸

見《集解》及《釋文·叙録》。

周氏

見同上，其名已佚。又按：《熹平石經·論語》又有盍氏、毛氏之學，不知與包、周孰爲先後？又不知爲爲〔三〕魯？姑從蓋闕。

〔一〕「曰」字衍。

〔二〕「列」字原作「立」，據《釋文》爲正。

〔三〕不辭，或當作「爲齊爲魯」。

續表

鄭康成

《集解序》云：「漢末鄭玄就《魯論》篇章，考之《齊》《古》，爲之注。」《皇疏》云：「康成考校《齊》《魯》二論，亦注於《張論》。」陸氏《音義》云：「鄭校周之本，以《齊》《古》讀正，凡五十事。」周之本即周氏之出於張侯者。蓋《張論》出而三家遂微，鄭學興而《齊》《古》差見，是康成雖就《魯論》，實兼通《齊》《古》，而於《古論》尤多徵信，故注中從《古》讀正《魯論》者，不一而足。其從《齊》讀已不可考，然尋兩家之學，可以得其一二，具所録本中。又鄭作《論語序》云：「書以八寸策。」此指壁中《古文論語》。鄭君出於馬氏，馬專用古文，故鄭多從之。《古文》分「子張問從政」以下爲一篇，而校《魯論》多「知命」一章，亦具孔子受命之義。三家唯《魯論》最爲淺率。禹本碌碌庸人，徒以名位得傳其學，致誤後來。幸得鄭君爲之釐正，微言所在，可以尋求。

《隋・經籍志》云：「《論語注》十卷，鄭玄注。」《經典・叙録》同。《隋志》又言：「梁有《古文論語》十卷，鄭玄注，亡。」蓋阮孝緒所著録，鄭無別注《古文論語》，其所注《論》，即用古文，故別題《古文論語》，亦是鄭用古文之證。《隋志》又言：「梁陳之時，唯鄭玄、何晏立於國學，而鄭氏甚微，周齊鄭學獨立。至隋，何、鄭並行，鄭氏盛於人間。」考著録家説《論語》者，康成以前俱已久佚，至鄭學大抵佚於五季之亂，略存於何《解》，陸《音》又廣采諸經疏義，以存什一於千百焉。

鄭沖、何晏

《經典・序録》云：「魏何晏集孔安國、包咸、周氏、馬融、鄭玄、陳羣、王肅、周生烈之説，并下己意爲《集解》。正始中上之，盛行於世。」按：《晉書・鄭沖傳》云：「初沖與孫邕、曹羲、荀顗、何晏共集《論語》諸家訓注之善者，記其姓名，因從其義，有不安者，輒改易之，名曰《論語集解》，成，奏之魏朝，於今傳焉。」《魏志》言何晏好《老》《莊》言，作《道德論》及諸文賦著述凡數十篇，不言注《論語》；而沖在高貴鄉公時講《尚書》，執經親授，與侍中鄭小同俱被賞賜。是沖本經生，《論語集解》之成，當定自沖手。今使平叔專其姓氏者，蓋上《論語集解》奏列邕、沖等名，而晏最在後，著録家見奏末稱臣何晏等上，遂以《集解》爲晏一人所撰，沿至今也。

徐遵明

按：李昉等《太平御覽》引《論語注》皆是鄭學。宋初《鄭注論語》已不傳，引用書目亦無《鄭注論語》，而有《論語隱義》。考《隋經籍志》「《論語難鄭》」下注云：「梁有《古論語義注譜》一卷，徐氏撰。《論語隱義注》三卷。《論語義注》三卷。亡。」則《隱義》至隋已亡，梁代尚有《御覽》所引，當是《修文殿御覽》之舊。其云《古論語》，蓋即鄭所注《論語》。《隋志》言「周齊鄭學獨立」，河北學者以鄭學不同何氏，故謂爲《古論語》，其云徐氏當是徐遵明。《北史·儒林傳》曰：「遵明見鄭玄《論語序》云『書以八寸策』誤作『八十宗』，因曲爲之説。」是遵明專治鄭學，《隱義》之作斷出遵明手。《隋志》僅就阮孝緒《七録》録入，故不詳其名字。又今傳《公羊疏》引《論語》者，多就鄭説，不著作疏人名。董逌《廣川書跋》云：「傳爲徐彦所作。」近時王光禄鳴盛以爲即徐遵明。考此《疏》最爲近古，其所見本在陸德明之先，則光禄之言不爲無見。要之遵明於《論語》一宗鄭氏，於傳可徵，自後更無用鄭學者矣。

按：此表述《齊論語》有附會不足信之處，後學自能辨之。文治記。

唐文治《論語篇次章數表》

【釋】唐先生撰此表列述《論語》二十篇總義並分章數目，以皇侃《論語義疏》及邢昺《論語正義》爲主。

文治按：梁皇侃撰《論語義疏》，各篇下皆明其所以相次之義，穿鑿頗多，識者病焉。然探其本意，實遠宗《易》之《序卦傳》，俾學者易識於心，實爲漢師授受之古法。宋邢昺作《正義》，仿皇疏爲之，或同或異，而辭意明顯，勝於皇疏矣。朱子《集注》《語類》偶一論及之，則確乎當於人心，更非皇、邢兩家所能及也。茲特擇其精要者列於表。至章數分合多寡，陸氏《經典》所載，亦頗有異同，別列一格，備要删焉。

篇名	篇次義理	章數多寡
學而	皇疏言：「降聖以下〔一〕，皆須學成……此書既〔二〕遍該衆典，以教一切，故以《學而篇》爲先。」邢疏：「自此至《堯曰》，是《魯論語》二十篇之名及第次也。」	《釋文》凡十六章，朱注同。
爲政	皇疏：「《學記》云：『君子如欲化民成俗，其必由學乎？』是明〔三〕先學後乃可以爲政化民，故以《爲政》次於《學而》也〔四〕。」	《釋文》凡二十四章，朱注同。

〔一〕皇侃原句前有「言」字。
〔二〕「既」字原脱，據皇氏義疏補入。
〔三〕「明」字原脱，據皇氏義疏補入。
〔四〕「也」字原脱，據皇氏義疏補入。

篇名	篇次義理	章數多寡
八佾	皇疏言：「政之所裁〔一〕，裁於斯濫。故《八佾》次《爲政》。」邢疏：「爲政之善，莫善禮樂。禮以安上治民，樂以移風易俗，得之則安，失之則危。故此篇論禮樂得失也。」	《釋文》凡二十六章，朱注同。
里仁	皇疏：「明季氏之惡，由不近仁。今示避惡從善，宜居仁里，故以《里仁》次於〔二〕《季氏》。」邢疏：「此篇明仁。仁者，善行之大名也。君子體仁，必能行禮樂，故以次前也〔三〕。」	《釋文》凡二十六章，朱注同。
公冶長	皇疏：「言公冶雖在枉濫縲紲，而爲聖師證明，若不近仁，則曲直難辨，故《公冶》次《里仁》也〔四〕。」邢疏：「此篇大旨，明賢人君子仁知剛直，以前篇擇仁里而居〔五〕，故得學爲君子，即下云『魯無君子，斯焉取斯』是〔六〕也，故次《里仁》。」	《釋文》凡二十九章，朱注凡二十七章。文治按：《注疏》較朱注多一章，係分「子謂南容」別爲一章。《釋文》又多一章，無所考，疑分《宰予章》「始吾於人」爲兩章。

〔一〕皇侃原句前有「言」字。
〔二〕「於」字原脱，據邢氏《論語注疏》疏文補入。
〔三〕「也」字原脱，據皇氏義疏補入。
〔四〕「也」字原脱，據皇氏義疏補入。
〔五〕「而居」二字原脱，據邢氏疏文補入。
〔六〕「是」字原脱，據邢氏疏文補入。

續表

篇名	篇次義理	章數多寡
雍也	皇疏：「雍……其〔一〕雖無横罪，亦是不遇之流，故以《雍也》次之。」邢疏：「此篇亦論賢人君子及〔二〕仁智中庸之德，大抵與前相類，故以〔三〕次之。」朱注：「篇内第十四章以前，大意與前篇同。」	《釋文》凡三十章，朱注凡二十八章。 文治按：《釋文》多二章，係分首章與「子桑伯子」爲二，又分「子華」章與「原思」爲二也。
述而	皇疏：「言〔四〕時既夷嶮，聖賢地閉，非惟二賢不遇，而〔五〕聖亦失常，故以聖不遇證賢不遇，非賢之失，以《述而》次《雍也》。」邢疏：「此篇〔六〕皆明孔子之志行也。以前篇論賢人君子及仁者之德行，成德有漸，故以聖人次之。」	今三十八章。朱注凡三十七章。 文治按：《釋文》言今三十八章，蓋分「子食於有喪者」與「子於是日哭」爲二。又言舊二十九章，蓋又分「善人别感」一章也。

〔一〕「其」字原脱，據皇氏義疏補入。
〔二〕「及」字，原作「人」，據邢氏疏文爲正。
〔三〕「以」字原脱，據邢氏疏文補入。
〔四〕皇氏義疏原無「言」字。
〔五〕「而」字原脱，據皇氏義疏補入。
〔六〕「篇」字原脱，據邢氏疏文補入。

續表

篇名	篇次義理	章數多寡
泰伯	皇疏：「明〔一〕泰伯賢人，尚能讓國，以證孔子大聖，雖位非九五，豈以粃糠累真，故《泰伯》次《述而》。」邢疏：「此篇論禮讓仁孝之德，賢人君子之風，勸學立身，守道爲政〔二〕，歎美正樂，鄙薄小人……以前篇論孔子之行，此篇首末載聖賢之德，故以爲次也〔三〕。」	《釋文》凡二十一章，朱注同。
子罕	皇疏言：「外遠富貴，既爲粃糠，故還反凝寂，所以希言，故《子罕》次《泰伯》也〔四〕。」邢疏：「此篇皆論孔子之德行也〔五〕，故以次《泰伯》堯禹之至德。」文治按：皇疏之意，蓋以前篇「泰伯讓天下」「舜禹有天下而不與」，故孔子粃糠富貴，以守死善道爲主。此篇還反凝寂者，言孔子退而講學，故有「河不出圖」「待賈」之歎，與「欲居九夷」之事也。	《釋文》凡三十一章，《皇》本三十章，《集注》凡三十章。

〔一〕「明」字，原作「言」，據皇氏義疏爲正。

〔二〕「勸學立身，守道爲政」兩句脱，據邢氏疏文補入。

〔三〕「也」字原脱，據邢氏疏文補入。

〔四〕「也」字原脱，據皇氏義疏補入。

〔五〕「也」字原脱，據邢氏疏文補入。

續表

篇名	篇次義理	章數多寡
鄉黨	皇疏言：「既〔一〕朝廷感希，故退還，應於鄉黨也，故次《子罕》也〔二〕。」邢疏：「此篇惟記孔子在魯國鄉黨中言行，故分之以次前篇也。此篇〔三〕雖曰一章，其間事義，亦以類相從。」	《釋文》凡一章，朱注：「舊説凡一章。」今分爲十七節。
先進	皇疏言：「既還教鄉黨，則進受業者，宜有先後，故次《鄉黨》也〔四〕。」邢疏：「前篇論〔五〕夫子在鄉黨，聖人之行也。此篇論弟子，賢人之行。聖賢相次，亦其宜也。」	《釋文》凡二十三章，朱注凡二十五章。文治按：《鄭》本以「德行」合「陳蔡」章，故《釋文》曰二十三，《皇》本分爲二十四，朱注又分「論篤是與」别爲一章，故有二十五也。
顏淵	皇疏謂：「進業之冠，莫過顏淵，故次《先進》也〔六〕。」邢疏：「論仁政明達、君臣父子、辨惑折獄、君子文爲，皆聖賢之格言，仕進之階路，故次《先進》也〔七〕。」	《釋文》凡二十四章，朱注同。

〔一〕「既」字原脱，據皇氏義疏補入。
〔二〕「也」字原脱，據皇氏義疏補入。
〔三〕「也此篇」三字原脱，據邢氏疏文補入。
〔四〕「也」字原脱，據皇氏義疏補入。
〔五〕「論」字原脱，據邢氏疏文補入。
〔六〕「也」字原脱，據皇氏義疏補入。
〔七〕「也」字原脱，據邢氏疏文補入。

續表

篇名	篇次義理	章數多寡
子路	皇疏：「子路，孔子弟子也〔一〕，武爲三千之標也〔二〕，武亞於文〔三〕，故次《顏淵》也〔四〕。」邢疏：「此〔五〕篇論善人君子、爲邦教民、仁政孝弟、中行常德，皆治國修身之要，大意與前篇相類。且『回也入室，由也升堂』，故以爲次。」 文治按：政必本於仁，王者必世後仁，既不易得，則思善人君子，故以問政次問仁，後世離仁言政而政乖矣。	《釋文》凡三十章，朱注同。
憲問	皇疏：「顏、路既允文允武，則學優者宜仕，故次《子路》〔六〕。」邢疏：「此篇論三王二霸之迹、諸侯大夫之行，爲人知耻，修己安民〔七〕，皆政之大節	《釋文》凡四十四章。朱注：「胡氏曰：『此篇疑原憲所記。』凡四十七章。」文治按：注既分「克伐怨欲」下爲一章，

〔一〕「孔子弟子也」字原脱，據皇氏義疏補入。
〔二〕「也」字原脱，據皇氏義疏補入。
〔三〕「武亞於文」句，皇氏義疏作「所以次前者，武劣於文」。
〔四〕「也」字原脱，據皇氏義疏補入。
〔五〕「此」字，原作「次」，據邢氏疏文爲正。
〔六〕「故次《子路》」句，皇氏義疏作「故《憲問》次於《子路》也」。
〔七〕「爲人知耻，修己安民」兩句原脱，據邢氏疏文補入。

續表

篇名	篇次義理	章數多寡
	也〔一〕，故以類相聚，次於問政也〔二〕。」	後又分「作者七人矣」別爲一章，而其所謂重出「不在其位」章，《注疏》本亦與曾子言合爲一也。
衛靈公	皇疏：「憲既問仕，故舉時不可仕之君，以次《憲問》〔三〕。」邢疏：「此篇記孔子先禮後兵、去亂就治等〔四〕，皆有耻且格之事，故次前篇。」	《釋文》凡四十九章，朱注凡四十一章。文治按：《釋文》「九」字疑有誤，《注疏》本分「明日遂行」別爲章一章，亦祇四十二章。
季氏	皇疏：「既明君惡，故據臣凶，以《季氏》次《衛靈公》也〔五〕。」邢疏：「以前篇首章記衛君靈公失禮，此篇首章言魯臣季氏專恣〔六〕，故以次之也〔七〕。」	《釋文》凡十四章，朱注：「洪氏曰：『此篇或以爲《齊論》。』凡十四章。」文治按：「見善如不及」當與「齊景公」合爲一章。

〔一〕「也」字原脱，據邢氏疏文補入。

〔二〕「故以類相聚，次於問政也」兩句，原作「故次問政」，據邢氏疏文爲正。

〔三〕「以次《憲問》」句，皇氏義疏作「故《衛靈公》次《憲問》也」。

〔四〕唐先生概略原文。

〔五〕「也」字原脱，據皇氏義疏補入。

〔六〕「恣」字，原作「政」，據邢氏疏文爲正。

〔七〕「以」「也」兩字原脱，據邢氏疏文補入。

續表

篇名	篇次義理	章數多寡
陽貨	皇疏：「明於〔一〕時凶亂，非惟國臣無道，陪臣賤〔二〕，亦並凶惡，故次《季氏》〔三〕。」邢疏：「以〔四〕前篇首章言大夫之惡，此篇首章記家臣之亂，尊卑之差，故以相次也〔五〕。」	《釋文》凡二十四章，朱注凡二十六章。 文治按：《注疏》本以「性相近」合「惟上知」爲一章，「小子學《詩》」合「伯魚」爲一章。
微子	皇疏：「明天下並惡，則賢者宜遠避，故次《陽貨》〔六〕。」邢疏：「以前篇言羣小在位，則必致仁人失所，故以此篇次之。」	《釋文》凡十四章，朱注凡十一章。 文治按：《釋文》凡作十四者無考，《注疏本》與朱注同十一章。

〔一〕「於」字，原作「其」，據皇氏義疏爲正。
〔二〕此句原作「陪臣之賤」，「之」字衍，據皇氏義疏爲正。
〔三〕「故次《季氏》」句，皇氏義疏作「故《陽貨》次《季氏》也」。
〔四〕「以」字原脱，據邢氏疏文補入。
〔五〕「以」「也」兩字原脱，據邢氏疏文補入。
〔六〕「故次《陽貨》」句，皇氏義疏作「故以《微子》次《陽貨》也」。

續　表

篇名	篇次義理	章數多寡
子張	皇疏：「既明君惡，臣宜即去。若人人皆去，則誰爲匡輔？故此次〔一〕。明〔二〕若未得去者，必宜致身，故次《微子》也〔三〕。」邢疏：「此篇或接聞夫子之語，或辨揚聖師之德，以其〔四〕皆弟子所言，故次諸篇之後。」	《釋文》凡二十五章，朱注同。
堯曰	皇疏言：「事君之道，若宜去者拂衣，宜留者致命。去留常理，事迹無虧，則太平可覩，揖讓如堯，故《堯曰》最後，次《子張》也。」邢疏：「此篇記二帝三王及孔子之語，明天命政化之美〔五〕，皆聖人之道，可以垂訓將來，故〔六〕殿諸篇，非所次也。」	《釋文》凡三章，朱注同。

〔一〕「故此次」三字原脱，據皇氏義疏補入。
〔二〕「明」字原脱，據皇氏義疏補入。
〔三〕「也」字原脱，據皇氏義疏補入。
〔四〕「以其」兩字原脱，據邢氏疏文補入。
〔五〕此句首衍「兼」字，以邢氏疏文爲正。
〔六〕「故」下衍「以」字，以邢氏疏文爲正。

唐文治《論語研究法表》

【釋】唐先生撰此表列述《論語》二十篇研究法綱領，方便學者掌握全書脈絡。《論語師法表》批評崔述捕風捉影，輕爲疑僞之論。此篇表揚宋翔鳳研求《論語》義理之精到。篇末指出爲《堯曰》王道所寄，此經學義理之歸宿也。

文治按：《論語》精蘊，略見余所著《大義》及《提綱》中，顧或但求諸文法而不得其要領，致廣大而不能盡精微，亦非纂言鉤元[一]之旨，爰别爲研究法表，以餉後學。《易傳》曰：「乾以易知，坤以簡能」，「易簡而天下之理得矣。」[二]讀《論語》法，亦不外是。然或侈然自足，僅此門徑中之門徑，不知見少，轉以自多，甚至無益躬行，徒供口説，豈作是表之本意歟？近儒陳氏澧謂：「讀《論語》者，每讀一篇，人品宜高一格。」又謂：「少年之士，立品者先孝父母，讀書者先讀《論語》而已。」此蓋孔門躬行君子之家法，切望學者深味乎其言。

[一] 句意概括韓愈《進學解》「記事者必提其要，纂言者必鉤其玄」。
[二] 《易·繫辭上》文。

篇名	研究法
學而 【釋】唐先生闡述解讀《學而》一篇之三向度而歸一義。三向度者，一爲規程，一爲德性經緯，一爲好學標準。一義者，知人也。均以文理脈絡總結而出之方法原則，邁越宋翔鳳《論語説義》先爲設定方向，以孔子素王之義而句句派定爲天子之教。	宋氏翔鳳以此篇爲大學教人之法〔一〕，不知實兼大小學而言。如「弟子」章、「君子不重」章、「食無求飽」章，皆小學之教也，全篇以「時習」「傳習」爲規程，以孝弟忠信禮讓爲經緯，以好學爲標準。至于「切磋琢磨」，則爲好學之極功矣。道學自修，非特通經，實以致用，而其本則更有在。顧氏亭林曰：「孝弟，人倫之本也。慎終追遠，孝弟之本也。《學記》曰：『三王祭川，先河後海。或源或委，此之謂務本。』」然則求學之本，當先知爲人之本。
爲政 【釋】唐先生指出親情人倫爲解讀《爲政》之根本，因本而知政，示學者重視宋翔鳳《論語説義》。	政者，學之所以致用。本篇「志學」章、「温故」章、「誨女知之」等章，皆大學之教。而學必以孝弟爲根原，政必以孝弟爲風俗。故問孝四章，爲全篇之筋骨。春秋時，廢倫之禍亟矣，故又以「孝友施于有政」，示之大坊，而輔以信用禮教爲行政之準則，末以「非其鬼」章作結。宋氏翔鳳謂此篇乃明堂之教，引《左傳》「勇則害上，不登于明堂」〔二〕爲證，其義頗精。

〔一〕宋翔鳳之説見其《論語説義》卷一《學而爲政》，云：「時習，即瞽宗上庠教士之法。」唐先生概述宋氏大意。宋翔鳳（一七七九～一八六〇），字虞庭，江蘇長洲人，母爲莊述祖之妹，嘉慶五年（一八〇〇）舉人，咸豐九年（一八五九）重宴鹿鳴，加銜知府，其《論語》學專書有《論語説義》《論語纂言》，治學通貫諸經大義，乃唐先生所取則者。

〔二〕唐先生概述宋氏《論語説義》卷一《學而爲政》大意。

續表

篇名	研究法
八佾 【釋】唐先生引述宋翔鳳《論語説義》，意在説明以《禮記・禮運》參釋《八佾篇》中禮制問題之方法；其中涉及音樂之記載，可互參《易》理。	全篇二十六章，言禮十四章，兼言樂一章，兼言喪禮二章，言樂五章，言祭禮五章，言射禮二章。宋氏翔鳳以祭禮爲主，謂春秋時卿大夫皆不仁不孝，以致失禮之本〔一〕，其説精矣。愚謂：聖人歎禮樂之亡，即歎人心之亡，故以季氏三家不忍始，以「居上不寬」三者終。木鐸《韶》《武》，慨想遠矣。至于言禘禮之通于《禮運》〔二〕，「每事問」之合于家法（指《左傳》正考父事），「語太師樂」之達于《易》理，皆微言也。
里仁 【釋】唐先生指出運用性理學觀念以通解《論語》仁學觀念，並以文本精讀勘悉義理根本，宗歸親情倫理之具體踐履。	首七章言仁，皆以心與境對言。又以「無惡」應「里仁爲美」。君子成名，「無終食之間違仁」應「利仁安仁」，以「好仁惡不仁」應「能好人能惡人」，至「觀過知仁」，則容人者大矣。下十章皆言道義，而以一貫忠恕、喻義喻利爲要領。仁必始于孝，道義亦本于孝，故繼以孝親言行諸章。此篇爲曾子弟子所記，括《大戴禮記》中《曾子》十篇之大義〔三〕。學者修身進德之要，莫踰于此。

〔一〕唐先生概述宋氏《論語説義》卷二《八佾里仁》大意。

〔二〕宋翔鳳《論語説義》卷二《八佾里仁》云：「《禮運》爲七十子（即孔門高弟）所傳之大義，故直明魯郊禘非禮。」

〔三〕唐先生曾輯録《曾子大義》，詳本集《曾子》編。

續表

篇名	研究法
公冶長 【釋】唐先生指出反求諸己之知人原則，所以具體踐履人文關懷。	雜記門弟子與時人前賢之言行，或贊以數語，或贊以一言，蓋後代史家傳贊之權輿也。自言「老安友信少懷」，可見聖人濟世大同，立人達人之志，與時人迥不侔矣。末[一]以「已矣乎」二章作結，顧氏亭林謂：「凡論人者，所以爲內自訟之地，而非忠信好學，亦不能自見其過也。」[二]然則觀人者反己而已矣。
雍也 【釋】唐先生指出以意逆志之方式解讀此篇深旨。	世道盛衰，係乎人才之進退。上半篇仍是評論門弟子才德，下半篇以「祝鮀」章作一轉折，至「何莫由斯道」章以下，皆專言道。道者，中也，直也。知、仁皆道也。立人達人，一貫之道也。「子見南子」章，千古疑竇，不知子路不悦，憂道之否塞也；夫子矢之，矢隨也，言道之終不否塞也。蓋憂世之心，與樂天之學，皆寓其中。
述而 【釋】唐先生表出「性情教育」乃孔子因材施教之實踐，以此觀念解讀，方識孔門教育標準。	此篇記學派師範，詳見《大義》。而師範尤重性情教育，始於「燕居」、「食于有喪者」二章，終於「與人歌」、「温而厲」二章，可見性情教育之大旨，在愛敬哀樂四者而已。學《韶》之期以三月，學《易》之進於五十，發憤忘食，至於終身，皆「時習」之義；而好古敏求，多聞多見，爲學派之肇始。《詩》《書》執禮，文行忠信，則又「學行合一」之根原也。

〔一〕「末」原作「未」。

〔二〕顧炎武《與人書十四》，載《亭林文集》卷四之六。

續表

篇名	研究法
泰伯 【釋】唐先生表出孔子守志明道之正義，以意逆志，是爲得之也。	泰伯以天下讓，舜、禹受禪，文、武受天命，獨孔子以布衣終，於是以救世之心，歸於「傳道」。「篤信好學，守死善道」一章，爲全篇之骨。而曾子數章，要在任重道遠，亦即傳道之旨也。《孟子》言：「天下有道，以道殉身。天下無道，以身殉道。」義即本此。
子罕 【釋】唐先生表出不同層次之教化途徑，終歸堅毅之傳道意志自覺與實踐。	此篇與《述而》意同，具詳《大義》。惟有社會中之教育，有學校中之教育，有至深之教育，有極淺之教育，有素患難、素夷狄之教育。後半篇以「川上」章一提，則至誠無息之功也。「譬如爲山」以下數章，皆不息之義。而「三軍」以下三章，特爲注重。春秋時士大夫隨風氣爲轉移，忮求無厭，安能進學？聖人「傳道」苦心，其在後凋之松柏乎？此《大易》蒙泉、剥果之象也。
鄉黨 【釋】唐先生表出「禮容」與「知止」兩大概念，從内外兩面爲通讀本篇之意義。	《史記·世家》稱孔子「設禮容」，《儒林傳》言魯徐生善爲容。此篇自首節起，至「車中」節止，皆所謂「容」。其中雜記爲擯、出使、衣服、飲食，及辭受取與、居常處變之節，皆可以「容」括之。《禮記·玉藻》記「容」凡二十有一，與此篇相表裏。容者，「動作禮義威儀之則，天所命也」。不過乎中，即悉合乎「時」。或疑「色斯舉矣」節與本篇無涉，真不善讀書者！要知《大學》言：「知其所止。可以人而不如鳥乎？」《中庸》言：「禮儀三百，威儀三千。」下即言「明哲保身」，即所謂時。《孟子》言孔子「聖之時」。此章「時」字在有意無意間。《莊子》文心奇幻，出於孔門者，此類是也。文法理想，特闢奇境，後欲求之，莫能及已，說並詳《大義》。

續表

篇名	研究法
先進 【釋】此篇以意逆志，於師徒答問之間善會孔子之精神。	此篇慨歎弟子才德不及仕進之門，千流萬壑，歸到「吾與點也」一歎。始則思周公而修禮樂，終則偕童冠而遊莫春，聖心之悲可知。文境如桃花流水，杳然去矣。讀此篇精神，如遊孔子之門，親聆詔語也。《朱注》引胡氏謂：「此篇記閔子騫言行者四，而其一直稱閔子，疑閔氏門人所記也〔一〕。」
顏淵 【釋】此篇仁學精華。仁爲大體，政爲仁用，先生指出體用乃仁學詮釋之有效觀念。	或謂仁者以天地萬物爲一體，此篇爲張子《西銘》所本，是矣。然仁者體也，政者用也，惟修己而後能治人。故問仁之外，特記子貢、景公、康子之問政，繼以在邦在家之達、崇德修慝之問、與舜湯選舉之標準，其欲施仁以措諸政可知。《孟子》以仁政合言，蓋本于此。一本「仲弓問仁」作「問政」，雖與《左傳》所引未合，然天下歸仁，邦家無怨，皆政治之大效。聖學開物成務，非可拘泥論也。
子路 【釋】唐先生指出互見法之運用於《論語》專題研究，本篇焦點乃政治學，應與《爲政》互參。	本經言政治之大者，惟《爲政》《子路》二篇。然《爲政》篇意隱，《子路》篇辭繁。約言之，有儒家學，「問仁」、「問士」章。有名家學，「正名」章。有法家學，「直躬」章。有農家學，「稼圃」章。有兵家學，「即戎」二章。有國際學，「兩使于四方」節。有經濟學，「善居室」二章。有社會學。「和而不同」三章。

〔一〕「也」字原脱，據朱子《論語集注》補入。

續表

篇名	研究法
	聖人所以救春秋之世，固以正名爲主，而其所以詔萬世者，則在「問士」二章、「即戎」二章。後代以文人統武事，則天下治；以武人統武事，則天下亂。故爲邦即戎皆歸諸善人，蓋惟有勝殘去殺之心，然後可以即戎。而即戎之時，當常以勝殘去殺爲念。此天地好生之德，萬古不易之經。孟子告齊梁諸君，與求也、慎子諸章，義皆本此。
憲問 【釋】此篇含《春秋》之義。	此聖人慨不用世也。南宮适一問，爲全篇之主。迨「知我其天」一歎以下，暨「公伯寮」數章，則聖人之情見乎辭矣。中間雜論時人，無非人心世道之感。 先大夫謂「晉文公」三章皆係《齊論》。蓋齊桓九合，晉悼三駕，不嗜殺人，故《春秋》大之也。邦無道危行言孫，思不出位而已，而以禮、義、廉、恥，教訓當世，則爲聖賢處邦無道時，莫大之責任。故以「憲問恥」始，以「上好禮」數章終。《朱注》引胡氏謂：「此篇疑原憲所記，故首章憲問自稱名。」
衛靈公 【釋】此篇以禮爲詮釋之標準。	此雜記體也。居朝廷，處社會，與夫人情世故物理，莫不賅焉。而一貫之道，爲學術之精微。四代禮樂，爲政治之綱領。至「人無遠慮」數章，尤爲磨礱心術之本。《大義》〔二〕謂各章皆係標準，而標準莫重乎禮。故以「俎豆之事」始，以「相師之道」終，而治民樞紐，尤在「動之以禮」。

〔二〕指唐先生《論語大義》。

續表

篇　名	研　究　法
季氏 【釋】此篇《春秋》大義所在。	《春秋》人倫之大防，而此篇則《春秋》之志也。「季氏」章君臣之義，「伯魚」章父子之義，「邦君之妻」章夫婦之義，「益者三友」章朋友之義，而春秋時篡弑之禍，皆起于兄弟。三桓子孫微，兄弟之禍也。齊景公「君不君，臣不臣，父不父，子不子」，倫紀中之罪人也。夷齊篤父子、正君臣、和兄弟，倫紀中之標準也[一]。「天下有道」章，不過七十七字，而《春秋》二百四十二年之事，皆括其中。戰國時，諸侯放恣，處士横議，孔子已早見及之。數千載下，如聞嘆息之聲，豈非微而顯、志而悔[二]歟？ 說者乃疑「季氏」章爲後人附益，「齊景公」與「邦君之妻」兩章，與孔門遠涉，識見淺陋，已詳《辨疑》[三]。《朱注》引洪氏謂：「此篇或以爲《齊論》。」文治按：此說不知何據？然《齊論》亦聖門所記，鄭君兼采之，實有卓識。

[一] 蓋一本於讓也。

[二] 《左傳・成公四十年》載君子曰：「《春秋》之稱，微而顯，志而晦，婉而成章，盡而不污，懲惡而勸善，非聖人，誰能修之？」

[三] 指唐先生針對崔述之論而作之《論語辨疑》。

續表

篇名	研究法
陽貨 【釋】先生提出性情教育之施行，爲理解本篇之關鍵，而「性相近」爲詮釋基礎也。	此篇慨世道之日下，欲于社會中行「性情教育」也。首章下即繼以「性相近」二章，爲全篇總冒。「相近」者，《孟子》所謂「好惡與人相近」，即良知也。後半篇「宰我問短喪」，即提醒良知宗旨。「四時行，百物生」，爲默感人心之象。至剛克柔克，各有所宜，《大義》中詳言之。 或疑六言、三疾與三戒、九思同例，謂是後儒僞託〔一〕。然則《洪範》之五事八政，亦出于僞託乎？或又疑公山之召，在孔子仕魯之時；佛肸不與孔子同時〔二〕；皆謬妄之説。讀黄氏《後案》、劉氏《正義》自明。
微子 【釋】以出處進退之道解讀此篇孔子心事。	此篇如江漢朝宗，煙波無際，千古有數文字。篇首微子之去，柳下之不去，後半篇太師諸人之去，與中篇接輿、沮溺、丈人、夷、齊輩隱逸，皆爲孔子「無可無不可」寫照。或異「周公」二章于本經爲贅。不知此正宗公兄弟之思，《螽斯》《麟趾》之感，《春秋》以獲麟終，悲其衰也。此篇以「周公」二章終，溯其盛而悲其衰，悲其衰而欲返於盛也。孔子常言之，而門人類記之，此乃文法絶妙處，與《禮運》篇首慨想「三代之英」同例。後人欲學《史記》文字，宜于此篇求之。

〔一〕崔氏《洙泗考信録》卷四《遺型》。
〔二〕見前載崔氏《論語源流附考》。

續表

篇名	研究法
子張 【釋】先生主張以學案體爲解讀本篇之方式。	此後世「學案」之屬。凡子張語二章、子張兼子夏語一章、子夏語九章、子夏兼子游語一章、子游語二章、曾子語四章、子貢語六章，蓋聖門中，惟子張最高遠，故以其言先焉。子夏、子游，傳文學者也，故次之。曾子最篤實，子貢最通敏，故以其言殿焉。然其中大都聞於孔子之言。孟子之私淑，漢儒之家法，宋學之淵源，皆基於此。而荀卿乃作《非十二子》篇，豈妄人僞託歟？
堯曰 【釋】此明王道爲本篇之義。	此篇大旨，柳氏之論不誤。蓋孔子欲以己之道統，紹堯、舜、禹、湯、文、武之治法，所謂「祖述憲」章是也。「五美四惡」，千古政治利弊，咸括於斯。「知命」者，《易》之潛德，與「不知不愠」相應。本經以《學而》篇始，聖功也，而王道寓焉。以《堯曰》篇終，王道也，而聖功亦寓焉。而說者以爲《古論》殘本，致開疑竇。不知《魯》《齊》《古》皆孔門所記，鄭君理而董之。學者當究其理論之精微，何必斤斤于篇章之多寡？說者又以「堯曰」上不加「孔子曰」，疑非孔子之言。此則更膠柱鼓瑟，執此以讀古經，通者鮮矣。

唐文治《論語參考書目研究表》一名《論語漢宋學研究表》

【釋】先生此表非獨一份書目，乃系統展示《論語》學三脈之源流，具述每書優長或不足，爲長期研治之心得，故其又名《論語漢宋學研究表》。三脈指漢學、宋學、漢宋學兼採，漢學二十種、宋學二十二種、漢宋兼採一種，凡四十三種。

文治按：自漢以來，釋《論語》者奚止數十百家，訓詁義理，各有專長，漢宋學源流，于是焉别。兹特采其著名者，釐定家法，爲《書目研究表》，藉示門徑。學者要知訓詁者質也，義理者性也。未有離質而可以言性者，亦未有離性而可成爲質者。倘或爭持門户，妄生異端，無益身心，徒增暴慢，非特乖聖人立言之旨，亦豈欲通經術之本心哉？謹告來者，宜恪守朱子「熟讀精思，循序漸進」與夫「虚心涵泳，切己體察」之明訓，勿買櫝還珠，斯可矣。

又原書名稱《四書》或《論孟》，及總集如《經學文鈔》之類，皆載原名，從其朔也。

書名	作者時代姓名	刊本	研究
論語鄭注輯本	漢鄭康成注，清宋翔鳳輯	《食舊堂叢書》本	此書出于北宋時，或疑後人僞託，然亦有古義可采，如「晝寢」作「畫寢」，「傷人乎？不問馬」讀作「傷人乎否？問馬」之類，皆可作別解。
論語義疏	魏何晏注，梁皇侃疏	此書南宋時已亡，清初得自日本國，今刻入《古經解彙函》中。	史志稱其雖時有鄙近，然博極羣書，補諸書之未至，爲後學所宗。近儒陳澧謂「宰我問喪」等章，侃《疏》皆爲諸賢回護，用意甚善。但亦有不通之處，蓋有真有僞，學者宜分別觀之。至其序文古雅可誦，詮釋《論語》名義尤詳。
論語正義	魏何晏注，宋邢昺疏	《十三經注疏》本	《四庫提要》稱其前翦皇氏之枝蔓，而稍傳以義理。漢學宋學，茲其轉關，是《疏》出而《皇疏》微，迨朱子出而是《疏》又微。然訓詁名物之詳，實爲宋元以來諸儒所本，不可廢也。
論語筆解	唐韓愈、李翺同注	《古經解彙函》本	此書出于北宋時，或疑後人僞託，然亦有古義可采，如「晝寢」作「畫寢」，「傷人乎？不問馬」讀作「傷人乎否？問馬」之類，皆可作別解。

書名	作者時代姓名	刊本	研究
四書釋地	清閻若璩著	丁小疋刻本、《學海堂經解》本	釋地、釋人物、釋訓詁、釋典制，共四卷。實事求是，無門户之見，如解「三讓」爲「終讓」，「接輿」非人名，皆足補《集注》之缺。其三續自序：「謂書猶天也。無窮固天，昭昭亦天，惟扇其螢光、發其石火而已。」其謙如此。
論語稽求篇	清毛奇齡著	《學海堂經解》本	《提要》稱《朱子集注》原不以考證爲長，毛氏學博而好辨，遂旁采古義以相詰難，此其攻駁《論語集注》者也。文治按：此書較之《四書改錯》，語氣已和平矣。毛別有《四書賸言》，以其瑣碎，故本編未録。
鄉黨圖考	清江永著	單行本，又《學海堂經解》本	考核名物制度，討論源流，參證得失，頗爲詳贍。前列先聖年譜世系，亦便稽考。
四書考異	清翟灝著	《學海堂經解》本	考據詳博，惟有過于泥古之處。然欲考諸本異同，未有善于此者，其解《佛肸召章》尤精。
論語駢枝	清劉台拱著	《學海堂經解》本	引申古義，亦有心得。後俞氏樾爲《續論語駢枝》，較失之鑿，故本編未録。
論語通釋	清焦循著	《清代學術叢書》本	釋「忠恕一貫」，精微賅博，不愧通儒。惟排斥理字，附和戴東原，意見過深。與《易》所言「窮理盡性」、《孟子》言「性之所同然者理義」、《禮記》所言「理之不可易」，皆屬不合。

續表

書名	作者時代姓名	刊本	研究
論語補疏	清焦循著	《學海堂經解》本	此書成于作《通釋》後十二年，廣《通釋》之義，更爲詳備。自序謂：「《論語》之理通于《易》，而《孟子》闡發最詳最鬯。」所見極精。學者因此可得讀《論語》要領。
論語述何	清劉逢禄著	《學海堂經解》本	何休注《論語》，久已不傳。劉氏輯述其義，是爲今文學派。然有時不免失之過鑿，不過供好古者參考而已。
論語説義	清宋翔鳳著	《南菁書院經解續編》本	提挈綱領，能得大義所在。惟牽涉劭公學説，不免附會，蓋常州派師法如此。
四書纂言	清宋翔鳳著	峕崿山房重刊本	雜引《注疏》等書，積四十年而成，可謂勤矣。其中所引《論語發微》，蓋宋氏晚年之作。持論之精博，與《釋義》相類。惟專主今文家學，菲薄古文家，門户之見太深。
論語孔注辨僞	清沈濤著	《南菁書院經解續編》本	辨孔注爲平叔所僞造，識見度越前人。其所引本義，皆有依據。據此益可見《集解》之陋。
論語古注集箋	清潘錫爵著	單行本，又《南菁書院經解續編》本	此書錫爵述其尊人之所作，自序言：「漢儒注《論語》，惟鄭君康成爲兼通古今文，集諸儒之大成。故絀去僞孔、何晏二家，彙集鄭注；又采漢魏古義及近儒之説爲之箋。」云云。蓋其精深雖不逮劉楚楨，然亦卓然成一家矣。

續表

書名	作者時代姓名	刊本	研究
論語正義	清劉寶楠著	家刻本，又《南菁書院經解續編》本	劉氏爲《論語》世家。寶楠受學于從父端臨。此書未及成而下世，其子恭冕續成之。陳氏立序稱其「章比句櫛，疏通知遠，萃秦漢以來迄國朝儒先舊説，衷以己意，實事求是，有功經訓」，蓋非虚語也。
何休注訓論語述	清劉恭冕述	《南菁書院經解續編》本	詳引邵公《解詁》，而不妄自穿鑿，是能守漢師家法者。
論語注	清戴望著	《南菁書院叢書》本	師劉逢禄之意，主公羊張三世之説，多係穿鑿。近人有稱述之者，故著之。學者宜諒其好古之心，辨其誣罔之失，斯可耳。
經學文鈔	清梁鼎芬、曹元弼同輯	《存古學堂》排印本	全書指示門徑，搜羅宏富。《論語》部所選亦極精覈，内載程氏瑤田《通藝録》等及以後〔一〕叙篇，多有前人所未發者。
以上漢學。			

〔一〕「後」原刻作「厚」。

續表

書名	作者時代姓名	刊本	研究
論語後案	清黄式三著	浙江書局本	先列《集解》，次列《集注》，後下己意爲「後案」，合漢宋師法，源流畢貫，體大思精。其中所引《朱子文集》，尤可考見《集注》精意。自有此書，而門户之爭可息。
以上漢宋學兼採。			
論語精義	宋朱子輯	金陵書局刻本	此書初名《要義》，又名《集義》。蓋朱子采二程、張子等十二家之説而成。竊意凡著書多先爲「長編」。朱子作《集注》，即以此爲長編藁本。迨《集注》《或問》成，則此書爲筌蹄，不過供參考而已。
論孟集注	宋朱子注	通行本。近淮南書局刻仿宋本，頗精。	訓詁采取最穩愜意，義理采取精微者，後儒或出別義以相難，及讀《朱子文集》《語類》《或問》，始知所謂別義者，皆朱子之唾餘也，可謂日月不刊人生必讀之書。
四書或問	宋朱子撰	金陵書局刻本	朱子既作《集注》，復以諸家之説紛錯不一，因設爲問答，明所以去取之意，以成此書。《提要》謂：「《集注》屢經修改，至老未已。而《或問》則無暇重編，其與《集注》合者，讀者可曉然于折衷衆説之由。其與《集注》不合者，亦可知朱子當日原多未定之論。」云云。竊謂以《集注》與《或問》相對較，確係窮理深細之功，學者切宜注意。

續表

書名	作者時代姓名	刊本	研究
南軒論語解	宋張栻著	《通志堂經解》本	發明二程先生之説，以「知行並進」爲主，與《孟子説》一例，俱可爲講貫之助，亦有益身心之書。
論語集説	宋蔡節編	《通志堂經解》本	竊謂孔、賈疏經，不免有支離之處。此書多語録體，亦不免令人生厭。然義理固自純正。按其凡例，有集曰、釋曰。「注書節」謂及低《集説》一字例，至爲質樸。《提要》撮據數條，謂其與朱子立異，反至于不中理，實爲確論。備參考而已。
四書纂疏	宋趙順孫撰	《通志堂經解》本	本朱子《集注》而爲之疏，所引諸家説，亦多爲朱子學者。《提要》謂鄧文原評其冗濫，蓋不知孔、賈之舊式。
四書集編	宋真德秀撰	《通志堂經解》本	《提要》謂真氏未及成書，係劉承以德秀遺書補輯成之；博采朱子之説，以相發明，復間附己見，以折衷譌異。後之作者雖多，其學不及德秀，故其書亦終不及焉。
四書通	元胡炳文撰	《通志堂經解》本	《提要》謂：「胡氏以趙順孫《四書纂疏》、吴真子《四書集成》皆闡朱子之緒論，而尚有與朱子相戾者，因重爲刊削，附以己説，以成此書。大抵合于經義與否，非其所論，惟以合于《注》意與否，定其是非。」云云，是胡氏篤守朱子之學，即稍有不合于經義者，亦寡矣。

續表

書名	作者時代姓名	刊本	研究
四書通證	元張存中撰	《通志堂經解》本	蓋依《四書通》而作，故名《通證》，胡炳文爲之序，謂：「于余之《通》知《四書》用意之深，于《通證》知《四書》用事之審。」今考此書，多有以經證經者，學者可以觸類旁通，蓋元明以來諸儒所不及也。
四書纂箋	元詹道傳撰	《通志堂經解》本	蓋亦箋疏《集注》之書。《提要》謂其解夏瑚商璉，引《爾雅·釋器》，原經並無此文。所載《集注》人名，亦有疎漏處。備參考可耳。
四書通旨	元朱公遷撰	《通志堂經解》本	按：此書駁朱子説，雖未盡得朱子之意，而推闡義理，頗有獨到之處，不害其爲一家言也。分天地、性命、仁義等凡九十八門，摘録《四書》中語，以類相從，非專解《論語》也。程子嘗以此法教學者，而公遷推廣之，以成是書，其用意甚善，析理亦精，雖有小疵，不害大醇也。
四書辨疑	佚名	《通志堂經解》本	《提要》斷爲元初人所作。朱氏《經義考》謂《四書辨疑》，元人凡有四家：雲峯胡氏、偃師陳氏、黄岩陳成甫氏、孟長文氏。成甫、長文並浙人。雲峯一宗朱子，其爲偃師陳氏之書無疑。

續表

書名	作者時代姓名	刊本	研究
四書説約	明鹿善繼撰	吴興劉氏刻本	卷首列「認理提綱」，提倡心宗，語録氣極重，蓋明季講學之習。書以人重，學者可作爲收斂身心之助。
論語學案	明劉宗周撰	《劉子全書》本	名爲《學案》，實講義體，説理精深，卓然獨得。其解《八佾篇》「翕純皦繹」爲元亨利貞，已開李榕村之先河。先生平日講學，有聖學三關：曰人己關，曰義利關，曰生死關。故其解《見危致命章》曰：「人未有錯過義利關而能判然于生死之分者。」其言有功世道甚大，不可磨滅之書也。
四書近指	清孫奇逢撰	《孫夏峯先生全書》本	先列己意，後采宋元明諸家之説，鞭策身心，闡發盡致。雖兼采朱、陸，未足爲病。
四書反身録	清李顒撰	浙江書局刻本	此書爲李氏門人王心敬所編，李先生口授者。先生關中大儒，所講皆有益身心，故名《反身録》。學者讀之，多警心怵目之處，自不致分讀書、立品爲二矣。
讀論語劄記	清李光地撰	《榕村全書》本	逐章釋義，語雖至簡，而有極精到之處。

續　表

書　名	作者時代姓名	刊　本	研　究
松陽講義	清陸隴其撰	浙江刻本	先生在靈壽縣時，朔望謁聖，爲諸生講授，闡明朱子家法，而體之于身，曲折詳盡，爲研究道德者不可不讀之書。惟闢王學，不無太過耳。
四書語録	清吕留良撰	浙江刻本	較《松陽講義》雖有不逮，然見理亦極精微，蓋陸、吕二先生本密友也。
四書大全	清陸隴其編	三魚堂本	《四書大全》始于明永樂時胡廣等所編。《提要》謂「此書取胡廣書，除其煩複，刊其舛謬；又採《蒙引》《存疑》《淺説》諸書之要，以附益之，自較原本爲差勝，然終未能盡廓清」云云。考《三魚堂日記》中，載有擬取《四書》諸家之説，分學、問、思、辨、行，五類編輯之，是此書並非先生定本，乃其門人采集而成也。
四書大全	清汪份編	汪氏遄喜齋刻本	胡廣書本于《四書輯釋》，而《輯釋》采取《朱子文集》《語録》等，割裂破壞，甚至改創以合己意。汪氏以尊朱子爲主，力去其謬，其自序源流極詳。而書中所引顧氏《日知録》、陸氏《困勉録》，及吕晚村之説，極爲精覈。蓋不獨遠過王《大全》，且勝于陸《大全》矣。

續表

書名	作者時代姓名	刊本	研究
四書本義匯參	清王步青撰	通行本	俗名《王大全》，名爲發明集之注義，實則均爲作制義而設，不免庸陋。後來講章，實昉于此。然道咸以來頗盛行，姑備參考。
以上宋學。			

右列都凡四十三種，所見甚陋，惟祈大雅君子教正。此外若朱氏《經義考》，源流詳盡，以其爲目録之書，故未列入。又如宋王氏《困學紀聞》、明顧氏《日知録》、清陳氏《東塾讀書記》，考證《論語》，備極精良。而陳氏兼及義理，切實誠摯，皆後人所宜參考也。

附録一：論語分類大綱

本孝篇、本仁篇、本政篇、君子小人辨〔一〕

【釋】唐先生視《論語》學爲經學之核心，其歸類全書義理之方式，乃分類治經之根本模式，故先生於一九三八年至一九三九年間，應邀在上海交通大學講學，以兩期闡述其以「心學」原則分類《論語》大義，以本仁、本孝、本政、知人四者貫通《論語》全經。講義分兩期，説明此四者應以躬行實踐爲原則，以實現「倫理政治」之善願。今合兩期爲一。《論語》義理分類乃唐先生之獨到心得，故異常重視，於一九三九年刊出之《茹經堂文集》四編中收入《論語分類要旨》（一九三九），重新概括以孝、學、仁、政等四維度，此文收入《唐文治文集》「經説類」，互參足見先生學思愈加精密。唐先生《論語》學本屬其「政治學」重要部分，而「心學」爲其基礎，故皆歸本心靈之知覺。分類治經，乃就「心學」立本也。

〔一〕載《交通大學演講録》第一集上卷「經學心學類」第四、五兩期。

《論語》一書，道德之淵藪，政治之綱領，與夫修身處世治人之道，悉備於此；尤要者，則在「躬行實踐」，若徒託空言，入耳出口，無益也。然近今學生多有未讀《論語》者，若不知分類研究之法，何由明其義理？更何能措諸躬行？

清阮文達嘗採取《論語》言仁各章，別爲一篇。余仿其例擬分十類：曰學、曰孝、曰仁、曰信、曰政、曰君子小人之辨、曰六藝論、曰教育立品準、曰人心風俗鑑、曰至聖救世不遇略史，比類讀之，網絡諸子百家，如泛大海、如遊名山，不覺有手舞足蹈之樂矣。

至應參考各籍，《朱子集注》意義明暢，可作文法書讀。清陸稼書先生《松陽講義》、黃薇香先生《論語後按》、劉楚楨先生《論語正義》，義理考證，各有專長。近儒陳氏蘭浦謂：「讀《論語》者，每讀一篇，人格宜高一等。」譬如人子親家庭，愈親近而愈有味，何以尊崇之若此？惟其終身躬行而不怠也。

兹先舉「本孝」「本仁」數章，發凡起例。「本孝」重良知心理，「本仁」工夫共三層，有能力於此者乎？

「本孝篇」摘要

《爲政》篇孟武伯問孝，子曰：「父母唯其疾之憂。」

朱注謂：「父母憂其子之疾。」或謂：「人子憂其父母之疾。」

余謂二説本可溝通。蓋孩提之童，往往多病，而所苦不能自言，父母心誠求之，自少至長，不知幾經憂勞。人子思此，則父母之疾其憂當何如？所謂「欲報之德，昊天罔極」也。然身疾易見，而心疾難知。世之沈溺於聲色利禄之場，以自喪其生者，重貽父母之憂，罪莫大焉。

《爲政》篇子夏問孝，子曰：「色難。有事，弟子服其勞，有酒食，先生饌，曾是以爲孝乎？」

朱注謂：「事親之際，惟色爲難。」或謂：「承順父母顔色爲難。」

余謂二説亦可溝通。蓋太和之氣，周浹於家庭，則一家皆有愉色婉容，所以爲難。《孟子》曰：「樂則生矣，生則惡可已也。」必父母之色，與人子之色，訢合無間，其和氣發於無形之中，是乃天地間生理生機也。至服勞奉養，未足爲孝，蓋對於賢者而言，要知能養亦小孝之道也。

《里仁》篇子曰：「父母之年，不可不知也，一則以喜，一則以懼。」

知者，良知也。聖人不曰父母之年當知，而曰不可不知，蓋唤醒萬世爲人子者之良知也。喜懼二字要看得活。以常理言之，父母在五十以前，則喜時多而懼時少；在五十以後，則喜時少而懼時多。然當父母强健，則往往而喜，當父母疾病，則往往而懼，故一喜一懼，常往來於胸中，皆良知所發也。

然更有不可不知者，大抵父母年齡之長短，係於心境之鬱舒。心境而愉快，則年齡自然久長。心境而抑鬱，則年齡自然迫促，故父母之壽與不壽，實視乎人子之孝與不孝。由是思之，更當竭力承歡，冀永父母之天年矣。

「**本仁篇**」摘要

《學而》篇有子曰：「其爲人也孝弟，而好犯上者，鮮矣。不好犯上，而好作亂者，未之有也。君子務

本，本立而道生，孝弟也者，其爲仁之本與。」《學而》篇子曰：「巧言令色，鮮矣仁。」

此爲學仁初步。陳蘭甫先生《東塾讀書記》云「《論語》最重仁字。編《論語》者，以『孝弟爲仁之本』爲言仁之第一章，『巧言令色鮮矣仁』爲言仁之〔一〕第二章；他如『克己復禮』『出門如見大賓』，皆遠在其後。蓋克己復禮、出門如見大賓，惟顔淵、仲弓乃能請事斯語；若孝弟、不巧言令色，則智愚賢否皆必由此道」云云。蓋《學而》一篇，大抵爲初學言，故曰學仁之初步也。至若課諸内心，當讀《里仁篇》「苟志於仁」、《述而》篇「我欲仁」、《子張》篇「博學篤志」三章，可得求放心之要旨。

《雍也》篇（上略）**「夫仁者，己欲立而立人，己欲達而達人，能近取譬，可謂仁之方也已。」《顔淵》篇**（上略）**「君子敬而無失，與人恭而有禮，四海之内皆兄弟也。君子何患乎無兄弟也。」**

此爲學仁第二步。恕也敬也，本經言「己所不欲，勿施於人」，是就消極一面言，而「欲立立人」二句，則就積極一面言。

天下大患在有己而無人，人己間隔，種種災害皆由此起，故先儒謂行仁之本，當先打破人己關。人己一貫，即《大學》絜矩之道。近取譬者，以己譬人，《孟子》謂：「强恕而行，求仁莫近。」孔門真諦也。「敬而無失」節雖未言仁，實括仁字精蘊，當與「仲弓問仁」章「出門如見大賓」二句、「樊遲問仁」

〔一〕原衍「章」字。

章「居處恭執事敬」參看。「四海之內」二句，宋張子橫渠作《西銘》云「民吾同胞物吾與」也，即本此節之意，所謂合萬物爲一體也。約而言之，內則操心居敬，外則愛人行恕而已。

《雍也》篇子曰：「回也其心三月不違仁，其餘則日月至焉而已矣。」

《顏淵》篇顏淵問仁，子曰：「克己復禮爲仁，一日克己復禮，天下歸仁焉。爲仁由己，而由人乎哉！」顏淵曰：「請問其目。」子曰：「非禮勿視，非禮勿聽，非禮勿言，非禮勿動。」顏淵曰：「回雖不敏，請事斯語矣。」

此爲學仁第三步。《孟子》曰：「仁人心也。」仁與心本合一，惟有私欲之隔，心與仁遂分爲二。三月者，天道小變之節。顏子心與仁一，未免略有欠缺，故較聖人猶未達一間也。《孟子》言大舜「善與人同，舍己從人」，惟克己而後能舍己，而後能取人爲善、與人爲善。「天下歸仁」者，《孟子》所謂：「四海之內，皆將輕千里而來告之以善。」是天下之仁，皆歸於我，其至公之心，與天地同其量矣，而其功，必自戒非禮之視聽言動始。蓋制於外所以養其內，一有非禮，則己之私心發而不可遏矣。宋程子《四箴》務宜熟讀。〔一〕

〔一〕第四期講義至此爲止。以下爲第五期《論語分類大綱：本政篇、君子小人辨》。

《論語》經載政治原理，千古莫能外。乃世人恒迂視之，或讀而莫之省，是以治日少而亂日多。宋太宗時趙普謂：「半部《論語》可以佐太平。」胡後人之智皆出趙普下乎？今約其義論之：

《爲政》篇首章統一國民心理，宗旨在「思無邪」，所以正民心也。「志學」章以下，皆《大學》八條目精義。《顔淵》篇注重在仁，仲弓問仁，古本作問政，以下歷記子貢、子張、齊景公問政。而尤痛切者，「季康子問政」三章，所以警告執政者至矣。

春秋之時，百家九流之言已經雜出，而論政治學原理，必折衷於儒家，如《子路》篇言政治，有名家學、有法家學、有農家學、有道家學、有雜家學、有國際學、有經濟學、有社會學、有考據學，而其中貫以「子貢問士」「子路問士」兩章，實以儒家學爲主。即戎必以善人教民，聖門之軍事學也。《堯曰》篇以政治結束。商湯之「罪在朕躬」，周武之「百姓有過，在予一人」，皆不罪人而罪己。下文寬、信、敏、公四字，皆本此心，推而暨焉者也。廣大矣！精微矣！兹略舉次序，以示方鍼：古今中外，未有不愛民而能行政者；故首愛人，二敬信大本，三明人倫，四正心理，五本身作則。然苟不知君子小人之别，亦未有能行政者也。

余讀《漢書・古今人表》凡列九等，上三等曰「聖人、仁人、智人」，皆君子也；中三等不列名目，以其可爲君子，可爲小人也；下三等統稱曰「愚人」，則皆小人也。此即所謂「人格」，今世政治家、學術家最宜注重。

攷君子之稱，始於周文王。文王作《周易》彖辭，曰「君子有攸往」、曰「利君子貞」、曰「君子有終」；至周公作爻辭，始以君子小人對言，曰「君子得輿，小人剥廬」、曰「君子豹變，小人革面」、曰「君子維有解，有孚於小人」；至孔子作傳，於《泰》卦則曰：「君子道長，小人道消。」於《否》卦則曰：「小人道長，君子道消。」蓋心理之消息、政治之樞紐、國家之興亡，罔不係乎是焉。厥後曾子作《大學》，子思子作《中庸》，孟子作七篇，皆嚴君子小人之辨。蓋聖門家法，兢兢於此，而末世莫知君子小人之别，可痛哉！

《論語》一書，無非「君子教育」。本經言君子凡一百有四處，其以君子小人對言者，共二十餘章。惟欲知君子小人之分途，亦自有次第：人生大患莫如貪鄙，故首辨義利，次絶干求，三明學術，四端心術行政者。以下列各章作座右銘，則體用兼該，國家有不平治者哉？

「本政篇」摘要

《學而》篇子曰：「道千乘之國，敬事而信，節用而愛人，使民以時。」

《顏淵》篇樊遲問仁，子曰：「愛人。」問知，子曰：「知人。」樊遲未達，子曰：「舉直錯諸枉，能使枉者直。」（下略）

此愛民之道，爲第一層。愛人之心，《孟子》所謂「不忍人之心」，根於天性者也。然惟節用而後能愛人，否則濫費搜括，日以害人爲事，豈能愛人？「舉直錯諸枉」二語，仁智互用，愛民兼教民矣。此兩節當與《子張》篇「陽膚」章參看。

曾子曰「上失其道，民散久矣，如得其情，則哀矜而勿喜。」居今之世，民力竭矣！民情怨矣！民心離叛矣！長民者，亦動其惻隱之心乎？宋朱子放賑詩曰：「若知赤子原無罪，合有人間父母心。」讀之下淚。《陽貨》篇「武城」章「學道愛人」四字，可爲家訓國訓也。

《憲問》篇子路問君子，子曰：「脩己以敬。」曰：「如斯而已乎？」曰：「修己以安人。」曰：「如斯而已乎？」曰：「修己以安百姓。修己以安百姓，堯舜其猶病諸。」《顏淵》篇子貢問政，子曰：「足食足兵，民信之矣。」子貢曰：「必不得已而去，於斯三者何先？」曰：「去兵。」子貢曰：「必不得已而去，於斯二者何先？」曰：「去食，自古皆有死，民無信不立。」

此敬信大本，爲第一層。「道千乘之國，敬事而信」，功夫尚淺！此二章則精深矣。上章當與《雍也》篇「居敬行簡」章參看。君子莊敬日强，安肆日偷，此修身衛生學也，而臨民必以是爲本，《詩》言商湯「聖敬日躋」，周文「緝熙敬止」。敬者，内聖外王之心法也。聖訓向主寬和，而「自古皆有死」二語，勵齒言之者，字義人言爲信，無信則不成爲言，即不成爲人，無以立國，即無以立於天地之間。不者，死之爲愈矣。《爲政》篇「人而無信」章當參看。

《顏淵》篇齊景公問政於孔子，孔子對曰：「君君、臣臣、父父、子子。」公曰：「善哉！信如君不君、臣不臣、父不父、子不子，雖有粟，吾得而食諸？」

此明人倫，爲第三層。人之所以爲人者，倫而已矣，《尚書·臯陶謨》篇曰：「天叙有典，天秩有禮。」倫者，秩叙之所由始。《子路》篇「正名」章謂：「名不正，則言不順，言不順，則事不成，推之禮樂不興，刑罰不中。」皆廢人倫無秩叙之害。景公之言不足道，而特記之者，以其良心乍露耳。不能食粟，即不能享有其國，《易·坤》卦傳言：「臣弑君、子弑父，非一朝一夕之故，所由來者漸矣。」蔑棄人倫，殷鑑不遠。哀哉！

《爲政》篇子曰：「爲政以德，譬如北辰，居其所，而衆星共之。」

《爲政》篇子曰：「《詩三百》，一言以蔽之，曰『思無邪』。」

此統一心理，爲第四層。《尚書·洪範》篇曰：「庶民惟星。」《釋名》：「星，散也。」惟有德以翕聚之，而後散者歸於一。不然，月之從星，則以風雨，是爲亂象，惟其有所偏耳。無邪者，去其偏而導以正也，《詩》以《雅》《頌》爲重，如《文王》《昊天有成命》《敬之》諸篇，凡周公所作者，皆以敬天命爲主。魯爲周公之國，故《魯頌·駉》篇有「思無邪」一言，乃敬天命之旨也，畏天者保其國矣。下「道之以政」章，亦國民心理教育。

《顔淵》篇季康子問政於孔子，對曰：「政者，正也。子帥以正，孰敢不正？」

《顔淵》篇季康子患盜，問於孔子，孔子對曰：「苟子之不欲，雖賞之不竊。」

此本身作則，爲第五層。當與《子路》篇「其身正」「苟正其身矣」二章參看。身者，天下之表；政者，正也，所以督責人之不正也，然未有己身不正而能督責人者。《春秋左氏傳》載魯季文子逐莒太子僕曰：「其人則盜賊也，其器則姦宄也。」當時傳爲名言；不意五世後，康子竟爲盜臣。夫國有盜臣，不危何待？後代如曹操設摸金校尉〔一〕，慘毒及於枯，尚忍言乎？貪欲之災害如此，殺機所以日熾也。下章孔子答康子曰：「子爲政，焉用殺？子欲善，而民善矣。」殺機、善機判於一心之幾微，後世枋政者願爲善國乎？抑爲盜國乎？當知自惕矣！

又按：聖門軍事學、財政學，胥括於本政之中，如《述而》篇「子行三軍」「子之所慎」兩章、《子路》篇「勝殘去殺」章、「善人教民」兩章，《先進》篇「有勇知方」，皆軍事學，上列「節用使民以時」、《顏淵》篇「盍徹」章、「子路」篇之庶富，《先進》篇之足民，皆財政學。限於時間不及講授，望諸生自行研究。

「君子小人辨」摘要

《里仁》篇子曰：「君子喻於義，小人喻於利。」

此辨義利，爲第一層。義利者，人心生死之大界限也，當與本篇「君子懷德」章、《憲問》篇「君子上達」章參看。惟懷故喻，惟喻而所懷乃益深。喻之層累曲折不同，故君子小人之程度亦各有不齊，

〔一〕「校尉」，原作「校會」。

精義之極則上達進於聖賢，罔利之極則下達而淪於禽獸。明劉蕺山先生謂：「聖學宜打破義利生死二關。」余謂惟透義利關，而後能透生死關。否則，所以求生者與所以避患者，無不爲矣。《衛靈公》篇「君子固窮，小人窮斯濫矣」，義亦相通。惟安貧乃能守義，濫則無所不至矣。

《衛靈公》篇子曰：「君子求諸己，小人求諸人。」

此絶干求，爲第二層。求者有分内分外之别，乃社會風氣清濁所由判也。《孟子》曰：「求則得之，舍則失之，是求有益於得也，求在我者也。」在我者爲仁義禮智，此求己之説也。又曰：「求之有道，得之有命，是求無益於得也，求在外者也。」在外者爲富貴利達，此求人之説也。

晚近士習日偷，專知求人而不知求己，其逢迎阿諛之情狀，有不忍言者。抑且患得患失，排擠害人。先儒云：「逢人即有求，所以百事非。」故求之一字，今日世道之大憂也。邇來外人注意「君子教育」，惟望青年之士移求名求利之心，轉而求道德學問以不若人爲耻，斯可矣！

《雍也》篇子謂子夏曰：「女爲君子儒，無爲小人儒。」

此明學術，爲第三層。小人而亦稱儒者，蓋百家九流，偏至者也。《子張》篇載子夏謂：「小道可觀，致遠恐泥，是以君子不爲。」蓋子夏篤信師説，進於君子儒矣。揚子云：「通天地人曰儒。」君子儒者，當開物成務、通天下之志，以覺世而救民。若曖曖昧昧，拘虚不化，入乎耳而出乎口，則小人儒矣。

更有進者。君子將以學説救天下者也，而小人則專以學説亂天下。子思子作《中庸》曰：「小人之中庸也，小人而無忌憚也。」無忌憚者，索隱行怪而已。索隱則偏，行怪則僻，於是混淆黑白，顛倒是非，非經侮聖，婾亂天下。嗚呼！可痛哉！

《爲政》篇子曰：「君子周而不比，小人比而不周。」

《子路》篇子曰：「君子和而不同，小人同而不和。」

《子路》篇子曰：「君子泰而不驕，小人驕而不泰。」

此端心術，爲第四層。《孟子》曰：「生於其心，害於其政。」心術者，人品所由判，治亂之樞機也。君子明通公溥，故能網羅天下之英才。小人則比同驕恣之心甚，惟恐人之不媚我，於是讒諂面諛之人至，而天下生民實受其禍矣！《周易·解》卦爻辭曰：「負千乘，致寇至。」子曰：負也者，小人之事也。乘也者，君子之器也。小人而乘君子之器，盜思奪之矣。上慢下暴，盜思伐之矣。」是故内君子而外小人則天下治，内小人而外君子則天下亂。凡此皆根於心術。

又按：聖門之學，最重知人，故曰：「不患人之不己知，患不知人也。」如《爲政》篇「視其所以」章、《子路》篇「君子易事」章、《衛靈公》篇「君子不可小知」章，皆知人方法，望諸生分别研究。

附録二：孔子論知覺學

【釋】原載《交通大學演講録》第二集上卷「經學心學類」第一期。唐先生提出「心學」把握經義之門法，「知」與「覺」乃核心意識，其源出《孟子》，大本在《論語》，故謂《論語》《孟子》爲治經之基礎。

國家之所以興盛，民族之所以生存，惟在知覺之靈警，然惟善良而後能靈警，余前以講貫及之。要之，知在平時，覺在臨事，而伊尹所謂「先覺覺後覺」，則喚醒人心之大旨。兹將孔門所講練習知覺法，與知覺之大用，詳爲詮釋。學者於此而有得焉，庶幾爲先知先覺之智人，不至爲後知後覺之愚人。其於一身一家一國，裨益非淺鮮也。

《論語·學而》篇子曰：「不患人之不己知，患不知人也。」

《尚書·臯陶謨》篇曰：「知人則哲。」蓋不知人則是非邪正皆不能辨，於修養、學術、設施、政治，誤入歧途，生民實受其害，故聖門知覺學以至誠爲首務，知人方法，聖人言之，並録於後。

《爲政》篇子曰：「視其所以，觀其所由，察其所安，人焉廋哉！人焉廋哉！」

此章即知人之學。聖人待人必忠厚，而觀人必精詳以用也。知人者，當先視其善惡之分途也，觀比視爲詳，惡者可無庸觀矣。其善者果出於爲己乎？抑爲人乎？當觀其意之所從來也。察，考也；安，所居也。爲人者可無庸察矣，其爲己者果出於自然乎？抑勉强乎？末二句非誇其精明，乃言人莫能匿其情也，由是則進於先覺矣。然知人之要，必先自視自觀自察，而後可以知人，且惟能自觀察，而後可爲聖人所觀察也。

《爲政》篇子曰：「温故而知新，可以爲師矣。」

舊注：「故者，前代之典章；新者，今時之制度。」

愚謂知新關係知覺學，不僅攷制度而已，凡一切人情世變，皆所謂新，有以致其知，則知覺靈敏，可以因應萬變，惟不可誤入欺詐之途爾。

《爲政》篇子曰：「由，誨女知之乎？知之爲知之，不知爲不知，是知也。」

誨女知之者，誨以致知之方法也。《禮記·學記》篇曰：「知類通達。」又曰：「先其易者，後其節目。」知之，易者之類也；不知，難者之類也，先其易後其難，則不知者皆進於知，是知覺之靈機也。

《里仁》篇子曰：「君子喻於義，小人喻於利。」

喻，深知也。由淺入深，喻之層累曲折不同，故君子小人之程度，亦萬有不齊，一則上達而進於聖賢，一則下達而淪於禽獸，所貴乎知覺學者，必先辨在我之爲君子爲小人，而後能辨人之爲君子爲小人。孟子曰：「欲知舜與蹠之分，無他，利與善之間。」若一心惟知好利，則良知日益窒塞，而於是非之界，冥然罔覺矣。小人盈天下，國乃危亡。何以救之？惟唤醒本心之良知。

《憲問》篇子曰：「不逆詐，不億不信，抑亦先覺者，是賢乎？」

先覺有二義，一則出於天資，一則由於閲歷，誠則明矣，明則誠矣。《易傳》曰：「幾者動之微。」蓋履霜而知堅冰將至，所謂知幾，即先覺也。《易》又言「恒易以知險」「恒簡以知阻」，易者險之反，簡者阻之反，以險阻遇險阻，則必不能知險阻，而亦無以處險阻，惟易簡則知險阻，而有以處之矣。後之人心氣粗浮，自以爲是，則窒其知覺，必至失敗而後已。天下之詐不信者多矣，知覺學可不精研乎！

《堯曰》篇子曰：「不知命，無以爲君子也；不知禮，無以立也；不知言，無以知人也。」

知命之學，由淺及深，始焉安分素位而已，進而上之，則窮理盡性以至於命是矣。知禮之學，亦由淺及深，始焉品節詳明，不越秩序而已，進而上之，則非禮勿視聽言動，而動作威儀之則，皆爲定命之符矣。知言之學，亦由淺及深，始焉辨善惡邪正而已，進而上之，則入於耳而覺於心，人之情僞，當機立辨矣。是故知命知禮，知覺學修之在我者也，知言知人，知覺學措之實用者也，惟體立而後用行，深有望於世之君子。